编委会

顾　问　张　昆

主　编　陈　瑛

副主编　陈　欣　徐　晓

编　委（以姓氏拼音排序）

方　艳　胡亚婷　江锦年　李媛媛　潘　君
王尉岚　吴　琪　吴尚哲　肖　楠　杨　雯
张　炯　张国新　赵晓芳

 普通高等学校"十四五"规划新闻传播类
专业交叉复合型人才培养实践指导示范教程

地方高等学校新闻学国家级一流专业建设与区域化服务创新成果

融合新闻编辑实训教程

主编 ◇ 方 艳 胡亚婷

华中科技大学出版社
http://press.hust.edu.cn
中国·武汉

内 容 提 要

新闻编辑不仅是一份职业、一种角色,而且是信息生产的一个重要环节。《融合新闻编辑实训教程》以新闻编辑实训流程"新闻产品的设计""新闻报道的策划""新闻稿件的选择""新闻稿件的修改""新闻标题的制作""新闻图片的编辑""新闻版面的设计"为主要框架,以流程性思维引导学生掌握编辑业务各个环节的内容、规律和规范。其中,阐释基本的理论知识,明确对应章节在全流程中的地位和功能,突出融合新闻编辑的相关知识和技能;提供相应的拓展文献,旨在拓展学生的视野,辅助学生进行学习;展示代表性实训作业,旨在为学生实训过程分享经验,提供实战案例,并体现了分层评价,注重课程思政评价;设计针对性实训,旨在通过练习,帮助学生将新闻编辑流程中的理论与实践相结合,提升新闻编辑操作的能力。

《融合新闻编辑实训教程》是在充分了解社会对人才的需求和授课对象的基础上,为学生量身打造多种形式的课程实训项目,优化课程设计,践行以学生为中心、反向设计(以终为始,把追求的终点作为起点)、以评促改地持续性改进的教学实施和教学评价系统性流程,进行经验总结、成果积累,是应用型教材建设的尝试。

图书在版编目(CIP)数据

融合新闻编辑实训教程/方艳,胡亚婷主编. —武汉:华中科技大学出版社,2022.11(2024.9重印)
ISBN 978-7-5680-8791-9

Ⅰ.①融… Ⅱ.①方… ②胡… Ⅲ.①新闻编辑-教材 Ⅳ.①G213

中国版本图书馆 CIP 数据核字(2022)第 229838 号

融合新闻编辑实训教程　　　　　　　　　　　　　　方　艳　胡亚婷　主编
Ronghe Xinwen Bianji Shixun Jiaocheng

策划编辑:	周晓方　杨　玲
责任编辑:	林珍珍
封面设计:	原色设计
责任校对:	余晓亮
责任监印:	周治超
出版发行:	华中科技大学出版社(中国•武汉)　　电话:(027)81321913
	武汉市东湖新技术开发区华工科技园　邮编:430223
录　　排:	华中科技大学惠友文印中心
印　　刷:	武汉市籍缘印刷厂
开　　本:	787mm×1092mm　1/16
印　　张:	21　插页:2
字　　数:	511 千字
版　　次:	2024 年 9 月第 1 版第 2 次印刷
定　　价:	59.90 元

本书若有印装质量问题,请向出版社营销中心调换
全国免费服务热线:400-6679-118　竭诚为您服务
版权所有　侵权必究

总序
Introduction

近年来,教育部发布的《关于加快建设高水平本科教育 全面提高人才培养能力的意见》和《加快推进教育现代化实施方案(2018—2022年)》要求,推动高等学校全面实施"六卓越一拔尖"计划2.0,发展新工科、新医科、新农科、新文科,打赢全面振兴本科教育攻坚战。地方高等学校更要抢抓机遇,推动新文科专业建设,主动适应新时代新文科发展要求,突破传统文科的思维模式。为推动新闻学专业的更新升级,做强一流本科专业、培养一流人才,新闻学专业发展正经历强基固本、重构知识体系,推进跨学科整体共建、跨学科课程群共建、跨学科培养方式共建的洗礼和调整,在学科对话和价值共创中实现新闻传播人才培养和科学研究,并从观念和模式上实现创新。

湖北第二师范学院2019年获首批全国地方高等院校新闻学国家级一流本科专业建设,正谋势而动积极筹划新闻学专业课程建设及其教材开发工作。湖北第二师范学院新闻与传播学院借力中国武汉光谷腹地的区域特色优势,因地制宜、充分挖掘各类资源,将新闻传播学科教育与传媒行业发展前沿深度融合,紧密结合教师教育特色、新闻传播教育本色,结合传媒行业技术,注重特色化、个性化发展,努力实现"知识+技能"向"知识+技能+价值"引导的转变,持续激活服务地方经济文化创新区域发展的生长点和活力点。该院中青年博士教师团队积极研发了"普通高等学校'十四五'规划新闻传播类专业交叉复合型人才培养实践指导示范系列教程"教材,此套教材将作为湖北第二师范学院地方高等学校新闻学国家级一流本科专业建设与教学改革的部分成果。

地方高等学校新闻学国家级一流本科专业教育教学改革创新迫在眉睫,地方高校新闻传播学科发展与人才培养,需要高质量的课程开设及配套教材,然而,目前以大实验观指引的偏实践技术、实验实操、案例型的与地方高等学校新闻学本科专业人才培养匹配的系统化示范型教材甚少,有限的教材呈现的特点是:理论性多,实践指导不足;应用型少,优质案例指引匮乏;院校与行业交叉联合少,地方院校特色不突出;单品种少,且无系列规划。当前亟待设计编撰推出既区别于高职高专简单的操作性和知识型教材,又区别于综合型重点院校偏理论性和研究型需求教材,突出地方高校办学与人才培养特色,既重服务地方发展的实践指导又不失学理基础支撑,同时调整原来一本纸质教材三五年才考虑修订,教材开发远远落后于新闻学专业发展形势的现状,以技术引领、实践操作和优质案例教学为主的系统性教材,并配套数字资源,不断更新丰富以大大加快纸质教材更新换代的频率。

本套系列教材将以能够"引领核心价值,融合学科,融合行业,融合技术"的新闻传播融合型教材编撰为目标,推行专业建设和改革,总体框架和基本思路为:核心价值观树立—融合实践内容建设—高水平课程打造—学界业界联合。

湖北第二师范学院为推动全国地方院校新闻学国家级一流专业建设与人才培养,立足省属特色师范院校,联手业界,产学合作,注重思想引领和价值塑造,加强服务湖北的媒体乃至区域化经济发展,优化专业人才培养方案的模块化课程群,采用案例式、现场式、任务型实践教学手段,为构建新闻学人才培养新范式和新闻传播学科育人体系,积极打造多维共建实践教学模式下融合实战指导系统化教程系列,即"普通高等学校新闻传播类专业交叉复合型人才培养实践指导示范系列教程"。

本系列教材以湖北第二师范学院获批地方院校新闻学国好家级一流专业建设期3年为一个规划时段,坚持需求导向、分类指导、多维共建、深度融合、服务区域的基本原则,遵循全国地方院校新闻学国家级一流专业建设统一性、梯度化和标杆化三个标准,参照教育部卓越人才2.0计划,对照专业定位和学校定位,传承教师教育特色,发挥新闻传播应用转型底色,以新闻学为核心,辐射广告学和编辑出版学,形成一体两翼,以实践指导教程为主,立足本土化主流媒体优质案例,注重校企合作协同育人,学界业界优势互补,理论实践深度融合,凸显地方化、特色化和示范性。

本系列教材获得湖北日报社、长江日报社及华中科技大学出版社大力支持,组建编委会并推荐遴选经验丰富、学院或业界有副高及以上职称专家担任每种图书的主编,拟定编写体例、编写样章,同时参与审定大纲、样章,总体把控书稿的编写进度。基于省属院校特色,以融合学科、融合行业、融合技术的新闻传播专业交叉复合型人才培养,推动信息技术与教学教研深度融合,助力专业建设和改革为己任,注重激发激发学生内驱力,打造传媒大数据和新闻可视化制作等课程教学"全媒体+区域化+交叉融合"课程体系,为订单式、嵌入式教学、合作式发展新机制驱动下跨学科融合型区域化社会服务型新闻传播人才独具地方特色的国家队培养输送力量。

新闻传播学科与媒体行业密切,发展日新月异,纸质教材通过配套数字资源的不断更新换代,在较大程度上消除了传统纸质教材更新换代缓慢、周期长、效率低的弊端。在编写体例上本系列教材再寻求创新与突破基础上加强配套数字资源建设,注重纸质图书与配套数字化教学研究资源的深度融合,配套并不断丰富PPT课件、案例库、习题库、视频库、图片库等资源,实现纸质教材配套资源数字化。

"普通高等学校'十四五'规划新闻传播类专业交叉复合型人才培养实践指导示范教程暨地方高校新闻学国家级一流专业建设与区域化服务创新成果"第一批收录了四种教材,包括《新闻摄影报道实训教程》(陈瑛 主编)、《融合新闻编辑实训教程》(方艳、胡亚婷 主编)、《文化产业创意与策划》(陈欣、罗政 主编)、《短视频编导制作》(张国新 主编)。

"普通高等学校'十四五'规划新闻传播类专业交叉复合型人才培养实践指导示范教程暨地方高校新闻学国家级一流专业建设与区域化服务创新成果"的出版,要特别感谢湖北第二师范学院专项建设资金支持,我们期待这批成果的问世能为培养和输送"讲政治、懂国情、有本领、接地气"的跨媒体复合型人才探寻新路。

陈瑛

2022年12月21日

目录
Contents

/1 导 论

第一章 编辑素养的建构
- /13 第一节 实训教学的理论知识
- /21 第二节 实训教学的拓展文献
- /28 第三节 实训教学展示与评价
- /41 第四节 实训教学的作业设计

第二章 新闻产品的设计
- /42 第一节 实训教学的理论知识
- /46 第二节 实训教学的拓展文献
- /56 第三节 实训教学展示与评价
- /82 第四节 实训教学的作业设计

第三章 新闻报道的策划
- /83 第一节 实训教学的理论知识
- /94 第二节 实训教学的拓展文献
- /106 第三节 实训教学展示与评价
- /113 第四节 实训教学的作业设计

第四章　新闻稿件的选择　/115

第一节　实训教学的理论知识　/115
第二节　实训教学的拓展文献　/122
第三节　实训教学展示与评价　/131
第四节　实训教学的作业设计　/142

第五章　新闻稿件的修改　/143

第一节　实训教学的理论知识　/143
第二节　实训教学的拓展文献　/149
第三节　实训教学展示与评价　/157
第四节　实训教学的作业设计　/163

第六章　新闻标题的制作　/167

第一节　实训教学的理论知识　/167
第二节　实训教学的拓展文献　/192
第三节　实训教学展示与评价　/201
第四节　实训教学的作业设计　/208

第七章　新闻图片的编辑　/214

第一节　实训教学的理论知识　/214
第二节　实训教学的拓展文献　/242
第三节　实训教学展示与评价　/249
第四节　实训教学的作业设计　/256

第八章　新闻版面的设计　/264

第一节　实训教学的理论知识　/264
第二节　实训教学的拓展文献　/274

/300　第三节　实训教学展示与评价
/326　第四节　实训教学的作业设计

/327　**参考文献**

/328　**后记**

导 论

媒体融合和融合新闻已然成为一种生态、一种环境,其本身的实践与理论探索以及由此引发的新闻传播行业的变革成为高等教育领域的关键词之一。"在世界的许多地方,一种具有革命性的新闻进化方式日益凸显,即融合。作为21世纪初的新闻学人才,你必须了解融合,因为它很可能影响你职业道路的推进。接下来的十年中,你可能会在多种不同媒体平台上与不同同事合作,也可能与同样的人共事但报道形式不同。为了迎接这个新纪元,所有的新闻人必须知道怎样为不同媒体报道,怎样恰当地为这些媒体写作。"[1]这种预言已然成为现实。

党的十八大以来,习近平总书记和党中央洞察大势、放眼全局,坚定不移地推进媒体融合发展。从强调"过不了互联网这一关,就过不了长期执政这一关",到强调"使互联网这个最大变量变成事业发展的最大增量";从提出"打造一批具有强大影响力、竞争力的新型主流媒体",到提出"加快构建融为一体、合而为一的全媒体传播格局";从制定实施《关于推动传统媒体和新兴媒体融合发展的指导意见》,到中央政治局以"全媒体时代和媒体融合发展"为内容进行集体学习等一系列重要论述。一系列重大部署,指方向、定目标、明路径、提要求,为媒体融合发展提供了根本遵循,注入了强劲动力,推动党的新闻舆论工作进入了新的境界。[2][3] 重塑媒体的策采编发流程,打造好、运用好"中心厨房",我们需要创造性地把党中央关于媒体深度融合的决策部署落到实处。

《融合新闻编辑实训教程》这本教材正是在媒体融合爬坡过坎、吃劲要紧的关键阶段,对新闻编辑人才培养的探索,也是对新闻学专业新闻编辑这一课程实践实训的思考和总结。新闻编辑不仅仅是一份职业、一种角色,而且是信息生产的一个重要环节。它有自身的流程、规律、规范。我们不仅要掌握和遵循新闻编辑的基本要求,而且要把握和洞悉其最新动态,预测和拥抱其未来发展。

一、反向设计:描绘成果蓝图

确定明晰的学习成果预期,这是本课程和本教程的起点。新闻编辑为何要进行实训教

---

[1] Stephen Quinn, Vincent F. Filak. Convergent Journalism: An Introduction[M]. Amsterdam: Elsevier, 2005: 3.
[2] 钟轩研:《媒体融合是一场不容回避的自我革命》,《人民日报》,2019年4月3日4版。
[3] 《人民日报人民论坛:媒体融合是一场不容回避的自我革命》,2019年4月3日,http://opinion.people.com.cn/n1/2019/0403/c1003-31010162.html。

学,为何要进行相应的实训,除了新闻编辑本身的实践性特征,更重要的是受课程目标、毕业要求一致性和达成度的影响。学习成果应该可清楚表述,并可直接或间接测评,因此往往要将其转换为绩效指标。确定学习成果时,要充分考虑教育利益相关者的要求与期望。这些利益相关者既包括政府、学校和用人单位,也包括学生、教师、校友和学生家长等。

《融合新闻编辑实训教程》正是在充分了解社会对人才的需求和授课对象的基础上,秉持OBE(Outcome-based Education)教育理念,为学生量身打造多种形式的课程实训项目,优化课程设计,践行以学生为中心、反向设计(以终为始,把追求的终点作为起点)、以评促改地持续性改进的教学实施和教学评价系统性流程,进行经验总结、成果积累,是应用型教材建设的尝试。

OBE即产出导向教育,也称为成果导向教育,是一种以教育产出效果作为教学评估主要导向的教育模式,其理念的核心是"以学生为中心,成果导向,持续改进"。OBE教育模式具有明确的学习成果预期、反向的课程设计、灵活的教学设计、精确的学习成果评估等特点。我国高校质量保障体系和专业质量标准已经把OBE作为一种指导理念,贯穿于教学设计、教学实施和教学评价系统化全流程中。

新闻编辑的课程思政目标,即在新闻编辑以及新媒体信息编辑的理论学习和实训中,理解和领会马克思主义新闻观对新闻编辑工作的指导意义,将政治性与思想性原则、真实性与客观性原则、应用性与服务性原则贯彻到新闻编辑工作中,培养新闻编辑人员的政治素养、理论素养、业务素养、知识素养、职业道德素养和法律法规素养。在专业知识学习和能力提升的过程中,培养学生的人际交往能力、认真负责的精神、谦虚谨慎细致的作风,培养爱祖国、讲政治、有理想、接地气的新闻传播或信息传播人才。

新闻编辑的课程目标具体可以分解如下:①以马克思主义新闻观为指导,认识技术带给新闻特别是新闻编辑职业和职业技能的影响;②了解新闻编辑工作的发展历史、基本规律和基本经验;③掌握新闻编辑工作的基本知识和技能;④初步具备从事新闻编辑工作应有的基本素质;⑤培养组织、策划、信息呈现能力;⑥拓展新闻编辑为信息编辑,服务基层,掌握为政务、高校、企业媒体信息编辑和宣传工作服务的基本能力。本课程以新媒体发展及媒体融合为背景,与学生探讨有关新闻编辑以及信息处理和信息表达的一些问题。

本课程除了基本常识问题的介绍,主要遵循以下流程:先是基于媒介定位进行选题策划,然后确定选题,展开选题,根据选题搜集相关信息,进而确定表达该选题的逻辑框架,之后选择适当的形式,用可视化和互动化的方式来呈现信息。这是选题、策划、发散思维、整合思维、产品设计等综合能力和素质的体现,是内容和形式优化呈现的思维流程。

课程的培养目标应该与学生的毕业要求相符合。不同的院校定位、专业定位的差异化影响着课程目标的确定,这就决定了课程的培养目标和毕业要求的观察指标点的差异化。新闻编辑这一门课程有其基本的固定的内容、流程和标准,同时有与时俱进的魅力、创新和突破。不同院校的人才培养引起因定位不同而实现差异化的错位培养,以适应社会发展的需求,这是一种必然选择。

不同院校基于确定的课程目标,建构课程体系和教学体系,明确教学目标、课程内容、实训活动的对应关系,为毕业要求的达成度开展相应的教学活动。学习成果代表了一种能力结构,这种能力主要通过课程教学来实现。因此,课程体系的建构对达成学习成果尤为重要。能力结构与课程体系应有一种清晰的映射关系,能力结构中的每一种能力的培养要有明确的课程来支撑,换句话说,课程体系的每门课程都要对实现能力结构有确定的贡献。课程体系与能力结构的这种映射关系,要求学生完成课程体系的学习后就能具备预期的能力结构(学习成果)。

编写此教程,我们参考了《新闻编辑》[①]的体例和基本内容。《新闻编辑》目录分为九章,除绪论外,从第一章到第九章内容分别是新闻编辑工作的内容与原则、新闻编辑人员的素养与能力、媒介定位与新闻编辑方针、新闻报道的策划与组织、新闻稿件的选择和编辑、新闻标题制作、新闻图片编辑、版面设计、多媒体新闻编辑与互动管理。可见,目录内容本身就呈现一定的流程性,有时间的先后。因为第九章多媒体新闻编辑与互动管理与本专业开设的新媒体编辑和网络编辑实务等课程边界处理的需要,这一板块不是新闻编辑课程学习的重点,而是贯穿于相应的环节中,所以我们没有将其单独作为实训教学流程的一个环节,而是渗透到相应的流程中。比如版面设计中,我们会设计相应的实训,有界面、网页的设计,里面涉及音频、视频等的编辑,也涉及互动管理的设计。

教学大纲中的内容可以很好地渗透在图0-1所显示的课程教学活动的各个环节,构成基于活动的实训内容及流程。编辑素养的建构,关注编辑作为专业人员所应具备的素养,要求以"人"为基点开启实训。而编辑本身就是一种角色,是一类"人",所以新闻编辑课程应以人为本,以学生为中心,促进学生的知识、素养、能力的养成。从"新闻产品的设计"开始,"新闻报道的策划""新闻稿件的选择""新闻稿件的修改""新闻标题的制作""新闻图片的编辑""新闻版面的设计"则从宏观或微观的角度将新闻编辑工作的流程展示出来。我们将编辑作为一项规范的流程性活动,完成相应的实践任务,实现相应的教学目标。

二、正向实施:创设成功环境

在确定成果目标,即明确学生应取得的学习成果,并回答了我们为什么要让学生取得这样的学习成果后,接下来要考虑的便是支撑成果完成的教学设计和教学实施,即我们如何有效地帮助学生取得这些学习成果。《融合新闻编辑实训教程》根据学校定位、专业培养方案、大纲要求、课程内容等进行教学设计和教学实施,创设成功环境,以学生为中心,按照层次化、多元化的要求,制定不同的教学方案,进行不同能力层级的教学设计,提供可供选择的不同的学习机会,力求激发每一位学生的积极性和主动性,并使其实现个性化发展。

鉴于新闻编辑课程内容的特点,我们建构了有宏观指导意义的关涉新闻编辑主要内容的"活动-角色"结合型课程教学流程实施模式。[②] 在课程教学的流程中,既包括各项教学活动,又体现教师和学生对活动的执行。流程实施秉承活动观和角色观理念。教师是课程教学最基础、最直接的引导者,学生是活动角色的主体。流程是以活动为基础的,活动是构成流程的基本要素。流程的活动观认为流程是由活动及其依赖关系组成的。[③] 以角色为中心

[①] 《新闻编辑》编写组:《新闻编辑(第二版)》,高等教育出版社,2019年。
[②] 方艳:《"活动-角色"结合型课程教学流程管理模式探析——以"新闻编辑"课程教学为例》,《湖北第二师范学院学报》,2019年第4期。
[③] Davenportth,Short J E. The new industrial information technology and business process redesign[J]. Management Review,1990,31(4):11-27.

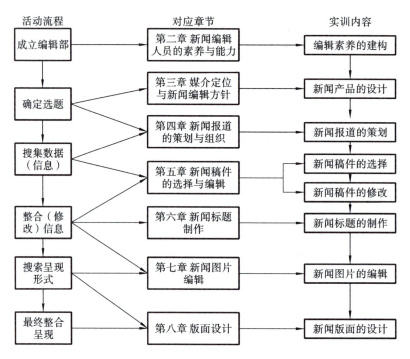

图 0-1　基于活动的实训内容及流程

(说明:对应章节是指对应的理论教材的章节,具体教材信息是:《新闻编辑》编写组:《新闻编辑(第二版)》,高等教育出版社,2019 年。)

的流程描述则从人的角度审视组织流程的设计和改进,把流程视为一个有机的社会系统,认为它是由参与者之间的工作关系构成的工作过程[①],流程的运行是通过附属于特定活动上的人员的工作进行的[②]。

新闻学专业的采写编评等课程,其很多内容本身就体现一定的流程性。在这种流程性活动中,结合角色综合执行,一方面体现新闻业务的连贯性和链条性,另一方面体现角色主体的关系性和协调性,这对教学效率的提高和新媒体时代"公共传播复合型人才"的培养都是一个有益的尝试。

1. 基于活动的流程实施:课程内容分解为相互关联的活动

活动对应于流程中的任务及其分解后的子任务,主要反映流程中的任务操作行为和过程,活动之间相互关联的逻辑关系则代表了流程的规则。这种基于活动的流程观认为任何任务都可被分解为有限的具体的可执行的子任务,这些子任务整合起来就是流程。比如报纸编辑部中新闻编辑的主要工作流程可以做如下分解:确定编辑方针—新闻产品的设计—新闻报道的策划—分析选择新闻稿件—修改新闻稿件—制作新闻标题—图片的编辑—版面设计。

这是传统媒体时代编辑工作的主要流程。以上教学流程包含八个活动,活动之间既相

---

① Galbranh J R. Organization design[M]. Reading:Addison-Wesley,1977.
② 赵卫东、黄丽华:《面向角色的多 agent 工作流模型研究》,《管理科学学报》,2004 年第 2 期。

互关联,又体现着流程性,呈现一种链条样式。在当今媒介环境下,我们需要关注新技术为新闻编辑流程带来的影响和变化。在实际的教学过程中,为了增加可操作性,结合当今的大数据新闻特征,我们对以上传统的教学流程进行了调整(见图0-2)。

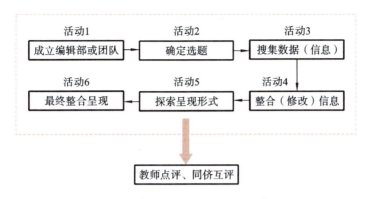

图 0-2 基于活动的课程流程实施

(注:虚线代表其开放性,比如资源的开放性、外界因素的介入等。)

其中,成立编辑部或团队旨在培养学生的团队协作能力,让学生对自己的团队成员素质和组合规则有一定的认识;确定选题是为了培养学生的新闻敏感性,使学生能够进行媒介定位,选定有新闻价值且自己感兴趣的选题,同时注重培养学生的选题策划能力,每个团队确定的选题一般不一样,这样可以满足学生多元化的兴趣;搜集数据(信息)考查学生搜集信息的广度、深度、渠道,使学生学会检索等基本技能,掌握一定的研究方法;整合(修改)信息包括标题制作、稿件修改等对新闻的基本加工技能;探索呈现形式是指找到呈现内容的最佳形式,比如图表、动画等;最终整合呈现体现在稿件配置和版面设计的具体操作中。

当然,在媒体融合时代,新闻编辑流程有更丰富的内容,其呈现样式也更加丰富多彩,除了文字、图片之外,音频、视频、动画、互动设置等也是其基本内容,最终的新闻产品也不再限于平面设计的报纸,可以是"两微一端"等其他多渠道、多平台构成的媒体矩阵新闻呈现形式。

在整个教学流程中,体现新闻业务学习的操作流程,是按照一定的顺序进行的,以方便学生对课程内容进行系统把握。每一环节的每一个活动都有教师点评和同侪互评,这样能及时发现问题,也是教学设计中的每一个环节得以落实的保障。当然,对于平行结构或者其他结构的课程内容,我们用平行的或者其他适合的分解方法,将其分解为各个活动,进而进行课程实践活动的实施,也是具有可行性和可操作性的。

2. 基于角色的流程实施:活动主体分工为动态交互的角色

有关流程实施的角色理论认为,流程的活动是由各种参与者完成的。在课程教学流程中,学生之间特别是组成团队的成员之间是一种协作关系。团队角色之间往往会进行一定的分工,角色之间的交互是具有创造性的。

如前文所述,我们将课程教学中的各个环节称为各种活动,角色参与或者主导活动的执行。在这个过程中,角色之间有着复杂的关系。在课程教学流程实施中要发掘不同角色之间的关联,关注不同角色的个性化的交互活动能优化教学流程实施。我们对基于角色的课程教学流程实施进行了梳理,其基本思想大致可以用图0-3表示。

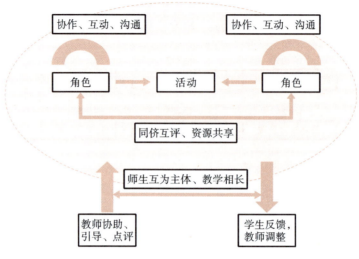

图0-3 基于角色的课程教学流程实施

(注:虚线代表其开放性,比如资源的开放性、外界因素的介入等。)

由图0-3可见,主体之间的交互性能促成主体之间的相互学习、沟通,并使主体完成某些必要的适应活动,这有助于课程教学的展开,同时师生之间的交互也极有可能达到教学相长的目的。但有一个问题不容忽视,参与课程教学的教师和学生都是独立的个体,其行为具有不稳定性,特别是富有个性的多个学生主体,这些因素可能会给课程教学流程实施带来负面影响。所以在这个过程中,教师要充分发挥主观能动性,应变各种突发情况等不稳定因素。

3."活动-角色"结合型课程教学流程实施模式探索

以上两部分内容是对以活动和角色为中心的两种课程教学流程实施模式的阐述,这是在此提出"活动-角色"结合型课程教学流程实施模式的基础。"活动-角色"结合型课程教学流程实施模式的宗旨在于发挥前面两种流程实施模式的优势,进而优化教学流程落实的效果。

在实践中,我们进行了尝试和探索,比如,通过角色带动活动、创造活动。基于活动的流程实施将课程教学流程视为完成教学目标而进行的一系列逻辑相关的活动的有序集合,这符合我们的惯常思维。我们将这些序列化活动按照一定的进度分配给不同的小组或团队,实践角色带动活动、创造活动的模式,如图0-4所示。

"活动 n"是课程教学流程中的一个环节、一个任务,围绕单个的环节、活动和任务,各个角色执行任务,这样就延伸、丰富了教学内容,让由序列化活动组成的原本的课程内容体系更加丰盈,互补分享,参照比较,开拓了师生的思路。需要注意的是,各个角色的活动均不能偏离本身的教学内容体系,需要遵守一定的规范。

基于活动的流程实施将课程教学流程视为为完成教学目标而进行的一系列逻辑相关的活动的有序集合,实施过程中需要调控和评价,这是有序执行教学过程的保障。而角色理论

图 0-4　角色带动活动、创造活动模式

（注：活动 n 代表课程教学流程中的活动序列中的一项，n 指具体的 1、2、3 等数字。）

认为，角色是流程中最活跃的因素，流程的变化经常可以对应角色方面的原因[①]，因此，在充满可能性和创造性的教学活动中，角色因素很多时候在教学实践的活动中具有更大的灵活性和更强的问题解决能力。但我们也不能无限地夸大角色在流程实施中的作用。我们既要强调人的能动性、应变性，又要强调规范性、科学性，这是我们实践的"活动-角色"结合型课程教学流程实施模式的基本思想。

活动有了角色的参与便有了无限的可能，课程教学就成了创造性的活动；角色在不同的活动中便有了持续的学习动力，师生将有更充裕的时间、更广阔的空间去思考和创造，这样也方便课程教学过程中的动态考核。过程性评价更具有激励性质，也更科学，方便师生参与到整个教学链条中，形成一种持续性的良好的学习氛围。角色带动活动是对课程教学流程的开放，也是对活动角色的自由和开放。但无论怎样的自由和开放，都必须在特定的教学目标和课程教学流程体系中进行，不能脱离主体活动这一根"红线"。考核或评价是对角色的激励，亦是调整和规范教学设计的实施过程。

三、以评促学：动态持续改进

以成果导向为起点，反向设计，成果预期明晰，这让教与学导向清楚，解释了为什么要开展针对性的教学实践活动和教学设计。创设多元化的成功环境并正向实施教学设计，开展教学过程，这解决了成果预期转化为现实的问题。最后，还有一个不可缺少的环节，同时也是贯穿整个教学过程的活动，即教学评价。要想知道学生是否已经取得了相应的学习成果，或者通过学习获得了怎样的能力，我们需要进行动态的评价，并根据评价结果不断改进和优化后续的教学过程。

1. 宏观层面：内外需要、培养目标、毕业要求达成度考核后的持续改进

从宏观层面来讲，要以动态、开放的思维和思路进行评价，并且以评促学、以评促改。其中的关键是，评是为了改进，从而达成相应的目标，实现教学的功能。

首先，评价毕业要求是否与培养目标相符，如果不相符，就要改进毕业要求或者培养目标；然后，评价毕业要求或者培养目标是否达成，如果没有达成，就要改进教学活动。教学活动的改进包括课程体系、师资队伍、支持条件、学生的学习机会、教学过程和教学评价等方面。持续性的改进活动要求建立一种有效的持续改进机制，从而实现如下功能：能够持续地

---

① 赵卫东、戴伟辉：《流程的角色观及其管理》，《工业工程与管理》，2004 年第 2 期。

改进培养目标,以保障其始终与内外部需求相符;能够持续地改进毕业要求,以保障其始终与培养目标相符;能够持续地改进教学活动,以保障其始终与毕业要求相符。当然,这种评价和改进除了教学本身能力水平提高的驱动,还有社会环境变化的使然,比如业界环境的变化对人才需求的标准发生了改变。

2. 微观层面:时间、空间多维评价基础上的持续改进

新闻编辑作为实践性很强的课程,课堂内与课堂外的有效结合是课程优化的必由之路。我们可以借助相应的教学平台和教学模式来实现课堂内外的有机结合,使其共同发挥作用。其具体路径是知识传授通过信息技术的辅助在课后完成,知识内化则在课堂中经教师的帮助与同学的协助而完成。比如,"翻转课堂"让之前的消费式课堂变成了生产式课堂和创造式课堂[①],随着教学过程的颠倒,课堂学习过程中的各个环节也随之发生了变化。这对内涵越来越丰富的新闻编辑课程改革是不无启发的。

(1)时间维度评价基础上的持续改进。

"翻转课堂"最首要、最基本的表征元素即为时间的翻转。时间是教学活动的基本元素。在"翻转课堂"教学理念下,依据教学设计,将课堂内外的内容进行合理组织和评价。

首先要做的是改进传统教学过程。传统教学过程通常包括知识传授和知识内化两个阶段。知识传授通过教师在课堂中的讲授来完成,知识内化则需要学生在课后通过作业、操作或者实践来完成。改进传统的教学过程之后,特别强调学生的课前学习,建构课前、课中、课后的全流程教学模式。

相应地,评价维度和评价方式也要发生改变。"翻转课堂"的很多学习过程是在"后台"完成的,而学生的成果更是表现为一个潜移默化的过程,是一种积淀。对教师来说,这对课后学习资源的建设提出了更高的要求。其间,激发学生的自主学习兴趣和能力非常重要。"翻转课堂"的核心就是学生先学,教师后教。问题的关键在于,学生怎样自主去学全新的东西、怎么学、应学到什么程度,以及学到了什么程度。这一方面需要唤醒学生的内驱力和积极性,提高学生的参与度;另一方面需要教师的精心策划、科学考核。这样的评价也更具难度,需要确定合理的考核指标,也需要将过程和综合成果结合起来评价。

我们将师生双主体的教与学的主体过程分为课程设计、课前学习、问题生成和课堂内化。在时间维度上的评价,需要根据改进的学习过程秉持先进的理念:课程设计时,以学生的兴趣和教学内容为前提;课前学习时,以学生的参与性和积极性为主旨;问题生成时,以师生互动与创造性生产为理念;课堂内化时,以针对性和探究性高效课堂为目标。之后是评价反馈、能力提升、教学相长、评估改进的完成,进而优化课程设计[②](见图0-5)。

(2)空间维度评价基础上的持续改进。

在信息技术发展的时代,新闻编辑课下的空间得到了极大的拓展。实践教学的空间得以拓展,一是实践过程真正运行于课堂外,二是课下成为课堂的前奏或者后续。伴随时间翻转的学习空间的变换,课堂与课下的内涵发生了变化,从一定意义上来讲,原来的课堂移到

---

① Meris Stansbury. A first-hand look inside a flipped classroom [EB/OL]. [2012-02-18]. http://www.eschoolnews.com/2012/02/09/a-first-hand-look-inside-a-flipped-classroom/.

② 方艳:《信息技术发展下〈新闻编辑学〉"翻转课堂"理念的建构》,《湖北第二师范学院学报》,2015年第1期。

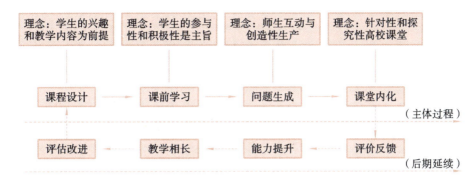

图 0-5 时间维度评价基础上的持续改进框架

了课下,课堂成了课程生成和富有创造性的空间,是一个互动互构的空间。

课堂也可以实现空间的拓展,这样就能实现优质教学资源的最大化利用,也能培养学生"进行新闻信息整合加工的能力,以及针对多样性的新闻发布渠道和新闻载体进行新闻信息资源深度开发、打造新闻信息产品链的能力"①。同样以师生双主体的教与学的主体过程为主线,空间拓展体现出如下特征:校内与校外、线上与线下、课上与课下等结合,如图 0-6 所示。

空间的拓展尤为必要,空间拓展的评价可以和时间维度结合起来,利用相关的技术手段进行。关键问题是,这种评价可以放在前文所述的正向实施过程创设的成功环境中,不仅能形象直观、生动具体地进行评价,而且可进行知识、能力、素养等多维度的评价。比如,教师可以安排学生建立自己的微博微信账号,进而进行文本写作、转载、推广,跟踪其平台或者帖子的关注度;或者让学生分工协作,实践融媒体平台下的新闻生产流程,延伸新闻编辑链,往前延伸到采访与写作,往后延伸到后期制作,不同的平台发布。这样一个历时较长的过程在有限的课堂是无法完成的,而且也只有让学生在真真切切的实践环境中体验新闻编辑的职责、压力还有成就感,才可能激发他们的学习自觉性和兴趣。

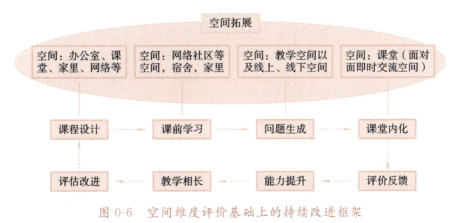

图 0-6 空间维度评价基础上的持续改进框架

---

① 蔡雯:《继承、拓展与创新——对新闻编辑课程的教学改革及思考》,《新闻战线》,2008 年第 3 期。

3. 操作层面：个性化评定、分层评价基础上的持续改进

对于新闻编辑实训课程的评价，《融合新闻编辑实训教程》体现了个性化评价和分层评价相结合的考核和评价方式。

（1）个性化评定。

个性化评定即基于学情，根据学生个体差异，制定个性化的评定等级，根据前文所述的流程，实施教学实践，并适时进行评定，从而准确掌握学生的学习状态，对教学进行及时修正。

在实训活动中，个性化评价以达成性评价为主，比较性评价为辅。传统教育强调比较性评价，在学生之间区分出优、良、中、差等不同等级。OBE理念强调自我比较，而不是学生之间的比较；强调是否达到了自我参照标准，其评价结果往往用"符合/不符合""达成/未达成""通过/未通过"等表示。由于采用学生各自的参照标准，而不是学生之间的共同标准，评价结果没有可比性，不能用于比较；而且在整个实训的过程中，实训活动必选项一般采用以比较性评价为主的评价，实训活动的非必选项（即自由选做，或者加分项）则适用于个性化评价。

教学评价应以每位学生都能掌握基本内容为前提，不再区别优等生、差等生，因为只要给每位学生提供适宜的学习机会，他们都能达成学习成果。个性化评定是新闻编辑实训评价的一个特点。

（2）分层评价。

课程的实训应强调能力本位，以理解、实操等能力的提升为目标，将识记等作为基本层次的目标需求。教育应该培养学生适应未来生活的能力，教育目标应列出具体的核心能力，每一个核心能力应有明确的要求，每个要求应有详细的课程与之对应。这是最基本的成果导向和评价标准。

与马斯洛需求层次理论相似，学生的新闻编辑实训的目标需求亦可分层。这是在实训教程中秉持的评价原则。比如，在第一章"编辑素养的建构"里面，实训评价的分层标准表述为："此实训进行分层评价。第一层，就检索的招聘公告进行归纳总结。第二层，理论知识学习，在对招聘启事进行归纳分析的基础上，对编辑的知识能力及素养进行总结。第三层，在前面理论知识学习和招聘启事总结的基础上，提升认知，最好能在实践中加深体会，并分享实践经验总结，或者对业界相关岗位的人员进行访谈获得相应的认知。第四层，在前面几层的基础上形成知识体系的建构思维，力求将新闻编辑的知识能力结构建构成体系。第一层到第四层由低到高对应不同的评价等级及分数。第五层，思政教育效果评价，通过实训和作业点评反馈，引导学生树立目标意识，做出新学期规划，进一步思考人生规划。根据第一层到第五层给出不同的评价。"每个学习需求层次得到实质的满足后，才会激活下一个学习目标；学生的学习需求由低到高逐层上升，较高层次的需求主要通过内部提升使学生得到满足。

OBE要求学生将掌握内容的方式，从解决有固定答案问题的能力拓展到解决开放问题的能力。OBE更加关注高阶能力，例如创造性思维的能力、分析和综合信息的能力、策划和组织能力等。这种能力可以通过以团队的形式（比如前文所述的"成立编辑部"）完成某些比

较复杂的任务而获得。在新闻编辑的实训过程中,亦有对团队协作能力的考核,这就对激发每一个个体的积极性和主动性,以及团队评价与个体评价提出了更高要求。

任课教师团队应结合教学反思报告来调整教学活动,以提高教学活动与学习成果的匹配度,更有效地帮助学生实现学习目标;与此同时,对学生的学习需求层次进行调整,将反思的结果和成果运用到后续流程的实施过程中,或者反馈给相关任课教师,使其在下一阶段的教学过程中得到参考,并对教学活动进行持续性改进。

第一章 编辑素养的建构

本章导读

新闻编辑人员的基本素养包括政治素养、理论素养、业务素养、知识素养、职业道德素养和法律法规素养。在进行实训的时候,可以综合各种素养进行设计,也可以针对性地侧重某一素养进行设计。本教材在混合式教学和对分课堂教学模式运行下,采取自学指导与实践实训相结合的方式,对某一素养进行实训练习。教师在把握每一素养的关键要素之后,根据要素的独特性,可设计差异化的实训环节,对学生进行必要的实训。

在以往对新闻的认识中,知识(knowledge)是一个被长期忽略的维度。本章以知识素养的建构探究编辑素养的建构。知识素养作为新闻学专业学生从业前的必需储备,在帮助他们培养专业自信、建立专业归属感方面起着至关重要的作用。在教学的过程中,师生作为实践共同体,如何建构知识素养体系,如何提升教学效果,如何促使其产生更多的衍生价值,以加强学生主体、教师/学校、业界/社会之间的互动互构,这是需要解答的问题。本章实训教学的理论知识分为知识素养培育的体系建构、知识素养培育的教学实践、知识素养培育的衍生价值来进行教学研究上的思考。实训教学的拓展文献旨在为本章的教与学提供参考资料,把握前沿。实训教学展示与评价突出实训过程评价、课程思政评价,并且作业不拘泥于形式(PPT、表格、文字等皆可),形式为内容服务,全方位、全过程体现编辑意识和编辑素养。实训教学的作业设计目的有两点:一是让学生认识到当今媒体环境的变化;二是让学生通过招聘公告等把握业界当前的人才需求,理解当今相关岗位对编辑能力和素养的要求,为自身的学习和就业打下基础。

第一节 实训教学的理论知识

一、实训教学设计的模式

在《新闻编辑》的学习中,学生对于新闻编辑人员必需的素养和能力相对来说容易理解,但是不容易拥有,需要在理论学习和实践训练中不断积累和提升。为了让学生有深切的体会,认识到该课程和编辑素养的重要性,需要充分调动学生的积极性和参与性;同时要提高学生的自学能力和创新思维能力,使学生能提出问题、分析问题,并尽力去探寻解决问题的路径和方法。作为课程思政的目标来说,需要鼓励学生养成勤奋品质,通过对能力和素养的认知找到自己的差距,给自己准确定位,制订学习计划,增强目标感。

1. 混合式教学的实施流程

借鉴"翻转课堂"的经验,按照课前、课中、课后三个阶段来逐步展开混合式教学。

在课前,教师利用网络学习平台或者社交媒体工具(比如微信群等)分享相关的资源,指导学生进行自主学习。学习资源包括相关知识的课件、视频,以及研究论文。教师布置的学习任务和目标要明确,并通过相关平台或者班干部等收集学生在自主学习过程中遇到的困难或者提出的建议,形成课前自主学习反馈,这样有利于教师在进行课堂教学时有的放矢。必要的情况下,教师可针对性地进行课前答疑,以提升学生自主学习的效果。

在课中,教师可安排学生以自主探究或合作学习的方式展开学习。在这个过程中,学生可以对学习资源进行点评、分享和提问;学生也可以展示自己的相关成果、作业,交流学习心得和体会,展示研究性学习成果。

在课后,学生根据课前、课中的学习,以及教师和同学的指导或建议,修改、提炼、完善自己的学习成果和反思总结。更进一步,学生根据自己的实际情况和就业意向(授课对象为大三学生,一般具有相应的就业意向;若不具备,则可以通过此次实训明晰目标定位),提升实训成果的应用效果和实际价值。

2. 对分课堂模式的尝试

根据课前、课中、课后的三阶段混合学习模式,我们可进一步以学生为中心,进行对分课堂模式设计。对分课堂的核心理念是把一半课堂时间分配给教师进行讲授,另一半分配给学生以讨论的形式进行交互式学习。类似传统课堂,对分课堂强调先教后学,即教师讲授在先,学生学习在后;类似讨论式课堂,对分课堂强调生生、师生互动,鼓励自主性学习。[1]

对分课堂的理念能给我们一定的启示。在课程设计上,对分课堂主张讲授与讨论并重;

---

[1] 牛树林:《对分课堂在大学课堂教学改革中的新探索》,《现代职业教育·高职高专》,2017年第31期。

在考核方法上,对分课堂强调过程性评价,并关注不同的学习需求,让学生能够根据个人的能力素养、知识水平、人生目标进行针对性学习和对标,根据个人的学习目标确定对课程的投入,同时让学生内化于心,外化于行,提升学习效果。

新闻编辑人员的基本素养包括政治素养、理论素养、业务素养、知识素养、职业道德素养、法律法规素养。在进行实训的时候,可以综合各种素养进行设计,也可以针对性地侧重某一素养进行设计。本教材在混合式教学和对分课堂教学模式运行下,采取自学指导与实践实训相结合的方式,对某一素养进行实训练习。

在以往对新闻的认识中,知识是一个被长期忽略的维度,这在一定程度上是因为对新闻业专业性的否定。[①] 2020年"清华大学新闻与传播学院取消本科"的消息在互联网广泛传播,更是引发了人们关于"新闻无学""新闻人才培养方式"的热烈讨论。而实际上,"知识"这一概念不仅与"专业""权威""边界"等与新闻业危机相关的一系列核心概念有关,而且其本身在很大程度上解释了当代新闻业危机的根源。知识素养作为新闻学专业学生从业前的必需储备,在帮助他们培养专业自信,建立专业归属感方面起着至关重要的作用。

习近平总书记指出,广大教师要做学生学习知识的引路人。在教学的过程中,师生作为实践共同体,如何建构知识素养体系,如何提升教学效果,如何促使其产生更多的衍生价值,以加强学生主体、教师/学校、业界/社会之间的互动互构,这是需要解答的问题。新闻学专业的学生知识素养包括哪些内容、如何培育,这是业界和学界都需要思考的问题。《新闻编辑》综合性强,本章以"新闻编辑人员的基本素养"的教学实践来进行分析,探索知识素养在新闻编辑教学中培育实施的策略,从知识学习的角度对新闻学专业人才的培养进行研究。

二、知识素养培育的体系建构[②]

主持编辑有关大兴安岭火灾"三色报道"(《红色的警告》《黑色的咏叹》《绿色的悲哀》)的编辑杨浪在接受《中国青年报》高级编辑曹林的采访时表示,做新闻不在乎一个人读的是什么专业。其实质包含着对新闻学知识建构的思考,不是破,反而是立,这反映了对新闻人才知识素养的要求是高而不是低,更不是无。新闻学专业的人才在知识素养方面应该是一个杂家,更多、更厚实、更渊博的知识背景对从事新闻行业是有大有裨益的。新闻学专业人才知识素养体系的建构至少包括以下四个层次(见图1-1)。

第一层是日常生活常识。常识、常理、常情是一个社会公民最基本的是非标准、最基本的行为准则,它们在新闻工作者的职业角色和社会角色之间搭起了一架桥梁[③]。新闻学专业人才对民众的生活要讲要究,在社会生活中做个"爱管闲事的人"。与专业性知识不一样,日常生活常识不具有专业性、普遍性和系统性特征,作为一般的公众,其普通常识体现为日常生活中逐渐积累起来的实用性知识,具有生活性、地方性和直观性特征。[④] 日常生活常识很多来源于日常生活实践和专业实践,以盖伊·塔奇曼(1978)、赫伯特·甘斯(1979)、马克·

[①] 张伟伟:《"实践知识"与"表象知识"——作为"知识"的新闻与媒介社会学的研究演进》,《新闻记者》,2018年第9期。
[②] 方艳、程梦瑶、陈丽丽:《新闻学专业人才的知识素养培育》,《湖北第二师范学院学报》,2021年第5期。
[③] 方艳、胡亚婷:《新闻职业伦理共识的建构——基于常识、常理、常情之维的思考》,《新闻与写作》,2019年第6期。
[④] 魏镛:《社会科学的性质及发展趋势》,黑龙江教育出版社,1989年。

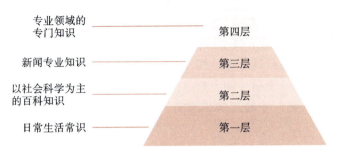

图 1-1 新闻学专业人才知识素养体系的建构层次

费什曼(1980)为代表的一批学者发现,实践知识在新闻生产中扮演着重要角色,在某种程度而言,媒体及其从业者就是在一整套实践知识规训下开展新闻生产的。[1] 常识与专业知识的互构,就是为了使新闻生产中产生的知识能得到"普通人的常识性"支持[2],以实现更好的传播效果。

第二层是以社会科学为主的百科知识。新闻学专业人才是杂家主要体现在这一层,他们不仅要懂历史、法律、哲学、文学、逻辑学、经济学等领域的知识,还要了解其他学科如教育学、社会心理学、人才学、未来学等方面的知识。这些知识主要通过大学教育获得,所以新闻学专业人才不仅应把大学开设的课程学扎实,而且还要涉猎一些"概论"类、"史"类教材,翻一翻杂志、杂书以扩大知识面。例如,中国人民大学新闻学院在本科生人才培养方案中开辟"经典历史著作阅读"课程,鼓励学生进行"史学阅读"和"史学实践",并要求学生提交读书报告,引导其"回归经典""读懂文明"[3]。同时,华中科技大学新闻与信息传播学院为新闻学专业学生提供了详细的阅读书单,并组建读书会,旨在引导学生多看书,从书中汲取养分,开阔眼界,丰富社会科学知识。

第三层是新闻专业知识。按照一般的理解,新闻专业知识包括以下三个方面的知识。其一,马克思主义新闻观知识。马克思主义新闻观是新闻学专业人才培养的核心指导思想[4],统领着新闻舆论工作。设立相应课程引导新闻学专业人才树立马克思主义新闻观,是培育新闻学专业人才知识素养的第一步。其二,体现在新闻生产过程中的常规、文化、观念等具有"默识"性质的知识。其三,报道特定条口的记者对该领域专业知识的掌握。[5] 这里的"报道特定条口的记者对该领域专业知识的掌握"是指下面第四层"专业领域的专门知识",

---

[1] Tuchman G. Making news: A study in the construction of reality[M]. New York: The Free Press,1978; Gans J H. Deciding what's news: A study of CBS evening news, NBC nightly news, Newsweek, and Time[M]. New York: Pantheon Books,1979;Fishman M. Manufacturing the news[M]. Austin: University of Texas Press,1980.

[2] 郭忠华:《日常知识与专业知识的互构——社会科学概念的双重建构模式》,《天津社会科学》,2020年第1期。

[3] 《中国人民大学新闻学院2020级本科生培养方案》,2020年9月28日,http://jcr.ruc.edu.cn/uploads/soft/201019/10-19144818-7.pdf。

[4] 《新闻传播人才培养的三个着力点》,2020年6月12日,https://baijiahao.baidu.com/s?id=1669255232853110981&wfr=spider&for=pc。

[5] 白红义:《气候报道记者作为"实践共同体"——一项对新闻专业知识的探索性研究》,《新闻记者》,2020年第2期。

我们将单独作为一个层次来建构。这里主要是指采写编评摄播等方面的知识,新闻学专业人才要具备专业知识和专业素养,有政治头脑,有点子,具备创新意识、交往能力和写作能力。当然,训练才有素,知识素养的培育离不开实践的训练。值得注意的是,新媒体技术的掌握也必不可少。随着媒体融合脚步加快,传统媒体纷纷采用新技术寻求新发展,将传播阵地从网站、"两微一端"拓展到抖音等短视频平台,打造自身新媒体矩阵,提供各式各样的融媒体产品。鉴于此,不少院校都开设了数字传播技术应用、新媒体用户分析、数据挖掘等课程,旨在提升新闻学专业人才的新媒体素养。新闻专业知识素养要随时代潮流而再造、再构。

第四层是专业领域的专门知识。新闻工作者对自己所负责领域的事情理应了解得更专、更深,在专门报道中,利用专业知识,丰富专业知识,生产专业知识,用知识进行传播或者传播知识,在专门领域有自己的研究,有自己的专业所长。比如,米博华能随口背下1967年《人民日报》的元旦社论。"并不是所有的记者都能称得上专家,专门负责报道某一知识领域条线的记者更有可能成为专家。他们所拥有的专业知识包含两层内容:其一是之于新闻实践而言的新闻专业主义;其二是记者在报道某一领域时对该领域专业知识的掌握。"[①]新闻工作者对于专门知识的学习,需要制订计划,进行系统研究,广泛地积累资料;另外,要与同行交流,参加专门的培训,向相关领域的专家请教。同等重要的是,要在实践的过程中、采访的过程中增长知识、创造知识,具备专门知识之后还要深入浅出,运用社会百科知识的底蕴,与日常生活的常识接轨,产生共振,以广大读者普遍能接受的方式和内容进行传播。

知识素养的四个层次构成一个体系,新闻学专业人才的知识之树因此而枝繁叶茂。我们所说的知识素养除了层次上的体系化建构,还可以从通识和专业两方面进行知识素养的培育,进行相应的提升,进而实现人才培养的目标。

三、知识素养培育的教学实践

教学中对知识素养的培育,不仅仅在于或者不侧重于对知识本身的传授,主要在于做好学生的引导者,让学生产生自主学习的动力,树立学习知识的观念,自觉增强学习力,从而建构和丰富自我的知识体系,将知识素养的培育阵地由课堂内延伸到课堂外。在当前媒体融合背景下,教师要通过融合型媒体实践的训练,培养具备新闻传播实践创造力和专业核心技能的人才,把握新闻传播学科前沿,将理论应用于实践,让新闻学专业人才具备较强的专业意识。在这一培养过程中,知识的培育和能力的养成是相辅相成、相互促进、不可分割的。

在知识素养培育的教学实践中,除了安排《新闻编辑(第二版)》"新闻编辑人员的素养和能力"的书本基本知识,我们还将招聘启事的检索和分析作为课堂学习的延伸。招聘启事是一个很好的媒介。美国密苏里大学新闻学院的果蕾和张咏(2019)对美国大型招聘网站Indeed.com进行了为期六个月的追踪,分析数字转型时期新闻专业知识的核心内容等,并

---

① Reich Z, Godler Y. The disruption of journalistic expertise[M]// In Peters C, Broersma M. Rethinking journalism again: Societal role and public relevance in a digital age. London: Routledge, 2016: 64-81.

以美国媒体在此期间发布的669条招聘广告为样本,揭秘融媒体时代记者的生存指南。[①] 据此,我们在介绍本章节内容的同时,进行了相应的教学设计和训练。

1. 培养目标

通过此次训练,让学生了解新闻编辑岗位的具体要求,对编辑的基本素养(政治素养、理论素养、业务素养、知识素养、职业道德素养、法律法规素养)和专业能力(信息整合能力、策划创新能力、新闻把关能力、组织协调能力、文字与技术的运用能力)有一定的认知。在学习本章节相关内容的基础上,检索相关的招聘启事,有实习经验的学生可结合自身的专业实践,归纳新闻编辑人员的基本素养、专业能力要求、知识能力构成等。同时训练学生的信息检索能力和归纳能力等。最终提交成果包括:编辑人员的基本素养和能力要求;目标就业岗位的基本素养和能力要求;对标分析自我的优势和劣势;在将目标就业岗位的要求和自我优劣势进行对比的基础上,制订扬长补短的学习计划(形式不限),并提交计划。

2. 培养过程

第一步,熟悉教材上相关内容,检索与新闻编辑能力和知识结构相关的文献进行拓展阅读,从理论上对新闻编辑的知识能力结构有一定的把握。

第二步,检索相关的招聘启事,可检索近期的招聘启事进行归纳,也可检索较长时段的招聘启事进行比较,从历史的视角认知招聘单位对编辑能力要求的变化。

第三步,选择性采用其他方法,比如结合自身的实习实践经验或者对媒体编辑进行针对性访谈,对新闻编辑在实际工作中的情况进行整体把握,基于实践进行思考总结。

第四步,在理论认知、实践体验、深度访谈的基础上归纳新闻编辑人才的知识结构,培养逻辑思维能力,架构知识体系。

第五步,以合理的逻辑、合适的方式呈现所要提交的内容。

3. 效果评价

此实训进行分层评价。第一层,就检索的招聘启事进行归纳总结。第二层,理论知识学习,在对招聘启事进行归纳分析的基础上,对编辑的知识能力及素养进行总结。第三层,在前面理论知识学习和招聘启事总结的基础上,提升认知,最好能在实践中加深体会,并分享实践经验总结,或者对业界相关岗位的人员进行访谈获得相应的认知。第四层,在前面几层的基础上形成知识体系的建构思维,力求将新闻编辑的知识能力结构建构成体系。第一层到第四层由低到高对应不同的评价等级及分数。第五层,提交内容的呈现方式能清楚支撑内容,有创意,有思想。

通过对招聘启事的检索分析,我们发现,当前的人才需求更加注重一专多能,具有交叉学科背景的人才更受市场欢迎。这同时验证了上文所述的知识体系的层次化建构的必要

---

① 果蕾、张泳:《追踪了半年的招聘网站,我们总结了一份融媒体记者生存指南》,全媒派,2019年6月24日,http://mp.weixin.qq.com/s?__biz=MzA3MzQ1MzQzNA==&mid=2656951035&idx=1&sn=3f7340637ad48af710121b8e59c295f0&chksm=84a7a0eeb3d029f8ed9cb13affda40d4bb9b46dd3b56de7de24893b4c261b1ca8c64b4429084&mpshare=1&scene=23&srcid=10279QOtUDuIhdCb7mJP0x5e&sharer_sharetime=1666878971879&sharer_sharcid=4fda25eff3e29ff18a6ad2040b6410b5#rd。

性。在教学实践中,培养过程是多层多元的,培养目标的实现也是复合型的,培养过程与培养目标的对应性分析如表1-1所示。

表1-1 培养过程与培养目标的对应性分析

序号	培养过程	培养目标
1	熟悉教材上相关内容,检索与编辑能力和知识结构相关的文献进行拓展阅读,对新闻编辑的知识能力结构从理论上有一定的把握	以教材为纲,掌握基本的理论知识
2	检索新近相关的招聘启事,归纳相应的知识、能力、素养要求	检索能力、信息归纳能力的培养
3	检索较长时段的招聘启事进行比较	从历史的视角认知招聘单位对新闻编辑能力要求的变化,以及历史观的培养
4	检索目标岗位的要求(非编辑类)	进一步进行自我定位和知识能力对标
5	对相关岗位的工作人员进行访谈,获得一手资料	研究方法的实践,以及沟通能力的培养
6	归纳新闻编辑人才的知识结构,培养逻辑思维能力,架构知识体系	学科知识的架构,知识素养的培育
7	对标分析自我的优势和劣势	对自我的认知能力,批判反思,专业自信
8	在目标就业岗位的要求和自我优劣势进行对比的基础上,制订扬长补短的学习计划	培养目标意识,提升学习力
9	以合理的逻辑、合适的方式呈现所要提交的内容	逻辑思维能力,创新能力和创意,相关技术素养(制作PPT、H5等)
10	在对基本素养进行认知的同时,加强思想政治教育,并进行宣讲服务,专业学习与价值引领并重	培育社会主义核心价值观,增强政治认同、法律意识、职业伦理意识,培养社会服务意识

四、知识素养培育的衍生价值

除了知识素养本身的体系化培育和教学任务的完成,以"检索和分析招聘启事"为突破口的知识素养培育的教学实践亦能产生衍生价值。根据表1-1,我们可以从学生、教师和社会这三个维度对其衍生价值进行分析,探讨三者在新闻学专业人才培养中的互动互构。

对于学生个体来说,对"新闻编辑人员的素养与能力"这部分内容的学习,不应止于了解和领会基本素养是什么,还要掌握获得和提升基本素养的方法和路径。对招聘启事的检索分析,有助于学生理解知识和能力的体系建构;对检索的资料进行筛选和整理,能够培育学生的信息素养;了解业界需求,对标分析,可以让学生更好地进行自我定位,树立自我发展目标,并看到自身的优势和不足,从而梳理学习目标,制订学习计划,培养自主学习的能力;提交内容呈现形式的选择和实现,可以培养学生的创新能力,提升其技术素养。这对学生来说都是非常有益的。

对于教师教学或者学校人才培养来说,对招聘启事的把握和分析,一方面能优化人才培养策略,根据社会现实需求修订人才培养方案,从人才出口反思人才培养要求,更好地满足社会需求,这样有助于高质量人才的培养;另一方面,有利于教师本身的成长和知识的积累,增进其对业界的了解,使之把握学科发展前沿,跟紧时代步伐。这对教师的教学、教研乃至科研都大有裨益。

对于社会或者业界来说,招聘启事的内容特别是岗位要求,其本身是基于对整个新闻传播形势和发展趋势的把握,以及对新闻产品或者信息产品的生产和传播所需知识和能力的认知。这里既包括媒体对于自身定位的思考,也包括对于其他媒体的招聘启事内容的了解,有助于业界之间的交流比较,使媒体在更好地进行自身定位的同时,能根据业界的某些变化反思自我,相互学习借鉴,不断创新,调整定位,紧跟时代步伐,共同建构传播新格局。这对业界本身来说,就是一个相互促进的过程,也是一个不断创新、创造、充满活力的过程,同时是社会/业界向教师或学校传达人才培养相关规格要求的信号。

以新华社微信公众号发布的新华新媒文化传播有限公司(新华社新媒体中心)招聘启事的推文《青春范,你点燃!国社新媒体招聘啦!》为例[①],可见一斑。其招聘岗位包括运营总监、推广运营、策划创意编辑、青年内容的新媒体(客户端)编辑、演播室节目策划、演播室运营、用户互动编辑、青年用户群运营总监、社交媒体编辑、营销总监,以及"新青年"项目的创意策划、创意编导、创意剪辑、漫画设计。鉴于本章以《新闻编辑》的"新闻编辑人员的素养与能力"的教学为例,表 1-2 列出了 4 个编辑岗位的岗位要求,进行相应的呈现和分析。

表 1-2 新华社新媒体中心招聘岗位及岗位要求

序号	招聘岗位	岗位要求
1	策划创意编辑	具有较高的政治素质和政策理论水平,擅长时政报道的融媒体策划,有较强的能力;在社区运营类产品、媒体类产品、技术型产品或智能型产品方面有相关经验
2	青年内容的新媒体(客户端)编辑	具有较高的政治素质和政策理论水平,对青年报道有较强的策划能力,且有较丰富的全媒体青年报道经验,有较高的选稿眼力和编辑改造能力,熟悉移动互联网最新应用,熟悉客户端编辑业务
3	用户互动编辑	负责新媒体终端用户数量增长、运营、提升活跃度,延长用户停留时间;擅长组织粉丝互动、粉丝社群维护、话题运营等
4	社交媒体编辑	熟悉微信、抖音、快手、微视平台运营逻辑;善于挖掘全网优质内容,设置话题议题引导互动;能捕捉要闻热点,独立策划符合平台特点的新媒体产品;能分析运营数据和平台生态,为账号的内容运营、粉丝增长等提出建设性意见

---

① 《青春范,你点燃!国社新媒体招聘啦!》,2021 年 4 月 15 日,https://mp.weixin.qq.com/s?__biz=MzA4NDI3NjcyNA==&mid=2649641667&idx=1&sn=ba0bb30f3084b1f6dadfb697451f5504&chksm=87f35658b084df4ef8a9d7c18519c930fa3fb510dfe753d8c600906136178f0a31012bf28fbf&mpshare=1&scene=23&srcid=0415WooUIRzP4DlAuvKTfuwl&sharer_sharetime=1618499779366&sharer_shareid=f33d5a629b81867a09ee109127ef9d52%23rd。

岗位名称和岗位要求展示了主流媒体中创建最早的专业从事新媒体建设的新华社新媒体中心的自身定位和行业风向标,对时政报道、青年报道、社交媒体编辑、用户互动的注重;同时反映出媒体突破传统编辑,呈现"大编辑"的整合性理念,对编辑的策划能力、选稿眼力、编辑改造能力、客户端编辑业务熟悉度、全网优质内容挖掘力、数据分析能力等有更高期待和要求。这对学生的个体发展及学校的人才培养提出了要求,对同行也有参考意义。相应地,学生的个人发展和学校人才的培养,与媒体同行的发展,共同推进新闻传播行业、专业和学科的发展。

在智媒时代,技术的迭代极大地改变了新闻的生产和传播方式,对新闻学专业人才培养提出新要求。鉴于此,加强新闻学专业人才知识素养培育成为新闻院校学生培养的重点内容。当前,新闻学专业人才知识素养体系的建构应从日常生活常识、以社会科学为主的百科知识、新闻专业知识和专门领域的专业知识等方面入手。这些知识层层递进、环环相扣,成为新闻学专业人才不可替代的核心竞争力。同时,新闻学专业人才知识素养体系的建构离不开相应的实践环境的培育和检验。在新闻学教学实践中,教师应将知识素养培育与具体专业知识融合起来,让知识素养培育贯穿教学实践的始终,根据行业发展的人才需求状况,有针对性地提升学生专业技能特别是实践技能。

值得注意的是,开展知识素养教学实践的过程也是学生、学校/教师、业界/社会三者之间的互动过程,有利于实现知识素养培育价值的转化。如图1-2所示,学生主体、学校/教师、业界/社会这三者之间是互动的,相互促进的。我们需要秉持开放的理念,探索开放的路径去进行新闻学专业人才的培养。无论是历史的纵向比较,从社会、媒介的变化看到行业、专业的发展趋势;还是横向的对比,同一时代媒体矩阵、媒体格局的重构对人才培养的需求变动,在人才培养方面的诸多层面和领域需要达成某些共识。现在的"部校共建新闻学院",就是试图把学界与业界的教育资源聚合起来培养优秀新闻人才的探索。在此意义上,说新闻学界与业界是一个教育共同体,很有道理。学界与业界可以而且应当优势互补,共同推进卓越新闻人才的培养。① 学界与业界合作生产专业知识,丰富专业知识,更新专业知识,培养新闻专业人才。

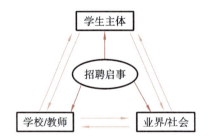

图1-2 招聘启事与学生主体、学校/教师、业界/社会多维互动

另外,培养德智体美劳全面发展的建设者和接班人,要秉持课程思政理念,落实立德树人,将专业知识素养培育与课程思政有机融合起来。根据新闻学专业人才培养的特点和专

---

① 董天策、曹林:《学界和业界如何合作生产专业知识——关于新闻学界和业界提升共同体意识的对话》,《青年记者》,2020年第28期。

业素质能力要求,科学合理地设计思想政治教育内容。就如何培养人的问题,正如习近平总书记 2018 年 9 月 10 日在全国教育大会上强调的那样,要在坚定理想信念、厚植爱国主义情怀、加强品德修养、增长知识见识、培养奋斗精神、增强综合素质六个方面下功夫。在专业知识素养的培育中,要围绕政治认同、家国情怀、文化素养、法治知识、道德修养等,提炼和挖掘专业相关课程中、实践中蕴含的文化基因、价值范式,将其转化为针对性的、具体化的、生动化的教学载体,知识学习与价值引领并重。

第二节 实训教学的拓展文献

拓展文献旨在为教师和学生提供必要的且相对重要的参考文献,实现特定的意图。本章我们选择了《智媒体时代,媒体的编校人员会下岗吗?》(原名《"人工智能+校对"的应用前景分析》)、《11 位媒体大咖告诉你 新闻行业需要怎样的人才》、《增强"四力"培养卓越新闻传播人才》三篇文献。

一、拓展文献阅读(一)

这一篇拓展文献旨在让读者了解智能传播时代编校人员面临的社会变化,在人机协作的形势下如何提升职业能力。

智媒体时代,媒体的编校人员会下岗吗?[①]

人工智能的应用领域十分广泛。校对是新闻出版领域中的一项基础性工作,本身具有相对客观化、规范化的特点,较之写作或组稿等工作更易于人工智能技术的实施。

(一)"人工智能+校对"的能与不能

1. 人工智能有望实现的功能

(1)提高字词校对的准确性。字词校对是校对软件的基本能力,但目前其突出问题是错误识别率高的同时问题报错率也高,因此校对的结果仍需人工进行大量复核确认工作,使用价值大打折扣。校对软件有望借助人工智能技术对已出版的规范文献或图书内容进行训练学习,以及对校样文本进行语义识别,自主对校样进行审核和纠错,将报错率降至可接受的水平。

(2)提高整句校对质量。目前的校对软件在文稿的整句校对层面较为薄弱,人工智能在语言处理方面的积累和进步有望在这一方面提升校对质量。借助人工智能,可通过对文稿内容的解析以及对已出版的规范文献或图书内容的对比,评估待校语句可能存在的语义错误并给出可靠提示。

[①] 胡佩、李小青:《"人工智能+校对"的应用前景分析》,《现代出版》,2019 年第 2 期。经作者修改后授权木铎书声发布。

(3)提高校对结果的时效性。人工智能技术介入后,有望在数据库更新时实现批量读取和分析,及时淘汰过期或错误的数据库内容,这对于一些时效性较强的政策语、流行语、新科技术语等的校对工作非常有帮助。

(4)提高科技名词的校对能力。通过将全国科学技术名词审定委员会公布的科技名词实时纳入数据库,并通过语义分析评判文稿中名词使用的合理性,从而给出准确的校对结果。

(5)具备古籍校对能力。人工智能有望发挥其在大数据训练方面的优势,通过对大量规范化处理后的古代文献的解析,在语义层面更好地理解文言文的语法结构和表达方式,弥补当前软件在古籍校对方面的短板。

2. 人工智能短期内无法实现的功能

(1)无法校对图表、公式等非文本内容。一些专业图书或文献中会出现较多的图表、公式,由于这些内容格式没有统一的标准,也缺乏足够数量的可比较样本,无论是传统的校对软件还是人工智能软件对此都无能为力,即使是可见的将来也仍然需要靠人工进行有效的校对。

(2)无法校对常识。文稿中涉及的诸多常识,如历史朝代、国家毗邻关系、人物生平等,在我们看起来非常简单,但机器处理起来却异常困难。目前基于深度学习的人工智能技术,对此并无良策。

(3)无法校对逻辑性错误。目前的人工智能技术在跨领域推理和抽象能力方面还不成熟,对于文稿中可能存在的逻辑关系的错误,如叙事先后、因果、并列不当等,基本上无法识别。

(二)面对人工智能,编校人员怎么做

在当前人工智能的技术条件下,充分利用机器在基础工作中的高效率和人工在创造性领域的独有优势,走人机协作道路,是兼顾编校工作效率和质量的现实选择。

在人机协作趋势下,编校人员应注意从以下几方面提高自身职业能力。

(1)熟悉机器的特点,做到扬长避短。就传统的校对软件而言,字词的校对是强项,整句、语义的校对是弱项;就未来的校对软件而言,在字词的校对上功能可能会更加强大,对整句、语义的校对也有可能取得突破,但对于常识、逻辑关系等的校对依然会是弱项。编校人员在使用软件的过程中,可以结合具体的文稿,摸清机器校对的长处和短处,合理安排工作重点和软件使用的时机,以人机互补的方式提高工作效率和工作质量。

(2)关注前沿科技,更新自身知识结构。科学技术的更新迭代,可能让人类引以为傲的传统工作能力瞬间失去市场价值,例如计算器取代算盘,自动驾驶未来极有可能取代驾驶员等。在校对领域,新技术的出现也会使得一些过去积累的经验或技能失去价值。编校人员在平时的工作中可以适当关注科技热点,通过使用最新版本的校对软件等方式了解新技术的特点,及时淘汰过时的工作方式,更新自身知识结构,以此来适应新环境下的工作要求。

(3)增强自身工作的创造性,积累有价值的工作经验。就目前的人工智能技术而言,它的能力边界不是无限的。在可见的未来,人类的创造性工作仍然是机器无法取代的。编校人员在日常的工作实践及学习中积累的特定领域的常识、文本规范、语言逻辑等方面的知识,是机器难以掌握和取代的,也是编校人员价值的最有力体现。编校人员可以在日常工作

中注重对此类创造性工作能力的培养和提升,打造专属于人类自身的价值。

二、拓展文献阅读(二)

这一篇拓展文献旨在"听取"11位媒体大咖的建议,让读者了解新闻人才所需的多维的、复合的素养与能力。

11位媒体大咖告诉你 新闻行业需要怎样的人才[①]

Edith Chapin
NPR(美国国家公共电台)新闻部门 执行主编

我们广纳人才。关于用人标准,很难将其概括为有超强的求知欲和快速的学习能力这样简单的定性要求,因为这些是进入任何行业都必须具备的素质。更明显的,像记者要掌握一定的人脉(人际关系网络要相对庞大),也是默认的条件之一。同时,我们更需要那些能讲好故事的人,擅长沟通的人,那些活跃在各个平台上、深谙不同平台传播规律的传媒人才。

好的新闻人有一个共同的特点,就是他们愿意进一步挖掘。很多事实背后隐藏着更加丰富的背景信息,而这些信息不是流于表面的,需要记者通过其他方式获取。这就非常考验个人的新闻敏感性与实际操作的灵活性,具备这样素质的人才我们非常欢迎。还有一些更为具体的,比如过硬的语言能力以及数据新闻报道能力,这些有助于记者更好地讲好新闻故事,也是个人的加分项。

Stephen J. Adler
路透社社长,总编

对新闻人,路透社最看重的素质是,记者要能洞察事情最本质的层面,并且要有相应的实践技巧、创新能力与毅力实现这些目标。我们希望找到全媒体型人才,视频、图片、图表、社交媒体、数据,当然还有文本,要有精通的领域,并且对其他的方面有基本了解。高超的写作能力是一笔宝贵的职业"资产"。

路透社对记者的语言能力要求也相对较高。由于我们在全球各地设立了自己的分支,我们的新闻报道通常会以12种不同的语言发布,包括中文、日语、俄语、阿拉伯语、德语等核心语种。最后也是最重要的,路透社的记者必须遵循路透社信任原则(Reuters Trust Principle)中的正直、独立、不偏不倚等基本原则。这也就意味着我们的记者既要追求新闻时效性又要克服匆忙轻率;既要追求新闻的准确性,也要敢于纠正自己的错误;不将自己的个人意见强加给读者,不制造"有偏见"的新闻。

Marty Baron
《华盛顿邮报》总编辑

我们希望找到集两个角色于一身的记者:爱学习的人和能够传授知识的人。前者意味着记者应该永远保持求知欲,要不断充实自己,变得更博学多识;后者意味着记者要能够为

[①] 《11位媒体大咖告诉你 新闻行业需要怎样的人才》,2018年6月20日,https://www.sohu.com/a/235886909257199。

读者带去新的看问题的视角。

我们也很看重员工的集体意识与团队协作能力。如今的传媒市场,依靠一家媒体或者记者个人单打独斗便能永久立足的时代已经过去了。跨部门、跨机构、跨行业的合作遍地皆是。新闻行业也不例外,我们的记者要能够适应创新的合作方式。好的创意是核心的东西,应聘者在这方面的能力也会受到格外的重视。

Shani O. Hilton

BuzzFeed News 新闻与编程部门副主编

BuzzFeed News 偏爱那些愿意通过自己的努力,找出不为人所知的新闻故事的记者。大多数情况下,这样的新闻如果没有记者的职业坚持以及过硬的业务水准是完成不了的。比如一群墨西哥商人北上到美国南部边境经商的故事以及与俄罗斯相关的、英美两国公民的离奇死亡事件。

记者要有超乎常人的好奇心,饱满的职业热情以及好的新闻判断能力。具备这些素质的记者更能掌握自己的职业节奏,能写出'爆款'新闻。无论是亲自到"前线",还是通过社交网络平台获取丰富的信息加以核查整合,都是新闻记者写出好的稿件的要求。

Bill Keller

《纽约时报》前执行总编、The Marshall Project 主编

我认为实践技能的要求依具体的工作而定。过去几年,我们招聘了一位专门写移民问题的记者,一位专攻加州项目的记者(California project),一位调查性报道记者,一位数据新闻记者,一位网站开发人员,一位特稿编辑和一位新闻编辑。目前,我们正在面试一名视频类节目的编辑。以上提到的岗位对员工的要求各异:负责报道移民问题的记者要能够说一口流利的西班牙语;搞网站开发的技术人员如果有参与设计互动式新闻图表的经历则是一个很好的加分项;对于特稿类编辑来说,他们要能够指导记者如何写好长篇的叙事新闻。

另外,还有一些必备的但不难学的技能也需要掌握。比如我想要那些能够可以熟练归档相关法律的记者,即使一开始不会,也应该学会处理这些并不棘手的事情,当然这里有专门负责这些业务的同事可以传授经验。就我自己来说,我认为能够处理复杂问题,发现别人看不到的点以及对真相有执着的追求等品质是更重要的。

Ben Smith

BuzzFeed News 总编

有些素质与品质不会随着时间的流逝而褪色。比如好奇心(求知欲)、上进心和痴迷于某件事情的能力。我认为现在的新闻业市场有些过分强调应聘者的技术能力、玩转社交媒体的能力,甚至认为应聘者只要能写出漂亮的文章即可,因为这有利于机构内部的管理。然而,对于媒体行业来说,优秀的新闻记者做优秀的新闻报道才是核心的原则,人心的热忱与热爱才是支撑各个行业的基石。

Katie Drummond

The Outline 网站 执行主编

现在,在招聘的过程中,两项技能非常吃香。第一项技能是音频,现在播客和音频故事遍地都是,包括在 The Outline 网站也是,所以有过音频或者播客制作经历的人,或者有这方面热情的人会加分。第二项技能是报道,这似乎显而易见,但是有报道技能,或有拿起话筒、

参加会议意愿的人正变得越来越少,我们不想要那些一天能快速生产五条推送的人,而想要那些多做一些电话采访、做一篇完整报道的人。

Samhita Mukhopadhyay

Teen Vogue(《青少年时尚》)执行主编

我们在诸多应聘者中寻找的第一个品质就是好奇心——他们是否有质询的头脑?是否会调查他们感兴趣的问题?是否会受到兴趣的鼓舞,不是因为别人要求,而是因为他们心中就有这样一团求知的火苗?我追寻的第二个品质是创造力:我想知道当他们面对新闻的时候能否提出好问题,能否为对话增添一些独特的东西。我能教记者如何编辑、如何写稿,或者如何使用谷歌快讯,但是我不能教给记者创造力。我看重的最后一个品质是效率,记者能不能不惜一切完成任务?媒体不是朝九晚五的行业,它需要你对关心的事情有足够的热情,并且坚持不懈地探索,直到找到需要的答案为止。

Jenna Weiss-Berman

Pineapple Street(菠萝街)媒体创始人之一

过去,在寻找音频制作者的时候,我总认为技术熟练度是最重要的品质。但是这些年,我意识到,技术、编辑技能是可以教的,但讲述好故事的能力是教不会的。你要么知道怎么讲好一个故事,要么就是不知道。所以当我们面试的时候,我们会去寻找幽默的、情商高的,还有那些能讲述引人入胜的故事的人。我们想要多样的、有趣的灵魂,这样才能创造有意思的内容。

Deborah Clark

Marketplace 营销公司 市场部高级副总裁兼总经理

市场部正在经历重大变革——这意味着我们将会招聘大量员工,同时做出很多改变。理想的应聘者应该对我们提高国家经济指标的前景感到兴奋,他们应该能够同时描述,并用市场的方法展现经济报道,他们还应该能够适应充满活力的环境,当然,他们必须知道报道第一、平台第二的重要性。如果你还在强调用多种数字工具进行报道的重要性,那么市场部恐怕不是很适合你。

Megan Greenwell Deadspin

Deadspin(美国体育新闻网站)、博客网站主编

不管是记者还是编辑,我最看重的技能是发掘独特新闻和独特报道角度的能力——不管是用新的角度看待人们热议的新闻,还是挖掘没人注意到的新闻。当然,这种能力往往与经验相伴而生,但招聘的时候优先考虑多样性也很重要,我需要那些读过我没读过的书、来自不同背景、和我思考方式不同的人。

三、拓展文献阅读(三)

这一篇拓展文献强调脚力、眼力、脑力、笔力的重要性、基础性,将此篇置于前两篇之后,旨在强调无论时代怎么变,媒体环境怎么变,作为新闻人才的基本功要练好、练强。

增强"四力" 培养卓越新闻传播人才[①]

在2018年全国宣传思想工作会议上,习近平总书记指出,要"不断增强脚力、眼力、脑力、笔力,努力打造一支政治过硬、本领高强、求实创新、能打胜仗的宣传思想工作队伍"。2018年12月,由中宣部、中国记协等组织的第五届"好记者讲好故事"巡讲活动在全国展开,好记者们深入主流媒体和各大高校,通过一个个生动鲜活的新闻故事,讲述了如何以脚力深入基层、以眼力明辨真伪、以脑力深入思考、以笔力呈现作品,不仅在媒体行业中树立了典范,也为新闻教育提供了参考。2019年2月12日,宣传思想战线开展增强脚力、眼力、脑力、笔力教育实践工作电视电话会议召开,强调要认真学习贯彻习近平总书记关于加强宣传思想战线队伍建设的重要论述,扎实开展增强"四力"教育实践,以提高政治能力为根本,以增强专业本领为关键,以锐意创新创造为紧要,以培养优良作风为基础,推动队伍整体素质实现大提升。

当前,围绕中心、服务大局、强化本领、增强"四力"成为新闻工作者的前进目标。遵照增强"四力"要求,培养优秀新闻人才,要把用习近平新时代中国特色社会主义思想武装头脑作为首要任务,紧跟媒介前沿的发展变化,立足新平台、运用新手段,教会学生守正创新,讲好中国故事。在人才培养的过程中,新闻院校要将"四力"作为一个相互联系、相互促进的有机整体,以好记者为榜样、以好作品为案例,将训练学生的脚力、眼力、脑力、笔力,融入思想、植入教学、置于实践,教育学生以"四力"为根基,逐步成长为政治坚定、了解国情、业务精湛、作风优良的新闻工作者。

1. 增强"四力"基础在练好"脚力"

"脚下有泥土,笔下见真情"是新闻工作的真实写照。"脚力"是新闻报道的力量之源,也是记者工作的根基所在。练好"脚力",才能行得远、走得快,践行群众路线、奔赴新闻现场,掌握来自基层和一线的鲜活素材,开展深入、生动的报道,阐释党的路线和方针。

"脚力"是"四力"之首,练好"脚力",首先要扎根基层、深入实际。"纸上得来终觉浅,绝知此事要躬行",多年来,无数好记者走向田间地头、走访基层民生。有的记者坚持5年内9次登上开山岛,记录了王继才、王仕花夫妇32年如一日守岛、护岛的先进事迹。有的记者14次登上雪域高原,9次跨越昆仑山、唐古拉山,4次沿青藏铁路全线采访,将中国铁路工人百折不挠、攻坚克难的感人故事广为传颂。练好"脚力",就要坚信"新闻是走出来的",要走出编辑室,走到群众中,让采访的脚步遍及大江南北、触及各行各业。培养未来的好记者,也要引导学生深入基层、了解国情,置身社会大课堂,采撷有温度的素材,讲出有灵魂的故事,用冒热气、沾泥土、带露珠的作品记录社会、反映民生。其次,练好"脚力",还要奔赴现场、走向一线。任何时代,"到现场去、到一线去"都应是新闻人的不懈追求。聆听好记者讲好故事,仿佛置身一个个激动人心的新闻现场。在记者们所讲的故事中,既有对朱日和阅兵、天舟一号发射、港珠澳大桥建设、中欧班列发车等国家工程、重要事件的现场报道,也有对"杨根思连"冲在维和一线保护难民的生动记录,更有中国记者亲赴利比亚、也门、伊拉克等战地现场

[①] 高晓虹、赵希婧、付海钲:《增强"四力" 培养卓越新闻传播人才》,2019年2月28日,https://m.gmw.cn/baijia/2019-02/19/32524734.html。

的故事。总之，拥有好脚力，才能深入现场、亲赴一线，做到凡是有新闻的地方，就有记者的脚步，就有媒体的声音。培养新闻人才必须强化"现场"意识，使学生练好抵达现场的"脚力"、拥有奔赴一线的能力，在新闻发生的地方，记录历史的瞬间、见证时代的发展。

2. 增强"四力"关键在练就"眼力"

记者既是新闻的报道者，也是时代的观察者、社会的瞭望者。在好故事、好作品的背后，是一双双具有发现力、辨别力、判断力、预见力的"记者之眼"。凭借"好眼力"，既要发现事实、领会要义，也要辨别真实和虚假，分清主流和支流，做到既见人之所见，亦见人之所未见。

"好眼力"就是要"看得见""看得准""看得深"。所谓"看得见"，是指善于观察、善于发现，就像"好记者"在讲述中所提到的：大学教授钟扬为调研植物分布登上世界屋脊、坚持高原作业；78岁的老人赵家和将毕生的积蓄捐给寒门学子，不留名、不声张；28岁的青年教师张莉丽在生死一瞬选择了保护学生却失去了自己的双腿。正是因为拥有"好眼力"，记者才能在普通人的工作和生活中挖掘到可歌可泣的感人事迹。培养新闻学子，也要注重训练学生观察社会生活的能力，教会他们从平凡中发现伟大、从质朴中发现崇高。所谓"看得准"，是指要从国家战略高度找准方向、做好报道。在好记者的讲述中，围绕党和国家的中心工作，反映新时代新议题的好故事不胜枚举。比如，有的记者聚焦国家精准扶贫战略，记录下黑龙江省乡村脱贫的努力与实践；有的记者站在纪念庆祝改革开放40周年的宏阔视野，回顾了福建晋江的发展历程，讲述了一个县级市经过不懈努力成功申办2020年第18届世界中学生运动会的故事。做记者要站位高远、关注大局，培养新闻人才也要教会学生立足国家战略，对准时代的焦点、报道社会的热点、回应民众的关注点。所谓"看得深"，是指要以小见大，看到新闻背后所包含的深层次的意义和价值，正如记者们透过一棵树、一片林，挖掘"绿水青山就是金山银山"的时代意义，通过一件事、一家人，讲述"家是玉麦、国是中国"的家国情怀。培养好记者，就要让学生拥有深远、通透的新闻眼光，由点及面、由表及里，通过生动鲜活的新闻报道，记录国家发展、反映社会进步。

3. 增强"四力"根本在提升"脑力"

新闻工作是一项复杂而系统的脑力劳动，记者的采访和发现，都要通过脑力的加工，去粗取精、去伪存真。在这一过程中，要摆正思想，也要脑力激荡，在坚守国家立场的基础上，多动脑、勤思考，才能破解重点难点，推出精品力作，传播正确的新闻观、价值观、世界观。

"脑力"是新闻工作的总指挥，提升"脑力"，首先要立足思想高地。记者培养不只是"术"的教育，更要推进习近平总书记关于新闻舆论工作的重要论述进教材、进课堂，提高学生运用马克思主义的世界观、方法论认识世界、解决问题的能力。其次，提升"脑力"还要做到深入思考。在互联网时代，信息传播不仅重速度、求广度，更要体现记者思考的力度和深度，全面、深入的新闻报道才能更好地反映社会生活、回应百姓关切。在"好记者讲好故事"活动中，从事调查报道的记者讲述了如何对复杂的信息进行比对分析，动脑筋、想办法，探寻事实真相、厘清问题脉络。从事社会报道的记者努力寻求视角创新，不断思考怎样在深入麻风村的新闻报道中注入人文关怀、体现社会大爱。正是因为记者们勤于动脑、善于思考，才涌现出了许许多多有想法的作品、有厚度的故事。所以，培养新闻人才，也要重视学生的分析力和思考力，引导他们做有思想、有深度的记者。此外，无论媒体还是高校，凭借睿智的"脑力"，也要为国家发展、社会进步提供方案、贡献智慧。主流媒体是信息传播的主要平台，新闻院校是人才培养的重要阵地,二者都是国家新型智库的组成部分。无论教育者、研究者、实践者,都要担负起咨政启民的职责使命,聚焦中国实际、服务社会发展,着力解决新闻传播事业的新议题,为新时代党的新闻舆论工作出谋划策、提供决策参考。

4. 增强"四力"紧要在优化"笔力"

"铁肩担道义,妙手著文章"是新闻工作者的孜孜追求。在信息传播高速发展的今天,记者手中的笔已经不仅仅局限于"笔杆子",而是代表了"口头、笔头、镜头"以及各类新媒体传输终端。综合运用新闻传播的"十八般兵器",做好舆论引导、讲好中国故事是新闻工作者的时代重任。

在新闻工作中,优化"笔力"先要夯实基础。长久以来,口头、笔头、镜头都是新闻工作的基本功。好记者的报道之所以能够感染人心,既有赖于选题和内容,也离不开写作、编辑等新闻表达功底。好记者们用笔、用镜头,记录下了党和政府为民谋利的故事、边防军人守卫国土的故事、老百姓们脱贫致富的故事,并通过自己的讲述,还原了新闻工作者步履不停、笔耕不辍的工作过程。在人才培养中,要引导学生向好记者学习,向好作品取经,夯实基本功,做笔端有力量的传媒人。同时,优化"笔力",也要勇于创新。随着新媒体的崛起,新闻传播领域发生了深刻的变化。在"好记者讲好故事"活动中,记者们讲述了主流媒体如何利用网络平台营救落井儿童,怎样凭借有速度、有温度的短视频,让满满的正能量在指尖传播。正如记者们所说:要不断充电补养,学习新知识,掌握新技能,才能不负肩上的责任,不负伟大的时代。当下,媒体在融合,记者在转型,新闻院校也要努力培养适应不同终端的"多面手",跟上媒介发展的脚步。此外,优化"笔力",还要讲好中国故事,助力国际传播。今天,在好记者的队伍中,有的扎根基层、深入乡村,记录中国社会前进的脚步,有的远赴国外、沟通中西,向世界传播新时代的中国声音。置身经济全球化时代,练好"笔力"必须立足国际、国内两个大局,既要在本土社会形成影响力、引导力、公信力,也要教会学生如何立足国际舞台,讲好立体、多彩的中国故事,让"中国之声"更富生机、更有魅力。

增强"四力"凝聚了习近平总书记对宣传思想队伍的谆谆教导、殷切期待。作为宣传思想战线的重要阵地,新闻院校要将坚持马克思主义新闻观与增强"四力"紧密结合,深刻认识"四力"在新闻传播工作中的重要作用,通过教学实践、人才培养,使新闻学子拥有坚实的脚力、明亮的眼力、睿智的脑力、深耕的笔力,引领他们坚持理想信念、厚植爱国情怀、提升专业能力,成长为政治过硬、本领高强的卓越新闻传播人才,为新时代党的新闻舆论工作谱写新篇、贡献力量。

第三节 实训教学展示与评价

实训教学的展示与评价旨在展示实训的目标、过程、评价的层次性标准。总体上解答如下三个问题:为何实训、如何实训、实训得如何。为何实训,即明晰实训目标,有目标,教与学、学与练都有的放矢;如何实训,即提供代表性实训作业,有参考,学生不知道如何去完成相应任务时,可以将此作为借鉴对象,取长补短;实训得如何,即评价实训过程和实训成果,有标准,指教师分层评价有标准,学生心中有底,从而领会实训的关键环节和考核目标。

我们会根据每一章节的实训目标和完成作业的情况,选择几个代表性的作业针对性地展示。由于篇幅有限,本章我们选取了三个实训作业进行展示。第一个实训作业是分析招聘启事和反思自身实习经历相结合,作业为文字版。第二个实训作业是PPT形式,检索了较为丰富的、来源具有差异性的招聘启事进行分析,结合书本理论知识进行了针对性阐释,并结合自身实践经验进行反思和总结。第三个实训作业也是PPT形式,同样检索了较为丰富的招聘启事,不一样的是这份作业结合了自身的优势和不足,对招聘启事进行分析。

作业不拘泥于形式(即PPT、表格、文字等皆可),形式为内容服务,全方位、全过程体现编辑意识和编辑素养。实训教学展示与评价突出实训过程评价、成果评价、课程思政评价。在此次实训的过程中,特别强调在对招聘启事进行分析的基础上,与自我进行对标,引导学生看到自己的优势,也看到不足,扬长补短,树立目标,制订个人发展计划。

一、实训概述

1. 实训目标

通过此次实训,让学生了解到编辑岗位的具体要求,对编辑能力结构有一定的认知。在学习本章节相关内容的基础上,检索相关的招聘启事进行分析,有实习经验的学生可以结合自身的专业实践,归纳新闻编辑人员的基本素养、专业能力要求、知识能力构成等。同时,训练学生的信息检索能力和归纳能力。

2. 实训过程

(1)熟悉教材上相应内容,对检索的招聘启事进行分析,可以结合书本知识分析招聘启事,也可以结合自身优势和不足对标招聘启事。

(2)多元化招聘启事比较分析:可检索性质相同的媒体的招聘启事进行分析;也可检索较长时段的招聘启事进行比较,认知招聘单位对编辑能力要求的变化;也可以选择自己熟悉的媒体的招聘启事进行分析。

(3)基于实践进行思考总结:结合自身的实习实践经验或者对媒体编辑进行针对性访谈,对新闻编辑在实际工作中的能力、素养要求有更为深刻的把握。

(4)在理论认知、实践体验、深度访谈的基础上归纳新闻编辑人才的知识结构,培养逻辑思维能力,架构知识体系。

3. 效果评价

此实训进行分层评价。第一层,就招聘启事进行归纳总结。第二层,理论知识学习,对编辑的知识能力及素养进行总结。第三层,理论知识学习基础上的招聘启事总结,实践经验总结或者访谈获得相关的知识。第四层,理论知识学习,招聘启事总结,实践经验总结或者访谈获得相关的知识,在此基础上有知识体系的建构思维,力求将新闻编辑的知识能力结构建构成体系。第五层,思政教育效果评价,通过实训和作业点评反馈,引导学生树立目标意识,做出新学期规划,进一步思考人生规划。根据第一层到第五层给出不同的评价。

二、实训案例评析

1. 实训作业评析(一)

(1)实训作业具体内容。

新闻编辑人员的素养和能力

案例

《商业周刊(中文版)》实习生招聘

《商业周刊(中文版)》由美国彭博社、中国商务出版社、现代传播集团联合出版,定位于"国际视野,全球商机",以洞见和趣味服务于全球化新经济时代读者。

新媒体实习编辑(5人)

◆ 岗位职责

日常管理、更新和维护官方App(政治政策栏目、全球经济栏目)、微信、微博;

付费文章的更新与管理;

微信微博阅读数据报告(周/月);

内容推广和粉丝运营;

编辑交办的其他工作。

◆ 岗位要求

熟知并喜爱彭博商业周刊关注领域,了解财经媒体关注内容;

互联网深度居民,刷微博、豆瓣、各类新闻类App如家常便饭;

本科或硕士在校生,有政治敏锐性、新闻专业优先;

有优秀的新闻敏感度和文字功底,有较高的英语水平,可翻译外媒报道者优先;

了解新媒体的操作、运营规律,有相关编辑实习经历者优先;

有耐心、有责任心、学习能力强、执行力高、效率高;

实习期至少三个月,可实习期长者优先;

有突发新闻时,你的家也是办公室。

◆ 工作优势

一个实际上手的工作机会:我们绝不会让你端茶送水、打扫卫生和取快递;

一个舒适的办公环境:茶水、零食应有尽有;

一群高能的同事:经验丰富的新媒体编辑亲自带你,办公室话题百无禁忌;

一台彭博终端机:此处省略一万字……

更多的福利还有:主编请吃饭、翻墙上推特、杂志随便看,还有作为朝阳群众和地处三里屯的优越感(美食无数,颜值超高,你懂的)。

◆ 工作待遇

无基本工资,计更新稿费,2500~4500元/月,可翻译者单独计算翻译稿费。

◆ 工作地点

北京市朝阳区××东路××街。

◆ 其他

简历发送至：××××@modernmedia.com.cn。

分析

招聘启事中对应聘者要求的基本素养包括知识素养、理论素养、政治素养、专业素养、职业道德素养和法律法规素养。

①知识素养：熟知并喜爱彭博商业周刊关注领域，了解财经媒体关注内容。新闻编辑的知识素养要求新闻编辑人员具备各类知识，比如财经新闻、政治新闻、法律新闻就需要具备相关领域的知识素养。

②理论素养：本科或硕士在校生，有政治敏感度、新闻专业优先。新闻编辑的理论素养主要是指马克思主义理论素养和中国特色社会主义理论素养，招聘中的政治敏锐性，也是要求新闻编辑人员有一定的理论素养，发挥媒体作为党的喉舌的宣传作用。

③政治素养：本科或硕士在校生，有政治敏锐性、新闻专业优先。政治素养是指政治立场、政治品质和政治水平等政治方面的修养。新闻编辑中的政治敏锐性另一方面也是指新闻编辑人员要有政治素养，清楚宣传工作的边界，在新闻生产中有"红线"意识，不发布违规新闻。

④专业素养：了解新媒体的操作、运营规律，有相关编辑实习经历者优先。新闻编辑的专业素养主要有：尊重新闻传播规律；讲求新闻时效；重视新闻线索；注重新闻传播效果。招聘中的新媒体岗位也要求新闻编辑人员了解新媒体的运营规律，生产出更有传播效果的新闻产品。

⑤职业道德素养：有耐心、有责任心、学习能力强、执行力强、效率高。新闻编辑的职业道德素养要求记者们有责任心、敬岗爱业、做事严谨。新闻编辑人员会经历反复的改稿、反复的采访等工作，需要较强的责任心。

⑥法律法规素养：这一点虽然未明显提及，但已经是常识。新闻编辑作为新闻内容生产的专业人员，更应该具有良好的法治意识和法律法规素养。

招聘启事中对应聘者专业能力的要求包括信息整合能力、策划创新能力、新闻把关能力、组织协调能力和文字与技术运用能力。

①信息整合能力：有优秀的新闻敏锐性和文字功底。信息整合能力是新闻编辑对零散信息资源进行综合性开发利用以获得更好的传播效果的能力。其主要影响因素有两个，一是编辑自我的新闻敏锐性，二是社交能力。

②策划创新能力：内容推广和粉丝运营。招聘的岗位要求中有一条是内容推广和粉丝运营，现在很多新媒体的新闻编辑或多或少地承担了运营的职责，有趣的新媒体策划能够"吸粉"，提高阅读量和关注度。好的新闻编辑，尤其是新媒体的新闻编辑需要具备这样的创新能力，做出有趣的策划。

③新闻把关能力：付费文章的更新与管理。编辑的把关主要体现在把好政治关，把好法律关和把好质量关。新媒体时代后台编辑依旧有把关的功能，如对一些稿件进行审核上传，或者是后台更新修改等。新媒体编辑的新闻把关能力在今天也同样重要。

④组织协调能力。这里的组织协调能力是指编辑在新闻内容生产的不同环节之间的组织能力、问题解决能力和领导能力。

⑤文字与技术运用能力：微信、微博阅读数据报告（周/月）。新闻编辑人员不仅要有较强的文字功底，还要具备数字软件等能力，比如新媒体中的数据分析就需要新技术运用能力。

> 实习分享中体会新闻工作者的素养

7、8月在《湖北日报》的政治新闻中心实习，参与的专题有"红旗党支部系列报道""湖北-关西地区了解活动的专版""企业民主管理系列报道""外国人在湖北系列报道"。

感触比较深的主要有三件事。

第一，"红旗党支部系列报道"。我们去省公安厅对一个红旗党支部进行采访，由于这个部门特殊的保密性，采访结束后，老师就告诫我采访录音、照片、视频这些资料用完之后要尽快删掉，如果流出去是要担责任的。而且我们在实习之前也参加了实习生纪律培训会，尤其强调了保密纪律，要求我们不要在个人社交媒体上发布涉及采访内容的东西。这让我感觉到报社尤其是这种政治新闻部门，对于政治素养、职业道德素养、法律法规素养都非常重视，十分强调保密性和纪律性。

第二，8月份完整跟过记者老师从早上六点到晚上十点一整天的工作。早上六点多在小区门口集合，坐报社的车到东风汽车公司总部去采访企业民主管理，从武昌去东风汽车公司总部那边，花了一个半小时，采访进行得比较顺利，九点多我们从东风汽车公司总部坐地铁回来，大概也花了一个多小时。中午在岳家嘴地铁站附近吃了饭。下午三点多，我们又到光谷这边的工地来采访红旗党支部，采访到六点多，由于稿子赶着要，老师直接回报社写稿子，并且要求我今天把稿件写完后发给她，然后我晚上十点多把稿件发给老师，这一天才算结束。记者虽然看看不需要坐班打卡，但是真正的工作时间远不止打卡的八小时，基本上一醒来就身处工作环境中。我觉得职业道德素养在记者身上体现得非常明显。

第三，就是记者的综合素养，比如说知识素养，在写企业民主管理稿件的时候，老师会提前在知网查相关论文做准备，不然采访的时候人家说职代会这些专用名词，你不提前学习根本听不懂，那如何顺利采访，如何写好稿子呢？还有交际能力，这项能力在记者和实地采访相关人员的联系上体现得较为突出，和实地走动交流也是记者的工作内容，老师就说，光看通稿写不出好新闻，得去实地深入了解，和人们聊天，很多好新闻就是这样聊出来的。

(2) 实训作业评析。

作业没有形式要求，所以文字、PPT、表格都可以。此实训展示是文字作业。能结合招聘启事，对书本理论知识进行运用分析，归纳提炼，结合自身实践经验进行反思和总结。在反思和总结中体现了热爱工作、积极上进、吃苦耐劳的精神。有实习经验作为依托，分析得贴切，也具有实际的参考价值。这对今后的工作具有参考借鉴意义。不足的是招聘启事检索得不够多元，如果能检索更多的招聘启事，特别是自己比较熟悉的媒体单位，这样进行对比分析，收获将更多。总之，本次实训作业达到了合格的要求。

2. 实训作业评析（二）

(1) 实训作业具体内容。

该实训作业是用PPT展示的。具体内容如下。

PPT的第一页展示了标题"新闻编辑人员的素养和能力"以及目录：一新闻编辑人员的基本素养；二新闻编辑人员的专业能力；三专业能力归纳；四个人实习经历与总结。

第二页展示了"新闻编辑人员的基本素养"，如实训图1-1所示。

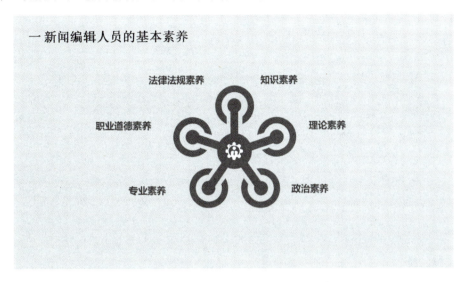

实训图1-1　第二页内容

第三页（见实训图1-2）、第四页（见实训图1-3）展示了人民日报社2019年的招聘启事，并运用相关的理论知识对岗位职责和岗位要求进行了阐释。比如针对招聘启事中的岗位要求，运用知识素养、理论素养、法律法规素养进行了解读。

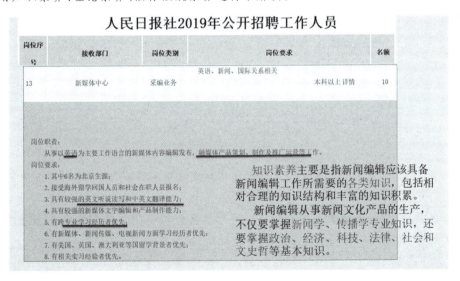

实训图1-2　第三页内容

第五页（见实训图1-4）展示了澎湃新闻要闻组编辑的招聘启事，并对专业素养进行了阐释。

实训图 1-3　第四页内容

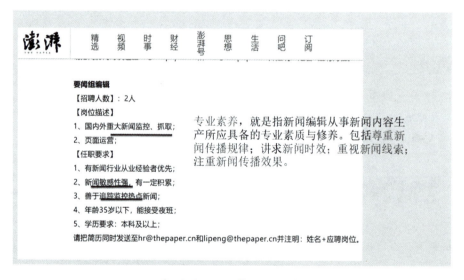

实训图 1-4　第五页内容

第六页(见实训图 1-5)展示了环球网新媒体运营编辑的招聘启事,对职业道德素养和政治素养进行了相关阐释。

第七页展示了"新闻编辑人员的专业能力",用图示展示信息整合能力、策划创新能力、新闻把关能力、组织协调能力和文字与技术运用能力。

第八页(见实训图 1-6)展示了环球网的娱乐频道编辑的招聘启事,并对策划创新能力、信息整合能力进行了阐释,并指出决定新闻编辑信息采集能力的主要两个因素:编辑自我的新闻敏锐性以及社交能力。

第九页(见实训图 1-7)同样展示了环球网的娱乐频道编辑的招聘启事,对组织协调能力、文字与技术运用能力进行了阐释。

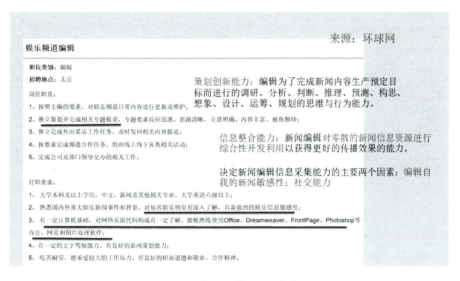

实训图 1-5　第六页内容

实训图 1-6　第八页内容

第十页展示了新闻把关能力的图示,指出新闻编辑要把握好三关:政治关、法律关、质量关。

第十一页(见实训图 1-8)展示了"专业能力归纳",用图示展示知识、业务、思维、技术、语言文字、人际和品质,并进而用两页 PPT(十二页、十三页)对每一种能力进行了阐释。

第十二页内容为"知识——专业知识:新闻学、传播学、编辑学等;理论知识:马克思主义基本原理、毛泽东思想和中国特色社会主义理论、习近平新时代中国特色社会主义思想;非专业基础知识:文史哲、政治学、经济学、法学、社会学等。业务——采写、编辑、剪辑、评论、策划(版面、栏目、报道等)、运营等"。第十三页内容为"思维——创造性、换位(用户心理)、洞察力、独立思考、敏锐度;技术——计算机基础(PPT/Office/Dreamweaver/PS/PR……)、

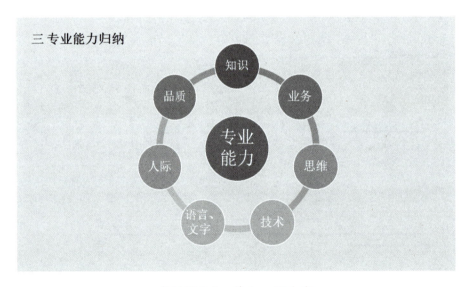

实训图 1-7 第九页内容

实训图 1-8 第十一页内容

网络搜索工具、大数据挖掘等;语言、文字——英语、文字表达、熟悉各类文体、广泛阅读等;人际关系——组织内部协调、沟通、交际;品质——编辑的忍受力、耐心、责任心、道德、学习力。

第十四页(见实训图 1-9)展示了"个人实习经历与总结",展示了实习照片(见实训图 1-10),并进而对各项工作进行了介绍:采访——知识涉猎广、开放封闭结合、三贴近原则;写作——电视新闻写作、新媒体文案写作;拍摄——机位、取景;编辑—同期、字幕、索贝剪辑。

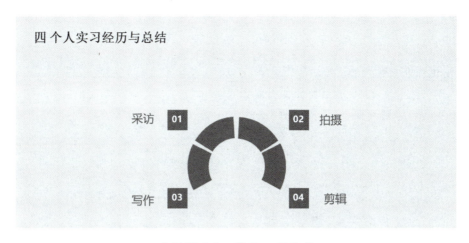

实训图 1-9　第十四页内容

实训图 1-10　第十五页内容

（2）实训作业评析。

作业没有形式要求，文字、PPT、表格都可以。这个实训展示是 PPT 作业。此实训作业能对理论知识进行学习，检索了较为丰富的、来源具有差异性的招聘启事，并结合书本理论知识进行了针对性阐释。在此基础上，对专业能力进行了较为全面的提炼，并借助图示等进行了较为直观的展示，图文并茂。其间，有职业道德素养、法律素养、政治素养等的体悟，希望将其融入以后的实践和工作中，并结合自身实践经验进行反思和总结。有实习经验作为依托，分析得贴切，也具有实际的参考价值。这对今后的工作具有参考借鉴意义。在此基础上有知识体系的建构思维，力求将新闻编辑的知识能力结构建构成体系。

总之，作业完成得很好。但细节上还可以优化，比如"一""二""三""四"后面添加顿号；注意表述的严谨，比如"非专业基础知识"，值得商榷；在实习经历与总结部分，可以加入实习故事，对相关的能力、素养有更深刻的理解，对经验有一定的归纳性提炼，而不仅仅局限于工作内容的总结。

3. 实训作业评析(三)

(1)实训作业具体内容。

该实训作业是用 PPT 展示的具体内容如下。

第一页展示标题和目录(见实训图 1-11)。

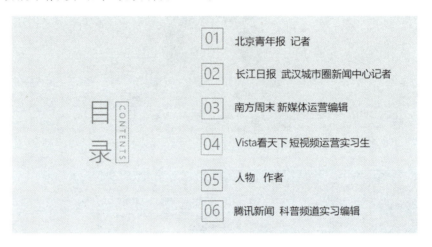

实训图 1-11　第一页

第二页(见实训图 1-12)展示的是《北京青年报》的招聘启事,并结合自身的优势和不足之处进行分析。

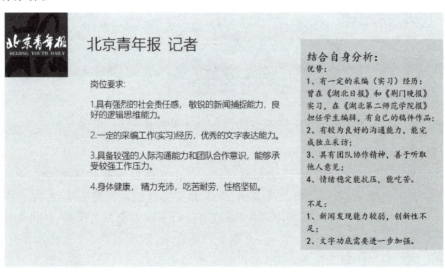

实训图 1-12　第二页

第三页(见实训图 1-13)展示的是《南方周末》的招聘启事,并分析自身的不足之处。

第四页(见实训图 1-14)展示的是《长江日报》的招聘启事,并结合自身的优势和不足之处进行分析。

实训图 1-13　第三页

实训图 1-14　第四页

第五页（见实训图 1-15）展示《Vista 看天下》的招聘启事，并结合自身优势和不足之处进行分析。

第六页（见实训图 1-16）展示腾讯新闻的招聘启事，并结合自身优势和不足之处进行分析。

第七页（见实训图 1-17）对个人与新闻相关岗位进行了匹配性总结。

（2）实训作业评析。

作业没有形式要求，文字、PPT、表格都可以。这个实训展示是 PPT 作业。此实训作业

Vista看天下 短视频运营实习生

岗位职责：
1. 负责短视频账号的日常运营，撰写脚本、策划、拍摄爆款视频内容；
2. 分析短视频平台的规则和爆点，根据不同平台属性和实时热点去创意视频内容；

岗位要求：
1. 脑洞大，热爱新事物，选题能力强；
2. 能够独立撰稿及制作脚本，擅长创意和策划；
3. 善于捕捉当下热门视频，热点事件，进行创意策划；
4. 至少1年短视频账号运营经验，有从0-1成功孵化短视频账号经验/作品优先；
5. 自我驱动力强，具有较强责任感和团队合作精神，有较强的执行力和抗压能力。

结合自身分析：
优势：
1. 是抖音、B站等短视频网站的爱好者，对视频内容有一定的鉴赏能力；
2. 对热点敏感，并有自己的见解；
3. 有良好的沟通、应变、学习和抗行能力；

不足：
1. 选题策划、文案撰写与编辑方面较为薄弱；
2. 对于采访拍摄和后期剪辑不太熟练，不能灵活运用Pr、Ae。

实训图 1-15　第五页

腾讯新闻 科普频道实习编辑

岗位职责：
1. 腾讯新闻科普频道日常运营：热点监控频道内容编辑与维护，专题组稿及内容规划；
2. 社群维护：协助引导社群内容生产，组织并拓展科普作者进行内容生产。

岗位要求：
1. 新闻传播专业优先，具备科学思辨能力和敏锐的新闻嗅觉，对科学领域有热情；
2. 文字功底好，求知欲强，具备PS、EXCEL技能，喜欢与人沟通；
3. 熟悉新媒体资讯产品，适应高强度快节奏工作，勤劳踏实，接受排班。

结合自身分析：
优势：
1. 新闻学专业，有一定的专业基础；
2. 思想活跃，具备一定信息搜集和检索能力；
3. 关心时事，逻辑清晰，对科学领域感兴趣。

不足：
1. 不具备新媒体运营的经验；
2. Ps、pr、au等软件只会一些基础，应用不够熟练。

实训图 1-16　第六页

总结

优势：
1. 新闻学专业，有基本的新闻素养，对新闻充满好奇，对报道充满追求；
2. 有传统媒体的实习经历，但今后要继续去媒体实践，加强自己的实践经验；
3. 具备独立采访和写稿的能力；
4. 情绪稳定能抗压，能吃苦，具有团队协作精神。

不足：
1. 新闻敏感能力较弱，选题策划和新闻报道组织能力j较为不足；
2. 过分专注于文字，不能能熟练运用图片、直播、音频、视频等全媒体报道手段；
3. 不具备新媒体运营经验，在短视频制作、文案的撰写和编辑方面有所欠缺，不能迎合时代发展需要。

01 加强理论知识储备的同时，要不断阅读优秀文章，加强实践，打磨自己的文风，提高自己的写作能力。

02 要具备新媒体内容策划、与运营经验，熟练使用各类剪辑软件与排版软件。

实训图 1-17　第七页

最大的特点即结合相应的招聘公告,进行了自我优势和不足的分析,对自我有了一个更为明确的认知。分析得贴切,也具有实际的参考价值。这对今后的学习和工作都有参考借鉴意义。此外,在细致的分析中看到了自己很多不足,在增强自信心的基础上,如果能有较为详细的改进、提升计划就更好了。这个计划可以不是作业的一部分,但一定是你学业规划的一部分。目前的两点还相对比较笼统,可以细化和具化,让其更具有可操作性。

细节上可以更加优化,比如:阿拉伯数字后面标点符号是顿号;有的数字出现重复,比如出现两个2;最后一页PPT谈不足时,不足的第一点表述中多了个英文字母"j"。这些都可以通过检查避免的,也是编辑素养的基本内容。

第四节 实训教学的作业设计

一、实训一

1. 实训目标

认知媒体环境变化,如媒体融合、大数据、人工智能等对新闻编辑的影响。

2. 实训设计

检索当今媒介环境变化的相关文献,或者对业界相关人员进行访谈,对新闻编辑所处的业态环境有一个整体把握。

二、实训二

1. 实训目标

理解当今相关岗位对编辑能力和素养的要求,为自身的学习和就业打下基础。

2. 实训设计

检索相关岗位的招聘启事,进行归纳,也可检索较长时段的招聘启事岗位要求进行比较,了解招聘单位对编辑能力要求的变化。结合自身的实习实践经验或者对媒体编辑进行针对性访谈,对新闻编辑在实际工作中的情况有整体把握,基于实践进行思考总结。

新闻产品的设计　第二章

本章导读

媒介定位和新闻编辑方针是新闻产品设计的前提,也就是说,媒介定位和新闻编辑方针的确定是新闻产品设计的必要过程。新闻媒介的功能是提供新闻与信息服务,其生产的作品也都是产品,而产品需要市场。每一家媒体都需要有产品思维,都需要在媒介生态中找到自己的位置,明确自己可以做什么,为谁做什么,谁需要我做什么。因此,新闻编辑需要对媒介的定位做出准确的判断,进而做出选择,并进一步制定编辑方针,即对受众对象、新闻传播的内容、传播的水准、风格特色的确定。在此基础上,再根据媒体特征对新闻产品进行设计。这些工作内容是新闻编辑业务的基础工作,也是最重要的起始和基点定位工作。新闻媒介的定位、新闻编辑方针的确定和新闻产品的设计等工作相对宏观,对后面新闻编辑流程中的各项工作起着规范和指导作用。实训教学的拓展文献旨在为本章的教与学提供参考资料,提供媒介定位的范例、思路和策略。实训教学展示与评价突出实训过程评价、课程思政评价,可根据授课对象选择性、针对性进行,主要从媒介定位、编辑方针拟定、新闻产品设计三个维度进行。实训教学的作业设计包括两部分,一为通过代表性案例充分认识媒介定位和新闻编辑方针,二为练习不同种类的新闻产品的设计。

第一节　实训教学的理论知识

媒介定位是新闻编辑工作的基础性工作,是新闻编辑实现其功能、完成新闻编辑工作流程的起点。本章的新闻媒介定位、新闻编辑方针的确定、新闻产品的设计同样体现着流程性。新闻媒介的功能是提供新闻与信息服务,其生产的作品也都是产品,而产品需要市场。每一家媒体都需要有产品思维,都需要在媒介生态中找到自己的位置,明确自己可以做什么,为谁做什么,谁需要我做什么。因此,新闻编辑需要对媒介的定位做出准确的判断,进而做出选择,并进一步制定编辑方针,即对受众对象、新闻传播的内容、传播的水准、风格特色的确定。在此基础上,再根据媒体特征对新闻产品进行设计。

一、新闻媒介定位

新闻媒介定位是指新闻媒介在研究目标市场竞争环境、研究目标受众基础上,根据媒介自身特点和资源条件,确定媒介的经营目标,从而达到市场细化目标。从这一解释来看,新闻媒介定位是借鉴市场营销学中的"市场定位"理论生发出的概念。但不同于普通产品的市场定位,新闻媒介具有非常鲜明的政治属性,这也决定了媒介定位是一个处在新闻编辑学与媒介营销学相结合地带的课题。

从古至今,每一新闻媒介在正式提供信息、发布新闻前,都要做好新闻媒介定位。这一方面是为了促使新闻媒介重视社会公众对新闻信息的需求,不断研究受众需求的变化,以期更好地服务于社会;另一方面,旨在督促新闻媒介根据市场竞争的需要,不断进行新闻产品创新,使新闻产品更加多样化、差异化,新闻媒介的影响力和竞争力得到提升。

新闻媒介定位的具体内涵包括受众定位与功能定位。受众定位就是确定媒介的目标受众,是在对媒介市场进行分析的基础上,对媒介产品的市场占位做出的决策。如在国内,《中国青年报》以青年为主要读者对象,《每日经济新闻》以经济人士为主要读者对象,不同的受众定位影响着报道内容和边界。2022年2月25日,中国互联网络信息中心(CNNIC)在北京发布第49次《中国互联网络发展状况统计报告》。该报告显示,截至2021年12月,我国网民规模达10.32亿,较2020年12月增长4296万,互联网普及率达73.0%。[①] 在数字传播时代,媒介的受众定位呈现网络化和去中心化的趋势。受众实现了由观众到网民的扩散[②],受众范围由有限拓展为无限。这是我们在进行媒介的受众定位时需要注意的问题,要把握网民的特征和多元化结构。同时,在媒体融合时代,需要考虑将不同媒体平台的受众特征和需求与媒体性能相结合,媒体生产出满足媒体矩阵需要的各类产品,满足受众的需求。所以,媒体融合时代的受众定位,需要分析和研究不同平台、不同渠道的用户。

功能定位指确定媒介所要担负的职能和所要发挥的功用,是立足于受众需求和传播目的对媒介产品做出的决策。媒介的受众定位和功能定位之间有着紧密联系,功能定位是在受众定位的基础上,考察受众的信息需求,结合媒介主办者对媒介的角色期待而确定的;而媒介的受众定位则需要借助于媒介的功能定位,因为受众定位只是决定了媒介为谁而办,功能定位才能决定媒介为受众呈现什么内容。同时需要考虑媒介自身能做什么,实现功能定位需要具备什么。另外,在技术加持下,受众的个性化需求越来越凸显,随之带来了进一步的市场细分,从之前的PGC(专业生产内容)到UGC(用户生产内容),再到PUGC(专业用户生产内容),媒体与用户正在用更专业的力量在垂直领域深耕,媒介的功能定位也越来越垂直化,以期满足每一个细分群体的需求。说到底,媒体在进行媒介定位时要以用户为中心,

---

[①] 《第49次〈中国互联网络发展状况统计报告〉发布:我国网民规模达10.32亿》,2022年2月25日,http://www.szzg.gov.cn/2021/xwzx/fhzx/202202/t20220225_5845359.htm。

[②] 董航、王倩:《从央视〈中国舆论场〉看我国融媒体节目的有益尝试——基于媒介定位的角度》,《电视指南》,2017年第8期。

以用户思维指导新闻实践活动,因为用户的关注度、忠诚度是媒体发展的依靠力量。媒体的传播理念应该由信息的生产和传播走向用户管理、关系共建等。

新闻媒介定位受多种因素的影响,实际上是新闻媒介生存环境或自身条件发生变化的结果。首先,就外部因素来说,控制者、受众、广告客户、传播中介、竞争者都是影响新闻媒介定位的因素,与此同时,从更宏观的视角来看,也不能忽略构成媒介生存环境的因素,例如政治、人口、经济、环境、法律、技术、文化等,这些因素无形中也会对新闻媒介的定位及运行产生影响。其次,就内部因素来说,媒介运行的"硬件"(即媒介的资金、设备和技术条件)、媒介运行的"软件"(即媒介的人力资源、体制与管理水平)和媒介进行传播的符号因素(例如语言符号的演绎性、非语言符号的具象性),也都会对新闻媒介定位产生影响。

总之,新闻媒介定位的优化需要以用户需求为中心,同时加强人才队伍建设,提升媒体自身实力,不仅满足用户需求,还要主动挖掘用户潜在的意识和能力。除此之外,还需要提升用户体验,比如场景化体验,或满足用户碎片化时间需求。更为重要的是,新闻媒介定位需要有一种社会责任感,将媒体效益和社会效益结合起来,打造媒体品牌。

二、新闻编辑方针

新闻编辑方针是根据媒介定位与发展战略对新闻编辑工作的决策,它规定了媒介的受众对象、传播内容、传播水准和风格特色,是编辑工作必须遵循的准则。新闻编辑方针对于新闻媒介的意义主要有三个方面,一是确定了新闻传播的理念、宗旨与立场;二是规定了新闻产品的质量标准;三是新闻编辑方针是媒介精神与文化的集中体现。比如,以深度报道而闻名的《南方周末》,"反映社会,服务改革,贴近生活,激浊扬清"是其编辑方针,对热点事件、重要事件的报道总能展现其独特视角,正是这样的理念以及高质量的报道,在大众心中留下了深刻印象,于是其在舆论引导方面也能达到良好效果。

新闻编辑方针的核心内容主要包括四个方面。一是受众对象。编辑方针既要确定目标受众的总体范围,也要进一步规定受众群中的主体是哪类人,次要的受众又是哪类人。目标受众往往是多元结构的,而且在媒体融合时代,用户结构更为复杂。二是新闻传播的内容。这指的是媒介新闻传播的总的报道面有多大,具体说来,它包括报道对象的分布有多广、报道的领域有多宽、报道的区域有多大等。三是传播的水准。传播的水准指新闻传播的思想水平、文化水平和专业技术水平所达到的高度,具体通过媒介传播内容的深度、广度,以及语言、文字、图像、版面设计、制版印刷、节目制作等多方面因素综合表现。四是风格特色。新闻编辑方针对传播风格特色的规定,为媒介产品设计指明了方向。编辑方针对媒介产品的风格特色所做出的规定,要求媒介产品设计从媒介的规模、结构、内容、形式等多方面有意识地突出某种特性,表现与众不同的媒介形象。

总之,新闻编辑方针的确定要求媒体从内容和形式两方面去努力,为媒介产品设计打下基础。这样才能让媒体在媒介中独树一帜,做到差异化生存,具有较强的竞争力。比如"大成武昌"坚持内容渠道两手抓,善用多元创新的宣传形式,以创意和技术加持,"融"合传播,坚持底色、彰显特色、传播亮色,成为"首府、首义、首创、首善、首位"的"五首之区"。同时,账号致力于发布武昌权威讯息,传播武昌正能量声音,旗帜鲜明地做好民生服务,认真回应公众诉求。"汉阳知音"坚持"内容为王",聚焦汉阳经济发展、产业升级、城区建设、现代化治理、民生服务、文旅消费等群众关切的内容,把原创、精品、多元的本土化内容生产作为区域媒体的核心竞争力培育,以新闻视角、融合生产打造好看、有用、有趣的政务新媒体。"大江金岸"立足政务,着眼于"用",不断强化账号功能,通过设置"亮点聚焦""办事大厅""招商服务"三大板块,以及留商招商奖励办法、我为群众办实事、政务大厅、政策文件、防控措施等十三个小项的服务专栏,助力"大江金岸"做好为民服务。"美丽青山"以居民群众的需求为出发点,把群众的所思、所想、所盼作为新媒体努力的方向,相继推出"下基层察民情解民忧暖民心""在青山遇见——""我们的新时代""青山那些事"等宣传专栏,设置政务、民生便民服务,从网络宣传阵地向基层社会治理新媒体阵地升级发展。①

三、新闻产品设计

新闻产品的设计和决策是根据新闻媒介的功能定位以及新闻编辑方针确定的。在实训过程中,我们可以采取如下流程。在确定媒介定位和编辑方针的基础上,确定一个能很好地与新闻实践活动相结合的选题,或者结合具体的案例,细化编辑方针,再进行新闻产品设计,如图 2-1 所示。这样更有针对性,实践操作也更接地气,更能经受实践的检验。

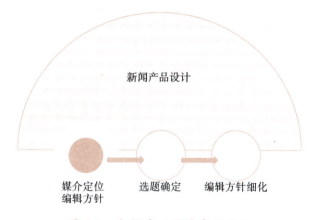

图 2-1 新闻产品设计实训流程

总体实训流程如此,但实际上,新闻产品设计的具体过程更为复杂。媒体不同、用户不同,同样的选题也会包含不同的角度和内容,还包括形式和渠道的选择,加上融媒体矩阵中各个媒体的特征各异,这为新闻产品的设计提出了更高的要求。新闻产品设计包括大众媒介新闻产品设计、社交网络媒介新闻产品设计和融合媒介新闻产品设计。

1. 大众媒介新闻产品设计

大众媒介新闻产品设计是媒介产品中以传播新闻为主要职能的部分,包括确定新闻产品在整个媒介产品中的位置和比重,以及进一步设计新闻产品中的每个组成部分。不同的

---

① 《倒计时 3 天!》,2022 年 9 月 17 日,https://mp.weixin.qq.com/s?__biz=MjM5MTI3MTY3Mg==&mid=2651147023&idx=1&sn=ea3d4f0e04e2a17583e22cb7c4a8a336&chksm=bd49f4988a3e7d8eee05b9f922d2712282280b60c06b5ccf3ce4758970110bc2341d0b1dfe3d&mpshare=1&scene=23&srcid=0917pWUSdn24NYufvrpwMND5&sharer_sharetime=1663392055677&sharer_shareid=4fda25eff3e29ff18a6ad2040b6410b5#rd.

大众媒介,其新闻产品的设计也不同,例如报纸这一新闻产品,其出版周期、版组、栏目名称及内容都需要提前考虑和设计。

2. 社交网络媒介新闻产品设计

科学技术的发展让媒体的形态变得更丰富,以微博和微信为代表的社交型新媒体在信息和新闻传播的过程中越来越成为人们获取信息、传播信息的重要载体,新兴的社交媒体正在不断改变着过去传统媒体的传播格局,也引发了新闻传播权力的逐渐变化。① 社交网络媒介新闻产品的设计重点是新闻信息的内容、数量、发布时间和频率、表现形式和互动设计。如今,媒介经营者尤其看重与用户的互动形式,深耕产品与用户之间的关系,像 H5、互动新闻都能给予用户更多的主动权与更好的体验。

3. 融合媒介新闻产品设计

融合媒介新闻产品设计是指融合型新闻编辑部对所生产的不同类型的新闻产品进行整体性设计,使产品和产品之间形成相互关联,通过产品协同生产,实现融合新闻传播。融合媒介新闻产品的出现,实际上反映了我国传统媒介数字化转型的过程,即由"互动"到"一体"的递进式发展过程,表现为传统媒介与其网站及其他媒介终端等设计的一体化、新闻生产流程的一体化和新闻采编机构的一体化。融合媒介的新闻产品传播,需要实现手机等各种媒介终端资源的有效整合,将信息内容、技术应用、平台终端共融互通,有效地遵循"移动化、社交化、可视化"等新媒体传播规律,使传播方式从单向传播变为交互体验式传播,从原来一个故事一个呈现方式变为一个故事多个表现形式,从送达人到吸引人,根据不同的受众,采取不同的传播形式,力争实现分众与精准传播。②

新闻产品设计是一项难度极大的系统工程,设计过程大致可分为设计预备、方案设计和方案试行三个阶段,同时也要遵循公益性、适用性、个性化、品牌拓展的基本原则。而在设计新闻产品时,也需要注意以下问题:首先,要充分占有信息并准确分析信息,保证新闻产品设计的合理性和可行性;其次,新闻产品设计必须在可行性与超前性之间找到平衡点;再次,新闻产品设计与新闻采编机制之间存在着紧密的联系,因此产品设计应该与采编机制改革同步进行;最后,正确处理借鉴与创新、变革与稳定的关系,新闻产品设计是一项创造性的劳动,但这种创造与借鉴有着不可分割的联系。

第二节　实训教学的拓展文献

拓展文献旨在对新媒体环境下新闻编辑定位的变化有所认知,进一步加深对媒介定位

---

① 龚毅:《新闻产品的社交化传播》,《传播与版权》,2017 年第 10 期。
② 张云霞:《用全媒体讲好"苏州大米"的故事——对苏州日报社"苏报融媒＋苏州大米"报道的分析》,《中国地市报人》,2019 年第 7 期。

和新闻产品设计的理解。另外,顺应时代之变,政务媒体、企业媒体成为网络传播格局中非常重要的存在,也吸纳了众多的新闻传播人才。所以,本章节拓展文献将触角伸及政务媒体、企业媒体的定位,以此拓宽学生视野。在文献学习的基础上进行实训,培养学生的社会责任感,激发学生服务基层的意识。

本章我们选择了《新媒体环境下传统媒体新闻编辑再定位》《政务新媒体平台创新发展策略探究——以"长江云"为例》《企业官方微博定位策略分析》三篇文献。

一、拓展文献阅读(一)

这篇拓展文献旨在让读者了解新媒体背景下新闻编辑的转型定位,引导学生以人的定位反思媒介定位,以及媒介定位与编辑定位之间的互动互构关系,进而设计出内容与形式高度统一的优秀新闻产品。

新媒体环境下传统媒体新闻编辑再定位[①]

随着全球经济一体化发展与现代化电子信息技术的普及,新媒体时代使传统媒体发展受到严重冲击,基于互联网信息技术的新媒体已经成为传统新闻行业发展的重要优势。传统媒体新闻编辑工作方式已经完全不能跟上信息社会发展的步伐,而新媒体背景下新闻编辑的转型定位,是当前信息量庞大、新闻制作推广迅速化的新闻编辑创新发展的必然要求,所以对传统媒体新闻编辑进行再定位,对于促进我国新闻行业的长久稳定发展具有非常重要的意义。传统媒体新闻编辑需要以全新的思维与心态,利用现代化信息技术,制作出更加多元化、丰富化的高质量新闻作品,确保新闻行业顺应新时代媒介发展环境。

1. 前言

传统媒体新闻通常是利用期刊、电视、广播等方式了解时事信息,新闻获取方式与传递渠道存在严重局限性,但随着社会对新闻需求量与质量要求的不断提升,以及手机、计算机等现代化网络信息技术的发展,数量众多的新闻已经开始通过朋友圈、微博等互联网信息平台进行迅速传播,这种便捷、迅速的网络传播方式使得传统媒体的受众、广告利益等均受到严重冲击,传统媒体新闻编辑必须打破以往的工作模式,从庞大的信息资源中获取更多有价值、有意义的新闻题材,增强社会联动性,创新新闻编辑技能,实现对新闻信息的实时、高效传递,使现代化新闻媒体具有更大的社会舆论影响力,满足社会公众对新闻本质上的转变需求,真正完成新媒体环境下对传统新闻编辑的再定位。

2. 新媒体环境下传统新闻编辑再定位的迫切性

媒体是社会时事信息资源传播的重要载体,而新闻编辑是对所有搜集的新闻数据资源展开全面系统策划的编辑,在传统新闻媒体领域,新闻编辑基本是幕后工作者,且从事编辑工作的幕后工作人员必须具备一定的专业知识技能、强大的新闻敏感度、广阔的视野与高水平的职业素养等。由于新媒体时代的发展促进了信息资源庞大、传播速度快、传播途径多样化、信息及时性强的网络新闻传播模式的迅速发展,如何从网络信息资源中进行筛选并制作成新闻资源,是当前新闻编辑面临的最大考验。互联网信息技术的应用与人们工作生活方

---

① 孙炜:《新媒体环境下传统媒体新闻编辑再定位》,《公关世界》,2018年第19期。

式的转变,使获取方式简便的网络新闻平台成为人们了解时事信息的重要途径,但互联网本身的开放性与虚拟性导致网络信息平台存在严重的信息失真现象,人们迫切地需要新闻编辑熟练地掌握网络实践操作技能,从海量信息资源中筛选真实信息,对传播的新闻资源的真实性、严谨性等进行确认。

这种媒体发展环境的转变,促使社会对新闻编辑进行转型,实现传统新闻编辑的再定位发展。在现代信息社会,人们更青睐于利用手机等电子科技产品浏览新闻,这种新媒体新闻传播技术打破了传统电视、广播等新闻媒体在传播空间、时间上的限制,也使众多传统新闻媒体发展"捉襟见肘",所以传统新闻媒体必须进行创新改革。新闻编辑必须从传统的幕后操控者转变成现代的幕前实践者,实现传统新闻编辑与节目主持等职位的结合,使新闻编辑真正做到节目录制与新闻动态的双线发展,缩短新闻编辑耗费的时间。由此可见,在新媒体环境下,对新闻编辑的再定位行为迫在眉睫。

3. 新媒体环境下传统新闻编辑发展现状

(1)新闻资源取得途径过于狭窄。

与现代化新闻媒体信息资源获取途径相比,传统新闻媒体通常是利用媒体记者、相关权威媒体等方式获取所需信息资源,这种获取途径过于狭窄,使得传统新闻编辑很难满足现代化新闻传播需求,无法实现公众对多元化、丰富化、及时化的高质量新闻信息的需求。[1]这种狭窄的新闻资源获取途径在很大程度上限制了公众的阅读需求,不符合新媒体环境对于新闻资源丰富性与时新性的要求。如在某大型事件中,传统新闻媒体必须通过新闻搜集记者或相关权威媒体,对相关人员进行采访,将其经历传递到传统媒体上,再对公众发布,而现代化新媒体传播方式,能使相关人员直接将自身经历快速发布到各种网络平台上,这种直接发布模式比传统采访讲述模式更具有冲击性。这就导致传统新闻传播途径过于滞后,使传统媒体受众严重分流,发展难以为继。

(2)新闻编辑能力有限。

新闻的传播真实性与实践价值性是衡量新闻的重要标准,但在现代化信息爆炸时代,大部分新闻编辑并不能从根本上辨别新闻信息的真实性和严谨性,以及实际社会价值,致使越来越多的无价值、虚假信息充斥媒体信息平台,使得新闻媒体的社会影响力与公众信任程度显著性下降。所以在这种新媒体环境下,新闻行业必须对新闻编辑人员的辨别能力、专业素养等进行全面系统的提升,确保传统媒体与网络媒体发布的信息资料的真实可靠性,保证公众的基本新闻诉求得到有效满足。

(3)新闻缺乏深度报道。

新闻媒体能够有效吸引观众的注意力,很重要的一点就是新闻的深度挖掘程度,但传统新闻编辑受自身专业能力、视野等因素限制,并不能有效地对各项新闻资料进行搜集,尤其是严重缺乏新媒体技术,不能真正掌握媒体新闻发展的关键点。在实践发展中,大部分新闻编辑专业技术能力不足,信息分析辨别能力有限,无法通过新媒体来实现对新闻信息的有效收集,导致发布的新闻信息内容空洞枯燥、调查不详细、逻辑层次混乱,对新闻缺乏深度的调查与解读。同时,新闻编辑不能对信息资料进行深入系统的归纳整合,不能以公众的兴趣爱好为切入点对新闻进行深入解读。新闻编辑不能对多样的新闻信息以专题形式进行有机整合,无法满足公众对新闻报道的细节性需求,难以吸引公众眼球。

4. 新媒体环境下传统新闻媒体编辑再定位具体措施

(1) 充分发挥新闻编辑角色作用。

新媒体环境下新闻编辑仍旧承担着新闻的搜集与策划编辑的职责,这种职责的滞后性与单一性在很大程度上制约了新闻媒体的创新转型。在现代化信息社会,新闻信息呈现海量化、时新化、多样化发展趋势,导致新闻编辑的资源筛选、策划量明显提升,加上网络等新媒体的信息资源的失真性,新闻行业必须全面加强新闻编辑的专业能力与综合素养。新闻编辑要对时事动态保持持久关注,保证新闻的时效性,还要具有信息资源的真伪实践辨别能力,能甄别虚假、编造信息资源,能从海量信息资源中提炼出高价值新闻,并通过多样化的新闻解读模式,吸引公众的注意,自觉担负起新闻传播的社会责任。[2]

(2) 深度整合解读新闻信息。

现代化电子信息技术的应用推广,在很大程度上改变了人们的工作生活方式。人们获取新闻的方式已经从传统的报纸、电视、广播,转变为利用手机、计算机等方式浏览新闻信息,这种现代化新媒体发展模式使传统媒体新闻行业受到严重冲击的同时,也给其发展带来新的契机。新闻编辑可以利用全新的方式搜集并策划编辑资讯,在新闻编辑基本规则基础上,以公众需求为策划导向,确保新闻信息的质量;在整合新闻资源时,应该适当融入编辑的个人见解,传递更多的正能量与正向价值观,保证新闻成为公众的新闻服务对象,而非负面垃圾资源的传播载体。新闻编辑要承担起新闻资源的整合与解读职能,树立正确的舆论导向,使社会媒体时刻保持正义、客观行为立场,深入新闻内幕,防止被有心人利用而对社会与涉事人造成危害。因此,要确保新闻编辑具有高水平的职业道德素养与理性思维能力,使新闻编辑真正以党政观念为行为基准,贯彻执行党和政府的各项方针政策,保持高度的政治思想觉悟;同时要对新闻资源保持高度关注,能从事情的表象挖掘出高价值资源,创新新闻策划分析点,充分调动公众阅读兴趣。另外,在纷乱诱惑并存的现代化社会,新闻编辑要不断提高自身职业素养,在复杂的网络社会中保持对新闻行业的尊重与敬畏,不为谋求私利而随波逐流、丢失职业节操。

(3) 提高策划联合整体互动性。

新媒体环境改变了传统新闻媒体的单向传播模式,使社会公众从以往的新闻被动接收者转变成当前的新闻主动传播者,公众能利用网络信息交流平台,将个人观点、涉事信息、新闻评论等进行发表,且互联网传播途径本身的匿名性与虚拟性,能很好地保护公众的隐私安全。[3]所以新闻编辑需要在尊重公众个人权利义务的基础上,做好策划调研等准备工作,确保新闻题材符合社会公众兴趣点,创新新闻传播方式与内容,如采用直播评论、微博讨论等,并根据公众实际回馈信息,及时对编辑策划内容等进行优化改进,增加与公众的互动交流环节,提高新闻编辑的综合业务素养,促进我国新闻媒体行业的创新稳定发展。

5. 结束语

综上所述,现代化网络信息技术的推广与应用,使传统媒体新闻受到了严重冲击,所以在新媒体环境下,需要对传统媒体新闻编辑进行再定位,严格对新闻编辑自身专业技能与职业素养的要求,确保新闻编辑熟练掌握网络信息技术,不断提高其新闻灵敏度与信息辨别能力,重新明确自身定位,整合归纳新闻资源,树立正确的舆论导向,努力将其培养成符合现代化新媒体发展的多功能型复合应用人才,实现我国传统新闻媒体的转型稳定发展。

参考资料

[1] 张渝.新媒体环境下我国传统媒体新闻编辑再定位[J].新闻爱好者,2017(10):75-77.

[2] 尚弈羽.关于新媒体时代新闻编辑转型问题研究[J].传播力研究,2017(10):112.

[3] 乔勇.新媒体时代下新闻编辑如何转型[J].新闻研究导刊,2015(9):75,120.

二、拓展文献阅读(二)

这一篇拓展文献旨在以"长江云"为例,对其困境和发展策略进行探究。

政务新媒体平台创新发展策略探究
——以"长江云"为例[①]

随着媒介融合的不断深化,各级政府纷纷进行"互联网+政务"的不断尝试,并且依托人工智能、大数据、算法等最新技术,结合微博、微信、抖音、客户端等平台,建设政务新媒体矩阵。如今,政务新媒体平台已成为各级政府部门发布权威信息、引导舆论、提供政务服务的重要平台。以"长江云"平台为代表的一些政务新媒体平台率先探索出了具有自身特色和代表性的发展模式,但纵观全国,各级政府在建设政务新媒体平台与进行数字政府改革转型的过程中仍面临一些问题,本文通过分析"长江云"平台的基本模式,结合其发展现状,寻找制约政务新媒体平台发展的因素,并提出一些可供借鉴的策略。

1. 相关概念及理论要点概述

(1)媒介融合。

关于媒介融合,麦克卢汉提出的观点是:媒介即讯息,即没有一种媒介能够独立存在,任何媒介所包含的内容都是另一种"媒介"。融合的概念在20世纪70年代末被引入新闻传播学领域。1978年,美国计算机科学家尼葛洛庞帝提出,计算机工业、出版印刷工业和广播电影工业等不同的工业正在趋于融合。1983年,美国传播学者伊契尔·索勒·普尔在《自由的科技》一书中阐释了媒介融合这一概念,他认为媒介融合是各种媒介呈现出界限模糊、多功能趋于一体化的发展趋势。此后,学者们在前人的基础上不断对这个概念进行补充、完善,其中具有代表性的包括詹金斯、李奇高灯、博尔特和格鲁辛等。

我国对媒介融合的研究开始于20世纪90年代末。到2005年,中国人民大学的学者蔡雯将"媒介融合"的概念带入我国。之后经过多年的研究、梳理和归纳,她提出,媒介融合包含三个核心内容,即媒介内容的融合、传播渠道的融合以及媒介终端的融合。此后,我国的学者们陆续对媒介融合展开了研究,并提出了不同的理解。其中具有代表性的有:清华大学的熊澄宇认为,媒介融合是指所有的媒介都向数字化和电子化靠拢;中国人民大学的彭兰认为,受众在媒介融合中作用突出,甚至正在成为影响媒介融合的关键因素。由上可见,媒介融合的概念并非一成不变,而是伴随着技术和环境的变化而不断变化,且根据各国实际情况的不同而呈现出不同的发展趋势。

---
① 马丽娜、赵礼寿:《政务新媒体平台创新发展策略探究——以"长江云"为例》,《新闻世界》,2022年第1期。

(2)政务新媒体。政务新媒体是指区别于传统媒体的新型媒体形态在政务领域中的具体应用,是各级行政机关和事业单位在各大新媒体平台开设的官方政务账号与应用。一方面,政务新媒体可以作为政府职能部门的延伸,连接着国家党政部门;另一方面,政务新媒体可以作为贴近人民群众、服务人民群众的窗口。随着媒介融合技术的发展和传播环境的不断变化,政务新媒体也随之发生了变化,不仅平台更加多样,包括微博、微信、客户端、短视频平台、音频平台以及数字交互电视、网站等,内容也十分丰富,能够发挥政务服务、信息发布、社会治理等多种效能,成为连接政民的桥梁。本文所研究的即是政务新媒体中的客户端这一平台。

2. 媒介融合背景下"长江云"平台的基本模式

(1)平台定位精准,基本功能全面。

"长江云"平台自 2014 年建设以来,就以"新闻+政务+服务"的综合云为基础,以"3+2+N"为平台定位,以"源、云、管、端"的全流程服务为升级目标,争取覆盖全省,实现互联互通。"长江云"平台拥有媒介融合、政务发布、群众路线、智慧服务和舆情引导五大功能,搭建了集微信、微博、网站、客户端等于一体的新媒体矩阵,同时能够贯通省、市、县三级媒体融合,既便利了人民群众的日常信息获取,也为各级媒体的资源整合和数据打通提供了便捷通道。

(2)建设模式统一,融合机制开放。

"长江云"平台运用多种机制促进充分融合。在基础平台的建设方面,"长江云"采用了统一建设为主、分级定制为辅、统分结合的方式,在省级层面先统一进行技术、流程、培训等方面的搭建,各级融媒体单位可根据实际情况与地方特色进行自主分级模块定制、菜单栏设置等。在资源素材的共享方面,"长江云"平台创建了全省可以统一共享的"云稿库",从指挥中心的统一调度,到媒体团队的策划、采集、制作,提高了内容生产的质量和效率,也能在重大活动时实现更好的联动。在技术平台的升级方面,"长江云"平台坚持开放共享的原则,全省各级的客户端可以选择独立或者合作运营,技术团队由省级统一提供支持,各级平台升级迭代等都可以实时同步进行,不仅提高了技术研发运用的能力,也使得海量特色内容能够更好地共享,平台融合机制更加开放。

(3)发展理念先进,融合路径明显。

"长江云"平台是湖北广电在"互联网+"的融合理念基础上打造的政务新媒体平台,分别于 2015 年、2016 年和 2017 年发布了媒体云、政务云和信息云,并在此基础上推出了一系列新媒体产品,在全国范围内起到了首创效应,引起了社会的广泛关注。如今,"长江云"平台已经形成了一套独特的媒体融合生态圈,并逐步扩大覆盖面。此外,其还将大数据作为搭建信息服务矩阵的技术支撑,将多维数据汇聚在一起,各部门之间可以有效对接开展工作,形成了以数据为中心、用数据进行城市智慧管理与服务的一套运营体系。

(4)融合氛围浓厚,融合效应突出。

"长江云"平台投入建设以来,一直受到各级党委政府的高度重视,它们从方案设计、人员分工、技术培训、资金周转等方面提供了大力支持。"长江云"中的便民服务板块,打通了政务部门与人民群众之间的沟通与联系渠道,使得人民群众所反映的一些问题能够得到及时的反馈、帮助和解决。同时,作为一个政务新媒体客户端,"长江云"在积极探索中不断扩大在全省各地的覆盖面,下载率和使用率都逐渐提升,已成为湖北省广电的重要舆论阵地,能够代表主流媒体的声音,融合效应突出。

3. "长江云"政务新媒体平台创新发展的制约因素

政务服务水平的提高对于我国政府的数字化建设与转型具有重要意义,政务新媒体平台的建设与创新在其中更是发挥了关键作用。"长江云"平台的建设在全国范围内开始时间早、步伐快,但总体上来看,它的创新发展仍存在一些制约因素,具体如下文所述。

(1)新媒体矩阵效应不强。

"长江云"平台建设中存在的一个问题是,政务微博、政务微信公众号、今日头条号、长江云抖音视频号都建设得较为完善,但政务网站与客户端方面的建设较为滞后,难以与其他平台形成联动效应,使得新媒体矩阵的放大作用发挥得不够突出。湖北广电要将长江云政务新媒体平台的建设尤其是客户端的建设提到关键位置,整合省级资源,打通矩阵中的各个平台与组织,形成全面、立体的传播效果,更好地发挥融合效应。

(2)内容运营后劲不足。

在政务新媒体平台搭建好的前提下,如果内容运营无法及时跟上,也会制约其发展。内容运营要求在板块设置、推送消息、后台反馈等方面配备专业的技术团队进行跟进,但在实际的工作中,"长江云"政务新媒体平台还存在信息发布不及时、内容运营不完善、未将内容运营作为常态化专业化工作等情况。要重视内容运营这个环节,关注政务部门、媒体、平台与人民群众之间的联系,关注内容的定位、设计与传播,使得平台触达更多的用户,惠及更多人。

(3)地方特色不够鲜明。

"长江云"政务新媒体平台作为官方主流媒体,无论是新闻宣传信息发布,还是在线办理各项事务,每一项职能都要注意与当地人民群众的需求息息相关。因此,除关注下载率与使用率之外,平台发展还需关注的一个重要因素是地方特色。目前,"长江云"平台中的湖北地方特色仍不够突出,与人民群众相关的栏目板块位置不够醒目,需要点击二级或三级菜单栏才可进行操作办理。地方特色发挥明显,可以吸引人民群众高效高频使用该平台,而地方特色发挥不明显则可能导致用户流失。

4. "长江云"政务新媒体平台创新融合发展的策略

"长江云"是较为典型的"新闻+政务+服务"的政务新媒体平台,也是在全国范围内率先搭建的"航母"平台,多种媒体形式的整合加上党政各部门的加入,使得其在近年来的发展中逐渐探索出具有湖北特色的媒介融合发展模式。但它也面临着创新升级的制约因素。针对这些问题,并根据湖北省的实际情况,笔者认为"长江云"平台可以从以下三个方面不断完善自身的体制机制,发现问题并解决问题,实现创新融合发展。

(1)整合技术资源支持,提高数据打通能力。

政务新媒体平台的创新融合发展对于推进政府数字化转型具有重要意义,湖北省各级政府部门应当整合技术资源支持,将全省的云计算、大数据、人工智能、算法等先进的信息技术聚拢在一起,形成一道数据闭环,注入政务新媒体平台的研发创新与升级优化中,不断提高数据打通的能力。同时,对于一些可以共享的图文音像等信息数据,可以搭建更多的像"长江云"中的媒体云这样的云平台,提高湖北省各大媒体组织的工作效率,在数据资源共享中提高内容质量,让政务公开、互动交流等工作更好地在传播和聚合中进行,更好地服务于人民群众的需求。

(2)强化专业团队建设,提高工作执行能力。

政务新媒体平台的建设需要有一支专业的团队负责平台日常的消息发布、内容运营、后台监测等工作。专业的团队建设一方面需要在初期从不同部门抽调一些人员,使得不同部门的工作信息内容可以实现联动;另一方面需要在中期和后期吸引相关的专业人才加入团队,包括计算机人才、新闻与传播方面的人才。团队内部成员之间要通力合作,既要关注技术方面的问题,又要不断进行创意策划,顺应媒介融合发展的时代潮流,吸引人民群众关注和使用,平台还应关注内容的到达率,增强政务新媒体平台的用户黏性,从而使得工作过程更加合理高效。

(3)强化主流媒体阵地,突出地方品牌特色。

政务新媒体平台发挥着主流媒体的舆论引导作用,"长江云"平台在建设过程中需要不断强化阵地作用,不断提高其作为省级主流媒体的传播力、影响力、引导力和公信力,突出湖北省的地方品牌特色,主要可以从以下三个方面进行。首先,平台在进行内容建设与发布时,应当注重创话语体系,既要提高政府的公信力,又要体现政府的亲和力,拉近政府与人民群众之间的距离。其次,要将地方的特色与品牌融入平台的建设当中,将人民群众最关心的问题、最关注的领域放在页面板块中较为显眼突出的位置。同时,通过线上积分与线下兑换相结合的方式,提高人民群众的参与感,增强用户体验。最后,要注意传播正能量,弘扬主旋律,不断扩大政务新媒体平台的社会影响力,并在全国甚至更大范围内形成良好的示范效应。

5.结语

融媒体时代,越来越多的各级政府机构加入建设政务新媒体平台的行列中来。对于"长江云"平台而言,既要进行平台搭建与系统维护,整合力量进行发展探索,又要关注人民群众对平台的使用情况,将政务新媒体应用到社会治理、政府监管、便民服务等多个领域中,并不断提升自身能力,在媒介融合的大背景下,通过实践创新,不断推动数字政府转型升级。

参考资料

[1] 王建华.政务新媒体话语应用与传播研究[M].上海:上海交通大学出版社,2017.

[2] 黄楚新.新媒体融合与发展[M].北京:人民日报出版社,2016.

[3] 项勇,王文科.媒体融合的探索与实践[M].北京:中国广播电视出版社,2015.

[4] 赵玲瑜.移动互联网时代政务新媒体传播体系建构初探[D].郑州:郑州大学,2016.

[5] 李鹏.融合背景下大数据政务服务平台的构建——长江云移动政务新媒体平台的探索[J].新闻战线,2018(5):95-98.

[6] 谭云明,全嘉琪.矩阵协同式政务新媒体发展研究[J].中国出版,2017(16):34-38.

三、拓展文献阅读(三)

这一篇拓展文献从身份定位、内容定位、形象定位、风格定位来研究企业官方微博的定位策略。

企业官方微博定位策略分析[①]

1. 明确微博目标,做好身份定位

开通企业微博,首先要明确你是谁,你想做什么。微博定位要服务于企业定位,要明确企业定位是什么,微博在推进企业发展中的作用是什么,目的是销售、公关、交流对话,还是客服等。

要明确产品与众不同的销售主张、产品性质与适用范围。大众化的产品与消费者的衣食住行用紧密相关,可以通过微博这一平台进行产品营销、展示,提供服务,与用户交流。[1] 小众化产品,比如专门供残疾人使用的马桶,在微博上推广营销要通过寻找目标"粉丝圈"完成,因为同一类人基于共同的兴趣、利益、需求聚集在一起,广告信息应找到这一群体,专门为他们服务从而体现价值。

企业要明确开通官方微博的目的与动机。一般来说,企业运营官方微博要做的事情有以下几种:一是让用户和潜在用户关注你,也就是吸引粉丝;二是更新与产品相关的内容,使用户消费你的产品;三是维护好和粉丝的关系,向他们展示产品价值,解决问题,引发重复性购买;四是营造口碑,宣传积极正面的企业形象,通过向身边的亲朋好友介绍扩大消费对象范围。

因此,开通官方微博,首先要清楚你的目的是什么。

2. 明确微博对象,做好内容定位

要在弄清楚产品为谁解决什么问题的前提下了解微博的传播对象。你必须知道产品的目标用户是谁,他的年龄段、职业、收入,喜欢用手机上网还是用电脑上网,他网上的活跃地在哪里。要清楚产品为目标用户解决什么问题,解决的问题是否能让用户得意地"晒"出来,解决的问题是否是常常发生的。比如,用微博推广公牛智能插座,这种插座主打安全(如阻燃),这个理由可能会让用户多添置一个插座,同时它还有一个智能化的玩法,即 Wi-Fi 功能的远程定时遥控插座,连接手机的相关 App 就可以轻易操控家里一些电器的使用和关闭时间。对于生活节奏很快的人来说,这个功能比较适合,具有一定的社会化传播属性。

在此基础上,确定对微博用户说什么、怎么说。"说什么"涉及内容,如企业相关的内容,或者目标消费者相关的内容。"怎么说"涉及形式,如说的语言风格。无论是微博内容还是微博语言风格,都要与微博形象定位一致。例如,某金融理财公司的企业定位是金融理财专家,公司的人格化形象体现为中年男性、35 岁以上、来自华尔街,该公司的目标消费者是较为富有的人群,公司希望通过企业官方微博分享金融理财知识,让目标消费者对公司充满信任。此时微博文章要以 35 岁以上的男性理财专家的口吻来说,还要体现金融理财信息的前沿性与权威性以及相关重点信息。

---

① 张鹏:《企业官方微博定位策略分析》,《新闻研究导刊》,2019 年第 18 期。

3. 明确微博人格，做好形象定位

微博形象定位就是企业微博所展现出来的形象，这一形象要符合企业形象定位，要让用户感觉到人性化，这有利于更好地与消费者沟通。[2]微博形象定位不能高冷，而要有温度。如何做企业官方微博形象定位？

首先，设计个性的微博名称。好的微博名称能够吸引人注意，使人感到特别亲切，会缩短甚至消除消费者与企业之间的心理距离，使消费者感到温暖。例如，小米手机的使用者多为男性，在运用微博与消费者的沟通交流中，小米设计的个性化形象是米兔，采用女性化的形象、性格与语言调性。这一形象对目标使用者来说，比较有亲和力与识别性。

其次，企业微博拟人化形象，以平易近人的方式接近用户，和用户产生更多的交流和互动，拟人化地拉近和用户之间的距离，也让内容更加深入人心。企业微博要追求人性化，赋予微博一定的性格特征，不能是冷冰冰的企业，不能是没血没肉、没人性的生意人形象，更不能只有利益关系，只想卖东西、推销商品或服务。比如@碧浪企业微博的"碧浪姐"，它想做的是品牌传播，通过与消费者互动建立情感，其人格化的形象是女同事、白领、御姐、闺中密友，其目标消费者是时尚女性、白领、辣妈，微博谈论的话题是闺中秘事、生活琐碎、心灵感悟，体现出真挚、时尚、火辣、幽默、睿智的特点。从中我们看到的是一个鲜活的、有个性的、有态度的企业微博，它不是一个冰冷的账号，而是一个能够对话的人。

品牌微博人格化，开启了企业品牌与消费者的对话。

最后，从企业理念、精神的角度思考官微形象定位。实践中，许多企业微博的内容没有从用户需求出发，变成了企业的内部发声筒，发布没有感情、没有温度的产品信息，尤其是一些工业企业。例如一家化工企业的微博文：公司主要产品有各种喷涂砂材（铁砂、陶瓷砂、玻璃砂、棕刚玉、金刚砂、白刚玉、塑胶砂、石榴砂、核桃砂、碳化硅、不锈钢丸、钢砂、铸铁丸等）、国产/进口抛光材料（抛光蜡、布轮、麻轮、尼龙轮、抛光粉、抛光布、抛光液、KOYO抛磨系列等）、研磨耗材（研磨石、研磨液、光亮剂、润滑剂等）、打磨拉丝材料（打磨片、抛磨片、尼龙辊等）。这样的企业虚拟形象显然是没有生气的。这种情况该怎么办？从企业的经验来看，需要从抛弃硬邦邦的物质下手，转而思考企业的社会责任、倡导理念，从企业精神下手，兼顾产品的宣传。因为营销的效果不是看企业曝光、发布多少次，更重要的是被用户接受和认可。上述化工企业微博可以定位为"一位专注化工的专家"。

4. 明确微博类型，做好风格定位

(1) 知识型微博。

知识型微博即仅在官方微博发布，百度、知乎搜索不到的内容。这一类型适用于科技类产品、非标准品业务、垂直领域、在线教育，以及安装、改造、设计类等业务。比如，一家垂直做家庭装修的微博可以利用知识营销传播一些装修知识，只要用户对其产生认同，认为它说得对，那么在需要装修的时候用户就会想到这个公司。再如董藩老师的微博，他教的是一些房地产营销的知识，这些知识可以让用户知道在哪里买房，哪里的房子会升值，升值的原理是什么，这就属于知识营销。做此类微博需要注意：一是直接解决用户的具体问题；二是需发布系统的知识和解决方案；三是持续为用户提供资源和解决方案。

(2) 对话型微博。

对话型微博即将微博变成一个服务员或老师的角色。这一类型适用于O2O（离线商务

模式)、在线教育、知识类、垂直领域服务、电商等。例如秋叶老师的微博,秋叶老师是教PPT制作的,常常在微博中和学员以及潜在学员进行一些PPT制作的交流。再如一家做小龙虾的公司微博,以一个服务员的角色来和用户交流,用户可以在线上直接下单。做此类微博需要注意:一是说接地气的话,把用户当朋友;二是站在用户的角度去思考问题,替他着想,让他方便;三是内容构成以"用户案例"为主。

(3)资讯型微博。

资讯型微博介绍某一类话题的最新消息。这一类型适用于打折信息、金融、股票、房地产、垂直领域新闻、新品发布、赛事进程、明星、轶闻等。例如,北美省钱快报的微博,其内容主要是介绍国外的一些产品信息,包括优惠、打折的资讯,可以将其看成一个代购微博,在看到实时优惠打折信息后,垂直的用户可能会对这些信息感兴趣,从而产生有效流量。再如36氪的微博。36氪的微博介绍最新、最前沿的互联网资讯,资讯很全很细致。做此类微博需要注意:一是第一手资料离资讯发布的时间越短越好;二是要做有观点的分析,有态度、有理有据;三是要深入一个具体的领域,确保别的地方没有这些内容。

5. 结语

在明确企业运营微博的目的是销售、公关、交流对话或者客服之后,就应给予企业官方微博明确的身份担当。在此基础上设定企业微博的个性化形象,进一步厘清微博针对谁、说什么、该怎么说,企业官微的视觉形象、气质形象也就明朗起来了,从而在众多微博中形成鲜明的特色,可增强微博营销的效果。

参考资料

[1] 舒咏平.新媒体广告[M].北京:高等教育出版社,2016.
[2] 黄河,江凡,王芳菲.新媒体广告[M].北京:中国人民大学出版社,2019.

第三节 实训教学展示与评价

实训教学的展示与评价旨在阐述实训的目标、过程、评价的层次性标准。总体上解答如下三个问题:为何实训、如何实训、实训得如何。为何实训,本章实训设计的主要目的有两个,一是加强对教材知识点如媒介定位、编辑方针的理解;二是能由理论上升为实践,关注现实问题,进行现实思考,制定编辑方针,设计新闻产品,提升动手能力。本章提供代表性实训作业,回应不同的评价层次,尽管作业可能不是最完美的,但都能给我们以借鉴和思考。实训得如何,更多的是一种对话和协商,为后面教学流程的优化奠定基础。

限于篇幅,根据本章节的实训目标和完成作业的情况,我们选取了三个实训作业进行展示。第一个实训作业是通过《人民日报》媒体矩阵对同一事件的报道,认知其报道的不同侧重点、不同的表现形式,来理解媒体定位以及媒体融合的功能和意义。第二个实训作业是阐释编辑方针,把握编辑方针四个方面的内容,提升学生的动手能力。第三个实训作业很有代表性,将新闻媒体编辑拓展到企业媒体矩阵、企业媒体品牌定位,提出问题、分析问题,还提出了相应的对策。让学生结合自身兴趣和将来服务企业媒体传播的就业意识进行实践,这样的思考更有针对性和目标感。这份作业花了很大的精力,理论结合实践,体现了学生的创新意识和研究意识。

一、实训概述

1. 实训目标

通过此次实训,要让学生明确新闻媒介定位与新闻编辑方针的重要性,及其对于新闻产品设计的影响,同时培养学生检索与分析能力,一方面通过检索,要能识记国内外重要的通讯社、媒体的媒介定位与编辑方针,能通过系统阅读新闻报道,分析媒体的定位;另一方面,在实训中能进行准确、全面、科学的新闻媒介定位和新闻编辑方针的确定。另外,要熟悉新闻产品设计方法及环节,把握不同类型的新闻产品设计的值得关注的侧重点,设计具有品牌力的新闻产品或者信息产品。

2. 实训过程

(1)学习教材上的相关内容,对本章知识有一定的把握,尤其是要对影响新闻媒介定位的主要因素、新闻编辑方针及新闻产品设计的操作方法等知识进行重点把握。

(2)组建编辑部,确定编辑部名称、理念,根据新闻媒介定位确定合适的选题,拟定编辑方针。编辑部名称、理念与新闻媒介定位是相辅相成、相互支撑的。

(3)充分进行信息检索,了解业界发展状况,整理出国内外代表性媒体的定位及编辑方针,拓展自己的视野,并为自身媒体定位提供思考借鉴。

(4)选择自己所关注的一个新闻事件,搜集不同的媒体对该事件的报道内容,总结各个媒体的报道重点、报道风格、报道形式,并谈谈它们与新闻媒介定位与新闻编辑方针的关系。

(5)根据自身编辑部的新闻媒介定位和新闻编辑方针,结合确定的选题,搜集相关资料,这是对新闻编辑信息能力的考核,一手资料和二手资料的获得考验的是方法,涉及检索能力,也涉及新闻采访能力。同时搜集丰富的有价值的信息,能为后面章节的实训比如"稿件的选择"提供素材。

(6)结合当前媒介环境,设计一款新闻产品。

3. 效果评价

此实训进行分层评价。第一层,学习理论知识,能够识记教材基础知识,主要在实训过程一和实训过程二中完成。第二层,知识迁移与拓展,可从同一新闻事件媒体的差异化报道或者不同媒体的差异化定位,总结不同媒体的报道方式,能够从更宏大的视角理解新闻媒体的报道内容和媒介定位。通过实训过程三和实训过程四可以实现实训目标。第三层,理论结合实践,从自己的实习经历出发,总结新闻媒介定位与编辑方针如何影响新闻报道,进而思考提升媒体编辑力和品牌力。不局限于检索文献,有研究意识,有实践体验,并在实训过程中得以体现,则相应加分。第四层,培养创新力,根据自己对当前媒介环境的观察,设计一款新闻产品,或者对同一选题设计不同类型的新闻产品。第一层到第四层体现了不同的评价侧重点,由基础到提升,由理论到实践,理论指导实践,常规性实训与创新性实训相结合,并在实训过程中鼓励学生培养创造意识、研究意识。

三、实训案例评析

1.实训作业评析(一)

(1)实训作业具体内容。

《人民日报》媒体矩阵定位分析

《人民日报》依托其官方微信公众号、官方微博、手机客户端、官方网站、户外电子屏以及多个平台的官方账号,建构了一个庞大的新媒体矩阵。本次作业以《人民日报》媒体矩阵的同题报道为例来分析其定位和侧重点的差异,以让学生更好地理解媒体融合的意义。

1.事件

韩国首尔龙山区梨泰院大规模踩踏事故

2.事件概述

2022年10月29日晚,韩国首尔龙山区梨泰院一带发生大规模踩踏事故。据韩国消防部门消息,截至10月30日6时,事故已造成149人死亡,76人受伤。

3.《人民日报》媒体矩阵同题报道分析

①微博。

《人民日报》官方微博在北京时间2022年10月30日对该新闻事件进行了实时动态追踪报道,实训图2-1~实训图2-4是对部分时段报道的截图,实现了以少量多次的方式进行报道,多方位满足用户对获取信息的需求。另外,《人民日报》官方微博善于运用各种多媒体形式,比如报道本次韩国踩踏事件运用了文字和图片结合的形式,在有限的文字表述下更全面立体地展现新闻事件。从相关截图可以看出,微博体现了强交互性,在转发、评论、点赞等交互行为中有不同程度的体现。

【#韩国首尔踩踏事故已致149死#】当地时间10月29日晚,韩国首尔龙山区梨泰院一带发生大规模踩踏事故。据韩国消防部门消息,截至30日6时,事故已造成149人死亡,76人受伤。记者从中国驻韩国大使馆获悉,使馆正在积极与韩国警方联系,暂未收到中国公民在事故中伤亡的通报。(人民日报记者马菲)

实训图 2-1 《人民日报》官方微博报道截图一

第二章 新闻产品的设计 59

人民日报
08:51 来自 微博 weibo.com

【中国驻韩国大使馆：#韩国踩踏事故已确认1名中国公民遇难#】中国驻韩国大使馆向人民日报记者表示，当地时间10月29日晚，韩国首尔龙山区梨泰院发生踩踏事故后，使馆立即启动应急机制，连夜联系韩警方及消防等相关部门了解事故原因及死伤者国籍信息，同时密切关注网络和社交媒体平台是否有我公民求助情 ... 全文

↗ 363   💬 647   👍 1685   ☍ 分享

实训图 2-2 《人民日报》官方微博报道截图二

人民日报
11:22 来自 微博 weibo.com

【转发提醒！#3名中国公民在韩踩踏事故中遇难#，#中国驻韩使馆发布提醒#】截至目前，韩国首尔梨泰院踩踏事件已造成151人死亡、82人受伤，其中3名中国公民不幸遇难。驻韩国大使馆提醒在韩中国公民加强安全防范：①重视人身安全。②做好疫情防护。③报备个人信息。如遇紧急情况，及时报警并与使馆取得联 ... 全文

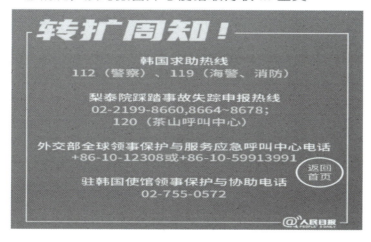

实训图 2-3 《人民日报》官方微博报道截图三

实训图 2-4 《人民日报》官方微博报道截图四

②微信公众号。

《人民日报》微信公众号的新闻报道对多媒体特性的运用很精准,相比于简短的微博新闻,微信公众号的新闻报道增添了其他角度的现场照片和对事件简要的评价叙述,例如目击者的现场描述。虽然让事件更为全面具体,但是我个人感觉微信公众号的新闻报道仅仅只是对微博新闻的简短扩充,将《人民日报》官方微博的相关信息做了一定程度的整合。这也正发挥了《人民日报》微信公众号整合信息的优势。

《人民日报》微信公众号相关报道的链接地址如下。

链接一:《韩国首尔发生踩踏事故,已致 149 人死亡》,https://mp.weixin.qq.com/s/OiyCxpt6QcDYzB0gi3xVhA。

链接二:《4 名中国公民遇难!中国驻韩国使馆发布提醒》,http://mp.weixin.qq.com/s?__biz=MjM5MjAxNDM4MA==&mid=2666597955&idx=1&sn=1a33a84659c919f879a9067f93169c5c&chksm=bda967008adeee1651cbde47b6abc1ca1cee246424b7fe9acabd13715c0c564a4573a9fc5abe&mpshare=1&scene=23&srcid=1030cYacHubwM20E2s9hYoXZ&sharer_sharetime=1667114456011&sharer_shareid=4fda25eff3e29ff18a6ad2040b6410b5#rd。

③门户网站。

人民网对韩国踩踏事件的新闻报道偏重于文字叙述而非图片传达,详细的事件过程叙述,让整个新闻事件的整体脉络清晰可见(见实训图 2-5)。

人民网首尔10月30日电 （曹翔宇）韩国时间10月29日晚，首尔龙山区梨泰院发生大规模踩踏事故。据韩国消防当局统计，截止到30日上午10时，当天发生的事故已造成151人死亡，82人受伤。其中，一名中国公民遇难。韩消防部门指出，事故伤亡者大多数为20多岁的年轻人。这次事故是自2014年"世越号"客轮沉没事件发生后，在韩国发生的伤亡人数最多的事故。

据悉，29日晚约有10万人在梨泰院一带参加万圣节节日聚会。踩踏事件发生在某酒店旁狭窄下行的胡同内，现场人山人海、摩肩接踵。前方有人跌倒后，后方人流跟进，导致严重踩踏。韩国消防当局从29日晚上10点15分左右开始，陆续接到了数十起梨泰院地铁站附近因人流拥挤而出现呼吸困难患者的举报。消防员赶到现场之后发现有数十人都已经处于心脏骤停的状态，立即对他们实施心肺复苏术进行救援。当晚10时43分，消防部门发布了应对第一阶段命令，11点13分发布了应对第二阶段命令，11点50分发布了应对第三阶段命令。为了处理事故，韩国消防厅共派出了500多名消防员和1100多名警察。除了首尔本地的救护车以外，还从周边地区调配了数十台救护车、消防车赶往现场救援，来自首尔多家医院的医护人员也赶往现场救助，并在事故现场附近搭建了临时急救所，对伤者进行急救。

中国驻韩国大使馆领侨处相关人员表示，踩踏事故发生后，中国驻韩国大使馆对此高度重视，立即启动应急机制，连夜联系韩警方及消防等相关部门了解事故原因及死伤者国籍信息，同时密切关注网络和社交媒体平台是否有中国公民求助情况。截至目前，已确认一名中国公民死亡。中国驻韩国大使馆已要求韩方做好相关善后，并与遇难者家属取得联系，向其表示慰问并将提供积极协助。

实训图 2-5 人民网对韩国踩踏事件的新闻报道截图

④客户端。

《人民日报》客户端目前对韩国踩踏事故的新闻报道有两篇，一篇是类似于微博新闻的短讯，一篇是一图一评的图片新闻（见实训图2-6）。

一图一评的新闻报道形式让阅读者有身临之感，是对事件的整体脉络和具体细节有序的报道，另一则简短的文字新闻报道与人民日报微博所报道的内容不同，客户端的新闻是对官方网站的新闻报道的高度概括，重点在中国公民的遇难信息，与读者有更强的接近性。

三名中国公民在韩国首尔踩踏事故中遇难

人民日报客户端 3小时前 253评

这是今天早晨的韩国首尔踩踏事故现场

人民日报客户端 5小时前 49评

实训图 2-6 《人民日报》客户端发布的韩国踩踏事故的新闻报道

(2)实训作业评析。

该实训作业属于以上效果评价的第一层次和第二层次的结合,在熟悉教材基本理论知识的基础上,分析《人民日报》媒体矩阵代表性产品对同一事件的报道的异同,特别是媒体平台差异性的把握,以此来理解媒体融合背景下媒体矩阵如何实现"1+1>2"的传播效果,媒体矩阵中的每一个平台发挥其相应的作用。这种思路是很好的,也有助于把握媒体融合背景下媒体矩阵定位的意义和策略。

该实训作业从《人民日报》的官网、微信公众号、微博等平台对大量信息进行搜集归纳,进而根据这些信息进行分析,加强学生对于本章基本知识的掌握,让学生善于利用知识从不同的角度去分析不同的媒体,做到"活学活用"。并且该实训作业有利于学生拓展思维,以后在研究不同媒体对象时开阔思路。

最后,本课程实训作业采用流程型思路,学生在一学期的学习过程中可以对流程中的活动进行完善,提高任务完成质量。该实训作业根据热点事件及时补充素材,进一步理解媒介定位,体现了对热点的关注。学生在完成作业过程中与老师积极互动交流,这是难能可贵的。

2. 实训作业评析(二)

(1)实训作业具体内容。

根据一个具体选题阐释本编辑部的编辑方针。

---- 编辑方针 ----

报纸名称:《师友报》。

报纸定位:大学生活的启明灯。

编辑部名称:八爪鱼编辑部(寓意"搜集八方信息")。

选题:碎片化阅读。

一、受众对象

大学生和老师。

二、传播内容

1. 各方面看法

(1)在校园里对学生进行问卷调查。

(问题例如)a.你获取信息的渠道有哪些?

b.你一年读几本书?

c.碎片化阅读与精读一本书,哪一种阅读方式让你的收获更大?

(2)将调查问卷的结果以消息的形式发布。

(3)小贴士(推荐书目、推荐理由)。

(4)针对调查结果进行评论。

(5)采访专家对此的看法。

2. 报道方面
(1)报道对象分布：按比例对各学院的学生进行调查、采访。
(2)报道面大小：做专题，一个整版。

三、传播的水准
根据大学生的阅读习惯、文化层次，我们拟定如下设计方案。
(1)办小报，贴近学生生活，能让学生产生共鸣。
(2)版面内容以短小鲜活的报道为主，辅以适量的评论和图片。
(3)语言通俗易懂，适当采用网络语言来拉近与读者的距离。

四、媒介的风格特色
因报道对象为学生，故采用轻松、活泼的校园风格。

(2)实训作业评析。

本编辑部选择的是与大学生活贴近的"碎片化阅读"选题，分析编辑部的定位并结合具体的选题来理解编辑方针，内容较为具体和明确。其中有两个问题可以优化，一是传播的内容可以更加地有针对性，比如先进行某些调查，"有调查就有发言权"，明确碎片化阅读带来的困惑有哪些，进而分析问题，提供有价值有意义的信息内容；二是风格特色的表述，"因报道对象为学生"，与前面的受众定位"大学生和老师"有出入，请仔细斟酌确定。

3. 实训作业评析(三)
课程拓展：企业媒体定位和品牌力提升研究(学生实训作业)

关于湖北东风报业传媒有限公司的媒体定位与品牌发展战略研究

本研究主要定位湖北东风报业传媒有限公司，该公司编辑出版《东风汽车报》《汽车之旅》《汽车科技》《装备维修技术》，是集报纸、杂志、网络(电子报刊)于一体的较具规模和影响力的综合性文化传媒公司。

一、企业发展概况
"中国这么大，光一个一汽是不够的，要建设第二汽车厂。"在毛主席的指示下，作为国家"一五"计划和"三五"计划的大型重点工程项目，同时也是国家三线建设的大型重点项目，1969年，第二汽车制造厂开始在十堰群山中大规模建设，自此，湖北十堰也被称为"东方底特律"。

随着祖国工业的不断发展，第二汽车制造厂在20世纪80年代逐渐摆脱了产能落后的局面。1969年的第二汽车制造厂由经营工厂转化为经营公司，并且也抓住改革开放的机遇，走上了改革创新的道路。1992年，其更名为东风汽车公司。2017年完成公司制改制，更名为东风汽车集团有限公司。

东风汽车公司的车标，是一对旋转的春燕，用夸张的手法表现出"双燕舞东风"的意境，使人自然联想到东风送暖、春光明媚、生机盎然，以示企业欣欣向荣；戏闹翻飞的春燕，象征着东风汽车的车轮飞转,奔驰在神州大地,奔向全球。这个车标看上去也像两个"人"字,蕴含着企业以人为本的管理思想。

品牌,作为一种无形资产,是企业核心竞争力的体现。由世界品牌实验室发布的"2017年中国500最具价值品牌",东风位列榜单第36位,品牌价值从2004年的89.45亿元上升至1120.19亿元。超过千亿元的品牌价值,是东风近半个世纪造车经验的传承与创新、造车文化的培育与积淀。

东风军车在我国的历史上留下了浓墨重彩的笔画。建国50周年阅兵、建国60周年阅兵、"九三"大阅兵、建军90周年朱日和阅兵……在强国强军的道路上,东风军车筑起新的钢铁长城。追溯东风事业和东风品牌的起源,东风因军而建、因军而兴,是东风军车铸就了"中国军车第一品牌"的荣耀与自豪。

东风公司于2012年发布社会责任"润"计划,2014年发布"和"文化战略,2015年在中央企业和中国汽车行业率先发布《商德公约》。至此,东风初步构建起以"和"文化、"润"计划和《商德公约》为主体的"三位一体"企业软实力体系。

东风汽车公司是中国四大汽车集团之一,位列世界品牌500强,总部位于华中地区最大城市武汉,其前身是1969年始建于湖北十堰的"第二汽车制造厂"。东风汽车集团顺应时代变化,着重打造东风传媒,致力于展示企业形象、产品展示展览、丰富职工业余文化生活等业务宣传工作。

东风传媒隶属于世界500强企业、中央直管特大型企业东风汽车集团有限公司,由湖北东风电视文化传媒有限公司和湖北东风报业传媒有限公司两家企业构成。

东风传媒以文化、传媒、创意、信息产业为主营业务,注册资金超过5000万元。编辑出版《东风汽车报》《汽车之旅》《汽车科技》《装备维修技术》(有效期至2023年12月31日)。利用自有刊物设计制作发布各类广告;户外广告设计制作发布;广告代理服务;图文设计制作;企业形象策划服务;会议及展览服务;文化艺术咨询服务;摄影服务;信息技术咨询服务;文化传媒产业投资;销售日用百货、工艺礼品(不含象牙福品园及其制品)、纺织品、塑料制品、金属制品、玻璃仪器、文化用品电子产品、办公用品、保健用品。

东风传媒现已形成全面的媒体传播矩阵,拥有报纸、期刊(见实训图2-7～实训图2-9)、电视台、网站、微信(见实训图2-10)、微博等媒体平台,在其他媒体客户端(见实训图2-11)也设有官方账号,拥有庞大的读者观众群体、专业的新闻采编传播团队。

二、媒体定位

(一)市场定位

东风公司是中央直管的特大型汽车企业、世界500强企业,致力于成为为用户提供全方位优质汽车产品和服务的卓越企业。东风公司建设发展近半个世纪以来,积淀了厚重的科技与文化底蕴,构建起行业领先的产品研发能力、生产制造能力、市场营销能力与客户服务能力,累计产销汽车超过4000万辆、上缴税费超过4000亿元,为推动国民经济发展、促进社会就业、改善民生福祉做出了积极贡献。

特别是党的十八大以来,在以习近平同志为核心的党中央的坚强领导下,东风公司深入贯彻落实习近平新时代中国特色社会主义思想和党的十八大、十九大精神,坚持以新发展理

第二章 新闻产品的设计

实训图 2-7 《汽车之旅》

实训图 2-8 《汽车科技》

实训图 2-9 《装备技术》（最新一期发刊于 2018 年）

实训图 2-10 东风报业传媒集团在微信入驻的官方公众号

念为统领，各项事业呈现新气象，综合实力和核心竞争力不断增强，开辟了发展新境界。

东风公司在湖北省具有重要影响力，旗下工厂、工人数量庞大。东风公司在注重制造业的同时也涉及教育文化、经济生活等方面，所以对于当地职工来说，东风公司是他们生活不可或缺的一部分。

在 21 世纪互联网普及的年代，东风公司顺应时代潮流打造自己的媒体品牌，为职工以及用户创造了了解即时信息的平台。为集团内外客户提供综合性传媒服务，在公关传播、视

实训图 2-11　东风报业传媒集团入驻平台

频制作、品牌活动、展览展示、文化咨询等领域积累突出优势,比如在微信公众号发布公司最新产品相关信息,通过微博、抖音等平台进行直播卖货,联合明星举办公益活动等。对于公司内部职工来说,可以第一时间了解本公司生产进程、企业活动;对于国内消费者来说,公司的生产进程、最新动向也一目了然。

(二)媒体矩阵

1. 微信

湖北东风报业传媒公司旗下媒体矩阵之一:微信官方公众平台《东风头条》,由东风汽车报、东风 TV、DongFeng.net 联合打造。《东风头条》分为新闻资讯、宣教答题、现场直播三个栏目,其中新闻资讯栏目分为三个板块:报纸、论坛以及视频。

(1)数字报纸板块。

《东风汽车报》是国家新闻出版总署批准的面向全国公开发行的汽车行业主流媒体,由东风汽车公司主办,具有国内统一刊号,是公司唯一覆盖全集团的舆论宣传平台,是公司重大决策和重要生产经营信息的权威发布平台,是东风企业文化建设的重要平台,是增强集团凝聚力的重要纽带。

A. 内容。

《东风汽车报》为周报,目前同时发行电子版和纸质版。每一期通常分为八个板块,除了头版、要闻为固定板块,其他板块根据当日的报道内容变化而变化,例如,关注、综合新闻、专题、东风本田新闻、专题、广告、文艺等(见实训图 2-12～实训图 2-15)。报道内容多样、覆盖范围广,板块的变化也是随着当下社会、员工最关心的主题而变化。内容大致以公司生产情况和员工生产生活为主体,是了解东风公司的一个重要窗口,以及公司内部班组学习的重要刊物,语言风格简洁明快,文风通俗,多以数据体现权威性,以描写表现场景。

"东风汽车报,员工真需要,工休看一看,天天有进步。"这是来自东风刃量具厂员工对于《东风汽车报》的赞赏。

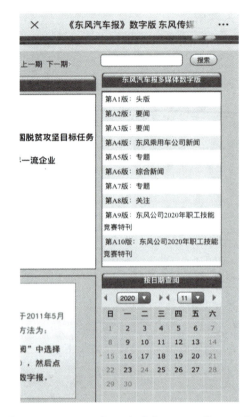 

实训图 2-12 《东风汽车报》2020 年 11 月 24 日　　实训图 2-13 《东风汽车报》2020 年 11 月 27 日

B. 现状。

《东风汽车报》数字版这一板块，主要有六个分区，集中占据在手机屏幕的上半部分，占总体屏幕面积的 1/2，为用户提供搜索主要信息，按喜好程度着重选择某一版面，按日期查阅发行当天的报纸内容等功能。

《东风汽车报》数字版整个版面内容丰富，功能齐全，正文内容可在它右侧的分支板块通过点击标题、放大文字查看报纸内容。

C. 建议。

a. 相较于其他新媒体平台来说，微信公众号以手机用户为主体，《东风汽车报》数字版版面规划不合理，只占据手机屏幕面积的 1/2，没有充分利用竖屏版面（见实训图 2-16）。《东风汽车报》数字版相对应的电脑网页版，版面较为清晰，内容与手机版并无差别。

手机端的数字报功能齐全，但版面设计只是网页版的缩小版，不利于用户直观获取报纸信息。建议将公众号"看报纸"这一栏目设置成小程序链接，方便读报用户收藏，且可直接从微信小程序跳转至报纸界面。

可参考我国著名企业武钢集团有限公司的官方微信公众号中对于"中国宝武报"栏目的报纸版面设计（见实训图 2-17），将数字报版面直接呈现于手机屏幕，页面下端设置版面、目录、往期，简洁明了，方便用户检索，右下角附有 PDF 版本。另外，对于东风公司来说，本报

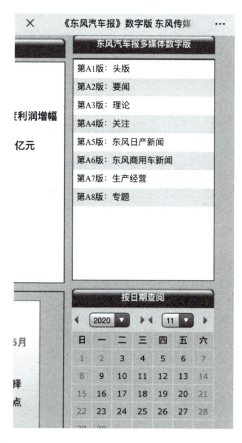 

实训图 2-14 《东风汽车报》2020 年 11 月 2 日　　实训图 2-15 《东风汽车报》2020 年 11 月 23 日

从在职员工到退休员工,受众结构不一,可增设一个"AI 读报功能",提供语音播报的功能,为各年龄段的员工提供便利。

b. 在互联网时代,传统媒体一直在摸索数字化转型,比如典型的传统报纸《人民日报》在网站、App 客户端、微信小程序平台等都有即时发布新闻的官方账号。《东风汽车报》数字版可参考《人民日报》微信小程序(见实训图 2-18 和实训图 2-19),创设一个《东风汽车报》微信小程序,原版呈现《东风汽车报》版面内容,将公众号和小程序完美结合,可以带给用户更流畅的体验。例如《中国宝武报》已紧跟时代的步伐,在参考传统媒体数字化转型中,也创设了"中国宝武数字报"小程序,进一步增加了用户的黏性。自 2017 年微信小程序上线以来,其无须安装、用完即走的便捷性赢得了许多企业与用户的青睐,基于微信平台的优势也为小程序的推广带来了巨大的用户流量。[1]且现在用户下拉微信消息列表即可打开小程序,小程序在微信中的打开率较公众号而言更高。

c. 经仔细研读《东风汽车报》2019 年 12 月、2020 年 1 月内发行报纸内容,分析其板块内容特点发现,其内容多数为党建工作、会议新闻的报道,在员工工作生活等方面报道篇幅较少,趣味性不强,不接地气。

建议将报纸内容落到实处,多关注员工真正关心的问题,切实解决员工生产生活中遇到的困难,转变报道方式,为员工解惑。通过拉近员工对企业心理上的接近性来加强员工对企业的认同感。企业应该通过多种途径实现"以人为本"的企业管理,强化以人为中心的人本管理,这是增强企业活力和竞争力,提高经济效益,实现管理现代化最现实的选择[2],也可以帮助员工实现自我价值,实现员工和企业的双赢。

实训图 2-16 《东风汽车报》　　　　实训图 2-17 《中国宝武报》

(2)论坛板块。

A.内容。

网络论坛多用于大型公司或中小型企业,是开放给客户交流的平台,对于初识网络的新人来讲,网络论坛就是用在网络上交流的地方,可以发表一个主题,让大家一起来探讨,也可以提出一个问题,大家一起来解决等,是一个人与人语言文化共享的平台,具有实时性、互动性。网友关于公司内部政策、生产制度等的有益的观点,会被东风公司有关部门采纳。

东风论坛诞生于 1998 年,在十堰网络媒体影响力稳居前列。跟随着东风汽车公司发展壮大的脚步,东风论坛慢慢涵盖武汉、襄阳、广州、杭州、郑州、柳州、大连、成都等城市。

近年来,东风论坛陆续推出了手机版 App、微信、微博、微社区等移动终端。目前,注册网友超 40 万。东风论坛各板块每年都会不定期组织各类线上线下的活动。例如每年年末,

实训图 2-18 《人民日报》微信小程序　　实训图 2-19 《人民日报》微信小程序

东风论坛会组织颁奖活动,评选当年优秀的版主。

论坛板块内分六个子栏目:时事、摄影、人文、同城、圈子、服务。其中时事栏目不仅聚焦东风公司内部信息,还围绕理财、国防、房产等时事信息进行实时讨论。另外的五个子栏目从与生活息息相关的不同方面为用户提供话题讨论的平台。其中老年大学摄影班、我爱广场舞、车友行天下等话题热度颇高,颇受用户喜爱(见实训图2-20)。

B. 现状。

论坛讨论参与度高,帖子更新频繁,内容紧扣时事。比如:定期在论坛内发布征文活动、员工出游活动等。用户类型主体为东风公司内部员工,该论坛为员工们提供具有人情味的社交平台,增加了员工个人对于企业的认同归属感。

东风论坛首页每日即时更新论坛会员数、今日发帖数、昨日发帖数和总发帖数。从公示的数据可以看到东风论坛的会员数已有40多万,且每日更新帖子数量均在300个左右(见实训图2-21)。

从百度指数搜索"东风论坛"的数据来看,日搜索指数仅为三位数;而论坛内的帖子数量较多,每一个板块的帖子数量均为五位数、站内帖子更新时间也比较频繁,所以东风论坛对于公司外部人来说可能没有较大吸引力,但却是其公司内部员工的信息交流地。

实训图 2-20　东风论坛

实训图 2-21　东风论坛首页

C. 建议。

a. 论坛手机版首页(见实训图 2-22)版面简洁、信息清楚,但版式设计较过时。版面颜色以蓝白为主,稍显单调,可参考百度贴吧手机客户端版面设计(见实训图 2-23):设计简洁大方,图片配合文字,指向明确。其次,手机版东风论坛版块帖子浏览页面更新时间不明确,可参考网页版东风论坛,在帖子标题右下角显示最新回复时间,有利于用户参与实时讨论。

b. 可增设一个板块用于直接对话公司内部高层领导人员。拓宽员工诉求表达渠道,建立科学有效的员工利益诉求表达机制,对于充分尊重和保护员工的各项权益、保持员工队伍稳定、推动企业科学发展都具有重要的现实意义。[3]如此可搭建起员工与企业的桥梁,促进员工诉求解决。

(3)看视频。

A. 内容。

看视频板块作为东风TV(电视节目)实时循环播放的一个渠道,同步更新东风电视台主要新闻节目视频(见实训图 2-24 和实训图 2-25)。

实训图2-22 东风论坛手机版

实训图2-23 百度贴吧手机客户端版面设计

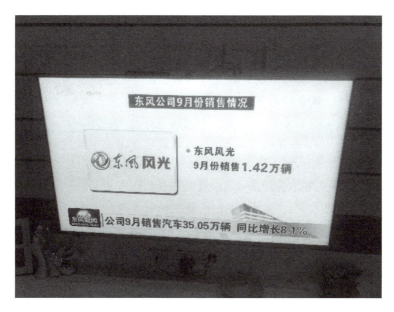
实训图2-24 东风TV电视端

B. 现状。

打开看视频板块，页面单一，没有内容板块分区。只有简单的视频信息，视频没有点赞评论功能，缺少与用户的互动性。右上角搜索功能不明确。

C. 建议。

相较于"东风热线"的网页版视频板块，分区明确，手机版视频板块可添加一个导航功能供用户按需检索，适当增加互动性功能，提高用户黏性。东方头条的视频号板块内容应更加丰富（见实训图 2-26）。

微信的社交关系链和基于好友点赞的推荐机制将会给不同账号以更大范围传播的机会，这与基于算法推荐的抖音和快手区别开来。（引自《中国经营报》2020 年 8 月 3 日）

视频在当今社会越来越重要。即速应用联合创始人兼 CTO（首席技术官）刘秋志在一次采访时表示，他们开通视频号的目的更多是为了在视频号宣传公司产品的新功能、解决方案等，吸引客户并进行商业转化。在他看来，这些创业者原先图文形式的内容可能使用户活跃度降低，所以需要通过视频方式来重新激活这些消费者和客户，能够更好地实现商业变现。

郑州日产：跨越坎坷山路70个"皮卡村"筑品牌高地
2020-10-16

东风设备阮崇伟：克难奋进勇挑重担
2020-10-16

东风汽车股份与东风财务公司：党建共建 携手攻坚
2020-10-16

实训图 2-25　东风电视台主要新闻节目

还有"万达集团"的视频号（见实训图 2-27），针对各个业务方面设立了几个专题：探秘万达、万达播报、最美万达、镇长日记等。其中热度最高的"探秘万达"通过对于酒店内部的高清实景拍摄（见实训图 2-28），直观地介绍了万达旗下的七大品牌，拉近了与消费者的距离，好评如潮。其次，镇长日记（见实训图 2-29）专题记录了著名乒乓球星邓亚萍在丹寨万达小镇做轮值镇长的经历，向用户展示了万达集团精准扶贫的核心产业项目，以短视频的形式成功地体现出万达集团将丹寨小镇打造成 4A 级风景区的优秀成果。

那么，对于东风公司来说，自 2013 年定点帮扶以来，通过"赋能工程""脱贫套餐"，利用"基建＋产业扶贫"、"教育＋就业扶贫"、消费扶贫，持续定点开展广西马山县和新疆柯坪县的扶贫工作。广西马山县已实现70495 人脱贫，2020 年 5 月 9 日，马山县获广西壮族自治区人民政府批准退出贫困县序列，新疆柯坪县已实现 14628 人脱贫，两县均于 2020 年实现整体脱贫摘帽。这一举措不仅体现了责任央企的政治担当，更是东风在事业发展的同时积极回馈社会、回馈贫困地区广大人民群众的实际体现。所以东风传媒报业集团可以将类似于这样的项目产业作为主要宣传的内容在微信视频号平台发布，以达到宣传造势的目的。

实训图 2-26　东风头条视频号　　　　实训图 2-27　万达集团视频号

2. 微博

A. 内容。

《东风汽车报》的官方微博账号"东风新闻"是东风公司唯一权威的微博新闻发布平台。微博内容多为东风公司内部行政事务、产量产销等宣传事务。

B. 现状。

"东风新闻"官方微博账号的粉丝量不到 7000,微博内容已于 2017 年 4 月停更(见实训图 2-30)。现东风报业传媒主要经营微博号为"东风汽车"(见实训图 2-31),粉丝量达 21 万,主要更新内容为企业产品生产情况、技术研发等。

C. 建议。

热搜是在微博上最热门的资讯,即一定时间内大量用户搜索关注的热词或热点事件。热搜榜每分钟更新一次,按照一定时间内的搜索量排序,也就是搜索量越大,排名也就越高。其内容涉及众多领域,影响力最大、关注度最高的便是社会事件。微博热搜是引导舆论关注点的重要力量,直接反映了受众对新闻的关注度及态度。作为议程设置理论的一种应用形式,微博热搜的两大社会功能便是"放大与聚焦"和"塑造主人翁意识"。[4]

东风公司在新浪微博的企业形象建立并不成熟,对于信息的发布管理较为单一,微博在新媒体时代已经成为新闻发布的重要窗口,东风公司可利用话题、超话的功能增强与大众的互动,及时回应社会的关注。可结合自己的汽车品牌特点,灵活使用微博语言,打造适合自

实训图2-28 探秘万达

实训图2-29 镇长日记

己的独特的表达风格,寻找热点话题与企业的共通点,在微博的话题广场上带tag(微博特有的#号话题功能)发布多元化信息,"蹭"热度,活跃在公众的视野,比如2021年3月14日《抗疫医护与东风无人驾驶"樱花号"亲密接触》的信息,就可以抓住武大赏樱的话题增强热度(见实训图2-32和实训图2-33)。

3. 网站

A. 内容。

东风热线网站(见实训图2-34)分为"企业频道""东风论坛""数字报刊""东风视频""东风展厅""新车点评"六大板块。其中"企业频道"主要内容为以东风实业、东风乘用车、东风股份为例,多展示其子公司的内部事务活动。

"东风论坛"主要内容为聚焦东风、新闻爆料、投资理财、摄影天地等板块,汇聚关注东风的社会各界网友。

"数字报刊"分为四类:《东风汽车报》《汽车之旅》《汽车科技》《装备技术》。

"东风视频"实时更新东风电视台新闻频道,以及发布东风新媒体(两微一端)资讯。

"东风展厅"包括"乘用车""商用车""新能源车""军用车""汽车博物馆"五部分内容,其

第二章 新闻产品的设计

图 2-30　东风汽车报的微博账号

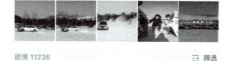

图 2-31　东风汽车微博账号

中前四部分内容是新车发布,立体展示东风公司全系列、多品牌最新发布车型,打造成为爱车一族了解东风车的窗口;最后一个"汽车博物馆"以时间为轴,回顾东风汽车历史、纪录近50年东风制造的光辉岁月。

"新车点评"板块内容更新及时,集中展示最新上市的产品的特色。

B. 现状。

东风热线(dongfeng.net)诞生于1998年,伴随着东风汽车公司一路成长,目前已成为东风公司重要的宣传媒体之一,传播东风文化,报道东风新闻,服务东风员工。目前东风热线已涵盖武汉、十堰、襄阳、广州、杭州、郑州、福州、惠州、柳州、大连、成都等城市。东风热线官方网站首页板块内容更新频繁,基本达到日更状态。

东风热线官方网站的首页排版杂乱,中间大板块更新缓慢,两边的小板块内容区分不明显,色彩过多。

C. 建议。

在网站色彩搭配方面可以化繁为简,更好地凸显重要信息内容;在首页板块设置方面,可删减一些次要信息,简化页面。可参考中国石化新闻网(http://www.sinopecnews.com.

实训图 2-32 "东风新闻"官方微博

实训图 2-33 "东风汽车"微博

cn/)。该网站色彩搭配以蓝色为基础,整体简洁大方;首页板块清楚明了,且右上角可链接中石化官网,方便检索。"东风热线"可向中国石化新闻网(见实训图 2-35 和实训图 2-36)学习,将网站优化为企业的新闻平台。

实训图 2-34 东风热线网站

实训图 2-35　中国石化新闻网

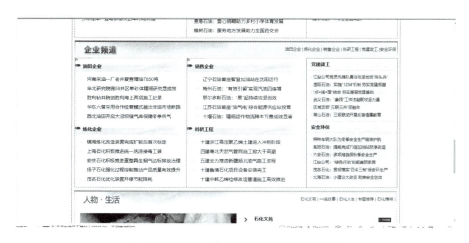

实训图 2-36　中国石化网的板块内容

三、品牌延伸

1. 整合媒体资源形成合力效用

"东风头条"微信公众号链接了《东风汽车报》数字版、"东风论坛"、"东风热线"视频、微信推文,阅读量平均为2000左右,主要服务对象以公司内部人员为主,"东风汽车"微博粉丝活跃度不高,主要为商业化宣传,"东风热线"网站实时更新,整合新闻资讯,满足员工信息需求。

东风集团现有众多媒体品牌,资源不平均,发展不平衡:热度高的媒体平台强化打造,延续甚至增加其热度;热度低的媒体平台直接停更或者延缓更新,没有选择关闭或者提升一些市场反响不好的媒体品牌。应该充分利用各平台的优势,运用媒体联动的方式形成新闻报道的合力,突出企业形象。

2. 优化媒体细节,增强用户体验

东风公司创办媒体品牌致力于掌握内外部对企业自身的舆论动向。经实地研究调查发

现,东风传媒并未建立社群运营。消费者在品牌社群中可获得信息价值和社会价值,这有助于其形成品牌社群承诺和品牌忠诚;在品牌社群中,信息价值可作为影响品牌忠诚的保健因素,社会价值可作为增强品牌忠诚的激励因素。[5]建议东风传媒可利用社群运营的方式,稳固员工、客户对企业的忠诚度。对于微信公众号、微博、网站等应该加强建议信息通道的建设,及时了解群众意见,收集外部反馈。及时进行公关处理活动,维护舆论环境、主导舆论方向。

3. 横向拓展优势提高企业知名度

在"十四五"开局之年,东风公司作为国有企业,紧跟"互联网+"时代的热点,必须充分发挥融媒体作用,为做强、做大、做优提供强大的舆论支撑。企业媒体的目的是使客户及时清楚地看见真实的企业、产品及服务。东风公司集团现有媒体矩阵对于内部的宣传已达到饱和状态,可适当考虑横向发展,向不同群体客户和其他同类型产业宣传其优势,为品牌造势,增强影响力。

4. 未来发展及方向

英国桑德拉·奥利佛在1923年提出企业传播学是指研究企业如何运用组织效能、指令符号进行企业与社会进行信息交流的学科。

在"互联网+"的经济时代下,我国著名企业华为在短短30年内成为世界高科技领域的领先企业,改变了许多人对国产手机的看法,甚至转变了许多人对"苹果"的盲从。华为作为国产企业,它的企业文化在消费者的心中已经根深蒂固。

在购买运动鞋时我们第一时间会想到Nike,购买巧克力第一选择会是德芙……如何将企业文化传播这一软实力转化为企业发展的核心力量,是东风公司目前亟须解决的问题。企业的发展壮大要靠共同的理想和思想,东风公司目前传播规划内缺少人文关怀的部分,企业文化传播偏向内部,宣传理念保守,对外传播力度不够,传播面较窄,社会影响力较小。基于此我们提出了以下几点设想。

(1)东风报业传媒在对内的视频宣传方面,注重新闻党建宣传的同时,更要着眼于具有人文关怀的、贴近基层生活的传播元素,增强内容的感染力,创造让大众真正喜闻乐见的内容,将企业文化渗透基层。

对内传播可综合运用网络传播平台、社交媒体、员工发挥协同效应,提高企业文化的辨识度。东风传媒现有的新闻采集机制依靠各个地方的通讯员作为连接渠道来获取一手信息源,可适当地转换为"PGC+UGC"的新闻生产模式,为员工提供新闻信息设置便利的渠道,让员工从思想上转换自己的主体地位,增强员工认同感,减少企业内耗,预防企业人才流失。

(2)对外传播可将产品特性、员工形象与我国的主流文化相结合,抓住话题热点,吸引受众互动。例如"东风猛士"系我国首次开发成功,完全自主创新,通过上百万公里测试,全部15项战技指标中,有12项超过了美军"悍马",其余3项相当,达到国际同类领先水平。中国曾赠予白俄罗斯大批猛士军车参与当地阅兵。东风公司可利用类似产品特点与热点话题结合,提高企业在互联网社交平台的"出镜率"。

东风公司内部涌现了多位全国劳动模范,但是对于这些"个人明星"只限于内部宣传,外部宣传较少,可在微博、抖音、网站、公众号中设专栏展示,或者拍摄先进个人的生产生活专题片,与主流的视频媒体合作,向外推广专题片。将企业的宏观形象落脚于单个的模范个体,使传播的传者和受众从集团对个人变为个人对个人的连接,增强传播的有效性。

2020年人民日报中国品牌发展研究院正式发布《中国视频社会化趋势报告(2020)》。该报告显示,在后工业化的时代中,无论是在意识形态还是生产技术方面都呈现出视频化的趋势。因此在这样的一个背景下,企业想要更好地进行品牌建设及发展,离不开视频这种直观的表达形式。为此,我们选取了官媒"CCTV央视网"、部分主流视频平台"爱奇艺""腾讯视频"和短视频播放平台"抖音",统计出"东风汽车"相关视频的发布。在"CCTV央视网"中的结果共486条,"爱奇艺"内相关视频3.1万个,电影一部(《东风》),"腾讯视频"内相关视频仅有300条,抖音App中相关视频有上万条。

CCTV央视网的视频来源:CCTV-2财经频道、CCTV-13新闻频道、CCTV-1综合频道、CCTV-4中文国际频道、CCTV-5体育频道、CCTV纪录片等,内容多为客观的新闻报道。

"爱奇艺"中最高的一则视频热度为475,评论为个位数,与"腾讯视频"中的内容大相径庭,热度较高的视频都带有"软广"性质。

"抖音"中多为与"抖音红人"合作的推广视频及品牌微故事,一些视频的点赞量为百万以上。

综上所述,东风汽车在稳步报道客观新闻的同时要加强提高品牌认知度方面的宣传,活跃在大众视野,加强品牌的出镜率,打造属于自己的鲜明的品牌形象。

上文中提及的电影《东风》为1958年拍摄,年代较为久远,内容体现了20世纪50年代的特色。考虑到汽车品牌的特殊性,在21世纪的今天,东风公司可寻求业界合作拍摄纪实纪录片,真实地反映东风公司内部的生产状况、精神风貌,让消费者、汽车爱好者、公司的关注者进一步了解东风公司。

参考资料

[1] 吴明桦,李杰.微信小程序的优势分析及其在企业中的应用[J].电子技术与软件工程,2019(15):45-46.

[2] 高新华.论企业人本管理的实现途径[J].现代管理科学,2006(7):100-101.

[3] 陈冀.浅析发展传播学视域下微博热搜的社会功能[J].传播力研究,2019(4):76.

[4] 王新新,薛海波.品牌社群社会资本、价值感知与品牌忠诚[J].管理科学,2010(6):53-63.

(2)实训作业评析。

此次实训作业理论结合实践,体现了学生的创新意识和研究意识。该实训作业为学生实习基础上的研究报告,理论知识结合学生的实习经历的实训作业更加有利于学生对于基本知识的掌握和运用。两名学生完成该作业,分工合理,合作顺利,体现了团队协作精神;完成作业的过程中不厌其烦地进行修改、完善,精益求精,勤奋踏实。

难能可贵的是,学生此次作业是新闻编辑的拓展,将新闻媒体编辑拓展到企业媒体矩阵、企业媒体品牌,并能提出问题、分析问题,还提出了相应的对策。让学生结合自身兴趣和将来服务企业媒体传播的就业意识进行实践,这样的思考更有针对性和目标感。这不仅有利于培养学生的搜集分析能力,还有利于增加学生对企业媒体的了解,进一步搭建学界与业界之间的桥梁,同时帮助学生更加了解业界信息,善于从自己的角度去分析业界媒体信息,为未来从事媒体工作打下更好的基础。

第四节 实训教学的作业设计

一、实训一

1. 实训目标

对不同类型媒体进行信息搜集,体会新闻媒介的不同定位,以及新闻编辑方针体现的差异性。

2. 实训设计

对不同类型的报纸进行信息搜集和分析。例如搜集《中国儿童画报》《中国少年报》《中国青年报》《中国老年报》的相关资料后进行归纳整理,再根据已经掌握的基本知识分析四家报纸的编辑定位、风格特色、办报宗旨等。

二、实训二

1. 实训目标

通过实践理解新闻媒介定位。

2. 实训设计

对同一事件不同媒体的报道进行搜集和分析,理解报道的个性化和差异化。

三、实训三

1. 实训目标

确定主题,根据自己的主题设计出与众不同的媒体产品,锻炼学生的思考、创新能力。

2. 实训设计

首先,确定自己产品主题、受众对象、功能定位等;其次,根据新闻媒介不同定位进行一种或者几种不同类型的产品设计,可以是大众媒介、社交媒介,也可以是融合媒体等产品中的一种或者几种,进而将自己的思路进行梳理整合,通过PPT等形式与同学们进行分享探讨。

第三章 新闻报道的策划

本章导读

"凡事预则立,不预则废。"新闻报道策划是媒体进行新闻报道的一项非常重要的工作,有人甚至将其称为媒体的"大脑"与"核心竞争力"。进行新闻报道策划,是保证不同类型新闻能够更准确传播、更广泛影响的主要方式,是实现更佳传播效果的有效途径。而且在媒体融合语境下,新闻报道策划有了新的内涵,也需要进行创新,需要对其进行正确的认知。本章实训教学的理论知识旨在让学生对新闻报道策划的内涵进行基本把握的基础上,加深对媒介融合背景下新闻报道策划的理解,并在此基础上,将基本理论知识拓展到视频新闻报道策划和会议新闻报道策划。视频新闻报道是当今媒体融合背景下,"无视频不新闻"的传播生态对学生提出的要求。会议新闻报道是新闻宣传的一项常规工作。实训教学的拓展文献旨在为本章的教与学提供参考资料,突出选题决策的重要性,我们从策划实例、会议报道创新、重大主题报道策划角度提供参考文献。实训教学展示与评价突出实训过程评价、课程思政评价,以及对实际动手能力的考察,引导学生完成专业化的新闻报道方案的设计与写作。实训教学的作业设计,旨在探寻实现选题个性化的路径,使学生能够利用所学知识去分析优秀的新闻报道策划案例,积累较为丰富的经验,熟练掌握新闻报道策划方案的撰写方法。

第一节 实训教学的理论知识

新闻编辑工作由多个活动、多道工序组成。前文构建了本课程的整体教学模式——"活动-角色"结合型课程教学流程实施模式,即根据新闻编辑工作流程,我们将新闻编辑工作划分为不同的活动,在这些活动中赋予教师和学生相应的角色,进而完成相应的课堂教学任务和课内外实践教学任务。本章"新闻报道的策划"在进行基础知识和基本理论知识的把握之后，做了相应的教学设计，并结合任务驱动教学法和案例教学法进行教学，促进理论与实践的结合，让理论指导实践，再通过实践检验理论，促进学生对理论的认知，提升学生的实际动手能力。

践行本课程的整体教学模式——"活动-角色"结合型课程教学流程实施模式，任务驱动教学法是基本的教学方法之一。活动即任务，角色是活动主体，也是任务主体。在整个新闻编辑流程中，我们都选择性地、针对性地采用任务驱动教学法。对于在校的学生来说，他们更侧重对作品的关注，对整个宏观的新闻报道策划的过程或者"幕后"缺乏宏观层面的把握和认知，所以要提升学生的综合实践能力，而不仅仅局限于采、写、编、评、摄、播等专项的业务能力，我们更要重视对学生的综合性实践能力进行培养。

任务驱动教学法是建构主义理论的一种教学模式，它以任务为主线、教师为主导、学生为主体，教师的教与学生的学都围绕某一具体目标，基于几项任务。在强烈的求知欲的驱动下，学生通过对学习资源的积极主动应用，进行自主探索和互补协作学习，在完成特定任务的过程中获得知识与技能的一种教学方法。[①] 在本章中，我们采用分层次任务驱动来循序渐进地进行实践教学，逐步提升学生对新闻报道策划的认知和实践能力。新闻报道策划是一个全面性的活动。为了提升实践教学的效果，我们同时引入案例教学法，根据本章内容，选择典型案例供学生讨论学习，提升认知，积累经验，提升新闻报道策划能力。

一、建立对新闻报道策划的认知

新闻报道策划是新闻媒体内容生产中最重要、最核心的环节。当前通行的"新闻报道策划"仍然没有脱离传统的报道方式和传播模式，基本特征是：围绕"一件事、一个团队、一个通道、一种形态、一次性传播"展开，这与媒体融合时代所要求的"一次采集、多元生成、多重分发"的生产模式不一致。新时代需要新理念，融合新闻报道需要媒体坚持系统思维、创新思维，按照融合的内在要求，以用户需求为导向，合理设计、调度各种资源和要素——不论这些资源是"为我所有"，还是仅仅"为我所用"。[②] 所以在媒体融合时代，我们需要对新闻报道策划进行重新认知。

新闻报道策划的基本思路是"人无我有，人有我优，人优我特，人特我专"。其对应的基本策划理念是独家性、创新性、独特性、专业性。独家性强调新闻报道策划的选题价值。在当今信息传播环境下，做到独家新闻有很大难度，因为信息传播渠道多、传播速度快，要与众不同，就要选择独特的角度，挖掘内容的深度等。创新性强调新闻报道策划的内容生产要有新意。独特性强调新闻报道策划要有形态差异。专业性强调新闻报道策划要具有专业内涵。

1. 新闻报道策划的内涵

新闻报道策划是新闻编辑通过对新闻资源的开发与配置，实现最佳传播效果的创造性活动。新闻报道策划的过程包括选题决策、报道方案设计、在报道实施过程中接受反馈并修

[①] 张阿维：《任务驱动教学法在课堂教学中的应用与启示——以〈新闻报道策划与研究〉课程为例》，《传播力研究》，2018年第21期。

[②] 韩云：《融合新闻策划的界定、功能与过程》，《青年记者》，2021年第23期。

正设计方案。① 根据报道客体的发生状态,新闻报道策划可划分为可预见性策划和非可预见性策划;根据报道策划的运行时态,新闻报道策划可分为周期性策划和非周期性策划;根据报道策划的运行方式,新闻报道策划可分为独立型策划和非独立型策划。

新闻报道需要策划,一是满足媒体用户多层次的需求,实现媒介的功能,我们需要留意新媒体环境下个性化需求的满足;二是深度开发新闻信息资源,让新闻媒体在媒介竞争中创造传播优势,提高竞争力。新闻信息资源包括多个方面的内容,主要是新闻媒介所拥有的新闻信息渠道及其产品,包括新闻的提供者、新闻的合作者、新闻线索、新闻稿件、新闻资料、新闻传播形态、新闻传播平台等。对新闻资源的深度开发,是指在新闻报道中我们不能局限于对新闻事件本身的报道,仅反映事件过程;对于有价值的选题,还需要深度挖掘,在报道的规模、力度上都要进行精心策划。比如,可以结合时代背景,对事件本身的意义进行挖掘;还可以邀请专家学者从政治、经济、文化、伦理、社会、法律等角度,针对性地对事件进行剖析,从理论上提升受众的感性认识等。除了在内容上进行策划之外,还可以对新闻报道过程中的其他细节进行策划,这样更能有的放矢。比如,新闻稿件除了消息稿,还可以根据实际需要安排通讯、评论等;除了文字表现方式,还可以考虑音频、视频、游戏等表现方式。总之,在当今媒体融合环境下,需要根据用户思维和产品思维进行周密的新闻报道策划,这样才能在竞争中获胜,提升媒体的传播力和公信力。

另外,新闻报道可以策划。前文的需要策划,是针对新闻报道策划的功能、作用、必要性和效果而言的;此处的可以策划,则是针对新闻报道策划的存在基础及前提条件而言的。新闻报道可以策划有两方面原因,一是新闻报道对象的构成一般是多维多层的,体现了层次性、联系性、变动性等特征,为新闻报道策划预留了空间;二是新闻报道渠道具有多样性,对于如何实现媒体融合报道的综合效应,实现 1+1>2 的传播效果,需要进行相应的策划,以生产不同的产品,通过不同的平台进行传播,团队成员加强合作,进而产生传播合力。

2. 新闻报道策划的原则

新闻报道策划过程中也难免会出现一些问题。一是为了吸引眼球,制造假新闻;二是违反社会道德,无底线地炒作,甚至在"新闻报道策划"的幌子下制造悲剧;三是边界把握不准,造成道德失范或者违法,比如参与式报道中,有媒体人员参与共同犯罪,违反国家法律的现象;四是哗众取宠,违背常识、常理、常情,作秀为之,夸大其词;五是缺乏必要的审核把关,或一味追求时效性,导致原有的内容失真、失实等;六是将新闻报道与文学创作等混为一谈,进行新闻报道策划时忽略了新闻的本质和特性。针对以上问题和新闻报道策划本身的重要性,同时考虑到主客观相结合的活动特征,我们进行新闻报道策划在追求创新和创意的同时需要遵循一定的原则。

(1)真实性原则。

新闻报道策划必须坚持真实性原则。"真实"是新闻的生命,而在进行新闻报道策划时必须实事求是,不能凭空捏造新闻事实,更不能"策划新闻"。事实是新闻的本源,任何新闻产品都要追求本源。从选题、策划到设计方案、制作产品等过程都要遵循真实性原则。

---

① 《新闻编辑》编写组:《新闻编辑(第二版)》,高等教育出版社,2017年,第58页。

(2)社会导向原则。

新闻媒体需要承担社会责任,要帮助社会公众更加方便、快捷地获取、解读自己所要了解的信息。而且,新闻媒体不仅面对人民群众,也代表着国家、政府、人民的政治立场、发展方向、利益诉求等。所有媒体在进行新闻报道策划时必须要考虑社会导向这一原则,不能为了所谓的"流量"而忽视其自身的责任。社会主义新闻事业必须坚持正确的舆论导向,把提高新闻舆论引导力放在突出位置,不断增强舆论引导的针对性和实效性。①

(3)创新性原则。

新闻报道策划的精髓就是创新。创新首先应该是对内容进行创新,在进行内容选择的时候,我们可以从多个维度去选择新闻事实;其次是对编辑进行创新,这里的编辑创新,也就是在对新闻作品进行编排连串的时候,可以突破常规思路,对信息进行合理编排,并且在展现新闻产品时,可以利用不同的形式,文字、视频、H5、图片等都可以纳入编辑创新的范畴。

3. 媒体融合时代的新闻报道策划

媒体融合时代,随着媒介技术的发展,传播中的各个节点都发生了较大变化,呈现出从专业传播到全民参与、从固定传播到移动传播、从"内容为王"到"关系为王"的特点。在这样的背景下,如何打造高质量的新闻报道成为众多媒体的关注点。传统媒体需要转变思维,在报道策划与组织中充分考虑当前媒介环境的变化,创新新闻报道策划方式,推出有思想、有温度、有品质的作品。

融合新闻报道策划,不仅需要将新闻报道回归于新闻内容本体,迅速响应社会议题,同时也必须在话语表达上,基于友好的用户体验、符合社会化媒体传播的规律,进行一定程度的创新,即坚持将内容与形式置于同等重要的位置,满足用户"多渠道、即时化、碎片化、个性化"的使用需求,继而实现"内容为王、形态制胜"的融合新闻报道策划思路。

从新旧策划的形态侧重的角度看,传统新闻报道策划主要强调新闻传播的内容特性,即"内容优于形式",在策划过程中主要聚焦于新闻选题、新闻角度、新闻采访等现实问题;而融合新闻报道策划强调"内容与形式并重",不仅积极作用于用户对内容的感知方式,而且直接决定了内容本身的认知价值和传播价值,如表3-1所示。

表3-1 传统新闻报道策划与融合新闻报道策划的区别

传统新闻报道策划	融合新闻报道策划
强调内容优于形式; 策划主要聚焦于选题、内容、角度等; 形式是一个需要后期处理的问题; 形式往往被排除在新闻价值评价体系之外	形式与内容同等重要; 形式处于新闻报道策划的核心位置; 形式是内容的反映; 形式也会积极作用于人们对内容的感知方向; 形式决定了内容本身的认知价值和传播价值

融合新闻是一种新兴的新闻形态,需要用新的理念来拥抱它。理所当然地,它包括传统新闻报道策划注重的选题策划和内容策划。只不过在融合新闻时代,选题策划和内容策划

---

① 《新闻编辑》编写组:《新闻编辑(第二版)》,高等教育出版社,2017年,第59页。

有了更高的要求。我们需要突破常规的"题材",不再局限于一些高大上的新闻内容,而且要选择更加接地气、接近普通公众生活的真实情况,更加便于受众理解的内容去进行策划。媒体融合时代的新闻报道策划,既可以对国家重大会议、重大事件、重大节日进行策划,也可以对婚恋、春运、一张火车票、一份录取通知书等进行策划。它以用户思维为用户服务,以多元化的内容服务于多元化的用户。

融合新闻报道策划的重点是融合形态的策划与传播方式的策划。融合形态的策划主要回应的是融合新闻表达的多媒体融合问题,主要包括表现形式创新和叙事语言创新;传播方式的策划则回应的是融合新闻发布的整合传播问题,主要包括渠道融合与跨界融合两个分析维度,前者回应的是融合新闻发布的渠道整合与对话问题,后者回应的是融合新闻运营的行业渗透与互补问题。①

(1)融合新闻的融合形态策划。

融合新闻的融合形态策划,第一个维度是表现形式。在传统媒体时代,我们进行策划时需要思考这个产品的展现形式、创意是否可以实现等问题。传统媒体时代,新闻报道策划所展现出来的新闻产品更多的是文字、图片等形式。而在媒体融合时代,随着AR、VR、3D等技术的发展和使用,媒介环境重构,新闻产品的展现形式更加多元化。我们在策划时要注意选择有效的新媒体形式,如短视频新闻、H5新闻、VR新闻、动画新闻等,尤其是在重大主题事件上,可以增强用户黏性和传播效力。例如,在2021年的热点话题"大象北游"中,很多媒体对此进行的不同形式的策划风格,展现出丰富的传播手段。比如,《新京报》推出的"趣味视频"、《人民日报》推出的表情包等,都体现出在新媒体时代的传播手段越来越数字化。编辑记者要尝试结合新媒体技术的应用进行分析,探索音频、视频、动画等元素的合理化应用,更加生动、立体地呈现新闻信息。② 媒介形式的文体特点和呈现风格比较如表3-2所示。

表3-2 媒介形式的文体特点和呈现风格比较

微博	擅长社交生态中的简讯发布
短视频	迎合了视觉传播时代的文本形式要求
H5新闻	拥有更强的互动性、趣味性和社交性
VR新闻	有助于创设一种沉浸式的认知体验
数据新闻	擅长通过可视化的方式呈现新闻世界的数据关系
新闻游戏	擅长通过游戏化的程序修辞来讲述新闻故事
……	

融合新闻形态的报道策划的首要问题是针对既定的新闻选题和内容,选择最优的表现形式作为融合新闻叙事的承载方式。融合新闻的表现形式创新,特别强调对其他文化形态或娱乐形态的使用。例如,游戏能够为用户提供一种其他媒体形式难以比拟的娱乐体验,因此游戏凭借良好的用户黏性成为融合新闻的重要表现形式之一。当然,形式是为内容服务

---

① 刘涛:《融合新闻策划:从形态创新到渠道对话》,《教育传媒研究》,2019年第5期。
② 许东:《论电视新闻编辑记者策划意识培养的重要性与落实策略》,《记者摇篮》,2019年第2期。

的。媒体融合时代,新闻表现形式创新服务于内容创新,且有更多的传播可能性和实现途径。融合新闻形式创新服务于内容创新的途径如表 3-3 所示。

表 3-3　融合新闻形式创新服务于内容创新的途径

途径实现维度	具体内容
产品属性	面向移动终端的响应式设计语言,其互动性、趣味性、社交性等特征决定了融合新闻作品明显的新媒体传播属性
呈现形式	媒体融合,把文字、声音、图形、图像、动画等媒介元素按照一定的传播规律(传播渠道的内容偏向、用户认知的接受心理、元素整合的叙事语言)进行针对性融合,实现传播效果最优化
传播方式	为了在社交媒体平台实现跨平台传播、圈子化传播,融合新闻除了内容层面的新闻性以外,还必须在形式维度上具有较强的消费性、趣味性、可移植性

融合新闻的融合形态策划,第二个维度是叙事语言。我们需要从用户的接受心理出发,系统研究不同媒介元素的表现优势以及不同组合的语法系统。当前融合新闻产品的主题构成是视觉文本,而新媒体视觉文本的语言结构、叙事逻辑、界面响应方式、用户互动体验,都是叙事语言的重中之重。

(2)融合新闻的传播方式策划。

融合新闻的传播方式的策划,第一个维度是渠道融合。渠道融合指同一新闻议题在不同渠道的智能发布,打造全媒体矩阵,不同渠道协同作战。很多媒体除了自身的传统媒体平台,还开通了"两微一端"、抖音号、头条号、视频号等。有的传统媒体利用自身资源的先天优势,产生了很好的传播效果,比如在抖音平台,"央视新闻"账号的粉丝数量已经过亿,成为央视新闻一个非常重要的传播出口。《人民日报》关于改革开放四十年特别报道,根据各个渠道的传播特点和技术优势,以及不同用户群体的消费方式和接受偏好,精心打造了一个全媒型传播矩阵,从而通过融合新闻的方式创新了主题报道的理念、形态和语言,为融合新闻实践提供了一个有效的参考样本。然而,有些传统媒体人仍旧思维僵化,单纯地把社交媒体账号视为新闻发布的一个渠道,将网民视为报纸和电视受众之外的又一用户群体(其实很可能是同一批群体,只是他们已经习惯了新的媒体使用方式和新的话语表述体系),导致媒体对数字平台的投入远远不够,离"建设新型主流媒体平台"的要求相差甚远。这种情况可以从两方面努力:一是对旗下的融媒体矩阵中的各平台和账号进行清晰定位,把握平台特征,提升"跨媒体"叙事能力,讲好故事;二是在平台和账号的形象识别、运维制度、推广引流、用户沉淀、商业开拓等方面进行长远打算。特别是如果想要"破圈"发展,媒体须把名下数字平台、社交媒体账号视为重要的战略资源。例如,澎湃新闻近几年一边开展"大文创"计划、知识付费业务,一边吸引外部垂直类的内容创作者,与一些 MCN(多频道网络)或者更加机构化的内容供应商合作,在传统的媒体经营基础上,不断拓展新的边界,拓展新的服务方式。知识付费服务是澎湃新闻内容赋能的一项战略布局,旨在鼓励和促进一切互联网优质内容的创作、分享与变现。而澎湃新闻与上影文化、樊登读书、小宇宙播客的合作签约,就是最好的开始。①

融合新闻的传播方式的策划,第二个维度是跨界融合。跨界融合主要指行业或渠道之间的相互渗透、相互融合。在万物皆媒、万物互联的智媒时代,跨界融合必然成为融合新闻传播的基本思路。比如,新华社联合搜狗公司,在北京发布了最新的站立式AI合成主播及全球首位AI合成女主播。2019年3月4日"两会"期间,这两位AI合成主播正式上岗,播报"两会"新闻。新华社与搜狗公司的跨界合作,在技术维度上实现了一种全新的信息生产方式,而新媒体行业的创新,也恰恰是在融合中产生的。

总之,开展融合新闻报道策划,需要在当今的媒介环境下,从内容和形式两方面努力,把握好"时""度""效":"时"即时机,就是选择合适的时机有所作为;"度"即尺度和分寸,就是选择恰当的话语方式和表达方式;"效"即效果,新闻报道策划的目的就是实现信息传播的传播力、引导力、影响力和公信力。

二、新闻报道策划的选题决策和方案设计

1. 新闻报道的选题决策

对于新闻报道策划而言,选题至关重要。新闻选题既体现了新闻报道策划的过程,也是新闻报道策划的结果。新闻选题的确立,能使记者(采访主体)与具体对象(采访客体)之间的关系得以现实地建立起来,从而使每一次具体的采访活动通过主体与客体的交互作用而有效地展开和发展。新闻选题的好坏,直接决定了编辑质量的高低。

一般情况下,大凡具有新闻价值的议题,如时效性、重要性、显著性、接近性、趣味性比较突出的议题,都可以纳入新闻选题策划的范围。新闻报道策划的选题决策需要考虑客观存在的新闻事实(传播的客体)、受众对新闻信息的需求(信息的接收者,即用户)、媒介进行报道的条件(传播主体的条件)。好的选题需要具备四个特征:一是典型性,选题是否具有典型性由社会和公众对选题的关注度决定;二是贴近性,要求事实在地理上或心理上与信息的接收者十分接近;三是深刻性,选题要体现记者的敏锐洞察力,报道的内容要能够引人深思;四是成长性,即所报道的事实正处在发展变化之中,具有横向拓展和纵向挖掘的广阔空间。

那么选题应该从何而来呢?可以说,哪里有社会问题,哪里就有选题。把握融合新闻报道的选题策划的关键,就是明确社会问题的"藏身之所"。

一是把握政策变化。一些重大方针政策出台后,在一段时期内会对各地区、各部门、各行业、各领域的中心工作起到引领、推动作用。例如,2019年7月1日上海垃圾分类开始施行,这对民众生活会产生重大影响,记者、编辑若提前掌握这一政策,便可以更好地进行新闻报道策划,产生良好的社会效果。我们的"选题库"也应当随时代发展不断更新。

二是关注社会热点。新闻媒体要善于做数据分析,了解民众当下的关注点,通过对热点的深度报道,抓住受众眼球,如"大象北游""冬奥会""俄乌战争"等。今天的中国正处于社会转型时期,原有的利益格局被打破,新的利益均衡机制还在不断完善之中,许多社会问题或矛盾都会在这一时期集中出现,因此,媒体应该保持对社会疼痛的职业敏感,真正理解当前

---

① 《7年,初心未改!"新潮·澎湃"外滩新媒体峰会凝聚共识:创新永无止境》,澎湃新闻,2021年7月23日,https://baijiahao.baidu.com/s?id=1706046919438941396&wfr=spider&for=pc。

社会存在的问题,并给出客观、理性、深入的呈现和分析。比如《对抗 20 世纪的传染病:疫苗的影响》《农村小学十年间数量减半,学生求学路变远》即是从社会痛点中挖掘的选题。

三是注重突发事件报道。突发事件就是突然发生的重大事件或敏感事件,这类事件一经曝光,就会迅速引起网民的密切关注和强烈反响,在短时间内将地区性、局部性和带有某种偶然性的问题,变成全民"围观"的公共议题。例如,2020 年新冠肺炎疫情的暴发引起了全国人民的关注,财新通过详细的报道策划与周密的组织,打造了一系列深度报道与数据新闻,受到业界和学界的关注。

四是在重大议题中找选题。所谓重大议题,就是一段时期内整个国家重点关注的话题。重大议题本身就具有重要性和显著性的新闻价值,因而具有先天的社会关注度。比如,"一带一路"、中国梦、讲好中国故事、乡村振兴、精准扶贫、改革开放 40 年、恢复高考 40 年、纪念红军长征胜利 70 周年、中华人民共和国成立 70 周年等。

五是"一材多用"。一个好的新闻素材应该是可以延伸挖掘的,不要因为曾申报过选题、已经发了报道就丢掉,还可以继续关注它的结果,以此增加这一题材的延展性。

除了上述发现选题的方法,还可以借用技术手段,比如通过大数据分析发现一些难以识别或者不为人知的社会问题。

2. 新闻报道的方案设计

新闻报道的方案设计是新闻报道策划与组织的重要一环,在进行方案设计时要明确以下几点。

一是明确新闻报道的范围与重点。新闻报道的范围是指全部报道客体的组合,它直接决定了报道面和报道对象等;新闻报道的重点则是指报道客体中最重要的内容和思想。

二是明确新闻报道的规模与进程。新闻报道的规模是报道的时间、空间与人力三方面因素组合的概念①;新闻报道的进程是指报道全过程中对时段的分割与安排。

三是做好发稿计划。发稿计划是对报道进程中各阶段刊出新闻稿件的统筹规划,包括确定稿件的选题、内容、体裁、篇幅、作者、版面位置、刊出时间等。

四是确定新闻报道的主要方式。这里要注意集中式、系列式、连续式、组合式、读者参与式、媒介介入式、媒介联动式之间的区别与联系。

五是了解报道的组织结构和采编流程管理。报道的组织结构是指根据报道的内容和进程安排组织采编力量成立的临时性机构,需要遵循人才优势互补、团结合作的原则;而采编流程管理是指根据报道的时效需要、内容特点等安排工作流程,加强对采编各个环节的监督和管理,需要遵循明确岗位责任、简化稿件流程、有效进行监督、实施奖惩措施的原则。

确定新闻报道方案之后,要进行新闻报道的实施与调控。这要求新闻媒体执行新闻报道方案,并在实施方案的过程中不断接受信息反馈,根据客观情况的变化修正原先的方案,确保新闻传播活动取得理想的效果。

三、视频新闻报道策划

本章实训教学的理论知识旨在让学生对新闻报道策划的内涵进行基本把握的基础上,

---

① 《新闻编辑》编写组:《新闻编辑(第二版)》,高等教育出版社,2017 年,第 71 页。

加深对媒体融合背景下新闻报道策划的理解,并在此基础上,将基本理论知识拓展到视频新闻报道策划和会议新闻报道策划。当今媒体融合背景下"无视频不新闻"的传播生态要求学生具备此方面的知识。新闻报道策划就是新闻创意、实力的比拼,旨在做出让人眼前一亮、啧啧称道的新闻,是新闻编辑通过对新闻资源的开发与配置,实现最佳传播效果的创造性活动。

截至 2021 年 12 月,我国网络视频(含短视频)用户规模达 9.75 亿,占网民整体的 94.5%。其中短视频用户规模为 9.34 亿,占整体网民的 90.5%。从某种程度上说,短视频用户正逐步接近整体网民规模。随着移动互联网和移动终端的发展,快节奏、轻体量的短视频正在成为新闻报道的重要方式。随着微博、微信、抖音、秒拍、微视等短视频类社交媒体的发展和流行,短视频日渐成为公众获取娱乐信息和进行网络社交的重要方式。因此,如何适应和利用这种新兴的信息传播方式,成为新闻媒体当前需要考虑的重要问题。

国外短视频的新闻实践,比较有代表性的是美国网站 NowThisNews。它是较早进行短视频新闻生产实践的机构之一,也是当前美国短视频新闻最具影响力的生产者。BBC、CNN、半岛电视台等老牌新闻生产机构,也非常注重短视频新闻的生产。例如,2016 年底,BBC 在其移动客户端中推出了全新的今日视频板块,每天 BBC 都会为移动端的用户专门推送 8 个可以直接观看的竖版新闻视频。半岛电视台也推出了网络平台 AJ+,在 YouTube、Facebook 等平台上都有账号,发布时长 30 秒至 3 分钟不等的短视频新闻。

在国内,2016 年 7 月,澎湃新闻的创始人、原总编辑邱兵离职,带领澎湃原始团队及早期运营团队中的主要力量,创办了梨视频。梨视频以时政突发新闻为主,填补了我国短视频新闻平台的空白。其上线后接连推出了拾荒老人、常熟童工等多条播放量过亿的爆款短视频新闻。2018 年开始,梨视频开始面向 294 个地级市建立拍客网络,打造了"三公里"资讯圈和中国 60 秒的项目,将众包机制与短视频新闻生产结合起来。几乎在梨视频建立的同时,国内其他新闻媒体也纷纷开始打造短视频新闻平台,比如《新京报》与腾讯视频联手推出了视频新闻项目,我们视频、界面新闻则发布了短视频纪录片品牌"箭厂",东方卫视与上海广播电视台联合推出了新闻视频项目看看新闻(Knews),浙江日报则推出了"辣焦视频"等。除了自建短视频新闻项目或者平台,不少新闻机构也纷纷在抖音、秒拍等短视频社交平台上开设账号。例如,《人民日报》《环球时报》、中央电视台、四川观察、极目新闻等纷纷在抖音上开设账号发布新闻。

视频新闻报道策划,除了前文所述的常规新闻报道策划的原则、方法之外,还需要把握视频的特征,在内容和形式上要注意以下问题。

一是没有调查就没有发言权。这是指采访策划中的问题需要具有用户性,即站在用户需求的角度去确定有价值、有意义、有意思的选题。

二是视频风格应注重统一性,特别是系列视频。比如,梨视频关于汶川地震十年的回顾性系列连续报道,选取了个人、重组家庭和社会关爱三个方面,覆盖面全,基调风格统一,叙事结构一致。

三是内容的导向性需较为明确集中,为要表达的主题服务,包括采访问题的设置、镜头语言的表达等。

四是遵从前期策划的大致方向,尤其是在系列报道中,即使出现突发状况,在应对时也不能脱离主旨。

五是把握不同的分发平台短视频的不同特点,设计不同的产品,实现不同的传播效果和传播期待。比如,快手推广语中的"记录世界记录你",强调原创性,内容生态上以 UGC 为主,鼓励用户深度参与。抖音推广语中的"记录美好生活",强调优质性,内容生态上以 PGC 为主,且抖音用户更爱点赞、看评论。

六是竖版视频的设计。越来越多的视频抛弃了传统的横屏模式,转向竖版视频。竖版视频是指画面比例为 1∶1、3∶4、9∶16,或者适应手机屏幕比例的视频,不需要将手机横屏观看。美国社交媒体数字监测公司经实验后发现,正方形视频的观看率比 16∶9 横版的视频的观看率高出 28%。而就视频前 10 秒的显示到达率水平来看,正方形视频比横版视频则高出了 54%。观众是懒惰的,他们更青睐不用横着手机屏幕就能观看的视频。近年来,我国的抖音、快手、微信视频号、欧美的 Instagram、Snapchat 等移动短视频和图片社交软件的流行,更培养了用户观看竖版视频的习惯。而 NowThisNews,英国的卫报、美国的 CNN 等媒体推出的短视频新闻均以正方形的视频形式呈现。从 2016 年底开始,BBC 在它的移动客户端中推出了"今日视频"板块,这个板块推送的均是受众可以直接观看的竖版视频。

七是视频中的字幕设计。字幕在短视频新闻中扮演着非常关键的角色。由于移动视频消费的伴随性和碎片化,高达 85% 的用户观看行为是在无声的情况下完成的,因此字幕就成为提供信息的重要途径。短视频新闻的字幕主要分为两种,第一种是同期声字幕,它主要将视频中的解说、采访等声音语言以文字的形式呈现出来;第二种是补充说明型字幕,这种字幕为画面补充其他的事实信息,比如标题、背景、数据等,用来丰富视频的信息量。这类字幕的特点是显著醒目、可读性强,字号大、字体粗,颜色与背景色彩进行了鲜明的区分。而至于文字内容,则普遍简明扼要,可以通过对特定的词语加粗、变色以进行强调。

四、会议新闻报道策划

会议新闻报道是对会议议程、会议内容和会议精神进行广泛介绍、宣传的一种传播形式。会议新闻报道是新闻报道的一项重要内容。会议新闻报道有重要的作用。其一,一些会议新闻报道传达相关部门和领导的重要工作部署,发挥上通下达的作用,有利于全体社会成员明确思想,自觉行动;其二,一些会议新闻报道可以传播科学技术文化信息,比如新思想、新观念、新技术、新材料,提高人们的知识素养;其三,一些涉及赛事、演出、文旅等信息的会议新闻报道,能够传播体育、文化、娱乐信息,丰富人们的业余生活。

但是目前会议新闻报道存在一定的困境,比如表达形式四平八稳,话语阐述平铺直叙,新闻内容平淡无奇。"会议没有不隆重的,闭幕没有不胜利的,讲话没有不重要的,鼓掌没有不热烈的,领导没有不重视的,看望没有不亲切的,接见没有不亲自的,进展没有不顺利的,完成没有不圆满的,成就没有不巨大的……"一些网友的总结虽然刻薄了些,却也道出了会议报道的尴尬处境。在传媒生态迅速变革的今天,信息传播速度越来越快,信息传播形态愈加丰富,尤其随着疫情防控进入常态化运行阶段,"精简办会"变得越来越常见,仅有少数记者能够进入新闻现场,新闻报道方式迎来了重大变革和全新挑战。如何打破会议报道的固有模式,不断丰富报道内容,改进报道形式,让会议报道出彩,避免同质化,努力让会议报道成为读者喜闻乐见的报道形式,是各级各类媒体面临的重要考题。①

如何将会议新闻报道写得可信、可读、可亲、可闻,需要处理好"规定动作"和"自选动作"。"规定动作"即对会议本身的信息进行报道;"自选动作"则是挖掘其他与会议相关的信息,拓展会议信息内容。

会议新闻报道策划包括内容和形式上的策划。在内容方面,进行会议新闻报道策划可以从以下几方面入手。一是新闻由头的寻找与策划,增强趣味性,吸引受众;寻找与受众生活贴近的由头,跳出会议本身;重视会议内容,加强双向互动。二是抓住会议的新闻点。特别是对于专业性较强的会议,要多角度挖掘,用接地气的叙事方式传播。同时增强信息的权威性,比如使用权威机构的调查数据解释问题、说明问题;请专家学者在各类报道中对专业问题予以分析解释或提供有关情况说明;新闻媒体多以目击者、亲历者的面目出现,突出自身所见所闻。三是突出情感的贴近性。情感的贴近性能让受众产生共鸣。四是跳出会议新闻窠臼,抓住鲜活内容。比如,挖掘反映先进执政理念的新做法,《会议太长先检讨,书记只讲8分钟》便是典型的例子;挖掘折射时代文明进步的好风尚,勤政廉洁、优良家风等方面的报道就是例子;挖掘富有人情味、人性化的情节,《市长说:过年少串门在家多表现》的报道就是很好的例子;挖掘具有警示、警醒意义的反常现象,诸如《安全会上睡着了》的报道便是典型。

在形式方面,进行会议新闻报道策划要注意两点:一是破除陈腐文风,更新表达方式;二是体裁多种多样,形式活泼新颖。报道形式要多样化,会议新闻报道要尽量避免就会议写会议,避免报道形式单调、程式化的做法,因为"缺乏立体感、纵深感、角度不新"②的会议报道必然无法引起受众的兴趣,甚至会让受众产生逆反心理。在会议报道形式上,媒体既可以进行组合式报道,即会议报道+新闻拓展,包括补充新闻背景、现场花絮、政策解读等,也可以进行立体式报道,即在会前、会中、会后不同时间段,或在会场内外不同场合进行全方位的报道。只有这样才能使会议报道特别是重大会议报道出彩,同时具备广度、深度、高度和受众的关注度。③

会议新闻报道策划,特别要重视重大会议新闻报道策划。在媒介深度融合的大背景下,大型会议新闻报道的策划必须充分利用多媒体进行表达,"新闻报道策划将在多种媒体通用的内容生产平台上实施,在这个平台上工作的记者编辑将以全面的多媒体手段完成所有新闻信息的采集与粗加工,与这个平台相伴的还有为进一步实现内容深加工提供资料的数据库。具体到每一个策划性的重大报道,新闻采集可以由多媒体记者团队一次性完成,新闻编辑加工与发布却是多元化、多次性的,新闻信息资源由此能够得到全方位的深度开发,新闻产品链也由此而形成"④。全媒体生产传播机制创新,使得媒体在重大会议新闻报道时,可以整合各部门各方面资源,形成"集团军",人员组合发挥各方优势,协调机制发挥最大效能;同时,适应移动化、社交化、可视化趋势,加速重大会议报道向全媒、多维、互动转变,提高会议

---

① 王群:《融媒体时代会议报道如何出新出彩》,《中国新闻出版广电报》,2021年11月11日,第4版。
② 岳琳:《论新媒体时代新闻报道舆论引导能力的提升——以两会新闻报道为例》,《新闻爱好者》,2010年第18期。
③ 方妍:《论重大会议新闻报道之策划——以2015年广州市"两会"新闻报道为例》,《视听》,2015年第7期。
④ 蔡雯:《新闻报道策划在媒介融合时代的困局与对策》,《中国记者》,2007年第3期。

报道的"时""度""效"。① 会议新闻报道在稿件中所占比例不容小觑，新闻编辑要跳出会议旧框架，运用互联网思维，从内容和形式两方面去进行策划，借用技术的力量创新会议报道，在稿件采写时注重"用户体验"，把常规会议报道写活写深②，同时多媒体联合互动，寻求个性突破。

第二节　实训教学的拓展文献

本章节我们提供了两篇拓展文献，虽然数量不多，但信息量丰富。我们的主要意图在于补充教材知识的同时，能将融合新闻报道的理念深植人心，去策划，去努力，去实现更好的传播效果。

一、拓展文献阅读（一）

这一篇拓展文献《如何为数据新闻找选题？你可以试试这七种方法》，提供了数据新闻寻找选题的七种方法：①关心时事，从新闻中寻找选题；②保持好奇心，在熟悉的领域寻找问题；③多看数据新闻案例、举一反三；④从政府信息公开网站中找选题；⑤从行业报告、企业财报中寻找线索；⑥从生活经验中找选题；⑦头脑风暴聊出来的选题。这不仅是知识的一种拓展，而且这七种方法对非数据新闻寻找选题同样具有启发性意义。该文献对选题和数据谁先行的关系进行了阐述，没有一定之规，在一定的原则遵循中去求变，去创新。

如何为数据新闻找选题？你可以试试这七种方法[③]

作为一种新型报道方式，数据新闻正在越来越多地进入公众视野。虽然对数据新闻的定义五花八门，但教育界和媒体行业有一个共识，数据新闻至少要有三个要素：新闻、数据和可视化。

首先，数据新闻必须是新闻，具备新闻价值，是新近发生的事实，或者新发现的事实，或重要，或有趣，或解释现象，或揭露秘密；其次，数据新闻必须有数据支撑，通过分析数据进而发现问题并挖掘出新闻故事；最后，数据新闻通常使用可视化手段呈现文字难以描述的内容，或者文字描述难以让读者更好地理解内容。可视化既可以很简单，比如在文字中罗列数

---

① 娄和军、王召群、蒋兴坤、滕韶华：《让重大会议报道收获大流量——大众日报的报道实践》，《青年记者》，2022年第17期。
② 李蕊：《"互联网+"模式下大型会议报道策划与创新——以〈陕西日报〉第十九届西洽会暨丝博会报道为例》，《今传媒》，2015年第9期。
③ 《如何为数据新闻找选题？你可以试试这七种方法》，2019年9月12日，https://mp.weixin.qq.com/s?__biz = MjM5ODQ5ODE5Ng = = &mid = 2651242800&idx = 1&sn = 61725d336229fb333b360ef9b2f073d9&chksm = bd3bbbcb8a4c32d0234e60e5643a7d8a3c2c438f87d7d8cf95469a299a5d70b94d0898c592e&mpshare = 1&scene = 23&srcid = 09129eDb7Lq1hVRQHJu7t3Ms&sharer_sharetime = 1568266339164&sharer_shareid = f33d5a629b81867a09ee109127ef9d52#rd.

据，或是做一个简单的数据图表，也可以很复杂，比如信息图、互动页面、动画视频等。

相比于一般新闻报道，数据新闻的选题多了一个要求：必须要有数据。那么是先有选题还是先有数据？这个问题就像鸡和蛋的关系一样，没有令人满意的答案。在选题操作中，既可以是选题先行，再去寻找数据，也可以先找数据，进而从数据分析中找到新闻。无论哪一种情况，都要运用数据对所发现的问题或现象进行探究或解释，最后以恰当的方式呈现给读者。

作者过去两年从事与数据新闻相关的教学工作，指导学生创作了超过五十篇数据新闻作品，这些作品选题各异，涉及时政、教育、人口、经济、民生、文化、新闻出版、环保、科技、娱乐、体育等多个领域。这些作品的选题都是如何确定的？寻找选题又有哪些方法呢？

1. 关心时事，从新闻中寻找选题

很多数据新闻选题都来自新闻报道。平时阅读新闻时留意有可能做成数据新闻的选题，并把它记录一下，积少成多，就会形成一个选题库。

例如，"134亿学前教育发展基金，你的家乡能分到多少？"的选题，就来自2018年11月20日的一条新闻。有媒体援引财政部网站公开信息，财政部将提前下发2019年学前教育发展基金，总计134亿元。学前教育发展基金是否每年都有？2019年的预算相较以往是增加了还是减少了？这笔预算的分配有什么规律？通过初步的信息梳理发现，与2017年和2018年相比，2019年的学前教育发展基金减少了10%。数据分析还发现，学前教育发展基金每个省、区、市都获分配，人口多、城市化率低、农村人口数庞大的省、区，被分配的发展资金相对多，这从一个侧面反映中央财政对欠发达地区的支持。

"端上谈判桌的为什么是大豆？不是小麦玉米！"的选题受中美贸易战相关报道启发。中国反制美国贸易战的"武器"主要是农产品，而农产品中，大豆被经常提及。为什么是大豆，而不是其他农作物？大豆都有哪些用途？为什么中国的大豆不能自给自足？除了美国，中国还从哪些国家进口大豆？近年来，进口大豆的数据有什么变化？对这个选题所涉及的专业领域学生并不熟悉，需要大量阅读文献，查找海关进出口数据、世界谷物协会数据，并采访农科院的技术人员。作品通过多个纬度的数据，解释为什么中国要进口大豆；通过梳理中国大豆生产历史，解释为什么中国从大豆出口国变为进口国；作品还发现一个问题，中国十多年前就提出"大豆振兴计划"口号，但大豆非但没有振兴，反而对进口依赖越来越大。

"一年437万对夫妻离异，有一个原因不容忽视！"这个选题也是来自新闻报道。2018年8月，民政部公布《2017年社会服务发展统计公报》，其中提到2017年中国离婚人数437.4万对，不少媒体对此做出报道，但都大同小异，通过简单数据可视化的呈现，告诉读者离婚率高的事实，但没有告诉读者：中国的离婚率在世界所处的位置是高、是低，还是处于平均水平；这么多人离婚，背后的原因是什么。学生们去南京市栖霞区婚姻登记处采访，发现办理离婚手续跟"买菜"一样，手续非常简单，15分钟就可以办完。采访还发现有人为买房而假离婚。通过查找资料和数据，发现中华人民共和国成立以来，中国人离婚从不自由到自由，进步的同时，由于离婚手续过于简单，也令婚姻关系变得不那么神圣。数据分析发现，离婚率与房地产政策变化有关系，房地产限购的年份，离婚率会升高。通过对比国外离婚政策和数据，发现一些国家和地区，离婚手续烦琐，离婚成本高，而中国的离婚率已经超过某些发达国家和地区。

2. 保持好奇心，在熟悉的领域寻找问题

学生身处高校，最熟悉的领域是教育，只要保持好奇心，就会在学习、实习、考研、求职中发现很多值得探究的问题，其中一些问题就可以变成数据新闻的选题。

每年都有很多大学毕业生选择考研，重点大学的报名人数尤其火爆，为了让考生清楚知道自己有多大机会能考取理想高校的研究生，我们决定做一个考研选题"新闻传播考研，哪家学校最难考？"（见拓展图3-1）。由于高校数量众多，院系情况各异，我们将分析范围缩窄至42所"双一流"高校。通过查找这些学校新闻传播研究生（包括全日制学硕、全日制专硕、非全日制专硕）报名人数、录取人数（包括考试录取和保研录取），分析哪些学校研究生招生规模大、容易考，哪些学校接受保研比例高、较难考，哪些学校侧重于学术型硕士培养，哪些学校招收的专业型硕士数量最多，从研究生推免率、报录比、就业率等多个维度进行分析，教会考生如何分析数据，做出有利于自己的选择。

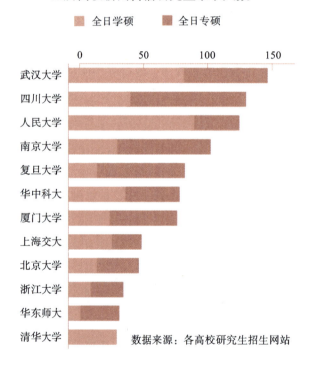

拓展图 3-1 《新闻传播考研，哪家学校最难考？》作品节选

社会上不少机构热衷搞大学排名，这些大学排名是怎么计算出来的？学生们对此很好奇。在英国 QS 世界大学排名网站上，学生们发现，QS 虽然公布了排名计算公式，但根据其公布的数据和公式，并不能计算出其公布的结果，而且，有些排名没有统计单项数据，却得出了综合排名。根据所获取的 QS 网络调查问卷发现，所谓高校学术声誉，就是让被调查者提供国内外各 10 所大学名称而已。于是学生写了《我们调查了 QS 世界大学排名，发现了三个问题！》，揭开 QS 大学排名的神秘面纱，告诉人们，所谓的世界大学排名，原来评选过程并不严谨。

在高校网站上,可以查到很多公开数据。教育部2014年公布《高等学校信息公开事项清单》,要求高校公开包括基本信息、招生考试信息、财务、资产及收费信息、教学质量信息等十大类信息。学生们对其中的财务信息公开产生了兴趣,各个高校信息公开做得怎么样?"双一流"大学的钱都从哪里来?都花在什么地方?哪些大学钱多?哪些学校预算做得精准?学生们通过查阅42所大学的预决算报告,完成了《"双一流"高校财务公开:哪家经费最多?哪家预算最精准?》这一作品。

教育类选题,是学生们做得最多的选题:一是接近性,学生们身处校园,对教育方面存在的问题和现象比较敏感,容易找到选题;二是教育部门和高校,在信息公开方面做得比较好,数据容易获取;三是采访对象容易接近,选题容易操作。

3. 多看数据新闻案例、举一反三

多看数据新闻优秀案例,学习别人的方法,举一反三,对找选题会有启发。澎湃湃客平台"有数"栏目,截至2019年8月,共有91支数据新闻和信息可视化团队入驻,"有数"每天发表大量作品,多看它的作品,就会逐渐培养数据新闻的选题策划能力。除了澎湃"有数",新华社、《新京报》、界面、《每日经济新闻》、ChinaDaily、网易等媒体,都设有数据新闻栏目,初学者可以先从看作品学起。

网易数读曾经做过一个分析楼盘名称的数据新闻《我们分析了54069个楼盘后,发现了中国楼盘取名的套路》(见拓展图3-2),受该作品启发,学生们从恒大、碧桂园、万科三大地产商官网上抓取了2000多条楼盘名称信息,分析发现三大地产商给楼盘取名的套路,比如爱用与大自然相关的词汇,出现最多的词语包括"天""山""江""湾""湖""海""花""洲""岛"等,爱用"府""城""都""公园""庭""台""里""郡"等,动物最钟爱"龙"和"凤",喜欢皇家气派,爱用"御""金""玺""龙"等词,另外还要有珠光宝气,最喜欢用"翡翠"。

与分析楼盘名称的方法一样,我们用百度地图抓取了南京市的2000多条街道名称,通过词频分析和内容分析,发现南京街道名称的特点:门特别多,名山大川遍布、有着缤纷的颜色,像是一个动物世界,承载着中国历史。《南京这座古董铺子,在2000多条道路里都藏了哪些秘密?》由荔枝新闻首发,作品形式新颖,内容有趣,引发许多网友互动。

4. 从政府信息公开网站中找选题

随着政府部门和教育部门信息公开工作的推进,政府部门网站和高校网站都有很多公开信息,有的是结构性数据,有的是非结构性数据。我们如果有一定的新闻敏锐性,就可以从这些公开信息中,寻找到有新闻价值的元素,进而形成新闻选题。

江苏人力资源和社会保障网公布了一份"三支一扶"招募计划名单,有详细的学生姓名、性别、毕业学校、学历等信息。很多学生对"三支一扶"并不了解。什么是"三支一扶",每年有多少"三支一扶"名额,什么学生选择参加"三支一扶",参加"三支一扶"有什么好处,"三支一扶"是新一轮"上山下乡"运动吗?……带着这些问题,学生们去寻找答案,除了查找资料和数据,理清大学生村官、西部计划、"三支一扶"三者之间的关系,还要采访参加"三支一扶"的大学生。在冰冷的数据之外,增加有温度的人物故事,最终形成了《数据告诉你,哪些大学生选择下基层》(见拓展图3-3)。

南京民政局官网每个月都会公布民政统计月报表,里边有很多数据,学生从中发现,南京市每年火化遗体数约5万具,遗体火化后如何处理,墓地够用吗,不够用怎么办?带着这

拓展图 3-2 《我们分析了 54069 个楼盘后，发现了中国楼盘取名的套路》作品节选

些问题，学生们开始了解南京的殡葬改革，查找数据，并到公墓去采访，最后完成了《你听说过"3D 生态云葬"吗？》这篇介绍生态葬的作品，用数据普及了生态葬的知识，内容很有趣。

人口题材是数据新闻常见的选题，人口信息可以从政府统计年报中查到。学生们查找了改革开放 40 年来江苏省人口的变化，创作了《40 年中国人口发生了哪两个显著变化，一个江苏省就能体现》，从数据可以清楚地看出，40 年中国人口流动的趋势，就是从农村到城市，从欠发达地区向发达地区流动，一个省如此，全国亦如此。学生们也关注了香港地区的人口变化，通过《8 组数据告诉你香港人口老龄化有多严重》，用官方统计数据分析香港人口老龄

拓展图 3-3 《数据告诉你，哪些大学生选择下基层》作品节选

化的原因，即晚婚、晚育、少子、长寿。

2019 年，南京市公安局公布了一份"积分落户"人员名单，名单上有新落户的人名、身份证部分字段、落户区域等。通过数据处理，可以清楚地发现，申请南京"积分落户"的 4000 多人中，一半来自本省，另一半来自外省，而外省又以邻近的安徽省为主，居住年限和房产情况是"积分落户"的最大"敲城砖"。用同样的方法分析北京、上海、深圳等外来人口较多的城市，情况可能又不一样。

政府信息公开是数据新闻的"富矿"，没事儿去逛逛政府网站，很可能有意外的收获。

5. 从行业报告、企业财报中寻找线索

不少行业协会、调查咨询机构、中介组织会定期或不定期发布行业报告，阅读行业报告和企业年报，可以从中挖掘到数据新闻的选题。

中国演出行业协会每年都会发布《中国演出市场年度报告》，里边有很多演出数据，每一组数据都可以衍生为一个数据新闻选题，对话剧感兴趣的同学创作了《话剧：小众的狂欢，还是大众的繁荣？》，通过话剧的票房、票价、观众、政府补贴、剧团经营等多个数据维度，结合人物采访，说明话剧"繁荣"背后有多种原因，除了剧团推出优秀剧目，小众但稳定的话剧观众、政府补贴也功不可没。同样一份报告，除了可以分析话剧市场，还可以分析音乐剧、农村演出、政府文化补贴等等，做出不同选题的数据新闻。

国家卫健委定期公布《全国口腔流行病学调查》，里边涉及大量的牙病调查数据，虽然上次调查已经过去两年，但结合新的采访，学生们创作了《我国竟有64%成年人每天刷牙不足两次》，这个作品在湃客上发表，引发读者共鸣，取得了不错的传播效果。

6. 从生活经验中找选题

用支付宝的人大约都知道"蚂蚁森林"（用户通过步行、地铁出行、在线缴纳水电煤气费、网上缴纳交通罚单、网络挂号、网络购票等行为，就会减少相应的碳排放量，可以用来在支付宝里养一棵虚拟的树。这棵树长大后，公益组织、环保企业等蚂蚁生态伙伴们，可以"买走"用户的"树"，而在现实某个地域种下一棵实体的树），它将电子支付与环保理念绑在一起，既营造了良好的企业形象，又满足了消费者的环保"虚荣心"。蚂蚁森林种树的地方是内蒙古，为什么要到内蒙古去种树？一定是那里的树少！在一般人的印象里，内蒙古除了草原，还有沙漠，是沙尘暴的发源地。但查找资料发现，内蒙古的森林面积在全国排第一，它是怎么做到的？学生们完成的数据新闻《考考你！中国哪个省份森林面积最大？》（见拓展图3-4）在湃客号发表后，获得了意想不到的热评，被评为澎湃2019年6月数据驱动内容排行榜三等奖。

拓展图3-4 《考考你！中国哪个省份森林面积最大？》作品节选

用手机的人都知道，手机里安装的App会读取手机里的数据信息，比如手机型号、位置、联络人等等。App 读取手机数据的情况有多严重？会导致哪些后果？如何防止个人信息泄露？学生们在某应用商城里爬取了数万个 App 的应用程序安装包，通过分析这些安装包中的用户权限调取文档，完成了《8.7 万条数据告诉你 安卓 App 里面到底有多少"坑"》，揭露应用商城监管不力，致使众多 App 随意调取用户隐私数据，留下安全隐患。

近年来，高铁成为人们出行的常用交通工具。高铁如此便捷，民航是否大受冲击？是不是有了高铁，人们坐飞机少了，民航的业绩会大幅下滑？通过查找数据，学生们发现，民航的收入不减反增，民航都采取了哪些手段应对高铁的冲击？通过查找数据和采访民航业内人士，学生们创作了《高铁抢了民航的生意吗？》，通过腾讯位置大数据和飞常准等第三方数据，发现高铁的出行数据以中短程为主，而飞机的出行数据以中远程为主，在"一带一路"倡议下，民航开辟了更多的国际航线，与高铁差异化竞争，找到新的出路和财路。

日常生活中多观察，多思考，在司空见惯的现象中寻找问题，用数据来解读，就有机会发现各种有趣的答案。

7. 头脑风暴聊出来的选题

2018 年下半年，我们想做一个年终盘点的数据新闻选题，但一直没有找到合适的选题。我在首尔参加全球深度报道网年会时，与《每日经济新闻》记者聊天，获悉 2018 年内地企业蜂拥到港上市，数量可能是历年来最多的。为什么内地企业要赴港上市？为什么 2018 年赴港上市"井喷"？赴港上市的都是些什么企业，来自哪里，上市后的市值如何？基于这些疑问，我们与《每日经济新闻》记者合作，完成了《七成赴港上市内地企业都破发了，小米、海底捞们图个啥？》。

没有想法的时候，可以与同伴一起头脑风暴一下，或许可以找到思路。

8. 结 语

做数据新闻有时候是选题先行，之后再去找数据；有时候，是先有一个大的方向，在找数据的过程中，逐渐形成选题；还有的时候，是数据先行，从分析数据中确定选题。选题确定之后并非一成不变，有时候在做的过程中，发现事先的想法不可行，或者进展不下去，或者有了新的发现，就会临时转换选题的角度。

完成一个数据新闻选题，不亚于做一个行业调查报告，问题意识、采访沟通能力、数据获取与分析能力、写作能力、解释问题的能力都会得到锻炼。

二、拓展文献阅读（二）

这一篇文献《精心策划致敬建党精神融合传播展现奋斗历程——新华社庆祝中国共产党成立 100 周年融合报道的创新路径》展示了新华社融合新闻策划的路径和成果，创新融合报道方式：创新受众接触方式精心策划交互产品、创新故事建构路径悉心探寻叙事策略、创新情景再现形式用心营造历史场景、创新融媒话语表达精彩讲述百年党史。这为融合新闻报道策划提供了很好的范例。

精心策划致敬建党精神 融合传播展现奋斗历程
——新华社庆祝中国共产党成立100周年融合报道的创新路径[①]

2021年是中国共产党成立100周年,百年华诞,举国同庆。融媒体时代下,做好建党百年重大主题宣传报道是中央和各级新闻媒体的职责和重要任务,也是新闻媒体转型是否成功的一次检验。新华社作为国之大社,必须坚持高政治站位。[1]为了将中国共产党百年奋斗史淋漓尽致地展现在受众面前,新华社创新融合报道方式,通过对每一件作品的精雕细刻,对每一个历史人物、历史事件的精心打磨,展现了中国人民在中国共产党的带领下找到出路并为之奋斗的伟大历程。

创新受众接触方式精心策划交互产品

互动是受众的基本需求。融媒体时代,互动型作品在新闻媒体的重大主题报道中占据重要地位,是媒体吸引受众注意力的有效手段。《送你一张船票》和《红色追寻》第四季是新华社为庆祝建党百年精心策划的互动型融媒作品,这些作品改变了受众的信息接触方式,从信息的被动接收者转为参与新闻作品建构的双向互动者。通过互动,参与历史事件,将个人成长轨迹与国家大事紧密相连,受众的责任感和使命感增强了,关心和参与国事的积极性提高了,宏大主题报道也更加贴近群众了。

"视听作品互动叙事通过为参与者营造虚拟环境和预设不确定的故事情节,使用户在空间、感官、情感等方面沉浸其中,体验到沉浸式叙事的乐趣和魅力。"[2]《送你一张船票》是一款交互性强的H5视听作品,通过嘉兴南湖红船展开百年历史画卷,红船在PC端和手机端横屏穿行,长卷式铺开,带领受众回顾、梳理百年历史大事,见证中国共产党和中国人民艰苦奋斗的伟大历程。作品互动性、贴近性较强,以邀请受众闯关答题的方式增强参与感,答对得到一颗星,答错也能继续下一步,所获得的星数会呈现在最后生成的海报上。开篇第一题是"中国共产党诞生于哪一年",这样的互动设计,抛开了假大空式的单向灌输,让用户在答题中学习,通过互动点击不仅学到了党史知识,还可深入历史事件发生的场景,增强了参与的乐趣。邀请受众输入出生年份,建构受众和国家之间的关联,在互动叙事中为受众组织个性化的故事情节,将个人记忆和历史大事勾连起来,受众在红船行进中不时看到"1921年,中国共产党诞生。距你出生还有78年","21岁的你迎来中国全面小康",将一系列重要历史时刻与个人年龄紧密联系起来,使受众有参与重大历史事件的仪式感,强化了作品的接近性。

红船穿行过程中,受众还可以通过"出发""前进""暂停"操控红船行进速度,反复观看感兴趣的历史事件。红船暂停时,受众可以为我国第一颗原子弹发出"爆炸"指令,手指点击屏幕,原子弹爆炸成功,也可向上滑动发射火箭,将中国首位宇航员送入太空。新华社设置的互动游戏,进一步加强了个人和国家的联系,让受众在参与中感受中国共产党为中国人民谋幸福的初心和使命,强化了个人与国家命运相连的使命感。红船游行结束,受众可以选择自己喜欢的画面,生成带有自己头像和独特编号的船票海报,将其保存留念。

[①]《精心策划致敬建党精神 融合传播展现奋斗历程——新华社庆祝中国共产党成立100周年融合报道的创新路径》,2022年1月24日,https://mp.weixin.qq.com/s/j65BsGGlAFS-b5NnRQzJwQ。

创新故事建构路径 悉心探寻叙事策略

新华社在建党百年融合报道中创新故事讲述方式,从一个个看似毫无关联的事件中找到叙事逻辑,形成故事链,用旧故事建构新作品。微电影《望北斗》以"北斗"为线索组织故事情节,找到"北斗"和中国共产党的内在逻辑;微纪录片《风雨百年味》用食物建构故事,寻找食物背后的历史事件;政论片《你的样子》用主题词勾连起不同的历史人物,讲述前进路上的奋斗历程。新华社建党百年报道的叙事模式从宏观转向微观,从小处着手,挖掘小人物在大时代下的命运变迁。

叙事是指找到事物间存在的因果关系和内在逻辑,叙述事物在某段时间内的变化方式。微电影《望北斗》的叙事策略是用北斗星串联起党的百年奋斗历程,找到内在逻辑,用北斗建构故事情节。"北斗"是隐喻,被符号化了,带有指明灯、照亮前路的意义。北斗星贯穿百年党史、意蕴丰富,历史上,它是祖先观察天象、指引方向的罗盘。将中国共产党比作北斗星,意为在国家危难之际,中国共产党像北斗星一样给中国人民指明方向,带领中国人民找到了一条"站起来、富起来、强起来"的道路。目前,北斗导航系统覆盖全球、服务全球。从古至今,"北斗"始终处于中华民族发展轨迹的关键位置。《望北斗》承载着深厚的历史,这个历史是中国共产党带领中国人民创造的,"北斗"既代表中国共产党,又代表中国共产党的信仰。

第一条使用北斗导航系统的铁路是京张铁路旁的京张高铁。百年前,邓中夏曾在京张铁路旁宣传新思想,被捕入狱后,艾青和他关在同一所监狱中,而艾青的处女作发表在《北斗》杂志上,艾青为中国共产党设计的党旗中就有北斗星,这一个个看似毫无关联的事件通过北斗奇迹般地串联在一起。《望北斗》将雕塑、照片、实拍融合起来,以技术带动创新,用科技承载视听,揭秘了一个个鲜为人知的历史事件,让受众从故事中感受百年历程的艰辛,了解中国共产党为伟大事业艰苦奋斗的决心和信仰。这一微电影新颖的叙事风格让受众眼前一亮,将一百年历程拆开来,让百年历史中一个个事件向中心靠拢,这个中心正是重大主题的主线——党的领导。

《国家相册》是新华社在重大主题报道中推出的一档微纪录片,它的特别节目《风雨百年味》在9分钟的时长内用食物串联起背后的历史人物和历史事件,以食物作为叙事切入点,讲述了食物背后共产党人的感人故事。一个苹果牵连出抗美援朝中的关键一战——上甘岭战役,一位火线运输员将一个苹果带入坑道交给张计发,一人一口传下去,传了三圈才吃完,这是张计发吃过最甜的苹果,也是最苦的苹果。将苹果作为叙事主线,呈现的是在那个物资匮乏的年代上甘岭战役的艰苦和战士们顽强战斗的决心。一个苹果引出一场战役,用苹果将故事里的人物和人物所处的年代联系起来,将个人故事和家国主题联结在一起。通过以小见大的故事建构方式,让受众切身感受到今日之幸福是无数革命先辈英勇奋斗换来的,从而激发他们的爱国热情。

创新情景再现形式 用心营造历史场景

新华社创新报道模式,以情景再现的形式还原历史场景,致敬战争年代为了家园和美舍生忘死的共产党人。《28岁的你》是新华社联合湖南卫视共同推出的党史类综艺节目,用湖南卫视的风格塑造历史人物,用年轻态话语吸引年轻受众,新华社负责节目脚本、内容把关,提供历史资料,湖南卫视负责舞台场景的搭建。《改变你我命运的那些瞬间》用技术还原历史场景,让受众在惊险刺激中感受中国共产党艰难的处境和睿智的抉择。

情景再现是指以历史史实为基础,以舞台场景和演员表演为载体,还原历史事件或展现人物情感的一种方式。28岁是中共一大13位代表的平均年龄,《28岁的你》选取历史人物鲜为人知的一个或几个剖面,以舞台剧的形式再现伟人生命历程,邀请知名演员演绎伟人或艰难或温馨的岁月。每集节目邀请一位党史专家现场解读历史人物,邀请一位正能量偶像担任"青春召集人"对话百年前的先贤,用偶像自身流量吸引年轻受众。舞台场景真实精致,利用AI技术还原历史情景,让受众在"真实场景"中体悟革命先贤的浓厚情感。

在致敬毛泽东时,演员王雷饰演的毛泽东必须面对兄弟姐妹被迫害的现实,受众通过演员的表演、音乐的渲染、场景的烘托感受到人物浓浓的悲壮情绪和压抑的痛苦,在真实的舞台呈现中与历史人物产生情感共鸣,感受到百年后的盛世华诞来之不易。在致敬周恩来时,舞台场景形象生动地还原了周总理和邓女士年轻时的欢乐时光,他们结为人生伴侣,为革命事业奋斗一生。周总理病危时对邓女士的殷殷叮嘱饱含了丈夫对妻子的爱,受众从舞台呈现中感受到总理的爱意,被总理的深情厚谊感动。改写历史的伟人不仅胸怀大爱,心中也装着小家。

28岁是人生的一个重要时刻,新华社以歌舞、短剧的形式将历史课本上的伟人搬上银屏,让距离感消失,生动再现了伟人们28岁时在惊涛骇浪的社会动荡中寻求救国良法的经历。通过年龄,与当代年轻人28岁时面对的人生难题关联起来,节目聚焦年轻人28岁的生存状态与人生选择,让当代年轻人产生情感共鸣,深刻理解伟人在28岁时的处境。《28岁的你》以综艺节目的形式创新党史讲述方式,通过情景再现还原重要历史时刻,致敬中国共产党党员的初心和使命,致敬革命先辈"舍小家为大家"的奉献精神,致敬百年前的青春芳华,让受众在视听盛宴中加深对中国共产党的认识。

《改变你我命运的那些瞬间》利用影像还原历史场景,把受众拉回到命运抉择的惊险时刻。主讲人在讲述重要故事情节时,通过电影画面、史实资料、手绘动画等手段还原历史情景,重回故事现场,身临其境地体验改变命运的危急时刻,打造具有深度沉浸感的时空。主讲人身穿带有年代感的军装,回到开国大典的现场,和影像中的演奏者一起奏响军乐,还原激动人心的历史场景,让受众沉浸在现实与历史的融合中,用心享受声画带来的震撼。《改变你我命运的那些瞬间》还利用MR技术将现实与虚拟融合,打造沉浸式历史场景,使受众真切地感受共产党人勇当先锋的雄心和使命必达的决心。

创新融媒话语表达精彩讲述百年党史

随着传媒技术的不断推进和飞速发展,新闻信息的编码符号已经从单纯的文字拓展到了图片、音频、视频、漫画、表格等多种符号。多模态已经成为如今新闻传播中各种话语建构的一个重要特征。[3]新华社在建党百年报道中使用融媒话语讲党史,不仅播发文字稿和照片,还配发短视频,报道形式多样,打造了多样化的融媒产品。《红色百宝 奋斗百年》精选了100件文物讲述建党百年波澜壮阔的风雨历程,《国家相册》第四季以照片为载体探寻照片背后的拼搏奋斗故事,《红色足迹》《数风流人物》讲述百年来为中国贡献力量的先辈们的经历,一个个鲜活的故事建构了生动的党的百年历史。

融媒体是指把不同形式的媒介载体融合起来,实现优势互补、资源整合的新型媒体形式。《红色百宝 奋斗百年》是新华社播出的百集融媒体短视频,通过100集短视频、100件文物、100个文物故事向受众讲述党的百年奋斗历程,这些文物分别由中央博物馆、地方博物馆和革命纪念馆提供,100件文物承载着全国各族人民团结一心、共创幸福生活的美好愿望。《红色百宝 奋斗百年》以文字、动图、短视频的形式向受众展现百年历史,生动讲述了革命先辈百年来艰苦奋斗的故事。新华社打破讲党史必须以人物事件为开端的原则,精心选取全国各地的100件文物,以文物为切入点,讲述文物背后的历史事件或人物故事,用文物引出人物,创新了党史讲述方法。

短视频轻量化的传播方式减少了受众的心理压力。《红色百宝 奋斗百年》平均每集3分钟,用户利用零碎时间就可以"追剧"学党史。自2021年2月18日开播,到6月30日播出最后一集,全网观看量近50亿次,100集短视频中有40集置顶或登上热搜榜。[4]每集短视频的片尾还设置了"百宝猜猜猜"环节,节目组根据短视频内容设计了几个简单问题,要求用户在规定时间内作答,最后给出正确答案。通过这样的设置,把单向传播变成了双向互动,让受众在记住文物及其背后故事的同时记住了党的历史。

驻村第一书记黄文秀的扶贫日记里记录着百坭村的点点滴滴,驻村一年多,她遍访建档立卡贫困户,一家一户走访落实。她跑项目、找资金、请专家,成立互助组,建立电商服务站,用青春与热血践行党的理想和信念。她的生命定格在了扶贫路上,但她的事迹永远留在世人心中,扶贫日记中有她的故事,翻阅日记永远都会寻到她的身影。

100件文物展现了不同时期中国共产党人的光辉形象,革命战争年代的辣椒炸弹、社会主义建设时的镜片遗骸、承载飞天梦的航天服、抗击疫情时的珍贵手稿,一件件文物背后承载着几代人的奋斗和奉献,让受众通过文物就可以真切感受到中国共产党人的初心和使命。《红色百宝 奋斗百年》以融媒结合的形式讲述百年党史,用文物串起党史记忆,让受众在互动中感悟生生不息的中国力量,体会一代代共产党人源源不断的奋斗力量。

《国家相册》第四季是新华社自6月18日起推出的一系列微纪录片,一集8分钟,用照片联结起个人故事和国家命运,让照片的意义得到延伸。将照片背后的人物和事件以口述的方式讲出,创新了党史讲述话语,用融媒体话语呈现了党的历史和家国情怀。

结　　语

总之,融合报道已成为一种趋势,未来重大主题报道的方向会沿着交互性、沉浸性、场景化的创新路径展开。新华社建党百年融合报道的创新传播理念、交互产品的策划、故事路径的建构、历史场景的营造、融媒话语的讲述方式为融媒体时代新闻媒体重大主题宣传报道提供了示范和重要参考。

新华社不仅打造H5交互产品,还推出了网络视听直播节目——《红色追寻第四季"百年正青春"》。主播从受众视角出发,问受众之所疑,思受众之不解。受众也可以跟随主播在11天里"访问"7座城市,直播过程中还可以通过弹幕留言与主播互动。这就把受众从单一的信息接收者变为了主动参与的实践者,增强了他们的体验感和参与互动的积极性。"百年正青春"为了贴近受众特意启用了年轻主播,主播每进入一个场景都会换穿不同年代的衣服,扮演场景中的角色,穿越到历史人物所在的年代,为受众展现沉浸式互动叙事场景。直播结束后,节目组还专门设置了微博互动话题,让受众不仅在直播中参与交互,在直播后也能有地方参与话题讨论,强化了受众的参与意识。

参考资料

[1] 新华社报道团.描绘壮丽画卷 献上深情礼赞——新华社圆满完成庆祝中国共产

党成立100周年报道[J].中国记者,2021(7):70-73.

[2] 惠东坡,卢莎.互动叙事:全媒体时代视听话语实践的新走向[J].新闻论坛,2019(3):13-15.

[3] 惠东坡.多模态、对话性、智能化:新闻写作话语建构的新走向[J].新闻与写作,2018(8):108-112.

[4] 鞠晓燕,常君丽."红色百宝 奋斗百年"百集融媒体报道 系列报道如何标准化操作[J].中国记者,2021(8):32-34.

第三节 实训教学展示与评价

本章节实训展示的重点便是新闻报道策划方案的写作。第一,加深对新闻报道策划的基本理解;第二,充分理解媒体融合时代多元化的呈现方式和表达方式;第三,掌握新闻报道策划方案的基本格式,熟练进行新闻报道策划方案的写作。为了突出专题目的和角度把握在新闻报道策划中的重要性,本次实训教学展示选择两个不同的题材——云南省西双版纳大象迁徙和"7·12"苏州酒店倒塌事故,以此拓展学生的思维,引导学生思考,进行新闻报道策划方案的写作。希望学生在通过相应的学习和训练后能举一反三。而且,在很多新闻传播学类的硕士研究生考试中,撰写新闻报道策划方案是非常重要的内容。所以让学生足够重视,并让其得到充分的训练大有必要。实训教学的展示包括评价能为新闻报道策划方案的写作提供借鉴,后期还可以针对性地开展补充训练。

另外,本章节还提供了有关"选题决策"的一个实训展示,是基于学生的实践经验而作。"选题决策"在新闻报道策划中具有基础性和关键性的作用。新闻选题既体现了新闻报道策划的过程,也是新闻报道策划的结果。新闻选题的好坏,直接决定了编辑质量的高低。通过实训,加深对新闻报道策划中选题、选题决策的认知,进而提升新闻报道策划的能力。

一、实训概述

1. 实训目标

通过此次实训,一方面要让学生明确新闻报道策划与组织的内涵及重要性,另一方面要让学生学会新闻报道策划的方法,能够将所学知识投入到专业实践当中。同时要提高学生对社会事件的敏感度,增强其选题意识。

2. 实训过程

(1)掌握书本知识,对新闻报道策划的内涵、新闻报道策划的选题决策、新闻报道方案设计等知识从理论上有一定的把握。

(2)查找相关文献,明确在媒体融合时代,媒体新闻报道策划的注意事项,同时从自身的实习经历出发,讲述记者、编辑是如何进行新闻报道的策划与组织的,谈谈收获与感悟。

(3)选择所关注的一个新闻事件,对比各家媒体是如何对其进行报道的,谈谈它们的报道策划的可借鉴之处,以及需要改进的地方。

(4)基于你对校园或社会的关注,完成一篇新闻报道策划方案的写作。

3. 效果评价

此实训进行分层评价。第一层,理论知识学习,能够识记教材基础知识。第二层,理论结合实际,了解媒体融合时代的特点,能够分析传统媒体时代与媒体融合时代新闻报道策划与组织的不同,并结合自身实习经历,分析在实际的媒体环境中,新闻报道策划是如何完成的。第三层,知识迁移,从具体的新闻事件出发,收集各家媒体新闻报道策划与组织的案例,进行对比分析。第四层,创新能力,可以根据相关材料,完成一篇新闻报道策划方案的写作。第一层到第四层由低到高给出不同的评价等级。第五层,思政教育效果评价,通过实训和作业点评反馈,引导学生树立舆论引导意识,强化责任感。综合给出相应的评价。

二、实训案例评析

1. 实训作业评析(一)

(1)实训作业具体内容。

―――― 关于云南省西双版纳大象迁徙的专题报道(策划) ――――

一、报道主题

以"跟着大象逛云南,探索人象的和谐共生"为主题。通过《人民日报》报纸、客户端、微信公众号、微博、抖音等形成线上、线下两条报道线同时进行的融媒体专题报道策划。

二、专题目的

本次专题策划在人民日报客户端上进行报道,运用图文、视频、动画、H5+可视化数据图表等方式,为全世界人民介绍有关此次大象迁徙的详细信息过程:第一,从野生动物专家评论、政府对大象保护政策解读等角度来讲解此次大象为何迁徙,以及迁移过程中政府和百姓该如何去做,造成的损失由谁买单,使百姓不再担忧大象迁徙带来的问题;第二,及时跟进大象迁徙的动态,呼吁周边百姓不伤害、不害怕,保证大象迁徙过程中的安全;第三,倡导保护野生动物。

三、角度设计

(一)政府相关工作人员

从政府的领导人员、一路观察追踪大象的工作人员的角度展示政府为大象迁徙所做的工作。

(二)野生动物专家

邀请野生动物领域的专家学者来解析此次大象迁徙的原因,并告诫公众一些注意事项。

(三)周边居民

现场跟随采访追踪观察大象的工作人员,以及采访周边居民对大象迁徙的态度。

四、栏目设计

(一)栏目名称:大"象"神游

1. 栏目位置

第一栏。

2. 主要形式和内容

(1)短视频:3～5分钟大象迁徙现场拍摄视频,大象迁徙过程中的象群的情况、到达的地点、发生了什么、造成了哪些破坏。

(2)文字+图片:三篇800字左右的消息并配图。第一篇介绍大象迁徙过程中象群的具体情况、象群目前到达地点;第二篇介绍象群最新一天迁徙中的具体情况;第三篇介绍当地政府采取了哪些行动。如有突发事件可进行补充。

(二)栏目名称:专家谈"象"

1. 栏目位置

第二栏。

2. 主要形式和内容

(1)直播:现场采访专家,造成大象迁徙的原因有哪些?大象的生活习性是怎样的?迁徙过程中周边百姓应该如何对待大象,如何在不伤害大象的前提下保护好自身安全?

(2)长图:主要风格以漫画形式为主,介绍西双版纳大象的具体生活习性,碰见大象该如何做。

(3)评论:设置三篇。第一篇深度探究大象迁徙体现了人与自然的和谐相处;第二篇以"人象冲突几时休"为主题;第三篇以一路"象"北为主题向国际传播价值。

(三)栏目名称:全民偶"象"

1. 栏目位置

第三栏。

2. 主要形式和内容

视频:以采访周围村民如何看待大象为主,分享他们的意见和态度。

图片:将网友对此次大象迁徙的一些热评进行截图展示,并鼓励受众积极参与评论。

(四)栏目名称:晕头转"象"

1. 栏目位置

第四栏。

2. 主要形式和内容

视频:主要"解锁"大象迁徙过程中的一些呆萌搞笑瞬间,引起受众关注,并激发受众感情认同。

表情包:将大象可爱、搞笑呆萌瞬间制作成表情包并进行分享。

(五)栏目名称:一路"象"北

1.栏目位置
第五栏。

2.主要形式和内容
将 H5 互动和可视化数据结合起来。受众扫描二维码即可进入界面,长按大象,大象便进行走动,大象一路行走过程中,出现沿路风景,到达一个目的地便停下,图上就会显示大象此时的位置名称、行走的距离和造成破坏的经济估值。整个 H5 按照大象迁徙的路线进行设计,让受众更加直观地参与了解大象迁徙。

(六)资源配置
(1)文字记者 3 名,负责整理相关文字和数据资料。
(2)摄影记者 2 名,负责图片和视频的拍摄。
(3)后期人员 2 名,负责图片精修、视频剪辑。

(七)注意事项
(1)在采写过程中保证客观公正、准确真实和礼貌谦逊的态度。
(2)提前撰写紧急方案,灵活应对采集资料、报道过程中遇到的问题。
(3)关注用户反馈,及时改进报道,管理评论区,删除不良言论。

(2)实训作业评析。

新闻报道策划方案的拟定,是建立在对新闻报道策划的基本理解的基础上,又充分把握媒体融合的特征,进行合乎时宜的具有可行性的新闻报道策划方案写作。此方案整体来看不错,格式规范,长图、表情包、H5 互动等表现形式很有创意。需要注意的是,栏目无须太多,保持在三四个,每个写得详细一点,效果会更好,比如第五个栏目只有一种内容,略显单薄;还有一点是,视频要明确具体时长。

2.实训作业评析(二)
(1)实训作业具体内容。

关于"7·12"苏州酒店倒塌事故的报道策划

一、报道主题
了解"7·12"苏州酒店倒塌事故的具体情况以及发生的原因、带来的影响,给社会带来的借鉴意义。

二、报道目的
以澎湃新闻为主体,联合澎湃网站、客户端、微信、微博、抖音等进行融合报道。深入了解"7·12"苏州酒店倒塌事故的具体情况,通过采访受害者、目击者、救援工作人员等来补充事实细节;通过查询资料和采访国务院成立的督办组负责人等了解事实的背景、影响;关注国务院等相关部门发布的信息,了解更多具体情况。

三、信息采集的手段

1. 采访
采访对象包括受害者、目击者、救援工作者、酒店负责人、政府部门负责人。

2. 现场观察
现场观察救援情况(但注意不要妨碍救援工作)。

3. 相关文献收集
本次事故造成人员伤害、财产损失等具体资料；酒店的历史和建筑情况等资料。

四、报道方案

(一)第一阶段(7月12日)
报道视角：主要报道现场救援情况。

1. 媒介选择
以澎湃官方网站为主，辅之以各平台短视频直播。

2. 版面选择
澎湃官方网站精选栏目、视频栏目、抖音账号。

(1)官方网站精选栏目。

图文消息：1篇，内容以江苏省苏州市吴江区四季开源酒店发生坍塌事故为主，500字左右。

新闻图片：3张，包括现场酒店坍塌情况、工作人员救援情况、轻微受害者。

(2)视频栏目。

实时直播：现场救援情况。

视频标题：苏州市四季开源酒店坍塌事故现场救援直播。

文字介绍：2021年7月12日15:33分，江苏省苏州市吴江区四季开源酒店发生坍塌事故。事故发生后，江苏省消防教员总队共投入了500余名消防救援人员在现场紧张施救。

(二)第二阶段(7月14日)
报道视角：事故发生的原因、影响。

1. 媒介选择
以澎湃客户端为主，辅之以微信公众号、微博。

2. 版面选择
以澎湃客户端精选栏目为主，辅之以微信公众号推送头条、微博账号。

(1)客户端。

通讯：1篇，整合整个事故发生的具体情况、人员伤亡信息、目击者提供信息、酒店历史、我国发生类似事件等，2500字左右。

评论：1篇，分析酒店坍塌责任归属问题，如何避免此类事件，800字左右。

短视频：15秒现场目击者拍摄的视频。

直播2次：第一次请建筑方面的专家分析酒店坍塌的原因；第二次直播江苏省"7·12"

苏州酒店倒塌事故督办组新闻发布现场。

(2)微信公众号。

版面选择：微信公众号推文。

通讯：1篇，以受害者入住酒店到坍塌、被救一条线索讲述自己亲身经历，2000字左右。

图例：列举全国各地因酒店坍塌带来的人员伤亡数据、财产损失。

长图：以遇见坍塌事故如何避难为主要内容。

(3)微博。

①开设热议话题♯"7·12"苏州酒店倒塌事故♯引起网民热烈讨论。

文字：导读部分以江苏省苏州市吴江区四季开源酒店发生坍塌事故为主。

图片：酒店坍塌之前与之后的对比图。

②在超话社区发布"酒店坍塌事故又发生"帖子吸引粉丝参与。

文字：细数世界各地发生的酒店坍塌事故。

图片：各地酒店坍塌事故照片。

(三)第三阶段(7月15日至事件调查结束)

报道视角：事故发生后的处理情况以及借鉴意义。

1.媒介选择

澎湃官方网站、客户端、微信公众号。

2.版面选择

官方网站、客户端时事栏目。

(1)官方网站。

通讯：1篇，事故造成的人员伤亡以及如何安置受害者，2000字左右。

消息：1篇，经过督办组调查后公布造成事故的具体原因，600字左右。

评论：1篇，此事故给社会带来的借鉴意义，800字左右。

(2)客户端。

直播："7·12"苏州酒店倒塌事故督办组新闻发布会现场。

(3)微信公众号。

VR实景小游戏：用户点击即可进入酒店内部房间，大概5秒后酒店发生摇晃，有人大喊"酒店塌了"，界面出现按钮，你将跟随人群跑出酒店。

H5答题小游戏：制作H5互动小游戏"避难小知识知多少"，用户通过答题得到分数，根据分数分出等级；用户在参与互动时可以获得遭遇坍塌事故如何避难等知识。

蜡烛默哀互动：以黑白漫画风格、动图的形式讲述此次事故的发生过程，造成的人员伤亡。看完之后屏幕下方将会出现一个蜡烛，用户点击蜡烛，将会显示你是第多少个参与默哀的人员。

五、资源配置

文字记者5名、摄影记者3名、直播记者1名、短视频剪辑1名、动画制作1名。

六、注意事项

(1)在图片的选择方面，悲剧不等于惨烈，要避免煽动极端情绪。要保持冷静，考虑这些画面观众是否能接受。

(2)救人优先,不要影响救援工作,不要为了采访而采访。

(3)恪守媒介伦理,避免对幸存者和遇害者家属造成二次伤害。

(4)采访录音和拍照要征得采访对象的同意。

(2)实训作业评析。

这篇作业格式规范,整体来看内容安排得较为合理、细致,但仍须注意一些细节问题。例如,报道主题建议缩成一句采用对仗手法的短句;版面安排提到的媒介,后文尽量都要一一写出。最后要考虑创意形式错开放置,最后一阶段不能全部都是互动类小游戏,要贴合现实。

3. 实训作业评析(三)

(1)实训作业具体内容。

---选题决策(学生实训作业)---

本人担任《湖北第二师范学院报》第二版编辑,以下为我对该报改版提出建议的选题策划。校报分为四个版面。

第一版是要闻版,主要报道学校重点工作、重大活动、重要事件。内容主题反映师生工作学习,高扬主旋律,弘扬正能量。

第二版是观察,主要是对学校教学、科研、学生学习等问题深入进行分析探讨,属于深度通讯报道。要求有深度、有高度。

第三版是讲述校园中正能量的人和事,围绕优秀学子、教职工、团队等进行报道和讲述。

第四版是文艺副刊。

我主要担任第二版编辑,日常报纸策划的流程为:例会讨论、收集选题—编前会拟定新一期报纸要用的选题—收稿、改稿、定稿—向责任编辑交版—排版—校版—定版。

一、新闻报道策划的原则

(1)求真原则:报道首先要讲求真实性。

(2)导向原则:大局意识,立意深远(第二版新栏目:我校科研平台)。

(3)创新原则:形式创新或者内容创新(新媒体)。

(4)应变原则:时间、报纸报道内容、倾向性都有变化(读书月、教师节、三下乡)。

(5)可行原则:符合实际,有可操作性。

二、如何发现选题

1.在重大题材中发现选题

这类选题大多来自报纸。比如《人民日报》《光明日报》《中国教育报》《中国青年报》等。

2.宣传任务做选题

从领导布置下的宣传任务中找到选题,比如教师节、优秀青年教师团队、"荆楚好老师"等。

3. 在节庆、纪念活动中找选题

比如红军长征纪念、"两会"、十九大、教师节……校报在红军长征纪念时曾经做过一个热点调查,关于学生对红军长征红色精神的看法。这体现了一个传承的精神,也踩到了时事热点。"两会"、十九大可能就会更偏向消息稿,意在体现我校师生的一种参与度。

4. 在网络舆论中找选题

新媒体选题、评论选题、热点调查选题,这三个选题大多会在网络舆论中去寻找。

三、选题决策的条件分析

1. 传播主体

校报主要定位于学校工作,大多是教科类新闻,宣传校园文化,发现问题。但校报定位偏向于积极的宣传导向。

2. 信息接收者

受众主要是在校的老师与学生。还要注意可能有家长、校友和社会关注群体。

3. 传播客体(事实)

实践条件,这也关乎可操作性的问题。

总之,传播客体的新闻价值(是否值得被宣传)、受众的信息需求(是否能够被接受)、传播主体的实践条件等是选题决策的综合条件。

(2)实训作业评析。

根据实践进行总结,对选题策划的原则、选题的来源、选题决策的条件进行了分析,很有针对性,也具有一定的借鉴意义。在选题决策中体现了舆论导向、正能量传播倾向,具有积极的价值观,并对媒体定位有明确的认知,对媒体的宣传任务有清晰的认识。作为此次实训作业,可以再增加3~5个选题来源较有代表性的选题进行分享,展示其选题决策的过程,讲好选题决策的故事,这样更有现实意义,内容也更为充实。

第四节 实训教学的作业设计

一、实训一

1. 实训目标

探寻个性化的路径进行选题策划。

2. 实训设计

寻找实例,分析发现报道选题的路径。

二、实训二

1. 实训目标
能够利用所学知识去分析优秀的新闻报道策划案例,并进行经验总结。

2. 实训设计
对某一重大事件不同媒体的新闻报道策划进行比较分析,对比其优点和不足,并与同学进行分享。

三、实训三

1. 实训目标
熟悉新闻报道策划方案的撰写方法。

2. 实训设计
就近期的社会热点,为自己所熟悉的新闻媒体进行策划,撰写新闻报道方案。

第四章　新闻稿件的选择

本章导读

　　新闻稿件的选择是新闻编辑业务中很重要的一个环节,它对于新闻产品生产与新闻传播活动的作用和意义如下:有助于落实新闻媒体的编辑方针,有助于满足受众的信息需求,有助于新闻稿件合乎新闻媒体的容量要求。选择新闻稿件的过程包括初选、复选和定选。选择新闻稿件的操作方法如下:第一步,根据新闻价值,分析挑选出真正意义上的新闻稿件;第二步,根据社会效果,分析挑选出符合媒体立场与导向的新闻稿件;第三步,根据稿件对新闻媒体的媒介适宜性,分析挑选出适合表现媒体特色的新闻稿件。简言之,本章我们需要掌握、分析和选择什么(稿件来源、稿件角度、稿件种类等)、为什么选(分析和选择的意义)、怎么选(过程与方法)。

　　本章实训教学需要向前拓展和向后延伸,向前拓展需要追溯到新闻编辑的素养和能力(信息能力、技术能力等),还有媒介定位与新闻产品设计;向后延伸则需要延伸到新闻产品所需素材的丰富性、多元性,承担"中央厨房"的职能。实训教学的拓展文献旨在为本章的教与学提供参考资料,把握稿件分析和选择的一些观念、方法,以及新媒体技术下的变化。实训教学展示与评价突出结果评价(素材收集等信息能力)、方法评价(得出结果所采用方法的针对性、科学性等)、课程思政评价(对选题价值等的判断)。实训教学的作业设计,一为明晰新闻稿件选择的标准,二为熟悉新闻稿件选择的过程和方法。

第一节　实训教学的理论知识

　　本章我们需要掌握分析和选择什么新闻稿件(稿件来源、稿件角度、稿件种类等),以及为什么选(分析和选择的意义)和怎么选(过程与方法)新闻稿件。从本课程的总体框架即新闻编辑的工作流程来看，"巧妇难为无米之炊"，首先要有可选的新闻稿件，稿件来自信息收集，或者来自原创等，所以一方面我们需要将本章内容向前拓展，追溯到新闻编辑的素养和能力，如信息能力、技术能力等。信息能力包括对信息的检索、分类、整理等能力；技术能力则主要体现为聚合类新闻的信息收集、逻辑选择和形式呈现，还包括利用排行榜、大数据等发现选题和素材。媒介定位与新闻产品设计，关键点在于根据新闻媒介定位和新闻编辑方针进行新闻产品设计。向后延伸则需要延伸到新闻产品所需素材的丰富性、多元性，承担"中央厨房"的职能，"一次采集，多次分发"，把握平台特点，生产出多元化、融合性的新闻产品。另外，秉持用户思维和理念，考虑用户需求，满足用户需要，但不是对用户需求进行一味的迎合。

新闻编辑是新闻原创产品的筛子、把关者和"淘金者"。每一媒体都面对源源不断的稿件和网络上的信息海洋，杂而且多，要具有慧眼，要像"淘金者"一样，把那些适合自己媒体的稿件筛选出来，进而加工成成品。也就是说，挑选出来的不一定是完美之作，有很多稿件都还需要进行加工和完善。这是我们后面要学习的修改稿件、拟定标题、编辑图片等要解决的问题。

一、新闻稿件的来源和种类

新闻媒体要实现其功能，保证其为媒体用户服务的功能，就需要有保质保量的稿件的供给。选择稿件的前提是有可选的对象，这样除了保质保量，有源源不断的稿件之外，还能在媒体融合时代很好地使用"中央厨房"。"中央厨房"这一概念引入媒体融合，是把集约化生产分发模式运用于媒体领域，以媒体自身主业品牌建设为核心，建立全媒体信息处理平台，形成"新旧融合、一次采集、多种生成、多渠道传播"的新闻信息生产与传播机制，实现最大化利用新闻信息资源，最大程度满足不同群体需求，最大限度保证核心品牌的有效延伸与效益最优。[①]"中央厨房"的应用特点，在新闻报道策划、内容生产、产品传播上都有体现，对于稿件选择来说，"中央厨房"统筹产生集约效率，多头有序采访获得丰富的素材和稿件，进而对新闻素材打通使用，根据不同媒体的特点和要求进行挖掘和加工，提升传播效果。

1. 新闻通讯社供稿

新闻通讯社供稿是由新闻通讯社向新闻媒体统发，各新闻媒体根据自己的需要和特点来进行选择和编发。在国内，很多主流报纸媒体在重大时政新闻报道中，主要采用新华社供稿。当然，很多时候也不是原样照搬，比如会对标题进行改写等。新闻通讯社供稿是新闻媒体稿源的一个基本保障。

2. 协作媒体供稿

这主要是指不同区域媒体之间相互协作而产生的稿件，这有利于拓宽新闻稿源的路径。在面对跨地域题材时，此种协作能提升工作效率。在当今数字传播和大众自传播时代，协作媒体供稿也有了新的内涵。一是很多新闻媒体机构已经在异地布局，进行信息采集，因为技

---

① 《充分发挥"中央厨房"功能　促进全媒体"一体化"建设》，2020-10-27，http://www.81.cn/jsjz/2019-06/28/content_9542040.htm。

术的加持，信息传输和编发都不受影响；二是诸多非专业媒体力量的加入，很多非专业人员发布的信息成为重要的稿源；三是政府单位、企业机构有了自己的媒体，其发布的信息很多时候也成为新闻稿件的来源或者线索。总之，异地协作的方式更加多元化、便捷化、公共化。这也是协作新闻学的应有之义。协作新闻学是一种新兴的新闻学理念，写作特征是让好几位专业或业余的新闻记者，或好几家新闻或相关机构，协力撰写新闻报道。

3. 新闻媒体自产稿

新闻媒体自产稿是新闻媒体稿源的基本组成和重要组成部分。新闻媒体通常会首选媒体内部人员的稿件：一是充分发挥内部人员的力量；二是有利于体现和保持新闻媒体的定位和特色；三是有助于形成独家视角的新闻报道，同题报道异质化，扩大自身媒体的社会影响力和品牌力。

4. 通讯员供稿

培养通讯员队伍是新闻编辑的职责之一。新闻媒体在社会各个部门、各个行业聘任特约通讯员和通讯员，这样不仅为新闻媒体开辟了新的稿源，也把触角伸到新闻媒体不可能时时处处可及之地。特约通讯员和通讯员供稿可独立供稿，也可以和新闻媒体内部的人员合作供稿，有时只提供新闻线索和素材。值得注意的是，如前所述的协作媒体供稿模式，在此类供稿中也得以体现。很多公众、政务媒体、企业媒体等都具备了"通讯员"性质。比如网络用户在社交媒体上发布的信息很可能成为新闻线索，其内容被新闻媒体的编辑选用。因为在自媒体时代，在新闻事件发生时，公众更可能是真正抵达现场的人。公众通过自媒体发布的内容，编辑只要对其进行把关审核，就是可以被采用的。

5. 权威、专业机构发布的信息

尽管权威、专业机构发布的信息不是新闻文体，但是具有新闻价值，而且新闻媒体也有宣传的功能，所以这些信息理应成为新闻稿源。比如政府部门的文稿或者宣传稿一般都是权威消息来源，某些社会机构、社会团体的信息也是消息来源。

权威消息来源有基本的构成要素。第一，信息的提供者具有权威性。主张权威消息来源时，必须具有权威的信息主体，是权威机构；同时所得信息是其职责范围内的信息，或者说是自身活动的信息。任何合法的机构或组织关于自身活动应该说都是有权威的，他们也应是权威消息来源的合法主体。第二，传播新闻的机构是合法的，具有采访、编辑新闻的合法资格。[1] 第三，新闻传播的形式是合法的。形式合法是指权威消息来源的信息是通过符合法律规定的形式传播的，即是通过新闻的形式传播的，不能是通过广告等其他形式传播的。通过广告等形式传播的信息，不能主张权威消息来源。广告一方面是一种经营方式，另一方面也不能满足广大群众的社会知情权，不能完成宪法赋予媒介的任务，自然不能享有新闻所应享有的法律保护特权。[2] 这里尤其要注意变相广告。

---

[1] 杨亦烽：《权威消息来源初探》，《新闻记者》，2000年第11期。
[2] 杨亦烽：《权威消息来源初探》，《新闻记者》，2000年第11期。

6.互联网新闻信息稿源单位名单更新

2021年10月20日,国家网信办公开发布了最新版《互联网新闻信息稿源单位名单》,名单涵盖中央新闻网站、中央新闻单位、行业媒体、地方新闻网站、地方新闻单位和政务发布平台等共1358家稿源单位。2016版《互联网新闻信息稿源单位名单》同时作废。① 此名单发布的目的便在于适应网络传播新形势、新变化、新需求,进一步夯实网络传播秩序管理基础,丰富互联网新闻信息供给。

名单的更新,体现了如下特点。一是"新增一批"。严格审核各单位申报材料,将坚持正确政治方向、舆论导向、价值取向、管理规范、代表性强、影响广泛的媒体、网站以及政务发布平台等按照应进尽进原则纳入稿源名单。二是"核校一批"。对2016版稿源单位名单中因机构改革、单位撤并等,导致名称、网址、主管主办单位等发生变更的稿源单位进行核校,定向确认、据实更正,确保相关信息准确无误。三是"剔除一批"。对2016版稿源单位名单中不再符合条件、日常表现不佳、缺乏影响力的单位,从名单中移除,切实维护名单的严肃性、公信力。②

此版本的变化,主要体现在以下几个方面。一是数量大幅扩容,总量是此前的近4倍;二是领域多元拓展,新收录一批理论网站和媒体、专业财经类网站和媒体、军事类网站和媒体,及一批涉及经济社会民生领域的行业媒体,覆盖面更广,内容更多元;三是首次将公众账号和应用程序纳入名单;四是为鼓励支持县级融媒体中心发展,首次将具备条件的江苏省江阴市、浙江省长兴县、福建省尤溪县、江西省分宜县、河南省项城市、湖北省赤壁市、湖南省浏阳市、四川省成都市高新区、陕西宝鸡市陈仓区、甘肃省玉门市等10家县级融媒体中心纳入名单;五是大幅扩容政务发布平台,为各地各部门政策发布、权威发声提供有力保障。③

二、选择新闻稿件的意义

新闻编辑选择新闻稿件的意义有很多。第一,落实新闻媒体编辑方针。每个新闻媒体都有属于自己的编辑方针,而编辑方针也是每个新闻编辑工作的准绳,也是各网站、各平台运行的准绳和基本理念。比如四大门户网站的编辑理念如下:新浪网为"快速、全面、准确、客观";腾讯为"快速、深入、互动、创新";搜狐为"通过有震撼力的新闻,表达我们的人文关怀精神和社会责任感";网易为"体验流畅、新闻快速、评论犀利"。几家有代表性的传统媒体的编辑方针如下:《南方周末》为"反映社会,服务改革,贴近生活,激浊扬清";《光明日报》为"立足知识界,面向国内外";《人民日报》海外版为"既要保持党中央机关报的性质和立场,又充分考虑到海外读者的接受能力和阅读习惯,有较强的针对性,突出对外报道特色,内容丰富多彩,可读、可亲、可信"。由以上编辑方针可以看出,基于互联网传播的门户网站,讲究速度,看重时效性;而传统媒体,更倾向于报道的深度,从而形成有效的舆论引导。

---

① 国家网信办公布最新版《互联网新闻信息稿源单位名单》,2021-10-20,http://www.gov.cn/xinwen/2021-10/20/content_5643834.htm。

② 《国家网信办重磅发布!》,2021年10月20日,https://view.inews.qq.com/a/20211020A099NN00。

③ 《国家网信办公布最新版《互联网新闻信息稿源单位名单》》,2021年10月20日,http://www.gov.cn/xinwen/2021-10/20/content_5643834.htm。

第二,新闻编辑必须承担自己的社会责任,进行稿件选择也是为了完成党和国家的新闻宣传任务。好的新闻媒体想做到真实、公正,就必须承担引导舆论、对公众负责等职责。也就是说,新闻媒体要及时提供真实而有公信力的新闻报道,同时也承担着反映与引导舆论的社会责任。梁启超最早提出了报刊"耳目喉舌"的社会功能。他在《论报馆有益于国事》一文中写道:"去塞求通,厥道非一,而报馆其导端也。无耳目、无喉舌,是曰废疾。……其有助耳目、喉舌之用,而起天下之废疾者,则报馆之为也。"

第三,满足受众的信息需求。在市场化运营中,媒体内容要吸引受众、服务受众,才能增强受众黏性,从而在竞争环境中立足并持续发展。① 在传统媒体中,受众是媒体信息传播的对象,是被动接受媒体信息的群体。新媒体时代,接受信息的主动权交给了受众,新媒体平台提供了一个完全无障碍的信息接触方式,受众的个性化需求日益显现,他们需要更加具体化、个性化的信息,现有的大数据信息处理能追踪个人喜好,因此信息的针对性和及时性也会更强。②

第四,把关稿件的质量。稿件质量是分层次的,稿件质量的高低决定了媒体的水准,进而影响其传播力、公信力和社会影响力。新闻稿件的层次如图4-1所示。用稿的基础是稿件写得清楚明白。媒体选用的主要稿件为写得规范的稿件,比如消息和通讯的文体特征明显。第三层是好稿,指写得有技巧,比如消息导语有创新等。第四层就是稿件中的珍品,指稿件体现了一定的风格,这一般是指名记者写的稿件。名记者已经有了自己的擅长领域和写法,写出的稿件能体现出其独特性。

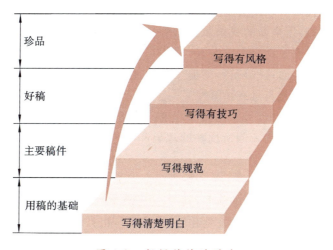

图 4-1 新闻稿件的层次

第五,合乎媒体的容量。新闻稿件的选择,既有质量的要求,也有数量的要求。新闻编辑在挑选稿件时需要考虑一个关键因素,就是新闻事实多而媒体的容量有限,无法全部刊登。小到一个城市,大到一个国家,每天都会发生很多新闻事件,媒体需要收集各种新闻和情报,集中到编辑部。由于这些稿件来自不同的单位和地区,内容各异,作者的写作水平、对

---

① 《新闻编辑》编写组:《新闻编辑(第二版)》,高等教育出版社,2017年,第85页。
② 许鹏:《解析新媒体时代受众角色的革命性变化》,《新闻研究导刊》,2014年第7期。

新闻事实的剖析理解能力等都存在着差异,编辑需要对这些稿件的质量做出判断,合理取舍。①

第六,合乎媒体的形态。在媒体融合时代,"一次采集,多次分发",不同的平台或者说一媒体的媒体矩阵"各取所需",这时把握平台的特征,选择合适的媒体形态非常重要。比如,报纸一般是强调文字的深度、理性,还有非语言视觉符号的使用;广播是采用口语化的语言,通俗易懂;而电视则是音画结合,稿件涉及形态多样。当然,这几者之间的内容融合程度越来越深。伴随着短视频平台"音频化"、音乐平台"视频化"的进程加快,双方内容重合度越来越高,抢占用户时长则成了它们的目标。这是在媒体平台定位的基础上和市场竞争环境下的一些新样态,对相关平台的编辑和运营者选择稿件的动力和能力提出了新的要求。

总之,新闻稿件选择本身就是一种必要的把关,除了决定报道方向,还可以打造媒体自身品牌,形成报道特色。可以说,稿件选择这一活动是具有治本作用的把关活动。

三、新闻稿件的选择标准

1. 新闻价值标准

新闻编辑在选择稿件时必须首先考虑新闻稿件的新闻价值,新闻稿件如果不具备新闻价值,那么新闻稿件的存在就没有意义。新闻稿件的新闻价值包含以下几个方面。

(1)新鲜性,即新闻事件是新近发生的。新近发生的新闻包含两种,一是及时性向即时性的转变,对新闻事件的时效性要求更高;二是前所未知的事件,事件不是新近发生却能找到由头,或者值得挖掘,用全新的视角来吸引受众。在互联网环境下,新闻的生产已不再专属于专业媒介机构,出现了用户生产内容(UGC)。比如,以微博、微信等为代表的自媒体平台,能够实现快速更新。而这些内容,如前文所述,已是很重要的稿件来源。之所以成为稿件来源,很重要的一点便是其具有新鲜性。

(2)重要性,即新闻事件与受众的关联程度。一是内容能得到多大范围的受众的关注,或者说与多少受众有关;二是新闻所反映的现象和问题与受众的兴趣和利益有多紧密的联系(多大程度上能产生共鸣)。

(3)接近性,即在心理上、地理上是否贴近受众。首先,技术特征促使每一个受众都能够主动地寻求与自己的心理相接近的新闻;其次,由于互联网的超链接功能将任何一条新闻和其他相关新闻相互联系起来,新闻"在地化"传播或者与相关对象之间的关联变得更加容易。另外,还需要注意的是,对于超链接稿件的选择,其接近性和相关性需要从多个维度展开,拓展用户视野,避免"信息茧房"。

(4)显著性,即能引起受众关注的程度。新闻中的人物、地点、事件越有名,新闻价值就越大。在互联网环境下,由于媒介技术力量的加持,受众可以根据自己的阅读需求去寻找他们需要的频道、新闻栏目或者信息。媒体平台亦在追求更为精细化、细分化、精准化的服务,运营垂直性产品,进行个性化推荐。所以,显著性程度的提高现在由信息传播者和接受者双方互动决定。

---

① 王伟:《高质量新闻稿件的选择策略》,《新闻与传播》,2014年第4期。

(5)趣味性,即奇闻轶事,充满人情味、故事性、趣味性的事件,这些事件能引起人们的共鸣。当然,也要注意互联网时代"浅阅读"现象,不能将趣味性等同于媚俗。

2. 宣传和社会服务的服务标准

新闻稿件在选择时也有宣传和社会服务的服务标准,即要与媒体的政治主张、价值标准保持一致,进行有针对性、典型性、适宜性与特定时期的公众告知。特定时期的公众告知有很多,如新冠肺炎疫情期间,新闻媒体全面、深入、及时地进行报道就充分体现了这种功能。

3. 法律和新闻规约标准

新闻稿件要有法律和新闻规约标准,要遵守国家相关法律法规条文和宣传纪律、新闻职业和道德规约。

4. 符合媒体功能和受众定位

稿件的选择也要符合媒体功能和受众定位,把握轻重缓急,平衡报道角度和内容,以及报道的数量和质量。

新闻稿件选择之后则存在几种不同用途的稿件:可用稿、备用稿、内参、线索稿和淘汰稿。可用稿是经过修改后可以刊用的稿件。备用稿、内参、线索稿一般都属于不宜刊登的稿件,当然原因可能各自不同。备用稿以后有使用的可能。内参一般都转交相关部门处理稿件中反映的问题。线索稿可供跟踪采访,继续完成写作。新闻媒体编辑要充分发挥各种稿件的各种用途,慎重、及时地处理稿件;重视每一位作者,比如耐心处理作者的附稿信,尽快通知作者其稿件的处理结果等。

除此之外,选择新闻稿件需要持有全面的观点和平衡的观点。全面的观点,即单篇新闻稿件中应全面分析积极因素与消极因素;平衡的观点,即整个新闻报道当中肯定性因素与否定性因素的平衡,稿件体裁的平衡,报道行业、领域之间的平衡等。

四、新闻稿件选择的方法

新闻编辑在日常工作中对稿件的选择主要有稿源判断法、时效判断法、权重判断法、版面(节目、栏目)平衡法。

(1)稿源判断法,即新闻编辑根据稿件的来源进行初步判断,但要避免戴着"有色眼镜",或者片面地看待问题。在多种稿源中,新闻编辑毫无疑问地青睐于自身媒体记者的稿件。自身媒体记者了解自己媒体的定位,写作是基于编辑方针而进行的,所以自身媒体的作品在很大程度上更能满足用稿要求。而对于其他来源的稿件,新闻编辑可以按需采用。特别是对于来自网络媒体的稿件,一定要进行核实,确保其真实性、准确性、科学性和舆论导向正确。同时,新闻编辑在进行稿件选择时,需要遵循相关的规定,比如《关于进一步加强管理制止虚假新闻的通知》《互联网信息服务管理办法》《互联网新闻信息稿源单位名单》等。

(2)时效判断法,即按时效选稿。一是选择新鲜的、信息量大的稿件;二是对于不是最近发生的新闻事实,如果有必要,可以找到相应的新闻由头进行稿件选择和后期加工。

(3)权重判断法,即按照头版、要闻版、其他版的重要程度排序,依次优先安排版面。另外,在一个版面上,先确定头条、专栏文章、重要图片等,以先版面四周、后版面中间的顺序选择稿件。对于广播电视和网络媒体而言,新闻稿件的权重判断也可体现在时段和位置的确定上。权重判断法的使用,便于后续稿件的加工修改以及稿件的配置。比如权重大的稿件篇幅长、时段优、位置显;权重小的稿件则进行相应的删减。

(4)版面(节目、栏目)平衡法,是指在权重判断之后,新闻编辑要考虑稿件数量和质量的平衡,以及稿件不同内容和不同形式之间的平衡。

除了上述方法,每一类型的稿件选择方法各有侧重。比如对于图片的选择,应该有针对性的方法和原则。第一,图片应真实(事实真实、形象真实)、准确,具有新闻价值,最大限度地保证新闻事件的客观性和现场感。第二,选取与稿件内容密切相关的图片。第三,不选择人物表情、动作等细节不合适(不得体、不雅等)的图片。第四,一般情况下,对于一次活动的报道,合影只选择一张。第五,不选取内容重复的图片,讲究照片之间的配合。第六,可以根据实际需要选择同一主题、同一人物、同一事件的照片进行拼合。第七,选择画面的景物层次丰富、对比清晰、制作精良的照片。第八,选择有正面社会效果的照片。第九,选择符合媒体特点的照片。

第二节 实训教学的拓展文献

针对本章节的内容,我们提供以下两篇拓展文献:《从中国新闻奖获奖作品看新闻角度的选取》《"三步走"治愈新闻稿件"选择困难症"——政府门户网站编辑如何选择新闻稿件》,从普通到特殊,由常规的新闻稿件角度的选择到政府门户网站的稿件选择,文献旨在为本章的教与学提供参考资料,让学生在把握稿件分析和选择的一些基本观念和方法的基础上,将视角拓展到政务媒体等。

一、拓展文献阅读(一)

这一篇拓展文献层层展开,阐述了如何选择好的新闻角度,由此加深对怎样才算好的新闻角度的理解。进而逆推,如何选出角度好的新闻稿件。好的新闻稿件,一般都具有好的新闻角度。新闻稿件的选择,离不开对新闻角度的分析。

从中国新闻奖获奖作品看新闻角度的选取[①]

【编者按】今天,南方传媒书院创始人陈安庆和他指导的长沙理工大学新闻系学生余俐芳为大家点评解析发表于2018年8月18日《新疆日报》的文字消息《新疆最长铁路桥合龙贯通 台特玛湖特大桥建设不留一点垃圾在湖区》。这篇消息由陈蔷薇采写而成,获得了第二十九届中国新闻奖文字消息的二等奖。

消息是浓缩的新闻,它突出"干货",过滤掉"水分",配上简明易懂的标题和先声夺人的

---

① 余俐芳、陈安庆:《从中国新闻奖获奖作品看新闻角度的选取》,《新闻前哨》,2017年第10期。

导语,可以让信息毫无阻拦地直接进入人们的视野,对读者和各类传媒的接收者造成很强的心理冲击。由于事实具有多面性,面对同一件事实有不同的角度进行报道,角度不同,新闻价值可能不同。表达的思想意义也就不同,而作为消息,传达的事实的价值十分重要,新闻角度选得准,新闻价值会倍增。

《新疆最长铁路桥合龙贯通 台特玛湖特大桥建设不留一点垃圾在湖区》从生态保护这一新的角度切入,发掘出事实新的新闻价值,为重大工程施工树立了绿色样本。对这篇报道的分析,有助于新闻工作者和新闻学子们加深对怎样才算好的新闻角度的理解,在学习和工作中采写出精彩的报道。

一、原文精评

新疆最长铁路桥合龙贯通
台特玛湖特大桥建设不留一点垃圾在湖区
(记者/陈蔷薇 编辑/杨帆、赵卫斌)
《新疆日报》2018/08/18

【点评:引题描述事实——新疆最长铁路桥合龙贯通,新疆、最长铁路桥、合龙贯通,用简洁的语言写出何地何事;主题点明主旨——大桥建设不留一点垃圾在湖区。在快速阅读的时代,消息的各个标题必须简洁明快,各司其职,才能够使受众在短时间内抓住和理解新闻事实。】

本报若羌8月17日讯记者陈蔷薇报道:若羌县城以北50多公里处,十几米高的格库铁路新疆段台特玛湖特大桥如一条巨龙横卧在湖床之上。17日,随着最后一孔T形梁铺设完成,这座新疆最长铁路桥合龙贯通。放眼望去,黄白相间的裸露盐碱湖床上,除了大桥,干干净净,别无杂色。

【点评:导语是消息体裁所特有的,开篇即确定了写作重点,决定了消息的基调。"5W1H"是消息导语写作的基本模式,但需要根据具体的新闻事件进行突出和组合。此消息采用描述型导语,不仅清楚地表述出地点、时间、事件,而且用形象的画面——"如一条巨龙横卧在湖床之上"引起读者阅读兴趣,用"干干净净,别无杂色"的情境感染读者,让读者先有感性认识,再对事实进行理性的思考,从而强化新闻的报道效果。】

台特玛湖特大桥2016年5月12日开工建设,全桥共设置750座桥墩、2座桥台、751孔桥梁,全长24.558公里,是格库铁路新疆段控制性咽喉工程,于2018年4月20日开始进行梁体铺架。

【点评:这一段是对新闻背景的运用,一般情况下,决定背景选材的主要因素是事实本身的"疑点"、读者兴趣、新闻主题。这里主要是根据事实本身的"疑点"进行选择,介绍了台特玛湖特大桥基本施工情况,并且用"控制性咽喉工程"一词,表明台特玛湖特大桥建设的重要意义,让读者了解为什么要建设这个大桥。】

台特玛湖是塔里木河的尾闾湖泊,新疆先后19次组织向塔河下游输水,湖面和湿地面积一度达到511平方公里,河床周围植被不断增加,环境明显得到改善,但生态依然脆弱。"假如以路基形式建造大桥路段,会导致湖区一分为二,对台特玛湖生态再次造成破坏。格库铁路指挥部在建设初期,几度修改方案,最终决定以造价更高的桥梁建筑结构进行建设,避免了新的生态破坏。"中铁一局集团有限公司新运公司格库项目部经理黄克军告诉记者。

【点评:这一段是新闻背景与直接引语的配合使用。这里的新闻背景是根据新闻主题来选取的,通过对台特玛湖生态的介绍,暗示保护生态的重要性。巧妙穿插直接引语,用来帮助记者说话,解释在建设台特玛湖特大桥时,政府为保护生态环境所做出的努力,这是从宏观视角对主题的描述。】

在施工现场,记者看到一个贴着"垃圾箱"标识的铁皮箱。"我们将现场的生活垃圾和施工垃圾全部回收,一周一次运送至库尔勒进行统一处理,不让任何一点垃圾遗留在台特玛湖。"中铁一局新运公司格库铁路铺架队队长程军玉说。

【点评:这是从微观视角对主题的描述。记者身处新闻环境之中,替读者找出现场环境的亮点——"垃圾箱",并用直接引语解释对垃圾箱的使用,不仅显得真实,而且呼应标题和导语,解释是如何做到不留一点垃圾在湖区的。】

为了早日架通台特玛湖特大桥,项目部采取由两边向中间同时架设的方案,缩短了架梁工期;还创新了工艺工法,研发出龙门吊底盘新工法,缩短架桥机架梁工期约90天。

【点评:此段为新闻跳笔,它主张"跳",从对生态环境的保护跳到架梁技术的创新,在每段讲清楚一件事实的基础之上留下了空间,扩大了提供的信息量,适应读者快速阅读的习惯。】

黄克军介绍,目前格库铁路新疆段已完成铺轨369.347公里,占全部铺架工作的一半多。预计将在2020年5月按计划完成新疆段全线铺设工作。

【点评:从点——台特玛湖特大桥,到面——格库铁路新疆段,逻辑清晰,具有很强的动态性和时效性,并且通过间接引语,增强可信度。】

格库铁路是客货共线的区域路网干线,是自治区规划建设"东联西出"三大铁路通道中南通道的重要组成部分。铁路东起青海省格尔木,沿昆仑山北麓、柴达木盆地南缘西行,西抵库尔勒市,其中,新疆段线路长708公里,铺轨距离717.29公里。通车后,库尔勒市至格尔木的时间将从过去的26小时缩短为12小时。

【点评:最后回到格库铁路这个大系统之中,进行整体的介绍,并且突出此铁路通车之后的重要作用。】

二、赏析

1. 此篇文字消息为何能获第二十九届中国新闻奖二等奖

(1)角度新颖。

在大多数媒体把关注点放到台特玛湖特大桥合龙贯通本身的时候,这篇消息另辟蹊径,挖掘出新闻背后的新闻,聚焦生态脆弱环境下的绿色施工,在大桥合龙贯通的价值之上突出了生态保护的价值。

这也是记者践行"四力"的体现。据了解,记者赶赴若羌,本来是采访台特玛湖特大桥贯通工程,但看到施工现场竟然没有一点垃圾,并沿着此线索不断深挖,挖到了施工单位为保护台特玛湖生态环境,设计时几易其稿、施工时环保优先的事实。记者凭借其新闻敏感,抛弃原有的新闻角度,从生态保护角度入手,当天采访成稿,既及时又独家。

(2)主题重大。

首先是台特玛湖特大桥合龙贯通的主题重大,作为格库铁路是新疆"东联西出"三大铁路通道的南通道,具有重要的战略意义。

但最主要的是台特玛湖特大桥的环保施工主题,这是对习近平生态文明思想在具体行动上的体现。在规划设计与建设中,以铁路桥的方式横跨台特玛湖,由此建成的新疆最长铁路桥,实现经济发展和环境保护的统一,为全国重大工程生态保护提供新疆经验。

2. 此篇文字消息为何止步于二等奖

一则优秀的消息报道,需要做到"值的传播"和"易于传播","值的传播"中的"值"指的是新闻价值,"易于传播"则需要从受众的角度出发进行写作。《新疆最长铁路桥合龙贯通 台特玛湖特大桥建设不留一点垃圾在湖区》新闻的价值很强,但是略显生硬,整篇读下来,感觉是没有与受众互动的现场报道。当地老百姓对台特玛湖特大桥的盼望是什么、有无因生态问题开始反对修建而最后支持修建的百姓、合龙贯通之后百姓的反应是什么等,这样的从受众出发的语句没有出现,缺乏故事性,削弱了受众对此消息的期待感。

把消息写好、写出新意,除去角度的选取,还需要在新闻场景的背后,有真挚情感的温度,这就需要记者用简练的语言讲故事。纵观中国新闻奖一等奖的文字消息,会发现消息写作通讯化是一个趋势。虽然是一则消息,但通过对不同人物进行不同角度的采访和相关细节的展示,会比一般消息更加清晰和丰满,让消息有血有肉。对此篇消息来说,如果在选好角度之后进行消息通讯化的操作,那么可能就会在评委们的心中留下更加深刻的印象,进而突破二等奖冲向一等奖。

3. 如何选择好的新闻角度

信息时代中社会快速发展,随时随地都在发生着变化,传统媒体和自媒体不知疲倦地向外生产新闻,人们被大量信息包围着,特别是那些重大事件的变化,会出现很多相似的作品,同质化倾向严重。然而那些简短平实快速的消息,仍然能够第一时间进入用户的眼帘,被用户抓住。写消息不难,难的是写出精品,其中新闻角度是决定消息价值的关键性因素。

新闻角度决定着新闻的主题,主题决定着消息的高度和深度。《新疆最长铁路桥合龙贯通 台特玛湖特大桥建设不留一点垃圾在湖区》可以带给我们关于新闻角度的一些启发。

(1)什么是最佳角度。

读者的需要就是最佳角度。一般来说,这个角度应该是新闻事实与所在传媒机构的"导向定位"和主要受众群需求这三者"聚焦"的结果。所以在选择新闻角度的时候,要根据不同读者群的定位寻找最佳报道角度。《新疆日报》是一家省级党报,核心受众群是新疆境内群众。台特玛湖特大桥是新疆最长的铁路桥,对当地来说意义重大,当然要报道,并且要充分利用新闻价值学说中的"接近性"原理,寻找报道的事实与读者在地理和心理上的接近点。那具体怎么操作呢?

(2)消息写作中,选择新闻角度的几种方法。

《新疆最长铁路桥合龙贯通 台特玛湖特大桥建设不留一点垃圾在湖区》在同题报道中另辟蹊径,没有选择台特玛湖特大桥合龙贯通本身,而是选择背后的生态环境保护这个角度,可以说是挖掘出了新闻背后的新闻。抛开特殊谈一般,在日常的消息写作中,如何选择好的新闻角度呢?以下有几点建议:一是以小见大找角度;二是以旧见新找角度;三是统摄思维找角度;四是发散与逆向思维找角度。

发散思维即要求以一个新闻事件为中心,把思路向四面扩散,沿着不同的方向、不同的角度思考问题,从多方面寻找解决问题的答案。在思考时,要注意思路的流畅性、变通性、独特性。所谓的逆向思维,是发散思维的特殊情况,是指遇到一些事,可以反过来想一想,在这种类似"反思"的过程中寻找新闻角度。

新闻角度弄清了"记者要说什么"的问题,接下来就是"怎么说"的问题,这就涉及对消息结构的安排。消息结构比较固定,一般表现为:标题、导语、主体、结尾,以及在文中穿插的背景材料和引语。可以看出,新闻真实是消息的生命,那么新闻角度则是消息的灵魂,对新闻工作者最大的挑战就是找好新闻角度,角度好,那么消息的写作就成功了一大半。

二、拓展文献阅读(二)

这一篇拓展文献将判断如何选择新闻稿件拓展到政府门户网站编辑。政府门户网站编辑在新闻稿件选择上的"选择困难症",一是因为政府门户网站新闻稿件的来源很广,鱼龙混杂;二是因为政府门户网站新闻稿件的发布具有权威性,一旦有所偏差,将会造成极恶劣的社会影响,甚至影响到政府的公信力。因此,政府门户网站在新闻稿件的选择上应采取谨慎和负责任的态度,既要真实可靠,不产生负面的社会效果,又要保证有一定新闻价值,及时回应社会和人民群众的关切。该文献的"三步走"方法是对新闻稿件选择的标准、原则等的进一步理解。其中,稿件"建设性"的判断具有一定的新意。

"三步走"治愈新闻稿件"选择困难症"
——政府门户网站编辑如何选择新闻稿件①

"选择困难症"在社会生活的各个领域普遍存在。政府门户网站编辑在新闻稿件的选择上,有时也会不同程度地出现"选择困难症"。特别是在新闻事件发生的初期,事件还未完全清晰,拿到一篇很好的新闻稿件,是发还是不发,真是让人抓狂。

出现以上情况的原因主要有两个方面。一方面,政府门户网站新闻稿件的来源很广,包括本网站编辑采写的新闻稿件、相关单位报送的新闻稿件,还有其他媒体(含自媒体)发布的新闻稿件等,可以说是五花八门、鱼龙混杂。另一方面,政府门户网站新闻稿件的发布具有权威性。无论信息来源如何,政府门户网站的新闻稿件一经发布,即会被视为"官方发声",其真实性在某种程度上有"一锤定音"的意义,很难再有回旋的余地。一旦有所偏差,将会造成极恶劣的社会影响,甚至影响到政府的公信力。

因此,政府门户网站在新闻稿件的选择上应采取谨慎和负责任的态度,既要真实可靠,不产生负面的社会效果,又要保证有一定新闻价值,及时回应社会和人民群众的关切。那么,如何才能做好政府门户网站对新闻稿件的选择工作呢?我认为,应当分以下"三步走"。

---

① 朱习芳:《"三步走"治愈新闻稿件"选择困难症"——政府门户网站编辑如何选择新闻稿件》,《新闻前哨》,2017年第10期。

一、第一步：判断稿件的真实性

真实性是新闻报道的生命，也是社会主义新闻事业的基本原则。国内外新闻工作者都将维护新闻的真实性放在至关重要的位置。网络新闻对真实性的要求，与其他媒体是一样的。政府门户网站作为重要的官媒之一，更是有过之而无不及。政府门户网站编辑在采编新闻稿件时，如果发现该稿件部分内容的真实性一时难以证实，应当就存疑部分努力多方求证，最好直接找到当事人或者主管部门负责人核实。其中涉及专业术语或知识的，也可以咨询相关专家、学者。要反复审查新闻稿件，剖析事件的逻辑脉络。发现有悖常理的，应当及时求证，不留"尾巴"。对整个新闻稿件真实性的把握，主要从以下四个方面入手。

（一）具体事实要准确无误

政府门户网站编辑要按照时间、地点、人物、事件的过程及原因五大要素采编（写）新闻，只有报道内容与事实的本来面貌相符，与当时产生新闻的条件状况相符，新闻才能真实。

（二）事实的概括要符合实际，避免以点带面，以偏概全

简明扼要是网络新闻的一个特点。对于重大新闻，为了尽快让网民看到，政府门户网站编辑往往以最短的篇幅、最精练的语言，高度概括所发生的事实，并放在首页显著位置，然后在二层页面反映事实细节和背景。这种快讯的报道形式，必须保证对事实的概括准确。

（三）新闻报道的事实与相关事实要达到总体一致，防止片面性

为了增加新闻的深度，政府门户网站编辑运用链接的方式和超文本格式，对新闻事件进行立体的、全方位的纵深报道。但必须保证所报道的全部事实都是真实的，来自各方面的报道是有机的统一体。

（四）要保证新闻本质真实

新闻本质真实是马克思主义新闻学的一个基本观点，是对网络新闻报道提出的总体要求。政府门户网站新闻报道要从事物的总体与本质上把握事实，透过现象揭示事物本质。特别是那些围绕重要政策、重大事件、重大动向而进行的深度报道，要鲜明体现出新闻的本质真实。对新闻事实进行评论，是提高网络新闻质量的重要措施之一，但评论要从总体上、从内在方面以及发展趋势上揭示事实的本质，不能借题发泄个人偏激情绪。

真实是新闻的生命，可是网络却经常成为虚假新闻的发源地。传统媒体大都规定不允许转载网络新闻媒体的新闻，这种规定从一个侧面说明问题的严重性。为杜绝虚假新闻的出现，政府门户网站编辑应进一步提高自身素质，在处理海量信息的时候，加强识别和筛选。此外，政府门户网站还应在操作规范以及操作流程等方面，制定出有效的管理措施。

二、第二步：分析稿件的新闻价值

新闻价值就是事实本身包含的引起社会各种人共同兴趣的素质。笔者在对大量政府和部门门户网站调查研究后发现，有部分网站没有很好地发挥"官媒"作用，仅是单纯地发布工作动态，对新近发生的人民群众关注的热点问题报道少、回应少，甚至采取回避的态度，最后导致党和人民的喉舌失声，舆论得不到正确引导，"小道消息"却满天飞。习近平同志指出，要坚持以人民为中心的工作导向，尊重新闻传播规律，创新方法手段，切实提高党的新闻舆

论传播力、引导力、影响力、公信力。政府门户网站应当坚持以人民为中心,人民群众需要什么样的新闻服务我们就提供什么样的新闻服务,人民群众关注什么热点问题我们就回应什么热点问题,通过新闻价值的提升把人民群众的目光吸引过来,为党的事业凝聚人心。在挖掘新闻价值中,我们可以重点关注五点:时效性、重要性、接近性、显著性和建设性。

(一)时效性

时效性是指新闻事实是新近发生的而且是社会大众所不知道的,即时间近、内容新(注:新闻事实发生时间与公开报道的时间越短,即时效性越强,新闻价值就越高)。新闻事实越有新意,越不是人们司空见惯的事实,新闻价值就越高。政府门户网站较报刊等传统媒体在时效性方面有着先天的优势,特别是对于24小时滚动播报新闻的网站而言,全省任何角落发生的新闻事实都可能在第一时间上网,在第一时间传遍全国,甚至全球。此外,由于网络新闻媒体的交互功能非常强,普通网友能在网上自发地发布消息,这也使某些最新的事实能在最短的时间内流传开来。政府门户网站可以建立通讯员制度,信息来源的触角向各部门的处(科、室)延伸,重大新闻线索两小时内报告,社会舆情实时掌握,既能保证信息来源的可靠性,又增强了新闻稿件的时效性。

(二)重要性

重要性是指事实所具有的为多数人所关心的社会意义。一般来说,内容越重要,新闻价值越大。新闻事实越重大,引起的关注越多,新闻价值就越高。新闻的重要性是由新闻事实所包含的意义决定的,意义也是多方面的,如政治意义,经济意义,对实际工作的指导意义,对读者的教育意义、认识意义、娱乐意义等。一般来说,新闻事实与受众及其现实生活的关系(包括广度与深度)越密切,这条新闻事实的重要性就越突出,新闻价值就越大。例如:十九大的召开,房地产政策的调整,等等。这里的"广度"与"深度",都不是一个量化的概念,政府门户网站编辑在鉴别某条新闻重要性的时候,用的都是模糊的语言,常带有相当的主观随意性。一般而言,政局的变动、政要的行踪、政策的调整、战争灾难、大案要案乃至天气的突然变化等都具有相当的重要性,都能引起受众的广泛兴趣和关注。浏览网络新闻时我们会发现,有关军事演习、重特大突发事件、政要的重要行踪和大案要案等重要稿件的点击率一般都在该网站当天单击排行榜的首位。

(三)接近性

接近性包括地理上的接近性和心理上的接近性。接近性揭示了新闻事实与网民的内在关系:网民更关心的是发生在自己周围的事件,更关心的是与自己在感情和心理上有共鸣的事件。例如,荆楚网是由湖北日报传媒集团主办的,其网友主要来自湖北,这个网站经常发布具有湖北地方特色的新闻,同时有关湖北的新闻也最受网民的关注。

(四)显著性

新闻报道所涉及的人物、地点、团体等要素在社会生活中越出名,就越容易受到网民的关注。一般而言,名人、胜地和重要的机构具有一定的知名度和影响力,与他们有关的一举一动、微小变化都有可能引起网民的普遍兴趣。显著性是个相对的概念,有着阶段性的特征,也就是说,随着时间的推移,某些原来备受关注的人物或地点有可能逐渐被网民淡忘,调动不起网民的"胃口"。反之,本来默默无闻的人物,平平常常的地点,也有可能因某种原因一举成名,引起网民的广泛关注。比如,位于海南省琼海市万泉河出海口的博鳌小镇,只有39平方公里,万余人口,本来只是海南380多个乡镇中普普通通的一个,因被确定为亚洲论坛永久会址而"一夜成名"。博鳌政府网站在一段时间内成为中外媒体追逐的热点。

(五)建设性

习近平同志指出,"舆论监督的出发点应该是积极的、建设性的。监督的重点应该针对那些严重违反党和国家重大政策以及社会生活中存在的重大问题,要抓典型事件。揭发的事实,务求准确。涉及党的一级组织和政府的批评,要持慎重态度,不能先入为主。要深入调查,多方听取意见,得出合乎事实的结论。特别要注意不应把批评的矛头对准那些群众有意见而我们工作中因限于目前条件、一时难以解决的问题上。要让人民知道,党和政府正在采取措施,克服困难,解决问题"。习近平同志这段关于何为"积极的、建设性的"舆论监督的论述,值得每位新闻从业者认真思考。政府门户网站的舆论监督和正面宣传是统一的,要直面政府工作中存在的问题,直面社会丑恶现象,激浊扬清、针砭时弊,同时发表批评性报道要事实准确、分析客观。各级党组织和政府应善于运用新闻推动工作,欢迎新闻工作者报喜也报忧,建设性地开展舆论监督,对自己工作中的问题和各种腐败现象进行揭露批评。很多政府网站的资深编辑在采编一些突发事件的新闻稿件时,如自然灾害、交通事故等,往往会比较注重体现政府的紧急救援救助工作,让人民群众更多地理解政府当下的努力。

一般而言,新闻价值上述五点中,时效性是最基本的要素,任何新闻事实只要具备了时效性加上任何其他一种属性,就有被媒体选用的可能。一件新闻事实所包含的上述属性越多,其新闻价值越大,被选用的可能性就越大。对于政府门户网站而言,重要性、接近性和建设性是颇为重要的三种特性,在对新闻事实进行选择的时候,应着重考虑这三种特性。

三、第三步:评价稿件的社会效果

对一件新闻事实、一篇新闻稿件,最终是否应该选用,仅仅依据新闻价值来判断是不够的,还应考虑政府门户网站的编辑方针、新闻事实可能引起的社会效果以及国家有关法律法规。新闻选择还要考虑到社会价值以及新闻法规这两个方面,即还要评价稿件的社会效果。新闻一经网络传播,就可能对网民的思想、行为产生影响,从而对客观世界产生巨大的能动作用。因此,政府门户网站编辑选择新闻时不能不考虑新闻发表后产生的社会效果。对新闻可能产生的社会效果的好坏、利弊的评价,就是社会评价。对新闻的社会评价,包括对可能产生的政治、经济、法律、文化、道德等各方面的社会效果的评价。其评价标准具体如下。

(一)政治规范

衡量新闻稿可否在政府门户网站上编发的政治标准与我国媒体的宣传方针是一致的。总的标准为:坚持团结、稳定、鼓劲、正面宣传为主的方针,紧紧围绕经济建设这一中心,服从服务于工作大局,把握正确的舆论导向。具体到新闻稿上,要求稿件忠实地传递国家的声音;在一些大是大非的问题上立场鲜明;忠实地传播先进的生产力、先进文化和代表广大人民的根本利益;宣传科学的理论,弘扬社会正气,倡导科学精神,正确引导热点问题;能做到对内以正确的舆论引导人,对外树立中国的良好形象。一般来说,政治规范主要包含两个方面的内容。

一是一致性。一致性是指新闻事实应该与政府门户网站的编辑方针相一致,与政府门户网站所持有的政治主张相一致,与政府门户网站所倡导的文化价值相一致。一致性是最基本的政治规范标准。西方媒体在新闻选择的过程中遵循一致性的原则,他们通过有意识地选择新闻事实,把一整套意识形态普及到了全社会,成为整个社会制度的主流意识。同样道理,我们社会主义制度下的政府门户网站,也必须有意识地传播与社会主义意识形态相一致的新闻事实,确保党的路线、方针、政策和任务得到有力的宣传和贯彻,确保先进的东西得到积极的倡导和弘扬,确保科学知识得到广泛的传播和普及,从而有利于社会主义制度的巩固与发展。

二是针对性。针对性是指针对人们正在关注的焦点、热点、难点和疑点,针对社会上的各种猜测、怀疑、歪曲和流言,有的放矢地选择新闻事实进行报道。针对性越强,社会价值就越大。对于政府门户网站而言,针对性主要体现在以下三个方面。

首先,驳斥谣言,澄清事实。谣言会造成人们的猜疑与恐慌,严重的甚至会影响社会的稳定。戳穿谣言的最好选择就是披露实情,使真相大白于天下,流言不攻自破。在这方面,有传统媒体背景的政府门户网站一直做得比较好,如湖北省人民政府门户网与商业网站不同之处,在于该网站既能发挥网络及时互动的优势,又能借助《湖北日报》传统媒体丰富的新闻资源,做到网上迅速掌握舆情,网下仔细核对事实,确保了新闻的权威性与可信度。

其次,答疑解惑,缓和矛盾。在中国,伴随着改革的日益深入,社会结构发生了显著的变化,社会群体利益也在逐渐"分化",这就使得在某些具体政策的执行过程中,不可避免地产生新的矛盾和问题。这时,就需要政府门户网站有针对性地选择新闻事实,对广大人民群众进行深入浅出的解释说明,并积极反映民情民意,及时化解矛盾。

最后,直面社会丑恶现象,开展舆论监督。揭露各种错误行为和错误倾向,不是传统媒体的专利,政府门户网站,特别是有传统媒体背景的政府门户网站对此也大有作为。

(二)法律规范

各项法律法规都是在宪法的基础上制定的。法律法规包括各种法律、行政法规、指示和规章、地方性法规、决议、决定、命令、自治条例等。近几年来,国务院新闻办公室和信息产业部联合发布了《互联网信息服务管理办法》《互联网站从事登载新闻业务管理暂行规定》和《互联网电子公告服务管理规定》等法规。对在网站中登载新闻的要求进行了较为明确的规定,为政府门户网站的选稿提供了重要互联网站登载的新闻不得含有下列内容:

违反宪法所确定的基本原则的;

危害国家安全,泄露国家秘密,颠覆国家政权,破坏国家统一的;

损害国家的荣誉和利益的;

煽动民族仇恨、民族歧视,破坏民族团结的;

破坏国家宗教政策,宣扬邪教,宣扬封建的迷信的;

散布谣言,编造和传播假新闻,扰乱社会秩序,破坏社会稳定的;

侮辱或者诽谤他人,侵害他人合法权益的;

法律、法规禁止的其他内容。

因此,政府门户网站编辑必须熟悉这些法律、法规和要求,在选稿时才不至于因无章可循而迷失方向,同时也只有严格遵守这些法规才能保证自己选择稿件正确的方向。

(三)道德规范

道德规范是社会规范的重要组成部分。各行各业都有职业道德作为自律的准则。我国新闻职业道德体现了各行业道德规范的基本精神,是政府门户网站新闻选择应遵守的基本道德规范。从目前实际情况来看,尤须力行的是实事求是原则。比如,在编辑手法上不滥用煽情手法与修辞手法。在网络媒体竞争白热化竞争的今天,力戒新闻浮躁之风。

第三节 实训教学展示与评价

本章节展示两个实训作业。一个是微观层面的,展示了新闻稿件选择的标准——新闻价值标准、以微观角度切入。如何对新闻稿件的新闻价值进行判断,是一个老生常谈的话题,但在具体操作时也会遇到各种困惑。本实训作业从熟悉的对象出发,对媒体的新闻报道(即选择后刊出的稿件)进行分析,探究新闻价值五要素是如何体现的,以及体现得如何。此实训作业的思路值得借鉴。

第二个实训作业,则是较为宏观层面的例子,展示了一个流程。此实训作业,首先要解决选择什么,即新闻稿件的来源;再就是怎么选择,新闻稿件选择的标准、选择的依据,等等。一般学生很难理解为何新闻稿件选择时要进行稿件/信息收集的训练。所以此次展示,除了要展示如何"撕开""展开"一个选题,收集尽可能丰富的一手资料和二手资料(比如从多个角度对"自拍"进行理解和把握);另外还要回答学生可能存在的疑惑,即为何要进行这一步工作。在结果展示的时候,不同媒体平台的定位或稿件要求需要合适的稿件供给,"巧妇难为无米之炊"。而且稿件/信息收集也是对新闻编辑人员信息能力等的进一步考查,是新闻编辑流程中一项很重要的工作。

一、实训概述

1. 实训目标

通过此次实训,让学生理解选择新闻稿件的意义和标准,掌握按照一定的标准进行稿件选择的方法。同时,鉴于本章在课程体系中的位置和功能,此次实训的前期课安排选题素材收集工作,这是对前期新闻编辑的能力和素养的提升训练,也是对组建的编辑部的新闻媒介定位和新闻编辑方针的进一步落实。

2. 实训过程

(1)熟悉教材的相关内容,通过具体的案例理解新闻稿件选择的意义和标准。

(2)根据组建的编辑部确定的选题,第一步,通过不同的稿件来源尽可能全面地进行稿件/信息收集,注意稿件的多元化。这里稿件的多元化至少包括以下几个方面的意思:一是多角度解读选题,题材多元化;二是多体裁新闻稿件,如消息、通讯、评论等;三是多样态新闻稿件,如文字、图片、视频、音频、动画等;四是多主体生成稿件,体现为自身原创、用户生成内容、信息聚合而成的内容等。第二步,设计不同的情境进行稿件选择,加深对稿件选择的意义、标准的理解,熟悉掌握新闻稿件选择的方法。比如,根据编辑部最初的理念、新闻编辑方针的确定,来选择合适的稿件,组建专版、专栏等,并阐明实训过程中所在编辑部进行稿件选择的标准和方法。

(3)对代表性案例进行关注,分析其媒介定位与稿件选择的关联,或者分析对同一事件的报道,不同的媒体或者平台,是如何选择不同的稿件进行报道的;必要时,对案例相关人员进行访谈,以加深理解。

3. 效果评价

此实训进行针对性评价。以上实训过程体现了层次性,但根据具体教学实践、时间、精力和授课对象,可以选择性地进行评价。实训过程中第一个任务的完成,旨在让学生掌握基本的知识,并在实际的案例中加以理解,同时提高发现问题的能力和研究能力,能有自己的见解。实训过程中第二个任务的完成,旨在前后关联,承前启后,构建链条,加深学生认知,将编辑人员的素养和能力(特别是信息收集能力和相应的技术素养)、新闻媒介定位和新闻编辑方针、稿件选择等知识统筹起来综合实训。在此实训任务进行中,既有对基本理论知识掌握情况和新闻业务能力(比如原创作品的写作能力)的评价,也有对相关技术路线、方法选择的评价,比如收集资料的方法等,同时有思政教育效果评价,通过实训和作业点评反馈,注重过程性评价,引导学生树立正确的价值观,培养社会责任感和舆论导向意识。

二、实训案例评析

1. 实训作业评析(一)

(1)实训作业具体内容。

———————— 新闻稿件选择的标准——新闻价值标准 ————————

新闻价值:新鲜性(时效性)、重要性、接近性、显著性、趣味性。

从《人民日报》《武汉晚报》《湖北第二师范学院报》三种定位不同的报纸中选取一期报纸,分析新闻价值五要素是如何体现在报纸的新闻稿件选择上的。

1.《人民日报》

定位:中国共产党中央委员会机关报,坚持正确办报方向,积极宣传党的理论和路线方针政策,积极宣传中央重大决策部署,及时传播国内外各领域信息。

日期:2022 年 9 月 28 日。

版面:如实训图 4-1 所示。

新鲜性:消息类新闻均体现了很强的时效性。

重要性:从报纸排版时稿件所在版面、位置和所占篇幅等方面也会反映出本期新闻稿件的重要性的排序。例如,通常报纸的头版头条会是本期报纸最重要的新闻,01 版头条如实训图 4-2 所示。

第四章 新闻稿件的选择

实训图 4-1 《人民日报》版面

实训图 4-2 01 版头条新闻

01 版刊登的消息稿通常会比其他版的消息稿更重要,例如同为要闻栏目的 02 版的报道,如实训图 4-3 所示。

同一版面的不同位置有时也会反映出重要性的排序,01 版右下角的新闻虽然重要(见实训图 4-4),但是相比起头条新闻国家重要领导人参观"奋进新时代"主题成就展并发表重要讲话,对国家的影响力、重要程度相对稍弱。

接近性:因为《人民日报》的受众是全国人民,为了反映接近性,一般除国家要闻外,《人民日报》也会选择一些地区新闻进行报道,或者选择一些民生热点进行报道等,如实训图 4-5 所示。版面编排上,国内新闻相较于国际新闻版面占比更多,排版上更显眼。在地理上和心理上,尽可能地吸引受众的关注。

但是如果在稿件选择上没有考虑到受众情感上的接近性,就会比较容易引发受众的逆反心理,引发受众的不满和外界的争议。在情感价值上对部分受众的不接近,挑战了这一部

聚焦主业　精耕细作

北京科创企业谋创新干劲足

本报记者　王昊男

喜迎二十大

党的二十大即将召开，首都科创企业铆足干劲，聚焦主业，精耕细作，科技创新热潮涌动。

轻点鼠标，不到5分钟，人工智能系统就根据CT扫描结果，自动构建出一幅清晰的肺部三维图像，并出具详细的诊断报告。"能不能再快些出结果？""精准度还能不能提高？""使用过程中还有哪些痛点？"北京推想医疗科技股份有限公司的开放式办公室里，一场"头脑风暴"正在进行。凭借完全自主知识产权的技术，这家成立7年的中小企业，在人工智能医疗领域闯出一片天地。

习近平总书记在致2022全国专精特新中小企业发展大会的贺信中要求："着力在推动企业创新上下功夫，加强产权保护，激发涌现更多专精特新中小企业"。北京推想医疗科技股份有限公司创始人、董事长陈宽表示，这更加坚定了企业的发展信心："聚焦主业，精耕细作，小企业也有大未来。"

"传统的CT平扫只能呈现肺部的截面图，以前手绘三维图像，一张图差不多要1个小时。"借助推想医疗的人工智能系统，北京大学人民医院胸外科主治医师陈修远工作效率大幅提高。陈修远介绍，随着算法的进步，人工智能提供的参考方案愈发全面，临床的接受程度迅速提升，"两年间，在人工智能系统辅助下，我们已成功实施逾千例手术。"

"不能关门搞科研，要实地了解用户需求，有针对性地迅速解决问题。"推想医疗的研发骨干王瑜说，很多技术创新灵感正是来自一线。瞄准一个方向，持续深耕精进，目前推想医疗已取得170项国内外专利，产品覆盖20余个国家的500多家医疗机构。

科技创新让人们的生活更美好。一件200克重的超薄马甲，只需吹几口气，就能瞬间变为棉服，并通过配备低压电源（充电宝）发出热能。这就是北京创新爱尚家科技股份有限公司的最新产品——"石墨烯温控空气马甲"。

"我们独创的石墨烯柔性发热材料，对石墨烯的超导电导热性和散热性以及低碳环保、轻量化等性能深入挖掘，正在为智能穿戴、清洁供暖、车辆热管理等领域带来优质解决方案。"公司创始人、董事长陈利军介绍，他们从基础材料研发到产业应用准备了近10年，"石墨烯热管理，看似赛道很窄，但做到极致，空间很大。我们将专注创新，扎实做好科技成果转化工作，以实际行动迎接党的二十大胜利召开。"

人工智能、新型材料、量子计算、生命科学……喜迎党的二十大，一批原创性科创成果在京华大地涌现。统计数据显示，今年1至7月，北京市专利授权量120802件，同比增长10.46%，其中发明授权量51667件，同比增长9.06%。截至今年7月底，全市有效发明专利量449303件，同比增长18.91%，每万人发明专利拥有量达205.3件，同比增长18.95%。

实训图 4-3　02 版要闻

全国政协办公厅、中共中央统战部、国务院侨办、国务院港澳办、国务院台办、中国侨联联合举行国庆招待会

汪洋致辞

本报北京9月27日电　全国政协办公厅、中共中央统战部、国务院侨办、国务院港澳办、国务院台办、中国侨联27日在人民大会堂联合举行国庆招待会，庆祝中华人民共和国成立73周年。中共中央政治局常委、全国政协主席汪洋出席并致辞。

汪洋指出，新中国成立以来的73年，是改天换地、翻天覆地的73年。中共十八大以来，以习近平同志为核心的中共中央统筹中华民族伟大复兴战略全局和世界百年未有之大变局，攻克了许多长期没有解决的难题，办成了许多事关长远的大事要事，经受住了国内外各种风险挑战的考验，中国之路越走越宽广、中国之治越来越成熟、中国之理越来越彰显。

汪洋强调，今年是党和国家发展进程中具有重大历史意义的一年，举国关注、举世瞩目的中共二十大即将召开。这次历史性盛会事关党和国家事业继往开来，事关中国特色社会主义前途命运，事关中华民族伟大复兴。我们要学习好、宣传好、贯彻好中共二十大精神，坚持以习近平新时代中国特色社会主义思想为指导，高扬理想信念的旗帜，凝聚万众一心的伟力，保持勇毅笃行的坚定，为全面建设社会主义现代化国家、全面推进中华民族伟大复兴而不懈奋斗。

汪洋强调，团结就是力量，奋斗开创未来。团结奋斗是中华民族跨过一道又一道难关、创造一个又一个辉煌的重要保证。　（下转第四版）

实训图 4-4　01 版右下角的新闻

分受众的共同心理和价值。

显著性：名人、名地、特殊时间效应。

趣味性：《人民日报》的不同版面涉及的范围很广泛，如文教、体育等。20 版的副刊则会刊登一些文章或者艺术娱乐等方面的内容，平衡报道效果。

2.《武汉晚报》

定位："为百姓谋利益"是《武汉晚报》的办报理念。作为综合性的城市市民报纸，《武汉晚报》把"有利有益于社会大众"作为自己的新闻价值观。

日期：2022 年 9 月 28 日。

版面：如实训图 4-6 所示。

1 最根本的是要把我们自己的事情做好（学习习近平总书记重要讲话精神，迎接党的二十大）

2 用心聆听 收获信任（一线行走）

3 上海浦东激励关怀居村干部

4 山东滨州优化退役军人就业服务

5 图片报道

6 中国人民大学面向社会征集校史档案资料

7 本版责编：季健明 方莹馨 徐雷鹏

实训图 4-5 《人民日报》政治版刊登的区域性新闻

实训图 4-6 《武汉晚报》版面

不同报纸的定位不同，所以反映在报纸上的五要素也会有所变化。

新鲜性：消息类新闻为 9 月 27 日或者 9 月 26 日，时效性较强。

重要性：9 月 28 日，01 版面的头条新闻如实训图 4-7 所示。

《武汉晚报》主要是针对湖北地区的受众，所以与《人民日报》不同的定位，让两者在对重要性的标准上也会不同，《人民日报》多国际国内要闻，而《武汉晚报》多是湖北省内的重大新闻，这从头条新闻的选择上就会有所体现。

接近性：相较于《人民日报》，对于湖北地区的受众而言，《武汉晚报》在接近性上更占优

500台岚图电动汽车出口欧洲

起售价约合49万元人民币　11月正式交付

实训图 4-7　《武汉晚报》01 版面的头条新闻

势。地理上受众对于自己所居住的地区关注更大，心理上也会更偏向于更贴近生活和情感的报道。（武汉晚报哪些稿件是从这方面选择的呢？）

显著性：如实训图 4-8 所示，因为米芾、苏轼、欧阳修是知名度高的文化名人，书法真迹首次得以在湖北省博物馆中展示，必定关注度极高，这个消息就具备了新闻的显著性要素。

米芾、苏轼、欧阳修

真迹首次来汉

到省博看宋代书法艺术展

武汉晚报讯（记者万建辉 通讯员聂智圆）"宋代是中国书法发展的高峰之一。宋代中晚期书风注重书家个人意趣的抒发和情感的宣泄，表现的是一种任情适性的自由和对'法'的超越！"9月27日下午，由中国书法家协会、湖北省文旅厅、湖北省文联共同主办的"尚意千载——宋代书法主题展"在湖北省博物馆拉开帷幕，米芾、苏轼、欧阳修、吴琚等"国宝级"书法真迹从故宫博物院、上海博物馆、吉林省博物院、辽宁博物馆远道而来，首次在湖北展出，将让武汉观众一饱眼福。

本次"尚意千载——宋代书法主题展"，由"宋代法书特展""当代临摹与创作展"和"宋代书学研讨会"三部分组成。27日下午开幕的"宋代法书特展"，展出了欧阳修《欧阳氏谱图序与夜宿中书东阁诗合卷》、蔡襄《洮河石砚铭卷》（传）、苏轼《洞庭春色赋·中山松醪赋》、米芾《提刑殿院帖》、米芾《破羌帖跋赞卷》、米芾《天马赋卷》（传）、米友仁行书《动止持福帖》、吴琚《[illegible]》、黄庭坚《[illegible]》（拓片）等传世法帖，以及张大千《东坡游赤壁图》、傅抱石《东坡游赤壁图》、苏轼《三洲岩题名》拓片等35件。

宋代尚意书风凸显了"人品"和"书品"的关系问题。"尚意"最终归结为"人""心""道"等层面的问题，书法被提升到文化层面去打量，突出其人文价值，因而"尚意"具有显著的人文主义特征。北宋中晚期，欧阳修、蔡襄、苏轼、黄庭坚和米芾尚意书法理论、实践，标志着尚意书法逐渐进入了高潮。上述诸子构成了"苏黄米蔡"宋四家。

中国书协主席孙晓云在视频致辞中表示，湖北是宋代尚意书法理论和实践的重要策源、传播和接受区域。本次书法展旨在围绕中华文明探源，做好中国书法探源，推动书法文物活化利用，展现宋代"尚意"书风主要书家的不朽之作，以及与荆楚地域的情缘情怀，梳理传统书法的发展脉络，赓续宋代人文书风，通过书法展览、研讨的古今对话，古为今用，激发书家们不忘初心，借古开新，为人民而书，为时代而书，努力创作出精品力作。

在省博同日开展的"当代临摹与创作展"，是面向全国知名书家邀请征稿，根据书家擅长方向、风格，逐一进行选帖沟通，力求所临摹法帖全面展现宋代书法"尚意"书风的精神内涵，并结合临古进行创作延伸，以达到"取法不悖法，学古不泥古"的艺术追求。

本次展览从9月27日持续至10月28日，观众需在湖北省博物馆官方平台预约进馆参观。其中苏轼《洞庭春色赋·中山松醪赋》、欧阳修《欧阳氏谱图序与夜宿中书东阁诗合卷》、蔡襄《洮河石砚铭卷》（传）、米芾《天马赋卷》（传），展出至10月12日。

实训图 4-8　《武汉晚报》10 版的新闻

趣味性：报纸会刊登一些奇闻轶事来增加趣味性，同样《武汉晚报》也有专门的娱乐版面，比如稿件《父子放大镜实验烧毁 2000 平草坪》。

3.《湖北第二师范学院报》

定位：校园媒体。

日期：2021 年 11 月 28 日。

版面：如实训图 4-9 所示。

新鲜性：校报一般为一月一期，头条新闻为 11 月 16 日的消息稿，所以相对而言，时效性比较弱。

重要性：校报的头版头条一般为学校的重大会议和决策、学校取得的重大成绩突破等内容。

接近性：对于学生而言，校报的新闻接近性最强，校报的消息稿件一般采用亮点稿的形

第01版:要闻

第02版:观察

第03版:讲述

第04版:专版

实训图 4-9 《湖北第二师范学院报》版面

式,也会增强受众的接近性。比如选择考研、就业、英语过级考试等选题。

趣味性:多样的版面内容,例如 4 个版面的侧重点都不同,以展示新闻内容的丰富性,提高阅读的趣味性。04 版为文艺版,刊登散文、书画等内容来增强对学生的吸引力。

(2)实训作业评析。

该作业从一个小的知识点切入,去理解选择稿件即刊用稿体现的新闻价值属性,会给人比较直观的感受。另外图文并茂,也容易理解。需要注意的是,案例选择时,对案例本身也要进行把关,比如新闻《父子放大镜实验烧毁 2000 平草坪》,标题中"2000 平"需要规范表达成"2000 平方米"。此种类型的作业,进一步提升的空间在于选择自己可以进行采访的媒体,如果能对编辑选择稿件的标准进行一些实质性访谈,将更有说服力。

2.实训作业评析(二)

(1)实训作业具体内容。

以"××"为选题,第一步,通过不同的稿件来源尽可能全面地进行稿件/信息收集,注意稿件的多元化;第二步,设计不同的情境进行稿件选择,加深对稿件选择的意义、标准的理解,熟练掌握新闻稿件选择的方法,比如根据之前组建编辑部的理念、编辑方针的确定,来选择合适的稿件,组建专版、专栏等,并阐明实训过程中所在编辑部进行稿件选择的标准和方法。详细内容见本章实训过程二。

实训作业主要内容如下。

第一步,稿件/信息收集。本编辑部五位同学进行了分工,如实训图4-10所示。

第二步,设计不同的情境进行稿件选择。

情境1:报纸版面评论版的稿件选择。可以从自拍安全角度进行原创,对选择的稿件再加工进而使用。机关报、都市报等媒体都可以选择这样的稿件。还可以从自拍心理的角度进行原创,注意对自拍心理的挖掘和引导。

情境2:微信公众号专栏文章。可以从自拍安全的角度、事实(故事)与观点(引导警戒)的角度,采用文字与视频稿件,形象直观;也可以从自拍神器的角度,进行趣味性的介绍,视频、图文相结合;还可以增添一些自拍小技能或是设置简单可行的互动游戏。

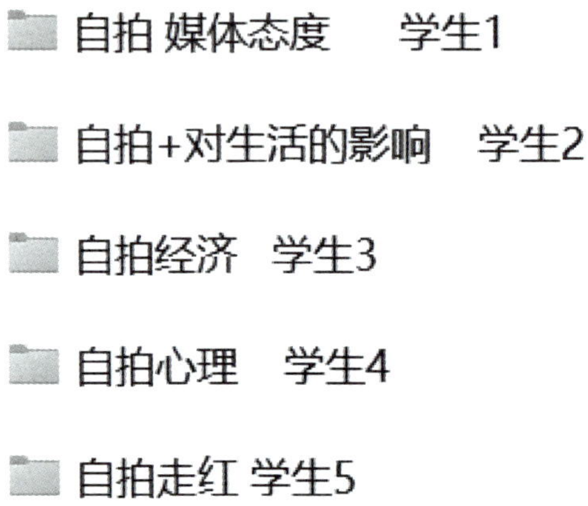

📁 自拍 媒体态度　　学生1

📁 自拍+对生活的影响　　学生2

📁 自拍经济　　学生3

📁 自拍心理　　学生4

📁 自拍走红 学生5

(a)

自拍 › 自拍 媒体态度　　学生1	
名称 ∧	大小
📁 超链接	
📄 客观态度	1,790 KB
📄 认可态度	873 KB
📄 质疑态度	1,673 KB

(b)

实训图4-10　编辑部五位同学稿件/信息收集工作的分工

第四章 新闻稿件的选择

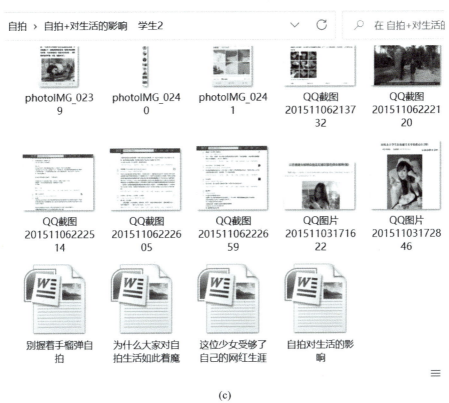

(c)

(d)

续实训图 4-10

自拍 > 自拍经济 学生3 > 自拍神器

名称	大小
"自拍神器"这根"神奇杆子"还能任性多久	105 KB
不只是自拍_索尼NEX_5R与奥林巴斯E_PL5_Wo...	1,393 KB
发明自拍杆的那个男人	725 KB
开一家自拍照相馆	27 KB
美图秀秀推自拍社交分享应用	188 KB
配件界的自拍神器自拍杆导购_打果子	1,553 KB
智能航拍无人机或将成自拍神器	59 KB
自拍杆_最新款相机和修图软件自拍神器你有几...	2,506 KB
自拍杆成今年两会新宠	19 KB
自拍杆热销排行榜_	563 KB
自拍鞋_解放双手的自拍器_	2,291 KB

(e)

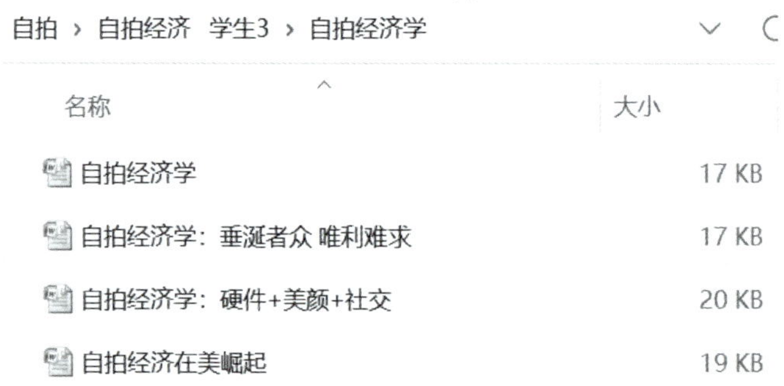

自拍 > 自拍经济 学生3 > 自拍经济学

名称	大小
自拍经济学	17 KB
自拍经济学：垂涎者众 唯利难求	17 KB
自拍经济学：硬件+美颜+社交	20 KB
自拍经济在美崛起	19 KB

(f)

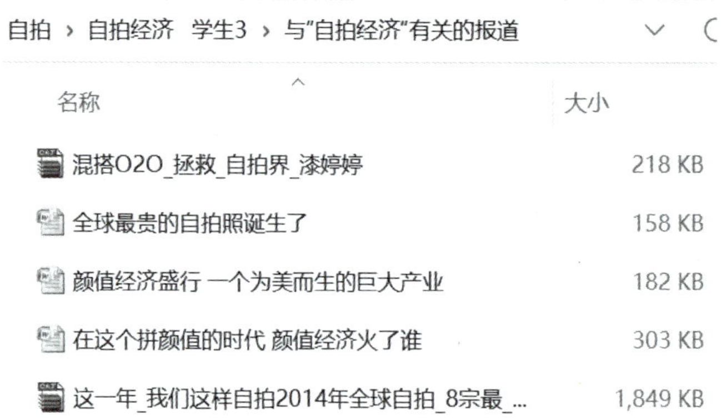

自拍 > 自拍经济 学生3 > 与"自拍经济"有关的报道

名称	大小
混搭O2O_拯救_自拍界_漆婷婷	218 KB
全球最贵的自拍照诞生了	158 KB
颜值经济盛行 一个为美而生的巨大产业	182 KB
在这个拼颜值的时代 颜值经济火了谁	303 KB
这一年_我们这样自拍2014年全球自拍_8宗最_...	1,849 KB

(g)

续实训图 4-10

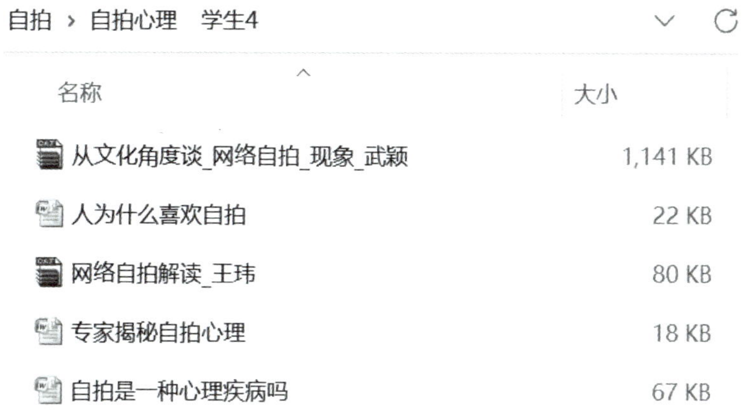

自拍 > 自拍心理 学生4	
名称	大小
从文化角度谈_网络自拍_现象_武颖	1,141 KB
人为什么喜欢自拍	22 KB
网络自拍解读_王玮	80 KB
专家揭秘自拍心理	18 KB
自拍是一种心理疾病吗	67 KB

(h)

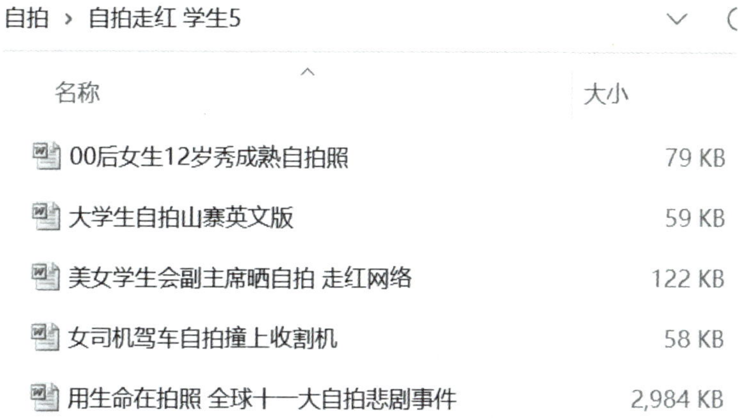

自拍 > 自拍走红 学生5	
名称	大小
00后女生12岁秀成熟自拍照	79 KB
大学生自拍山寨英文版	59 KB
美女学生会副主席晒自拍 走红网络	122 KB
女司机驾车自拍撞上收割机	58 KB
用生命在拍照 全球十一大自拍悲剧事件	2,984 KB

(i)

续实训图 4-10

（2）实训作业评析。

本作业介绍内容丰富，按要求逐步进行，完成了作业任务。信息检索较为全面，并能按照一定的标准进行分类，这有利于进行稿件的选择。信息种类多元化，如文字、图片、视频等，有利于不同形态新闻产品的设计和生产。每一位学生都对自己的内容进行了进一步的分解和分类，寻找不同的素材。逻辑清楚，内容丰富。为后期的稿件选择提供了丰富的内容，奠定了良好的基础。

第二步中设计不同的情境进行稿件的选择，虽然没有进行原创作品的实际写作，但是提供了选择思路，这对于该课程来说已经足够。最后，在情境设置中，能体现出该团队的责任意识、关怀意识，对社会问题予以关注和思考，并具有一定的深度，值得肯定。

第四节 实训教学的作业设计

一、实训一

1. 实训目标

认知稿件选择的意义。

2. 实训设计

在理论学习的基础上,进行实地面对面访谈或者远程访谈,在具体实践中认知稿件选择的意义。

二、实训二

1. 实训目标

理解并领会稿件选择的标准。

2. 实训设计

参与校报或者校外媒体的一个项目,对其稿件选择的实践进行跟踪,并实质性参与,领会稿件选择的标准。

三、实训三

1. 实训目标

分析代表性案例,加深体会,积累经验。

2. 实训设计

关注新近发生的重大事件,研究不同的媒体或者平台是如何选择不同的稿件进行报道的;必要时,对案例相关人员进行访谈,加深体会和理解。

第五章 新闻稿件的修改

本章导读

修改稿件,是选择新闻稿件的延续,很多稿件都是进一步修改才能使用。特别是在媒体融合时代,更要注意不同平台、不同稿件形态的修改原则、规范和规律。有句谚语说得好:井淘三遍出好水,文改三遍新意生。相较于新闻编辑制定媒体方针、编辑方针,对新闻报道进行选题与策划等宏观活动,稿件的修改包括前文的选择稿件都属于较为微观的编辑工作。对于"编辑是做什么的"这一问题,惯常的回答就是"改稿子"的。可见,修改稿件是编辑的一项基本工作,是整个编辑流程中的一个环节,有其规律性。在大众传播的链条里,编辑处于把关人的位置,编辑对稿件的判断与修改直接影响着稿件能否进入传播流程,进入大众的视野。编辑在稿件修改上是否下功夫,直接影响到稿件的质量。本章实训教学的理论知识主要解决新闻稿件修改的意义、对象、方式、方法,需要注意的问题等。实训教学的拓展文献旨在为本章的教与学提供参考资料,与时俱进拓展课本知识,并能提升修改稿件的认知和能力。实训教学展示与评价突出实训过程评价、课程思政评价,主要是对学生修改稿件业务能力的综合把握,还有对其导向意识和政治素养等的考查。实训教学的作业设计,旨在将理论与实践结合,提升学生修改稿件的动手能力。

第一节 实训教学的理论知识

一、新闻稿件修改的意义

新闻编辑选择稿件之后,需要对其进行修改完善,使其成品化。媒体融合背景下,新闻稿件不仅仅是文字稿件,还包括图片、音频、视频和其他新媒体产品;不仅仅指版面的编排修改和优化,还包括节目、栏目、界面、页面等。新闻编辑修改新闻稿件的意义主要体现在以下几个方面。

(一)符合新闻媒体报道的功能需要

新闻编辑是集大成者和总把关人,除了把握稿件的规范性之外,还需要用宏观的视野和整体驾驭能力,把握新闻媒体报道的导向功能,选择适宜的稿件,为信息传播和新闻宣传服务。

(二)完善稿件需要

被选中的稿件,很多时候只是"原材料",新闻编辑需要从内容和形式两方面对其进行修改完善。可以直接刊用的稿件几乎没有。所以新闻编辑需要改稿,让新闻稿件既能凸显新闻价值、宣传价值,又能满足编排的形式需要,比如标题的改写、标题的对称排版、稿件的压缩等。这一系列工作都需要编辑站在受众的角度,力求让稿件生动有趣、简洁明了,内容与形式俱佳,这样能帮助受众更好地理解新闻内容。

(三)适应媒体平台特征需要

媒体融合时代,不同的媒体平台具有不同的特征,对稿件的要求也是不一样的。新闻编辑修改稿件,需要适应大众媒体、社交媒体、融合媒体的特征,为其生产优质的、合身的、得体的新闻稿件,提升其传播力,而不是对内容进行简单的重复。而对其表现元素,如文字、图片、视频、音频等,也有其各自的修改规范、方法和规律。

改稿件离不开改,但也要"尽量不改"。所以修改稿件,需要注意处理好以下几方面的关系:一是处理好与记者、作者、通讯员等的关系,尊重作品,尊重作者;二是处理好与受众之间的关系,具备用户思维和产品思维,注重用户互动;三是处理好与报道对象之间的关系,多一些换位思考;四是处理好与媒体外的专家、公众等的关系,在修改稿件等新闻编辑流程中,发挥其优势,虚心请教,完善稿件,有时还可以征求他们的意见,或者请他们进行修改把关。

二、新闻稿件的校正

(一)政治性差错的校正

政治性差错多指一些导向性的或与党和国家的路线、方针、政策不一致甚至相违背的错误观点和提法。这些差错,有的是直接陈述出来的对相关理论、政策的不当表述,有的是通过字里行间表现出来的,可能会让人产生多种解读特别是误读的语句。

习近平总书记强调,新闻舆论工作各个方面、各个环节都要坚持正确的舆论导向。尽管新闻是客观的,但是新闻报道要有主张、有观点,新闻舆论也必然存在导向性、方向性、政治性。而且新闻宣传工作是政治性、政策性很强的工作,讲政治、讲导向是排在第一位的。总的来说,要加强马克思主义新闻观对新闻编辑工作的指导。

第一,政治立场正确,坚持党管媒体,落实党性原则。新闻编辑任何时候都要有政治把关意识。新闻编辑需要给事物准确定性,掌握政策界限,不能为了吸引读者的眼球而忽略新闻事件的本质,比如"标题党"等现象掩盖事件的本质特征,转移话题。

第二,坚持以人民为中心的工作导向。新闻编辑要以人民的根本利益为出发点,通过丰富多元的渠道为广大人民群众提供精准的高质量服务,平等对话,加强互动,满足人民群众的信息需求,进而促使人民群众的现实问题得到相关部门的重视而尽快解决,为社会稳定发展发挥积极作用。

第三,尊重新闻传播的规律。新闻编辑要将新闻的客观性与报道的倾向性相统一,辩证地看待问题,把握社会发展大局,尊重客观存在、客观事实,用事实和数据说话,坚持正确的传播立场,用恰当的形式表达内容,做到内容与形式的高度统一,尽展技术之能,做到形式为内容服务,达到预期报道效果。

第四,加强舆论引导和责任意识。主流媒体一直是舆论引导的主导力量。但在媒体融合时代,随着网络媒体的发展,受到网络舆论的挑战,舆论的主体和客体内容、渠道都有新的变化。主流媒体亟待建立起自主可控的新型传播平台,在重塑的舆论格局中打造自己的生态地位。主流媒体要在新技术条件下发挥在舆论上的导向作用、旗帜作用、引领作用。[①]

第五,增强法律意识的同时加强自律,遵守新闻职业伦理道德。修改新闻稿件需要从法律法规和伦理道德层面进行把握,注意法律的底线和伦理的边界,对新闻职业内外的认知差异有一个明确认知。新闻编辑需要有全局意识,把握相关的规约并在日常工作流程中贯彻执行。甄别、剔除或者校正不合乎法律法规、伦理道德的稿件,是新闻编辑应该坚守的原则。另外,对容易泄密的稿件也要特别重视。

政治性差错的校正是宏观的把握,需要在每一篇具体的稿件中去落实。新闻报道中的政治性错误或者导向偏差也有多种存在形式。一是文字报道的遣词造句中出现导向偏差,正面报道引发了负面舆情,即使诸如此类的报道是真实的,但一经媒体宣传,也会因饱受争议而对价值导向带来不利影响,比如报道"抗疫"典型人物时,写怀孕九个月的医护人员奔赴一线也属于导向性偏差。

二是有的政治性错误或者导向偏差出现在图片中,比如"抗疫"期间,政府要求所有市民出门戴口罩,但有的记者提供的特定场景下需要戴口罩的先进人物新闻图片,出现了不戴口罩的镜头。这种图片如果见报,就属于导向偏差。

三是政治性错误或者导向偏差是因排版而导致的。比如对新闻内容的版面位置安排不当,造成政治性差错或者让人产生政治层面的误解,这样就会产生不好的传播效果,犯政治错误。比如在"9·11"事件之后,某报上有一巨幅美国世贸大厦起火的图片,而旁边版面是某位国家领导人给全国第九届运动会火炬点火的照片,结果被认定犯了严重的政治性错误。

四是注意因技术性失误带来的政治性差错,比如因为输入法的失误而造成不良的政治影响。比如把"生活更美好"打成"生活更无好",把"总理"错成"总经理","捐款"错成"损款",这都是输入时惹的祸。所以,要想让媒体不出政治性差错,我们要在每个环节上严防死守,对于社会敏感问题更要慎重。

---

① 唐胜宏、彭琪月、韩韶君:《新技术条件下主流媒体舆论引导能力提升策略》,《新闻战线》,2021年第21期。

(二)事实性差错的校正

1. 真实

真实是新闻的生命。前面在分析和选择稿件的时候,编辑已经对稿件的真实性进行了相应的把关。在修改稿件时,新闻编辑不仅要从整体上对稿件再次把关,还需要对稿件每一个细节的真实性负责,一一进行调查核实。比如对信源的判断,不能道听途说,而要刨根问底,采访证实;要善于识别新闻稿件中不真实的因素,并消除它们。

新闻稿件中不真实因素的表现形式,主要有以下几个方面:一是无中生有;二是伪造;三是基于部分真实的主观添加;四是夸大或者缩小事实;五是片面而有失公正客观;六是因策划而导致的虚假;七是回避某些真实性存在而突出其他方面;八是局部真实而忽略事物的发展变化;九是技术造假导致的失实,比如PS照片;十是非专业人士提供的信源或者生产的新闻内容的失真;十一是引用别人的话不够完全真实;等等。

2. 准确

准确既包括内容的准确,也包括形式的准确。一要注意细节,对于字形相近、字音相同的字,要注意准确区分,正确使用。比如"冼"写成"冼","免"写成"兔","荼"写成"茶"。相比字形相近的字,同音字差错出现的时候更多,特别是因为拼音输入法的使用而出现的此类差错层出不穷。如"侦查"写成"侦察","惋惜"写成"婉惜";还有"长年累月"写成"常年累月","感谢"写成"赶写","我们"写成"我门"……不胜枚举。解决上述差错,一是需要细心谨慎,不要一味追求速度而忽略准确和正确性;二是需要根据字意、词意以及所处的语言环境来认真、仔细地辨析。

对准确性的把握,还要注意词语的误用。比如"今天因为我的到来而蓬荜生辉"中,"蓬荜生辉"一般是指客人到来,主人说因为客人的到来,使自己家蓬荜生辉,而不能说是因自己的到来,使主人家蓬荜生辉。有些成语词义较重,有些成语词义较轻,这就要求根据特定的语境选用轻重适度的成语,以避免大词小用或小词大用。例如:为了完成作业,他义无反顾地放弃了休息时间。"义无反顾"指道义上不容许徘徊退缩,只能勇往直前,而句中"为了完成作业"与"道义"无关。此句使用了语义程度较重的成语,属于轻重失当;这里可以改为"毫不犹豫"。

对准确性的把握,还要注意数字差错。有一家都市报2010年12月13日A5版刊登的《这里也许有您需要的》一文第4自然段第2行"截止到2011年11月31日"。11月是没有31日的。还有个别媒体把"2022年"误写成"2202年"。

对准确性的把握当然还包括诸多方面的内容,比如对专业用语、人名、时代变迁中的词语变化等准确性的把握。

3. 科学

这里很突出的便是科学报道。科学报道中的知识要正确,不能误导受众。科学报道传播的知识要科学,比如板蓝根可以治疗肺炎之类的新闻,会为公众认知公共事件和政府防疫工作添乱。当然,有一些不科学的因素是隐含在字里行间的。科学的另外一个含义便是不迷信,新闻稿件要避免涉及神仙鬼怪、盲目崇拜之类的内容。

4. 清楚

编辑的工作是为了方便受众理解新闻内容,而不能和受众玩"捉迷藏",要清楚地表达内容。首先,新闻各要素的表述要明确、清楚,不能给读者留下疑团。在报道中第一次提及的活动、机构等名称应该用全称,后面可以视情况使用简称,不能随意使用简称,所用的简称最好是约定俗成的、大家容易理解和接受的。需要注意的是,有些简称尽管是约定俗成的,但是意义特定,用在另外的语境中可能不严肃或者会犯政治性的错误,这样的就不要使用。

其次,媒体对缩写词也要谨慎使用,表达清楚。从语言的规范性上来讲,也不宜过多过滥。另外,对于网络流行语中的缩写词,也要慎重使用。2014年11月27日,国家新闻出版广电总局发出《关于广播电视节目和广告中规范使用国家通用语言文字的通知》,要求不得使用或介绍根据网络语言、仿照成语形式生造的词语。像"YYDS"(永远的神)、"GGJJ"(哥哥姐姐)之类词语的使用也要符合媒体和语言文字工作的相关规定。一方面,新闻媒体应该担负起推广普通话的责任,编辑在改稿时要注意语言文字的规范和标准,要注意把一些古文、方言、外国文字翻译成现代汉语和普通话;另一方面,也要考虑到新闻是对最新的社会变动的反映,对于一些已经被广泛接受的健康的流行语,可以在新闻稿中适当采用。2022年新改版的《现代汉语规范词典》收录单字12000余个、词目72000余条。本次修订增补了近千条新词语,包括"共享经济""新常态""碳达峰""互联网+""移动支付"等反映时代发展的热词,还收入了一些贴近日常的网络用语,如"网红""群聊""群主""脑补""脑洞"等。一些词语的新义项、新用法也被增补到新版词典中。这些有时代特点的流行语用在新闻稿件中能够表现社会的发展变化,是应该提倡的,但同时也要注意避免使用那些生造的、不合规范的、大多数人不明白的新词。①

最后,是表述上的清楚。比如"面对群众的利益,党员干部要主动往前站"表述不清楚,如果改成"面对群众的利益,党员干部要主动站出来维护"则清楚多了。

5. 统一

新闻稿件在表述清楚的同时,还需要实现表述上的统一。其一,新闻稿件中关于事实的表述前后一致,比如前面用"3000元",后面就不要用"三千元"表达同样的钱款;其二,新闻稿件中的长度单位、面积单位、重量单位等的表述方式应该与国家规定的或通用的方式一致。

那么如何发现事实差错呢?发现稿件中的事实差错,有以下几种基本的方法。一是分析法。新闻编辑在修改稿件时,应运用自己的知识储备、常识和经验对稿件的内容、表述方法以及作者的写作条件等进行逻辑分析和推理,发现稿件中的破绽和疑点,从而判定稿件内容的不可靠和不真实之处,或者是值得怀疑的地方。尤其要注意新闻稿件的内容违反常识或不合情理、前后矛盾、超越采访的可能性、消息来源的可靠性这几种情况。二是核对法。核对法超越稿件内容本身,依据权威性的资料进行核实、比对。权威性的资料包括权威的书

---

① 《〈现代汉语规范词典〉完成新一轮修订,增补近千条新词语》,2022年8月25日,https://baijiahao.baidu.com/s?id=1742064469741042507&wfr=spider&for=pc。

面材料和权威人士提供的信息。核对法对编辑提出了更高的要求,编辑需要掌握必要的文学地理常识、自然知识,不能出现常识性的错误。三是调查法。调查法通过直接的现场的观察、访谈来了解相关事件,并判定事件的真实性和准确性,从而为稿件的修改提供第一手资料。调查的形式主要有电话、信件和走访。不论是实地调查还是电话或信件,都应该向调查者讲清楚要求,说明需要核对的关键性问题,表达清楚意图,提高沟通效率。

分析法、核对法和调查法本身还有更丰富的内涵,修改稿件的具体过程往往更为复杂。在选择、修改稿件的过程中,往往综合使用这三种方法。

三、修改新闻稿件的方法

掌握新闻稿件修改的方法会让编辑在进行稿件修改的时候更加得力。新闻稿件的修改除了核定事实、修正观点以外,还需要根据稿件的版面、修改时间等限制去修改稿件的错别字、标点符号、篇幅长短、修辞手法等。修改新闻稿件的具体方法主要有校正、压缩、增补、改写等。校正就是改正稿件中事实、思想、语法、修辞、逻辑等各个方面不正确的地方。[①] 校正的具体操作方法有替代法、删节法和加按语法。压缩就是通过对稿件的删节、删句和删字,使原稿在内容上更加重点突出,在章节上更加紧凑,在表述上更加简练。压缩的具体操作方法主要有对新闻导语、新闻背景资料、新闻主体的压缩。增补是补充原稿件中需要交代而又遗缺的内容。增补的类型主要有增补资料、回叙、增补新闻事实。需要注意的是,所补充的内容要有确实可靠的根据,要有充分的可信赖的资料,同时也需要征得作者的同意,使得他们了解增补的情况与具体内容。对资料的运用,应该紧紧扣住新闻的主要事实且少而精,不能喧宾夺主。[②] 通讯社的新闻稿如果必须增补的话,可以另加"编者按"来进行,但一般情况下是不进行增补的。改写就是对原稿进行较大幅度的修改,可以说是重新写作,改变主题与角度,调整结构,使整个稿件条理更加清楚,更加方便阅读,使文章波澜起伏、引人入胜。改变体裁就是将原有体裁改为另一种更适合媒体需要的形式报道新闻,或突出原来稿件的某一部分,达到一种新的报道效果。编辑将传统媒介的新闻稿件改编成适合社交媒介的新产品形态,其实也是一种体裁的转换。改写的方法还有分篇和综合。分篇就是将内容比较丰富、篇幅较长的稿件分成若干篇稿件,突出重点,篇幅短小。[③] 综合就是将几篇稿件合并、改写成一篇稿件。在合并、改写过程中,要注意反映形势、突出经验、省去重复。省去重复时先分析稿件,再围绕主题进行组织。

四、修改新闻稿件应注意的问题

在修改新闻稿件过程中,我们要将稿件放到新闻传播的环境和新闻媒体的"参照系"中,确定最佳的修改方案。具体的参照有媒体的定位、特性与优势,受众的接受水平和心理状态,过去有关的同类报道,当时报纸稿件的总体情况和版面需要,等等。修改新闻稿件时需要考虑当时的实际情况与需要,确定修改人员等。稿件修改时要注意使用正确的校对符号,

---

① 蔡雯、许向东、方洁:《新闻编辑学(第四版)》,中国人民大学出版社,2019年,第189页。
② 蔡雯、许向东、方洁:《新闻编辑学(第四版)》,中国人民大学出版社,2019年,第205页。
③ 蔡雯:《新闻编辑(第四版)》,中国人民大学出版社,2019年,第214页。

充分尊重作者的意见,能不修改的就尽量不修改,尽量使稿件保留原有特色。修改稿件时,修改人员一定要认真细致,防止出现新的差错,还要注意语言的规范性,在使用有意义的新兴语言时也要考虑是否恰当。

修改新闻稿件需要遵循一定的程序。首先,我们要通读全文,分析稿件,确定最佳的修改方案,以及确定由"谁"来进行修改;接着,动手进行修改,可以是编辑着手修改,也可是编辑和作者一起进行修改;修改完成后,一定要反复进行检查、点校,以确保修改后的稿件没有差错。

第二节 实训教学的拓展文献

根据本章节内容,这里提供以下两篇拓展文献:《稿子写好后咋修改?4招改稿方法媒体人快收藏!》《新闻"三审"审什么,怎么审,出了问题咋处理?》。总体来说,两篇都是偏实务的修改稿件的指导性文献,在此基础上对学生进行稿件修改的常识普及,进而提升其稿件修改的能力。

一、拓展文献阅读(一)

这一篇拓展文献读起来很轻松,主要是给稿件修改支招。本文一方面让读者体会到了稿件修改的重要性,另一方面又对稿件如何修改进行介绍,让学生在故事中明白道理,在朴实的语言中去接受知识。"删一删""加一加""读一读""放一放",辩证地道出了四招改稿方法。

稿子写好后咋修改?4招改稿方法媒体人快收藏![1]

改稿:洗掉"萝卜"上的"泥"

法国作家莫泊桑带着一篇新写的短篇小说去请教福楼拜,他发现福楼拜桌上有厚厚的一叠文稿,而且每页都只写一行,其余九行都是空白。莫泊桑问:"您这样不是太浪费纸了吗?"福楼拜笑了笑说:"亲爱的,我一直有这样的习惯,一张纸上只写第一行,其余九行是留着修改用的。"莫泊桑听了,立即告辞,赶紧回家修改自己的小说去了。

小说写完要修改,新闻报道也一样。改稿的目的是洗掉"萝卜"上的"泥",让文章更干净。《人民日报》地方部副主任费伟伟认为:"任何作品只有反复修改才能臻于完善,新闻报道更是如此。因为新闻不是从容不迫的文体,新闻的写作往往也没有那么从容。常言道,萝卜快了不洗泥。写完报道改一改,去掉点萝卜上的泥。"

在费伟伟看来,稿子上的"泥"通常表现在整体结构和遣词造句两方面。

---

[1] 《稿子写好后咋修改?4招改稿方法媒体人快收藏!》,2020年4月23日,https://mp.weixin.qq.com/s/KnrV-kAjuPHHwbNA_bdB4g。

一方面，记者落笔前是有框架的，但一旦写起来就难免信马由缰，写着写着就偏离了起初的构思，交稿时间又在那里卡着，最好的选择就是通过修改进一步厘清思路，让文章逻辑清晰、脉络分明、理通文顺。

另一方面，仓促行文导致繁杂、便捷和快速的文字堆积，或枝蔓太多，或语言啰嗦，或用词不当，通过改稿可以删繁就简、琢句炼字，让稿件更加准确、鲜明、生动。

稿子写完是否要修改？资深记者、编辑们都给出了肯定的答案。

《人民日报》高级编辑许林谈道："我写完新闻稿或者其他文章，至少要审核修改三次，确认没有问题后才发稿。主要看新闻事实是否清晰呈现，文章逻辑是否合理，表达是否通俗简洁，标题是否吸睛。"

中央广播电视总台资深记者杜昌华也认为，改稿不仅仅是抠字眼，发现错别字、标点符号错误，而是要从文章整体格调、主题上去改。在改的过程中去感受，让文章有流畅、充沛的感觉，不要让读者有阅读障碍。

1. 删一删

自古文章尚短、尚精、尚简，新闻报道更应如此，因为受众接受新闻往往在匆忙间，利用的是碎片时间。短、精、简的报道提供的信息与观点比较清晰，更容易被接受、理解。

所以，改稿子就是把文章从厚改到薄，从繁改到简，这离不开一个"删"字。

如何删？费伟伟告诉"传媒茶话会"，删主要指成稿后要篇中删句，句中删字。删掉琐事和没有太多价值的信息，这些信息只会让故事的节奏变慢，影响文章生动性；形容词貌似丰富华丽，其实表达力很弱，虚词使用不当会令阅读索然无味，两者皆可删。

《光明日报》江苏记者站站长、高级记者郑晋鸣认为，"好的编辑是把长句子变短，把废话删掉，表达也不需要高级的词语和华美的文采，完全能表达真实意思就行了，不写废话，说读者能听懂的话，这就是最好的表达"。

鲁迅有一次给北大学生讲课时，在黑板上写了一个大大的"删"字，并且对学生说："你们问我写文章有什么秘诀，我也说不出，要说经验，略有一点，这个'删'字就是从我的经验中归纳出来的。"

2. 加一加

改稿，除了要做减法，也要做加法。

在郑晋鸣看来，一个好的故事，必须有细节信息呈现。编辑、记者不仅要善于删繁就简，也要添枝加叶。做加法就是把短改长，往故事里加细节信息，有细节才能打动人。

如何增加细节？郑晋鸣举了一个例子。3月21日，《财新周刊》发出《生死金银潭：一支医疗队的50天》的文章。文中提到，一位老大爷不幸去世，护士将遗体推出病房时，50米的路走了近8分钟。这么短的路，为啥走了这么久？因为路上遇到8名值班的护士，都肃立鞠躬对老大爷说"您一路走好"。他们为啥要这么干？文章交代得也很清楚：8名值班护士在这个送别仪式中，代表了他的亲友，对他的人生进行最后的告别，所以必须庄重。

费伟伟也谈道，在给年轻记者改稿中，发现他们的稿子存在文章不结实、描写不具体的问题，解决这个问题就需要做加法。拿语句长短来说，短词短句有力，但也不是每句都要短。

正如汪曾祺所说："语言的奥秘，说穿了不过是长句子与短句子的搭配……可长则长，能短则短，运用之妙，存乎一心。"

3. 读一读

读改法，就是稿子写完以后，读一遍甚至好几遍，在读的过程中，发现语义不畅、语句不顺、衔接有阻隔和跳跃的地方，然后随手改正。

费伟伟认为，读是让稿件文通句顺的最好办法，读还能感受文章的节奏与音乐感。他还举了一个例子。

普利策奖得主、美国记者迈克尔·加特纳认为，"改稿最好的方法就是朗读你的作品——大声地读。读的时候你会听到刺耳的词，冗赘的短语，还有那些看上去很好但听起来蹩脚的词和沉闷的短语"。

著名文学家叶圣陶谈稿件修改时谈道，修改稿子不要光是"看"，还要"念"，就是把全篇稿子放到口头说说看；也可以不出声念，只在心中默默地说。一路念下去，疏忽的地方自然会发现。下一句跟上一句不接气，后一段跟前一段连得不紧密，词跟词的配合照应不对头，诸如此类的毛病都可以发现。

"因为文字是书面化的表达，更正式、规范，但也难免太呆板。"在郑晋鸣看来，写完稿子读一遍，甚至几遍，在读的过程中，就能发现问题，并矫正过于书面化的表达，让文章口语化，而口语化的表达更能打动人、吸引人。

许林也认为，写稿最忌讳文件式表述，无论是标题还是内容，一定要远离文件式的文字，把文件精神通过通俗易懂的语言文字表达出来。语言清新，易读易懂，朴实简洁，既不跟风讨好，又不陈词滥调，是好记者的基本功。

稿子写完，读出来，时间允许的话，可以多读几遍，每读完一遍都会发现新的问题。而且，在读的过程中修改，可以让文风更朴实、简洁，充满口语化。而口语就像作者以一个朋友的身份和读者说话，给读者的感觉是个别聊天，最富有交流感。

4. 放一放

很多人写完稿之后都会觉得很有成就感，在喜悦之中无法发现文章的问题。这个时候，不妨把稿子放一放，"让子弹再飞一会儿"，尤其是不紧急的稿件。过些时候再修改，平复一下心情，从充满成就感的情绪中冷静下来，会从稿子中发现新问题。

中国古代很多文人墨客都推崇稿子写完后，先放一放这一修改方法。

宋代文学家唐子西，人称"小东坡"。他认为，文章在写完后暂时搁置，在之后的几天里反复修改，不断完善；清代文学名家唐彪也讲过，文章如果写完能修改就修改，发现不了问题的话，先搁置起来，之后就会发现问题，改起来很容易。

高级记者、范长江新闻奖获得者张显峰认为："人在写稿的时候，会陷入一种表达的冲动，往往是作者的视角。重要且不是特别紧急的稿件，我写完会放一放。只有放一放、冷一冷，抽身出来，才可能从读者的视角去看问题，这样你就容易发现：事实是不是交代清楚了，逻辑完整不完整，立场客观不客观，会滤去一些不必要的枝蔓和情绪。"

当然，新媒体传播环境下的写作更注重传播的时效性，"放一放"的时间，几个月甚至几天都不现实，但可以缩短放的时间。具体放多久，可以根据实际情况而定。

二、拓展文献阅读(二)

这一篇拓展文献对"三审"的基本原则、基本制度、基本标准、基本流程和基本职责,还有差错责任追究制度进行了介绍,内容具体、细致。它解答了"三审"制度是什么,以及怎么审等问题;同时也是一次"科普",因为许多同学对烂熟于心的"三审三校"的具体内容并不熟知。另外,我们还要树立一种观念,稿件既包括文字、图片、音频、视频和新媒体产品,也包括节目、栏目和版面、界面。不同的对象,其修改的侧重点也是有差异的。

────── (修订版)新闻"三审"审什么,怎么审,出了问题咋处理?[①] ──────

本文所说的稿件,既包括文字、图片、音频、视频和新媒体产品,也包括节目、栏目和版面、界面。

一、"三审"的基本原则

(一)文责自负原则

记者对其创作的稿件所引起的问题,承担主要责任。

(二)谁审核谁把关谁负责原则

负责初审、复审、终审的人员对其审核的稿件所引起的问题,承担岗位责任或领导责任。

(三)逐级审核原则

严格按照初审、复审、终审的顺序进行审核,初审、复审、终审三个审核环节中任何两个环节的审核工作不能由同一人担任。

二、"三审"的基本制度

(一)一般内容的审核

自采和转载的新闻内容,均实行"三审"制度,未经签字备案的内容一律不得发布。

(二)重要内容的审核

重要新闻(主要领导的重大政务活动,党代会、两会,重大舆论监督,突发事件、灾害事件、重大案件)的稿件、重要新闻的版面(栏目、界面),须经媒体主要领导审核签字发布。特别重大的稿件,须报送上级党委宣传部或有关部门审定。送审的稿件须有审定部门领导的签字备案。

(三)重点时期、重点时段、重要版面(栏目)内容的审核

重点时期、重点时段、重要版面(栏目)的内容,必须由媒体主要领导审核签字备案发布。

---

① 刘景义:《(修订版)新闻"三审"审什么,怎么审,出了问题咋处理?》,采访编辑圈,2021年6月23日,http://mp.weixin.qq.com/s?__biz=MzU0NzcyMDY0Mw==&mid=2247508351&idx=1&sn=b60119a934506025cc64c7639a7a6d99&chksm=fb48fdd3cc3f74c5c4a4b3766c1b921958b82f4599be04aaf2a363f318a4d5abda2928665ef9&mpshare=1&scene=23&srcid=1027cRXnyU5twvHF01YXFmSJ&sharer_sharetime=1666872196176&sharer_shareid=4fda25eff3e29ff18a6ad2040b6410b5#rd。

(四)重新发布内容的审核

重新发布的内容,必须按照"初审、复审、终审"的审核制度重审。重审不可以随意跳漏环节,未经重审签字备案的内容不得重新发布。

三、"三审"的基本标准

新闻内容发布"三审"主要是把好政治导向关、新闻事实关、语文差错关、技术指标关和创作技巧关。

(一)政治导向关

坚持正确的政治方向、舆论导向和价值取向,这是一条红线。

1. 必须符合国家法律和法规,不得含有下列内容。

(1)违反宪法所确定的基本原则。

(2)危害国家安全,泄露国家秘密,颠覆国家政权,破坏国家统一。

(3)损害国家的荣誉和利益。

(4)煽动民族仇恨、民族歧视,破坏民族团结。

(5)破坏国家宗教政策,宣扬邪教,宣扬封建迷信。

(6)散布谣言,编造和传播假新闻,扰乱社会秩序,破坏社会稳定。

(7)散布淫秽、色情、赌博、暴力、凶杀、恐怖或者教唆犯罪。

(8)侮辱或者诽谤他人,侵害他人合法权益。

(9)国家法律和法规禁止的其他内容。

2. 必须符合党的路线方针政策。

3. 必须符合中华民族传统美德和社会主义核心价值观,不得含有下列内容。

(1)传播粗俗、低俗、庸俗信息,或者其他在道德上令人反感的内容。

(2)宣扬拜金主义、个人主义、炫富仇富。

(3)宣扬西方价值观。

4. 必须符合各级宣传部、网信办、新闻出版和广播电视行政管理部门的各项管理规定和各种新闻宣传纪律。

5. 不以新闻报道形式做任何广告性质的宣传。

(二)新闻事实关(镜头语言关)

新闻要素齐全,新闻事实准确,文题必须相符,符合社会常识,信源采用可靠,新闻来源权威,这是一项基本要求。

1. 必须把好以下新闻事实关

(1)要坚持真实、全面、客观、公正的原则,深入新闻现场调查采访,充分了解事实真相,不得道听途说、推测编造新闻事实,不得依靠单一信息来源采写新闻报道,不得采用未经核实的社会自由来稿和网络信息,确保新闻报道做到真实、客观、准确。

(2)新闻要素齐全,新闻事实准确:时间、地点、人物准确,人物姓名、性别、职务准确,法律名词准确,专业术语准确,数字数据准确,计量单位准确等。

(3)新闻表述符合社会常识。

(4)文题必须相符。

(5)新闻内容超出时效。

2.必须把好以下镜头语言关

(1)摄录声音方面:声音过高过低、声音失真或出现杂音噪音。

(2)镜头拍摄方面:镜头不稳,运动不匀,画面偏色,镜头虚焦,画面过亮或偏暗,画面倾斜,主体不突出,构图不规整,景别单一等。

(3)画面剪辑方面:时空错乱,转场突兀,声画不对位,剪接节奏不合理,画面组接不符合蒙太奇规律,存在越轴镜头,接点跳闪,存在夹帧,镜头抖动扭曲,画面出现"马赛克",镜头重复等。

(三)语文差错关

语文知识正确,句法文法规范,这是一般准则。

(1)字词方面:注意易读错字,注意错别字,不要生造词语,不要多字落字,不要成语误用,不要词语重复,不要词序错乱。

(2)不要语句杂糅,不要硬凑句式。

(3)修辞方面:不要出现不当修辞。

(4)逻辑方面:不要归类有误,不要表意不明,不要不合逻辑。

(5)标点符号方面:要符合《标点符号用法》(GB/T 15834—2011)。

(6)数字用法方面:要符合《出版物上数字用法》(GB/T 15835—2011)。

(四)技术指标关

符合国家新闻出版和广播电视节目播出的有关技术规范,这是一条底线。

(1)稿件的重登重播、漏登漏播、错登错播。

(2)刊播日期、版次、版头、版尾、栏目、报花、片花、电头、署名、台标、角标、导视版、节目预告、台标演绎片等错误、遗漏或重复。

(3)广播电视节目声音、画面达到国家播出技术标准,视频中不能有夹帧、黑场、彩条、彩底等。

(五)创作技巧关

符合新闻写作、故事讲述、镜头拍摄、画面剪辑、版面设计的艺术创作规律,这是一项高标准要求。

四、"三审"的基本流程和基本职责

审核流程分为责任编辑初审、部门主任复审、媒体领导终审3个环节。自采的新闻内容,需要在初审之前增加一个记者把关环节。如果稿件不合格,就不得进入下一个环节。

(一)记者把关环节

记者把关环节是指记者主要把好新闻事实关(镜头语言关),同时也要把好政治导向关、语文差错关、技术指标关和创作技巧关。

发现稿件有不符合审核标准的情况,记者要及时补充采访、补充拍摄,及时修改文稿、修改画面。

(二)责任编辑初审环节

初审环节是指责任编辑主要把好稿件的语文差错关和技术指标关,同时也要把好政治导向关、新闻事实关和创作技巧关。

发现稿件有不符合审核标准的情况,或轻微的问题,责任编辑予以修改;对于严重的问题,责任编辑提出修改意见并退回记者修改。修改不合格,责任编辑再提出意见、退回修改。修改再不合格,稿件不予采用。因特殊原因采用的,稿件按零分处理。

(三)部门主任复审环节

在复审环节,部门主任主要把好稿件的创作技巧关,同时也要把好政治导向关、新闻事实关、语文差错关和技术指标关。

发现稿件有不符合审核标准的情况,或轻微的问题,部门主任予以修改;对于严重的问题,部门主任提出修改意见并退回责任编辑(记者)修改。修改不合格,部门主任再提出意见、退回修改。修改再不合格,稿件不予采用。因特殊原因采用的,稿件按零分处理。

(四)媒体领导终审环节

在终审环节,媒体领导主要把好稿件的政治导向关,同时也要把好新闻事实关、语文差错关、技术指标关和创作技巧关。

发现稿件有不符合审核标准的情况,或轻微的问题,媒体领导提出修改意见并退回部门主任(责任编辑、记者)修改;如果有严重的问题,稿件不予采用。

五、差错责任追究制度

对终审环节发现的差错和终审发布后发现的差错,要追究相关当事人的责任。对终审环节发现的差错,给予相关责任人经济处罚。对终审发布后发现的差错,给予相关责任人经济处罚和行政处罚。

(一)终审环节发现的差错

1. 政治导向差错

政治导向差错每次罚款××元,记者、初审责任编辑和复审部门主任分别承担15%、25%和60%的责任。

2. 新闻事实差错(镜头语言差错)

新闻事实差错每次罚款××元(注:应为政治导向差错每次罚款的1/2),记者、初审责任编辑和复审部门主任分别承担60%、25%和15%的责任。镜头语言差错每处罚款××元(注:应为政治导向差错每次罚款的1/4),记者、初审责任编辑和复审部门主任分别承担60%、25%和15%的责任。

其中本行政区以上领导姓名、职务、性别和镜头出现错误,每处罚款××元(注:应与政治导向差错每次罚款相同)。

3. 语文差错

语文差错每次罚款××元(注:应为政治导向差错每次罚款的1/4),记者、初审责任编辑和复审部门主任分别承担15%、60%和25%的责任。播音主持(或排版制作)出现的语文差错,按照这一处罚标准执行。配音出现的差错,追究播音员、文字记者、初审责任编辑、复审部门主任的责任,分别承担60%、20%、10%和10%的责任。

4. 技术指标差错

出现第一类技术指标差错每次罚款××元(注:应与政治导向差错每次罚款相同),初审责任编辑和复审部门主任分别承担一半的责任。出现第二类和第三类技术指标差错每次(处)罚款××元(注:应为政治导向差错每次罚款的1/4),初审责任编辑和复审部门主任分别承担一半的责任。

(二)终审发布后发现的差错

1. 经济处罚

(1)政治导向差错。

政治导向差错每次罚款××元(注:应为终审环节发现政治导向差错每次罚款的10倍),撰稿记者、初审责任编辑、复审部门主任和终审媒体领导分别承担10%、10%、20%和60%的责任。

(2)新闻事实差错(镜头语言差错)。

新闻事实差错每处罚款××元(注:应为终审环节发现新闻事实差错每处罚款的2倍),镜头语言差错每处罚款××元(注:应为终审环节发现镜头语言差错每处罚款的2倍),其中本行政区以上领导姓名、职务、性别和镜头出现错误,每处罚款××元(注:应与终审发布后发现新闻事实差错每处罚款相同)。记者、初审责任编辑和复审部门主任分别承担60%、25%和15%的责任。

其中本行政区以上领导姓名、职务、性别和镜头出现错误,每处罚款××元(注:应为终审发布后发现政治导向差错每次罚款的1/2)。

(3)语文差错。

语文差错每次罚款××元(注:应为终审环节发现语文差错每处罚款的2倍),撰稿记者、初审责任编辑和复审部门主任分别承担15%、60%和25%的责任。

播音主持(或排版制作)出现的语文差错,按照这一处罚标准执行。配音出现的差错,追究播音员、文字记者、初审责任编辑、复审部门主任的责任,分别承担60%、20%、10%和10%的责任。

(4)技术指标差错。

出现第一类技术指标差错每次罚款××元(注:应为终审环节发现第一类技术指标差错每处罚款的2倍),初审责任编辑和复审部门主任分别承担一半的责任。

出现第二类和第三类技术指标差错每次(处)罚款××元(注:应为终审环节发现第二类和第三类技术指标差错每处罚款的2倍),初审责任编辑和复审部门主任分别承担一半的责任。

2. 行政处罚

对一年之内出现3次政治导向差错,或3次第一类技术指标差错,或5次新闻事实差错,或10次镜头语言差错,或10次语文差错,或10次第二类和第三类技术指标差错的当事人,调离工作岗位,且当年不能评为先进工作者和专业技术优秀等级。

对于特别重大的政治差错,除了按照上述规定处罚外,还视具体情况给予差错责任人记过、降职、辞退、开除等处分,由单位领导班子讨论决定。

第三节 实训教学展示与评价

根据本章内容的重点和教学目标,实训作业展示给出了几种不同的实训方式。第一个实训展示是稿件修改,学生不仅需要提供修改意见,指出问题,表明为何如此修改,还要动手修改稿件,并呈现修改后的稿件。这是稿件修改的基本技能,可以提升学生动手能力,避免其出现"眼高手低"的状况。

第二个实训展示是同侪互评的方式,这样能提升互动性、主动性,增加互评双方的责任感。同时,不仅从微观层面给出具体的修改意见,包括细节的修改,还有宏观层面的整体评价。这对学生来说具有一定的挑战性,教师可以根据实际情况进行把关,点评学生的评价,即"评价之评价"。这样不仅让学生知其然,还知其所以然;让学生知道自己看到了什么,还有什么是没有认知到的,以此优化同侪互评的效果。

第三个实训展示是原稿与修改稿的对比,在对比的基础上去发现修改的好处。选择了评论的修改,因为评论是学生需要掌握的一个重点。而在实际的写作和修改中,学生往往有一些问题把握不准,比如从材料中提炼观点的准确性不足、对概念及专业名词的阐释不精、结构安排欠妥等。在实训过程中,可以根据学生的特点,特别是短板,针对性强化训练。

一、实训概述

1. 实训目标

通过此次实训,让学生掌握发现事实差错的方法、订正事实的方法,了解新闻稿件中观点失当的表现及立场观点修改的方法。同时让学生将该章节所学知识与第四章"新闻稿件的选择"所学知识结合起来,从宏观和微观上理解我国的新闻事业,选择和修改出高质量的新闻稿件进行传播,为社会主义新闻事业服务。

2. 实训过程

(1)认真阅读教材上的相关内容,对新闻事实的核实与订正、新闻稿件中立场观点的修正、行文方式的修改等知识从理论上有一定的把握。

(2)查找相关案例,对比修改前的新闻稿件与成稿,谈谈这样修改的好处。

(3)结合自身的实习、实践经验,总结在媒体实习时,编辑对稿件是如何进行修改的,并谈谈自己的收获。

(4)对一篇具体的新闻稿件进行修改。

3. 效果评价

此实训进行分层评价。第一层,理论知识学习,能够掌握教材基础知识。第二层,信息搜索能力，寻找新闻稿件修改的相关案例，对其做出分析。第三层，理论结合实践，结合自身实习经历，讨论在现实的媒介运营中，编辑修改新闻稿件的方法。第四层，知识迁移，能够针对具体的新闻稿件进行修改。针对作业内容所处的不同层级，给出针对性、差异化的评价。

二、实训案例评析

1. 实训作业评析（一）

（1）实训作业具体内容。

稿件修改实训：对原稿给出修改意见并着手进行修改，展示修改稿。

◆ 原稿及修改建议（下划线标注字符为部分修改建议）

Unity 宣讲会在计算机学院召开

本网讯（通讯员×××）10月20日下午2点，Unity 宣讲会在我校 S4112（实验楼 S4112 教室，需要规范和清楚表达）召开。Unity 是实时 3D 互动内容创作和运营的平台，Unity 大中华区技术客户经理李伟与教育行业经理丁永军分别围绕 Unity 在各行业的技术分享和 Unity 就业市场分析的主题对我校计算机学院学子展开宣讲。

讲师李伟分别从游戏、电影、电商和建筑设计四个领域分享（与前面重复，改为"分析"）了 Unity 在各行业的现状。在游戏领域中，李伟提到学习 Unity，需要掌握（这里缺一个主语）一定的编程语言或美术设计功底才能进行游戏开发，开发人员的构成分为美术、策划和程序。在电影领域中，"大多数电影的特效以及动画电影等都可以使用 Unity 制作，但 Unity 行业现在大量缺少技术美术人才"，讲师李伟说道。在电商领域中，李伟向学生们分享（又与之前重复，改为"演示"）了使用 Unity 软件，可以将淘宝中的产品进行 3D 全方位的展示。在建筑领域，Unity 可以实现 AR 混合现实技术的制作，提高行业的工作效率，为工作人员带来全新的体验。

讲师丁永军则对于 Unity 的就业市场进行了分析，首先（缺主语）指出 Unity 是全球领先实施 3D 内容创作和运营的平台，而后对于 Unity 在工业、建筑行业（上文出现过相关内容，这里与上文重复）的应用以及产品技术的能力进行分享（又重复，改为"演示"）。之后以图表的形式向学生们呈现了 Unity 人才在各行业分布的比例，年收入区间和在各行业、各城市的分布，将其就业前景详细地展示了出来。最后介绍了现今 Unity 所施行的人才培养计划，并在会议的最后设置了提问环节，解答了学生们对于这次宣讲的疑问。

点评：全文用词重复，"分享"出现了4次，消息稿中要求的学生的感受也没有出现。

◆ 修改稿

计算机学院举办 Unity 宣讲会

本网讯（融媒体记者×××）10月20日下午，Unity 宣讲会在实验楼 S4112 教室举行。Unity 是实时 3D 互动内容创作和运营的平台，此次的讲师为大中华区技术客户经理李伟与教育行业经理丁永军。

在游戏领域中，李伟提到开发人员的构成分为美术、策划和程序三方面，学生需要掌握一定的编程语言或美术设计功底才能进行游戏开发。在电影领域，大多数电影的特效以及动画电影等都可以使用 Unity 制作。此外,他还在宣讲会现场操作了 Unity 软件,对淘宝中的产品进行了 3D 展示。

丁永军首先对 Unity 在工业、建筑行业的应用以及产品技术的能力展开介绍,之后以图表的形式向学生们呈现了 Unity 人才在各行业的分布比例和年收入区间,并介绍了现今 Unity 所施行的人才培养计划。宣讲会最后设置提问环节,解答了同学们的疑问。

(2)实训作业评析。

该实训作业按要求完成,优化了稿件,注意到了稿件中突出的问题——表述问题,比如语句重复、上下文重复、不简洁等问题,并在修改稿中一一纠正。在宏观和微观上对稿件都有较好的把握。总之,相对于原稿,修改稿有了很大的进步。

2. 实训作业评析(二)

(1)实训作业具体内容。

同侪互评稿件,给出修改意见及整体点评意见。以下 A 篇和 B 篇分别是两位同学的稿件,同侪交叉互评(下划线标注字符为修改建议)。

A 篇

可否给出身"寒门"登"高堂"的机会?

"就因为本科就读的不是"211"高校,找工作屡屡碰壁。"这几天,武大校园 BBS 上的一则"吐槽帖"异常火爆,众多大学生热议"本科非"211""现象。

发帖者是武大的一名博士生,找工作时因第一学历非"211"院校而屡遭挫折。眼下逐步进入应届毕业生求职高峰期,笔者在近期(改为近期在)人才市场招聘会上发现,一些名牌高校的硕士、博士求职却屡遭被查本科"出身"的尴尬。即使硕士、博士都出自"名门",如果本科不幸"沦落"到非名牌院校或二本,用人单位只需一则招聘简章,就能轻松让你出局。(前后重复)

而此帖一出,想必挫伤了很多"考研党"(此种叫法来得很突兀,不要刻意追求新名词)的士气,尤其是那些本科是二本院校的正在积极准备考研的"考研党"们。许多二本院校的考研学生表示看到此新闻都有心灰意冷之感。

用人单位在招聘硕士或博士时,一味追求"本科出身"并不科学,因为即使是那些二本、三本的学生,如果没有科研兴趣和钻研精神,想获得名校的硕士或是博士文凭也还是比较困难的,能留下来读完博士的学生,理论和实践的能力一般都比较强,甚至比那些本科出身名校的硕博士科研能力还要强。

许多二本大学的大学生通过自己的努力去考研、考博,就是希望通过自己的努力去弥补高考的失误,为自己的人生赢得一个新的起跑点,但是最终因为第一学历的不过关(这里加个逗号,全句才顺畅)所有的奋斗和心血付之东流。在此批人中,很多有能力的人却因此被社会高层(如何理解)所遗弃,不能不说我们社会又缺少了关爱和理解。(有空发议论的嫌疑)

这样的要求(上下文连接有点问题,逻辑上不是很顺畅)不仅让正在奋斗的非"211"

"985"院校的考研学生十分恐慌,也给那些正要准备高考的学生无形中带来压力。如果高考考不上重点大学,那就预示着将来找不到工作。这样的想法蔓延开来,高考的竞争压力就会更大,学生选择去重点高中上学就会成为趋势,义务教育的压力就会增大,学生的学业压力也会随之增大。同样,选择复读的学生人数也会剧增。如此下去,试问给学生"减负"还有没有作用?试问那些有较强的实践能力的普通大学毕业的硕士或博士该何去何从?

招聘单位抛弃教育新形势下的"门第观",为出身"寒门"非"211""985"院校的学生一个机会,给所有梦想奋斗的有志青年一个平等的舞台,利人利己,岂不更好?

【整体评语】

这篇稿件能抓住新闻热点,由一个帖子引发思考,有现实针对性,也很有意义。但是整篇下来,最大的缺点就是缺少逻辑,有一种想到哪儿说到哪儿的感觉。此种现实给不同的人带来的影响各不相同,由此延伸的问题是什么,怎么安排这个逻辑,是需要进一步思考的。同时稿件中多处二本院校应为非"211""985"院校。

如果是评论,就要按照议论文的写法,提出论点,并层层推进论证,还需要论据,不能仅发表主观意见。如果想写通讯,就不能仅由作者发表言论,要通过不同人的说法和背景资料来表达。

B篇

校园建设应"以人为本"

从迎接本科评估开始,我校对校园的基础设施进行大规模整改,包括整修道路、粉刷教学楼、绿化校园等。校园环境与硬件设施都得到一定程度改善,但"南二门问题"却悬而未决,引发师生不满。(应直接突出问题,引入正题)

经我校南二门可直接抵达公交站,故南二门成为学生出行的必经之路。今年上半年,学校在南二门附近修建起围墙和栏杆,南二门名存实亡。西区的学生想坐公交或者到对面的学生街,需要绕行至南大门再返回,出行路程增加了一半(?)。雨天出行,更是常常全身淋湿。此外,校车路线依旧为西区宿舍到原南二门。为了求方便,学生们开始选择从南二门的栏杆宽缝隙处进出校园。9月13日下午,笔者在栏杆旁进行了一个简单统计,5分钟内有146人攀爬栏杆进出,其中包括3个小孩、4个老人。且不说爬栏杆的行为何其不雅,栏杆底下杂草丛生,而且水泥台子距地面太高,若出现学生因爬栏杆摔伤的事件,到底谁来负责呢?(不仅仅是这些问题,应该还有其他问题)

学校完善设施规划校园(太浓缩表述不清楚)的目的是给学生营造一个更好的学习与生活环境,但是南二门的整改却给师生带来极大不便。笔者在此呼吁:学校规范化建设固然可喜,但是也应以人为本,把方便学生日常生活放在校园建设的首要位置。

【整体评语】

稿件突出了作者的新闻敏感度,而且辅以现场观察,真切真实,有很强的现实针对性和问题的紧迫性。稿件的标题可以再加工,比如将主标题改为"规范与以人为本不应冲突",原来的标题做副标题。

这个稿件建议进一步采访学校相关部门,这样可以突破表层的现象和质问,更进一步地发掘问题,并促成问题的解决。

(2)实训作业评析。

这次的实训作业按要求开展同侪互评,文中批注主要是从微观上进行把握,整体点评能纵览全局进行把握,体现了两位同学对稿件修改有了一定的认知。B同学对A稿件的把握,从稿件的改写,比如改写成评论或通讯,需要怎么处理稿件给出了实质性建议,这很好。A同学对B稿件的优化提出了具体的建议,比如对采访对象的拓展,主题如何升华且在标题中得以体现,将标题的拟定和修改的相关知识也充分运用了起来,做到知识融会贯通,很好。

3. 实训作业评析(三)

(1)实训作业具体内容。

比较下面的初稿和修改稿,并分析修改的好处。

根据以下材料,写一篇600字左右的评论。

一直以来,直播打赏就是一个饱受争议、热度很高的话题。在国家网信办、文化和旅游部的指导下,中国演出行业协会网络表演(直播)分会正在参与制订《主播账号分级分类管理规范》和《直播行业打赏行为管理规则》。《直播行业打赏行为管理规则》出台的主要目标是解决目前网络直播中存在的激情打赏、高额打赏和未成年人打赏三大问题,未来将通过行业自律的方式对上述三种打赏行为加以限制和规范,将限制高额打赏,设置打赏冷静期。

◆ 初稿

设置打赏冷静期:直播平台的应有之义

近日,在国家网信办、文化和旅游部的指导下,中国演出行业协会网络表演(直播)分会正在参与制订《主播账号分级分类管理规范》和《直播行业打赏行为管理规则》。据悉,其主要目标正是为了重点解决目前网络直播中存在较大争议的激情打赏、高额打赏和未成年人打赏三大问题,将为用户设置"打赏冷静期"。

所谓激情打赏就是指一些缺乏理智的消费者在观看直播时,出于当时的冲动情绪而在短时间内进行多次打赏,从而导致自己的财产安全受到损失。而在这当中,直播平台作为"主办方",以资本为本位忽视道德获取利益的行为,长期来看不仅有损行业发展,更有损社会进步。针对这类行为,直播平台必然需要承担起相应的责任。为此,给用户设置冷静期,不失为一个合理之策。

"打赏冷静期"可以通过设置打赏次数上限,每日打赏次数超过上限即对用户发出警报或账号保护等方式来实现。这样一来,网络直播中的高额打赏也会受到限制,以避免"天价打赏"情况的出现。

而对于向来争议最大、纠纷最多的未成年人打赏行为,直播平台通过人脸识别等技术手段对未成年人的打赏行为进行甄别,也能够在一定程度上形成有效的制止。事实上,面对网络中的种种诱惑,针对未成年人的管制显得尤为重要。除了直播平台需要做好其"应有之义"以外,家庭教育、学校教育和社会教育三位一体的教育体系,在引导学生提升自我防范意识方面是十分有必要的。

正所谓,一掷千金需谨慎,莫待无钱空叹息。维护互联网的清朗环境不仅需要加强法律制度的监管,更需要培养网友们的自律意识和媒介素养能力,理智地对待直播打赏,才能在网络世界里安全地畅游天下。(654字)

◆ 修改稿

设置打赏冷静期：直播平台的应有之义

近日，在国家网信办、文化和旅游部的指导下，中国演出行业协会网络表演（直播）分会正在参与制订《主播账号分级分类管理规范》和《直播行业打赏行为管理规则》，其主要目标正是重点解决目前网络直播中存在较大争议的激情打赏、高额打赏和未成年人打赏三大问题，将为用户设置"打赏冷静期"。不难看出，针对目前直播平台出现的各种问题而言，给用户设置冷静期，不失为一个合理之策。

一直以来，直播打赏就是一个话题不断、争议不断的领域。在日常生活中，我们能够经常看到类似的新闻："丈夫打赏网红女主播77.8万元"；"9岁女童打赏主播3万余元"；"熊孩子看直播偷刷大游艇花光家里10万积蓄"。对于成年人而言，激情打赏和高额打赏等非理智行为必然会导致自身的财产受到损失，而对于更加缺乏理智思考能力和判断力的未成年人而言，直播打赏行为更是危害极大，不仅会造成家庭财产的严重损失，更不利于对未成年人理性消费观念的培养。

毋庸置疑，网络直播作为一个新兴行业，对其盈利渠道的规范化管理是直播平台的应有之义。直播平台作为"主办方"，以获利为本位忽视道德的行为，长期来看，不仅有损行业发展，更有损社会进步。针对这类行为，直播平台必然需要承担起相应的责任，通过设置打赏次数上限，以及对用户提出警报或账号保护等方式，避免"天价打赏"行为的出现。

正所谓"一掷千金需谨慎，莫待无钱空叹息"，直播行业的持续健康发展，不仅需要直播平台的规范化管理和法律制度的监管约束，更需要网友们的自律意识和媒介素养，学会理智地对待直播打赏，才能在网络世界里安全地畅游天下。（644字）

◆ 修改的好处

比较两稿，修改稿的首段即亮出中心论点——不难看出，针对目前直播平台出现的各种问题而言，给用户设置冷静期，不失为一个合理之策。初稿第二段像名词解释一样，没有必要，不能把新闻评论写成名词解释。修改稿有理有据，用事实说话，在让人感受到问题严重性的前提下，针对性地提出解决问题的措施。一方面体现了较强的行文逻辑性；另一方面，按照整体的评论对象，主要从平台的规范管理和网友的自律两方面提出建议，评论范围把握得较为精准，掌握好了边界。

（2）实训作业评析。

对两稿的对比分析较为精准，能准确把握修改稿件的要义，而且对评论的特征把握较为准确。总之，作业完成得不错。

第四节 实训教学的作业设计

一、实训一

1. 实训目标
从实际出发,掌握新闻稿件修改的方法及注意事项。

2. 实训设计
结合自己的实践经历,谈谈编辑对新闻稿件是如何进行修改的。

二、实训二

1. 实训目标
找出下面文字存在的错误,并予以修正。

2. 实训设计

××市政府开始整顿歌舞厅管理秩序

最近,××市政府开始着手整顿歌舞厅的管理秩序。据有关人士透露:××市现有47家歌舞厅。这些歌舞厅出现了流氓滋扰、酗酒闹事等现象。

近日,××市文化局、公安局、工商行政管理局联合制定了《××市歌舞厅管理暂行办法》,对歌舞厅负责人的文化程度、政治素质、业务素质、艺术修养以及歌舞厅的营业时间都做了具体规定,新开办的歌舞厅必须经过文化局、公安局和工商行政管理局批准后,方准营业。对违反规定的,视情节轻重给予处罚。据悉,该暂行办法将于4月20日正式实施。

今天上午,××市政府召开近郊8个区、市有关负责同志会议,贯彻《××市歌舞厅管理暂行办法》。在会上,××市委副书记×××同志强调:为保障歌舞厅健康发展,维护群众文化生活秩序,要将歌舞厅纳入依法管理的轨道。

××市委宣传部部长×××和副市长×××参加了今天的会议。

◆ 实训二答案

该新闻稿存在如下四大问题。
(1)"最近""近日""今天上午",时间交代烦琐。
(2)文字表达欠妥,"据有关人士透露""8个区、市"的用词不合适。
(3)把尚未发生的事写进新闻会议消息,与本消息内容比较,缺乏针对性。
(4)会议消息的痕迹比较重。

◆ 修改后

××市政府开始整顿歌舞厅管理秩序

新华社××4月6日电 ××市政府开始着手整顿歌舞厅的管理秩序。

据介绍,××市现有47家歌舞厅。这些歌舞厅出现了流氓滋扰、酗酒闹事等现象。

最近,××市文化局、公安局、工商行政管理局联合制定了《××市歌舞厅管理暂行办法》,对歌舞厅负责人的文化程度政治素质、业务素质、艺术修养以及歌舞厅的营业时间都做了具体规定。

××市政府今天召开城郊有关负责人会议,提出维护群众文化生活秩序,要将歌舞厅纳入依法管理的轨道。

三、实训三

1. 实训目标

压缩稿件。

2. 实训设计

将下面的稿件进行压缩。

×××棒垒球场上丰富多彩的青春活动进行时

(本网讯×××)5月5日晚,×××棒垒球场上的路灯一盏盏亮起,和主舞台显示屏上红色的大字"喜迎二十大·永远跟党走·奋进新征程"交相辉映。"我是一路唱着团歌来的,操场上有很多有意思的小摊子,最主要还是今天操场上有为了庆祝中国共青团成立100周年举办的音乐团课。"新闻与传播学院2020级广告1班×××说道:"一边唱着团歌,一边逛着咱们大学生青年的小摊,整个操场的氛围真好。"

疫情在校期间,大学生们对于美好的初夏憧憬被止步,预备的五一旅行计划被搁浅,疫情的到来,让大学校园散落着些许遗憾。但在×××的校园操场上,青春的欢愉正在以另一种方式绽放。

在操场西侧的音乐团课现场,参加比赛的同学们穿着各色演出服,或激动地列阵排练准备着,或在舞台上全身心投入歌唱表演。现场气氛活跃,台上表演精彩连连,周边观众手持荧光棒欢呼着打节拍。

而在操场的另一端,三五成群的小团体就像洒落在操场的繁星,有摆摊的、玩游戏的、打羽毛球的,等等。记者随机采访了在操场另一边摆摊的大学生摊主们。

"我是艺术学院爱心工艺社的前任外联部部长,平时在社团负责授课。另外我们都是美术学专业,课上有学习书法和篆刻课程,所以寝室四个人都会一些小手工制作方法。"2019级美术学专业×××说道,同时她也是操场上最早一批开始摆摊做小生意的大学生店主,截至5月5日已经摆摊两三周了。"哈喽!请问你们接定制吗?我有个扇面想请你们画一下。"小摊的客人络绎不绝,"当然可以!"×××和舍友们的摊位主要经营自制书法书签、手绘水墨画扇面和串珠手工艺品,"这些都是我们自己买材料制作的,在社团和课堂上学到的小手艺不能浪费了呀!"

在操场的西侧角落,有一个小摊位打着暖黄色的光。"今天是'我是买蛋糕的'小店开业第三天!我们有提拉米苏、慕斯蛋糕,还有'绿码通行'小蛋糕,"圆圆脸的摊主女孩说道,"我现在大一,就是想在大学里行动起来,早早就开始干点自己喜欢的事情,自我感觉很有意义,相信未来回忆起来也是很美好的。"

操场跑道的一边,摆满了各式鲜花绿植,有康乃馨、月季、乒乓菊、文竹等,还有一大箱引人注目的多肉盆栽。"我是大学生创业中心的创业学生,现在大二了,我们小店的口号是'贩卖浪漫,陶冶人心,卖学校里最便宜的鲜花和水果'!"2020级动画1班的×××笑着说。

"我们是330手工奶油胶寝室小店!"这个全员室友的小店今天是第二天摆摊了,大四的她们即将离校,在大学课程结束、论文提交后最后的大学空闲时光,330寝室室友们一起在网上购买材料,在网上现学手艺,就风风火火地在操场上摆起了小摊,主要给顾客提供机会享受DTY的过程。"马上毕业了,这将会是我们330寝室全员难忘的记忆。"

操场的东边角落则是打羽毛球、排球的健身群,整个操场就像一个特殊的生态群落,丰富多彩而又井然有序。

"我们在操场上举办活动前,都要收集参与人员的健康码与核酸证明,即使全校一直在进行'三天两检'核酸检测,我们依然不敢放松警惕。"艺术学院×××老师说道,"操场氛围积极向上,有些学生制作书法、手工作品摆摊学以致用,这是好现象。未来校方也会对操场摆摊行为进行一定的管理,合理规范操场活动。"

疫情终会消散,但大学生对美好生活的追求永不止步。有的人在感叹"被疫情偷走的大学时光",而有的人却已经主动调适生活状态、积极做出改变,并收获多多了。棒垒球场上的大学生们用实际行动向大家展示了"用积极乐观的心态去面对生活,个人也可以大有作为"的积极生活态度。正如《北京青年报》三月对《"被疫情偷走的大学时光"也是精神成长的见证》的评论所言:这段看似被疫情偷走的大学时光,何尝不是正在收获新的大学里程中成长的良机?与其计较得失,忧虑明天,不妨放下心来,珍惜当下,竭尽全力感受青春美好大学生活的厚重与丰满。

◆ 参考答案

校园外的快乐,这里也有

本报讯(记者×××、通讯员×××)市集、演出、运动……少男少女们嬉笑打闹着逛吃逛吃。5月11日晚,×××校园内的棒垒球场上活动丰富,手机光、灯光、荧光星星点点。校园因疫情防控封闭管理,该校的大学生们自发组织活动,丰富夜生活,拉近心与心的距离,减少因不能外出带来的遗憾。

"我的地盘就听我的……"操场的西侧是音乐现场,有学生在表演,有学生欢呼打着节拍,似一个微型音乐节;东侧是打羽毛球、排球的健身群;而在操场另一端,有人在练摊,有人在玩游戏,有人在聊天交友。艺术学院×××的小摊上摆满她的手工作品,包括DIY书法书签、手绘水墨画扇面和串珠手工艺品等。"都是我们自己亲手制作的,在社团和课堂上学到的手艺,不能浪费!"

"我们是330手工奶油胶寝室小店!"大四的她们即将离校,室友们通过网络购买材料,现学手艺,摆摊给同学们提供DIY的体验机会。"这将会是我们330寝室难忘的记忆。"

"今天晚上没课,所以和同学一起来转转,有表演,有市集,像个迷你嘉年华,氛围真好!"2020级广告1班×××说,与其感叹校园封闭管理,不如主动调整适应,不负大学生活。

第六章 新闻标题的制作

本章导读

新闻标题是新闻的重要组成部分,制作标题是新闻编辑必须掌握的一项基本技能。本章的学习目的是让学生更好地理解新闻标题的重要作用,掌握与新闻标题相关的基本理论知识,并能够熟练运用各种方法制作标题。本章实训教学的理论知识分为新闻标题的作用、新闻标题的结构、新闻标题的类型、新闻标题的制作要求、新闻标题的制作技巧以及网络新闻标题的制作特点六个部分。拓展文献阅读部分旨在为本章的实训提供理论指导,进行策略及实操案例的补充。实训教学展示与评价选取了标题评析和标题制作这两种具有代表性的常规实操项目,以及课程小论文这种比较有深度的实训项目,实训过程清晰,实训展示项目难易结合,所选的学生作业范例优劣结合,真实反映学生水平,实训评价中融入了课程思政评价,为教师及学生的教与学提供参考。作业设计部分设计了五个实训项目,教师和学生可根据自身需要选择合适的项目进行练习。

第一节 实训教学的理论知识

本章我们需要掌握新闻标题的作用、新闻标题的结构、新闻标题的类型、新闻标题的制作要求、新闻标题的制作技巧以及网络新闻标题的制作特点。我们还需要在媒体融合背景下,注意不同媒体标题制作时,语法结构、词汇选择、文字风格以及外在形式等方面的差异,这些都可以表现其自身的定位和风格。同时,把握新媒体的新特点,比如从外在编排形式上看,网络新闻标题常将文字与图片、图标、装饰性符号等结合使用;从标点符号的使用上看,网络新闻标题大量使用冒号、逗号、感叹号、省略号、问号等标点符号;从文字本身来看,网络新闻标题也常常大胆创新,诞生了很多现象级标题。

新闻标题的制作,区别于新闻写作课程中的标题制作,更多地需要从版面、页面设计上去考虑。编辑制作新闻标题和选择稿件、修改稿件一样，需要遵循新闻编辑方针以及媒体的整体设计方案。新闻标题是用来提示、评价新闻核心内容的一段简短文字，一般居于新闻正文前面，且字号大于正文。通过本章内容的学习，学生除了能够把新闻写作课程中的标题写作知识运用起来，拟定出色的好标题，还要能够把握不同课程的差异，站在版面编排的角度去审视标题，从内容和形式两方面努力，让标题服务于新闻内容和版面编排。

从本课程的总体框架，即新闻编辑工作流程来看，本章是在稿件修改之后对新闻标题的进一步把握，这也是由新闻标题在新闻编辑特别是版面设计中的重要作用决定的。此阶段，对新闻标题内容进行再修改和完善，主要是从标题规范性、特点等角度进行的。我们在制作新闻标题时对其形式的考虑，需要具有前瞻性，即对后期版面设计有一定的预见性，从而制作合适的新闻标题。另外，根据媒体特性的不同，新闻标题制作的要求也有差异，比如微信公众号上新闻标题的使用，需要注意图片与文字的搭配，或者花样标题的使用。总之，形式为内容服务。新闻标题的制作是后续版面设计的前提和基础之一。

一、新闻标题的作用

（一）提示新闻内容，传递新闻信息

揭示新闻内容是新闻标题最基本的功能。新闻标题用精练的文字对最重要的新闻事实进行简要提示，让新闻受众在第一时间就能够知道新闻的主要内容是什么。当今时代的受众面对海量信息，眼花缭乱，很难从头到尾地看完所有新闻稿件，因而以接触标题为主的"标题受众"不断增多。新闻标题制作应清晰明了地反映最重要的新闻信息，这样才能有效地帮助受众进行选择和阅读。例如，2020年8月19日《湖北日报》头版上的一篇新闻稿件原标题为《"潜龙"战高温——探访烈日下的武汉地铁工地》，修改后为《酷暑中的武汉地铁建设者——挥汗在地下40米深处》，将"挥汗在地下40米深处"这一核心信息作为主标题，更加充实、有力。[①]

（二）评价新闻内容，表明态度意见

除了显示新闻的主要内容，新闻标题还可以或隐或显地表明作者和编辑对新闻事实的态度和看法，代表新闻媒体表态发言，引导受众的价值观和是非观。例如，新华社客户端2022年1月23日发布的一则新闻标题为《连家人都骗！孙子用1张假存单骗走爷爷5万存款》，该新闻来源为西部决策微博，原微博标题为【#孙子用1张假存单骗走爷爷5万存款#，老人取钱才发现存单系伪造】。相比原标题仅陈述客观事实，新华社的标题中"连家人都骗"这五个字表达出对孙子行为的惊异及强烈谴责。

新闻标题评价新闻的方式主要有以下几种。

1. 直接发表评论

可以在标题中直接针对新闻事实发表议论，表明态度。

---

① 胡祥修：《版面创新，让党报可敬又可亲》，《新闻前哨》，2021年第2期。

2. 通过词句的运用发表评论

可以通过词语的褒贬及语气的强弱彰显媒体的态度和评价。

3. 通过选择事实进行评论

一条新闻往往包含好几个事实，一件事也常有多个侧面。标题中写什么或不写什么，本身就表明了媒体对这一新闻的理解和评价。

4. 通过把事实放到标题的不同位置进行评价

编辑在制作标题时可以把最重要的新闻事实放在主题中，而把相对次要的事实放在辅题中，这种安排能让受众体会到编辑对新闻内容的评价。

5. 通过新闻标题中的表情符号进行评论

当前，通过表情符号表达媒体态度和立场的做法在微博新闻标题中越来越常见，表情符号的加入使得新闻标题的态度呈现得更加视觉化与直观化。例如，2022年1月24日新京报微博新闻【♯他陪练5年终成世界冠军👍♯】，在题目中直接用了点赞的表情符号，表明了媒体对为中国队夺得首枚冬奥会男子奖牌的运动员李佳军的赞扬之情。

（三）吸引受众注意，激发阅读兴趣

标题是新闻的眼睛，是一篇新闻稿件的精髓所在。一个传神的新闻标题可以迅速地抓住受众的眼球，激发受众的好奇心和阅读欲望，吸引其阅读正文内容。反之，如果新闻标题乏味平淡，即使新闻的内容再好，也无法吸引受众注意，这个新闻恐怕会直接淹没在信息的海洋之中。同一个新闻，标题的不同可能会导致阅读量的巨大差异。新闻编辑在制作新闻标题时要精益求精，力求对受众产生最大的吸引力。例如，《新华每日电讯》2019年8月30日第7版《国际观察》栏目上的一则新闻标题为《英国议会"被放假"，首相强推"脱欧计"》。该标题对仗工整，"被放假"运用网络流行语"被……"的句式，生动有趣地体现了文意。这无疑要比《"脱欧"期限临近，英女王批准议会休会请求》更能激发读者阅读新闻的兴趣。

（四）活跃、美化版面，展现媒体风格

新闻标题对于创造版面之美有着重要的作用。无论是报纸版面还是网络页面，在兼顾易读性的基础上，编辑可以通过标题形式的变化活跃和美化版面。我国早期报纸没有标题，稿件密密麻麻地排在一起，读者阅读起来十分费力，更谈不上美感。有了标题之后，就让各篇稿件明显区分开来，使得版面层次分明、条理清楚。编辑可以根据内容的需要合理调整标题的字体、字号、颜色、形态以及排列方式，合理搭配能避免版面单调、呆板，增加版面的美感和情趣。例如，2019年10月20日《河南日报》以跨版特刊的形式报道了2019年10月19日二里头夏都遗址博物馆正式开馆这一盛事（见图6-1）。该版面设计新颖，图画精美，以夏朝建筑的主色调夯土墙色铺底，并辅以大型绿松石龙形器等文物符号点缀，富有历史韵味，荣获第三十届中国新闻奖报纸版面二等奖。大标题《走进最早的中国》以红棕色为主色，大气典雅，其中的"中国"二字与其他几个字相比字体不同，字号更大，颜色为红棕色圆底上衬托的白色，不仅更加醒目，还有一种印章的感觉，更显古典韵味，与版面风格协调一致；而且该

标题的竖向编排与横向版面、主要图片的横向分布,以及其他标题的横向编排形成交错感,让视线富有变化,使版面更加灵动、美观。

图 6-1 《河南日报》2019 年 10 月 20 日

此外,不同媒体制作新闻标题时,语法结构、词汇选择、文字风格以及外在形式等方面的差异都可以表现其自身的定位和风格。

二、新闻标题的结构

新闻标题的结构指的是新闻标题的组成部分及其相互联系的方式。新闻标题的组成部分包括主题和辅题。主题是新闻标题的核心部分,通常用以揭示新闻中最重要的事实和思想,没有主题,新闻标题就不能成立。主题所用字号较大,位置显著。辅题即辅助标题,是标题中辅助说明的部分,字号相对较小,字体与位置与主题有所区别。

根据辅题的有无,新闻标题的结构分为单一型标题和复合型标题两类。

(一)单一型标题

单一型标题是只有主题而没有辅题的标题。对于内容简单、相对来说不太重要的新闻,或者仅靠主标题就能承担标题任务的新闻,均适合采用单一型标题。单一型标题由于没有辅题做引导或补充,通常情况下应做到表意完整,让受众在阅读瞬间就能看明白这则新闻要表达的主题。

从形式上看,单一型标题以一行题居多。有时候标题需要同时表达两个同等重要的概念、意思和事实,可作两行题,三行标题极为少见。例如,图 6-2 中的新闻标题就是一行题,用一句话概括主要新闻事实;图 6-3 中的新闻标题为两行题,上下两行虽然字数不同,但同样重要,共同概括主要新闻事实。如果标题是一个难以简化的长句,一行放不下,自然就需

李克强同德国总理朔尔茨通电话

新华社北京1月17日电 国务院总理李克强1月17日下午在中南海紫光阁应约同德国总理朔尔茨通电话。

李克强再次祝贺朔尔茨就任德国总理。他表示，中德同为世界主要经济体和负责任的国家，都是多边主义的支持者、自由贸易的践行者。两国合作不仅互利双方、有利于中欧，也有利于世界。中方高度重视发展同德国的关系，习近平主席前不久同总理先生通了电话，共同推动两国关系发展。中方愿同德方一道，以今年两国建交50周年为契机，进一步巩固政治互信，加强对话交流，秉持双向开放，更好实现互利共赢，推动中德关系行稳致远。

李克强强调，中德务实合作的深度和广度不断拓展，在两国关系中发挥着"压舱石"作用，给双方民众带来了福祉。中方愿同德方尽早举行新一轮中德政府磋商，让这个中德务实合作的"超级发动机"推动两国合作升级。希望双方在先进制造业、服务贸易、数字经济以及应对气候变化等领域深挖合作潜力，培育中德合作新的增长点。在德的2000多家中国企业和在华的7000多家德国企业是两国合作的"生力军"，中德两国政府要致力于为这些企业投资兴业营造公平、非歧视的良好环境。也希望德方以更加开放的心态对待中方企业。中方愿同德方继续用好两国间人员"快捷通道"，在有效防控疫情的基础上更好便利双方人员往来。

李克强指出，中欧是世界舞台上的两大重要力量，拥有广泛共同利益。要从长远的角度、以更广阔的视野把握好中欧关系，坚持对话合作主导面，相互尊重、平等相待，推动中欧关系平稳健康发展。德国是欧盟重要成员，希望德方继续为中欧合作和关系发展发挥积极影响。

朔尔茨表示，德方十分重视德中关系，坚持一个中国政策，希以德中建交50周年为契机，推动两国关系进一步发展。德方愿同中方积极筹备好新一轮德中政府磋商，进一步深化经贸、应对气候变化、防控疫情等领域合作，充分用好人员往来"快捷通道"。德方过去、今后都致力于推动欧中关系健康发展，希欧中投资协定能够早日生效。

两国总理还就中德加强在多边领域的合作以及共同关心的国际地区问题交换了意见。

肖捷、何立峰出席上述活动。

图 6-2 《人民日报》2022 年 1 月 18 日

图 6-3 《湖北日报》2022 年 4 月 29 日

要转行。在报纸上，转行时应尽量保证概念的完整和语气的顺畅，切忌把词汇和人名不当地分开，而且还要注意排列的对称、美观。图 6-4 中的新闻标题也是用一句话概括新闻事实，但由于字数较多，分为两行，上一行用 14 个字交代新闻人物，下一行用 12 个字交代人物活动，断句合理；同时适当调整字间距使两行对齐，显得很整洁。在网络新闻中，如果一行排不下，到行末自然转行即可，一般不用顾及断句问题(见图 6-5)。

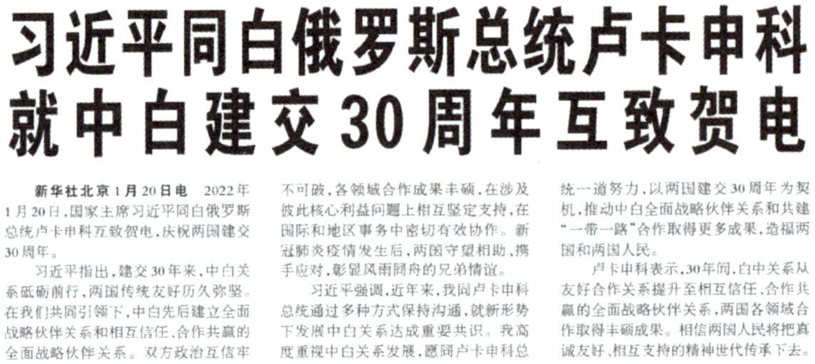

习近平同白俄罗斯总统卢卡申科
就中白建交30周年互致贺电

新华社北京1月20日电 2022年1月20日，国家主席习近平同白俄罗斯总统卢卡申科互致贺电，庆祝两国建交30周年。

习近平指出，建交30年来，中白关系砥砺前行，两国传统友好历久弥坚。在我们共同引领下，中白先后建立全面战略伙伴关系和相互信任、合作共赢的全面战略伙伴关系。双方政治互信牢不可破，各领域合作成果丰硕，在涉及彼此核心利益问题上相互坚定支持，在国际和地区事务中密切有效协作。新冠肺炎疫情发生后，两国守望相助、携手应对，彰显风雨同舟的兄弟情谊。

习近平强调，近年来，我同卢卡申科总统通过多种方式保持沟通，就新形势下发展中白关系达成重要共识。我高度重视中白关系发展，愿同卢卡申科总统一道努力，以两国建交30周年为契机，推动中白全面战略伙伴关系和共建"一带一路"合作取得更多成果，造福两国和两国人民。

卢卡申科表示，30年间，白中关系从友好合作关系提升至相互信任、合作共赢的全面战略伙伴关系，两国各领域合作取得丰硕成果。相信两国人民将把真诚友好、相互支持的精神世代传承下去。

图 6-4 《人民日报》2022 年 1 月 21 日

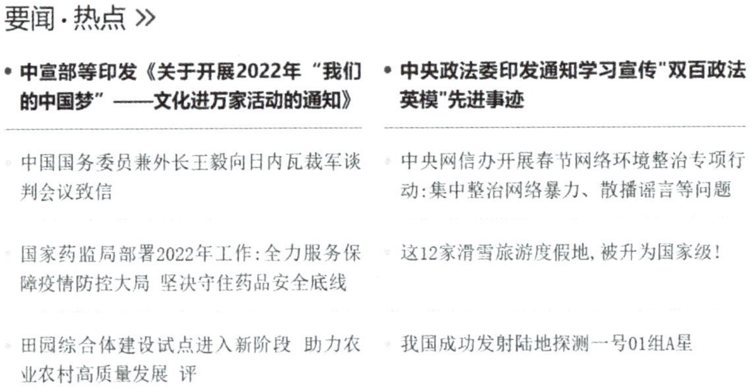

要闻·热点 »

- **中宣部等印发《关于开展2022年"我们的中国梦"——文化进万家活动的通知》**
- **中央政法委印发通知学习宣传"双百政法英模"先进事迹**
- 中国国务委员兼外长王毅向日内瓦裁军谈判会议致信
- 中央网信办开展春节网络环境整治专项行动：集中整治网络暴力、散播谣言等问题
- 国家药监局部署2022年工作：全力服务保障疫情防控大局 坚决守住药品安全底线
- 这12家滑雪旅游度假地，被升为国家级！
- 田园综合体建设试点进入新阶段 助力农业农村高质量发展 评
- 我国成功发射陆地探测一号01组A星

图 6-5 人民网 2022 年 1 月 26 日首页截图

单一型标题一般字体、字号无差别。但是，有些单一标题为了突出关键字词，也会采用不同的字体、字号或颜色，使之更加醒目。例如，图 6-6 为《羊城晚报》2022 年 1 月 3 日 A3 版的一则新闻《文化旅游过假期 线上线下亮点多》，标题为单一型标题，其中"亮点多"三个字的字体、字号和颜色与其他文字都不同，形成了抓人眼球的"亮点"。

(二)复合型标题

复合型标题是由主题与辅题联合构成的标题。复合型标题既有主题又有辅题，为多行题。辅题包括引题和副题两种。

1. 引题和主题的关系

引题位于主题之前，对主题起引导作用。因排列有纵向和横向的不同，又分别称为肩题和眉题。其引出主题的方式主要有以下几种。

图 6-6 《羊城晚报》2022 年 1 月 3 日

第一,引题交代和说明相关的背景、目的、原因、结果、意义、气氛、性状等引出主题。例如:

(引题)收到求助警情 6 宗,今天上午广州交警共派出护考小分队 278 人
(主题)铁骑引路,护送迷途大巴到考点

(《羊城晚报》2021 年 6 月 7 日)

上述标题的引题交代事件的背景。

(引题)1∶9、3∶7……部分地方基层城乡中小学男女教师比例失衡问题严重
(主题)收入少上升难 男老师难招

(《广州日报》2020 年 9 月 15 日)

上述标题的引题交代结果引出主题。

(引题)展示好新时代伟大成就 为党的二十大胜利召开营造浓厚氛围
(主题)"奋进新征程 建功新时代"采访活动启动

(《北京青年报》2022 年 2 月 18 日)

上述标题的引题揭示了新闻的意义。

第二,引题直接叙述主干事实的起始部分,主题接着再交代部分事实。例如:

(引题)广东召开全省就业创业工作暨普通高等学校毕业生就业创业工作电视电话会议强调
(主题)千方百计促进 高校毕业生就业创业

(《羊城晚报》2021 年 6 月 4 日)

第三，引题提出疑问引出主题。引题与主题形成一问一答，生动而有吸引力。例如：

（引题）新增6例感染者的南沙区珠江街嘉安花园现在情况如何？
（主题）周边区域"只进不出" 小区内物资稳定供应

《羊城晚报》2021年6月7日

第四，主题点明新闻事件的意义，但未介绍新闻事实，由引题客观陈述新闻事实，引出主题。主题是虚题，强调意义；引题是实题，概述事实。例如：

（引题）2020年国际冬季运动（北京）博览会举行
（主题）冰雪冷资源 释放热效应

《人民日报》2020年9月8日

2. 副题和主题的关系

副题又称子题，位于主题之后，对主题做出补充和说明。副题对主题的补充和说明，主要有以下几种方式。

第一，主题已承担部分叙事任务，副题可以补充交代其他事实。有些新闻主题对事实的表达比较抽象；或者为了简明，未概括出新闻中的所有信息要点，副题可以对相关人物、过程、影响、结果、事件细节等信息予以补充。例如：

（主题）第十四届全国运动会在西安隆重开幕
（副题）习近平出席并宣布运动会开幕

《中国青年报》2021年9月16日

此题中，主题报告了第十四届全国运动会在西安隆重开幕这个最重要的事实，副题则补充说明了相关重要人物的举动。

又如：

（主题）湖南自贸区长沙片区招商引资"开门红"
（副题）前两月签约7个项目，总投资159.2亿元

《湖南日报》2022年3月1日

此题中，主题用"开门红"概括了湖南自贸试验区长沙片区招商引资的成效，副题通过数字说明了前两月招商引资的项目数和总投资额，补充了具体信息。

第二，主题仅标出某种观点、风貌、意境等，没有叙述具体事实时，由副题叙述具体事实，让受众看得更明白。例如：

（主题）最好的褒奖是百姓满意的笑容
（副题）经开区践行初心谋发展 为民服务解难题

《郑州晚报》2019年12月5日

这个标题的主题是作者的一种论断，单看主题，读者不知道新闻报道的是什么事，副题予以交代。

第三，主题提出问题引发读者思考，副题回答问题。例如：

（主题）"富爸""穷妈"离婚，孩子归谁养？
（副题）爸爸钱多无陪伴 妈妈钱少温情照顾 法院：贸然改变幼童成长环境不利于其身心健康，孩子归妈妈抚养

（《广州日报》2021年5月7日）

3. 复合型标题的组合方式

复合型标题有三种组合方式：引题-主题构成式；主题-副题构成式；引题-主题-副题构成式。图6-7是2020年6月1日《光明日报》头版图片，该版面上有三个复合型标题，分别为上述三种组合方式。

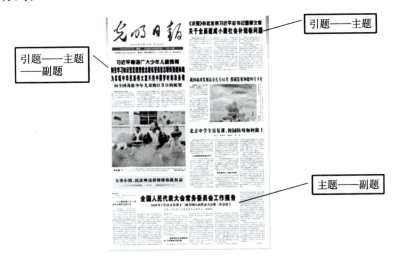

图6-7 《光明日报》2020年6月1日

4. 复合型标题要注意的问题

第一，必须正确体现标题各部分之间的逻辑关系。在复合标题中，主题、引题和副题都是作为标题的一部分而存在，因而它们之间存在一定的逻辑关系，例如目的与手段关系、原因与结果关系。制作标题时这种逻辑关系一定要正确、明晰，否则就会令读者费解，甚至造成文意混乱。

例如：

（引题）禁毒 迫在眉睫
（主题）我国禁毒工作成绩显著

引题中的观点与主题揭示的事实相互矛盾。[①]

第二，保持主题与辅题的相对独立。主题与辅题虽然关系密切，但由于主题位置更显著，字号也明显大于辅题，有的读者可能只看主题而不看辅题，所以在制作新闻标题时，主题最好在意义上能相对独立，特别应保证读者在不看辅题的情况下，不会曲解新闻的意思。

---

① 蔡雯、许向东、方洁：《新闻编辑学（第四版）》，中国人民大学出版社，2019年，第248页。

第三,要注意虚题与实题的结合。复合型标题在制作时,经常将虚题与实题结合起来使用,因此要正确处理好虚实关系,使虚题依托实题而存在,实题凭借虚题而得到升华。一般情况下,副题的作用主要是补充、解释和证明主题,所以多为实题。引题和主题则既可以是实题,也可以是虚题,主要根据报道意图决定。一条复合型新闻标题可以全部由实题组成,但不能全部由虚题组成。

第四,必须保证标题各部分之间的语意连贯。复合型标题的各部分内容之间相互联系,虽然不用关联词衔接,但特别要注意语意的连贯,不能相互脱节,给人生拉硬扯的感觉。

三、新闻标题的类型

(一)按新闻标题的表意程度划分

按新闻标题对新闻内容表意程度来划分,可以分为实题和虚题。

实题是表意实在、具体的标题,以叙事为主,着重表现具体的人物、动作、事件等,不发表议论,不加渲染烘托。

例如:

①中国全国人大与德国"中国之桥"协会举行视频会议
②我国外贸额首次突破6万亿美元
③俄划安全红线提诉求 美递书面回复拒绝
④成功截获!海关从入境邮件中截获"水稻瘟神"
⑤冬奥会闭环内火炬传递方案确定
⑥两部门发布2022年春节假期体育旅游精品线路

①②来源于2022年1月15日的《人民日报》,③④来源于2022年1月27日的新华社客户端,⑤⑥来源于2022年1月29日的人民网。以上这些标题传递的新闻信息非常具体、实在,读者一看便知新闻的核心事实是什么。

虚题是虚化、抽象的标题,以说理、议论为主,着重说明新闻内容所包含的政策、原则、道理,表达对新闻事实的愿望、态度、情感等。例如,2022年1月14日《人民日报》第16版发表《"给人们带来更多希望和力量"》一文,该文章报道,乌拉圭第十电视频道日前推出的一部名为《暂时》的连续剧引发了广泛关注。该剧是乌拉圭戏剧和影视从业者在行业受疫情冲击后所进行的一次成功的转型尝试,通过直播方式将戏剧搬上电视荧幕。标题《"给人们带来更多希望和力量"》并未点明新闻中的主要事实,而是引用加蓬剧院负责人所说的话语,指明了这种转型的意义。

如果既想传递新闻事实,又想表达媒体对该新闻事实的态度和情感,则可以拟出虚实结合的标题。

例如:

(引题)中企已为柬埔寨修建3000多公里主干道和8座跨河大桥——
(主题)促进互联互通 实现互利共赢

(《人民日报》2022年1月15日)

这个标题中的引题部分为实题,通过具体数字告诉读者近年来中国企业助力柬埔寨经济社会发展,在修路修桥方面所取得的具体成果。主题部分为虚题,指出中国和柬埔寨共建"一带一路"合作项目的意义以及美好前景。整个标题就是一个虚实结合的标题。

对于消息标题来说,虚题不能单独使用,虚实结合的标题往往会带来良好的传播效果。对于通讯和评论来说,虚题则可以独立使用。

(二)按照新闻标题的用途划分

按照用途划分,新闻标题可分为常规标题、大标题、小标题和提要题。

引题、主题、副题都是新闻标题的常规标题,前面已做详细介绍,下面简要讲解其他几种较常见的标题类型。

1. 大标题

大标题即新闻构成要素相似或相近的多条新闻共同的标题,大标题的作用主要是集纳同一主题的新闻稿件,化零为整。在写法上,可以对新闻事实加以概括,也可以表达观点、立场,或者发出号召。大标题大到可以做整版版面标题,居于报眉之下,或者以特别醒目的形式在版面突出显示。例如,2022年1月28日《中国青年报》第8版青年话题专版做了一个奥运专题报道,以《2008—2022:我们的奥运故事》为大标题统领整版(见图6-8),集纳了6个人物的奥运故事:《那封寄给未来的信仿佛冥冥中与冬奥会呼应》《演讲稿中的故事未完待续 这里就是它的续篇》《中国花滑首位世界冠军陈露:每一次孤独中的突破 都只为一个更高的梦想》《"奥运摄影官"赵迎新:并不是总能胜利,但有一种精神永不言败》《两场奥运 一座钢城》,以及4张新闻图片。

2. 小标题

小标题又称为分题、插题,通常穿插在篇幅较长的稿件中,其既是文章的脉络,也是概括文章的纲目。小标题可以为内容提要式,总结或提示相应段落的内容,也可以为画龙点睛式,点出段落最精彩之处;既可以客观表达,也可以主观评说或抒发感情。从形式上看,小标题打破了长稿件视觉上的沉闷,能起到美化版面、方便阅读的作用。在不影响内容表达的前提下,小标题的结构、字数应相近,以形成统一、整齐的美感。如《人民日报》2021年1月15日第2版的一篇报道《一体推进不敢腐不能腐不想腐——新时代纪检监察工作高质量发展系列报道之三》(见图6-9),文中的三个小标题为"坚定不移推进反腐败斗争,'不敢腐'的震慑效应充分释放""以案促改、以案促治,'不能腐'的制度约束持续完善""推进廉洁文化建设,'不想腐'的思想觉悟不断增强",分别从"不敢腐""不能腐""不想腐"三个方面概述党的十九大以来反腐败斗争的成果。小标题字数接近,构成方式大体相同,既醒目,又整洁匀称,帮助受众迅速把握文章的内容要点。

3. 提要题

提要词又称提示题或纲要题,它提纲挈领地概括新闻的主要事实、做法、经验或问题等,起内容提要的作用。提要题一般用于内容比较重要、篇幅较长的新闻中,位置有时在总标题的上方,有时在题后文前。值得注意的是,随着时代的发展,提要题也不断打破常规,内容上

图 6-8 《中国青年报》2022 年 1 月 28 日

超越了仅提示新闻中最主要、最核心文字的局限,位置和形式也变得更多样化。

例如,《北京青年报》2021 年 11 月 30 日 B04 版以整版的篇幅刊发报道《新西兰毛利文化的复兴之路》(见图 6-10),纵向排版的标题上方用提要题的方式点出了文章中的四条重点信息:第一位拥有毛利血统的新西兰女总督上月就职;毛利新年将在 2022 年正式成为新西兰第 12 个公共假日;到 2040 年,将有 100 万新西兰人掌握毛利语,占新西兰总人口的 1/5;最近三次新西兰人口普查中,毛利人口的比例分别为 14.6%(2006 年)、14.9%(2013 年)、16.5%(2018 年),呈逐年上涨的趋势。四条要点用蓝色和红色间隔呈现,前面用特定图案装饰,既醒目又美观。

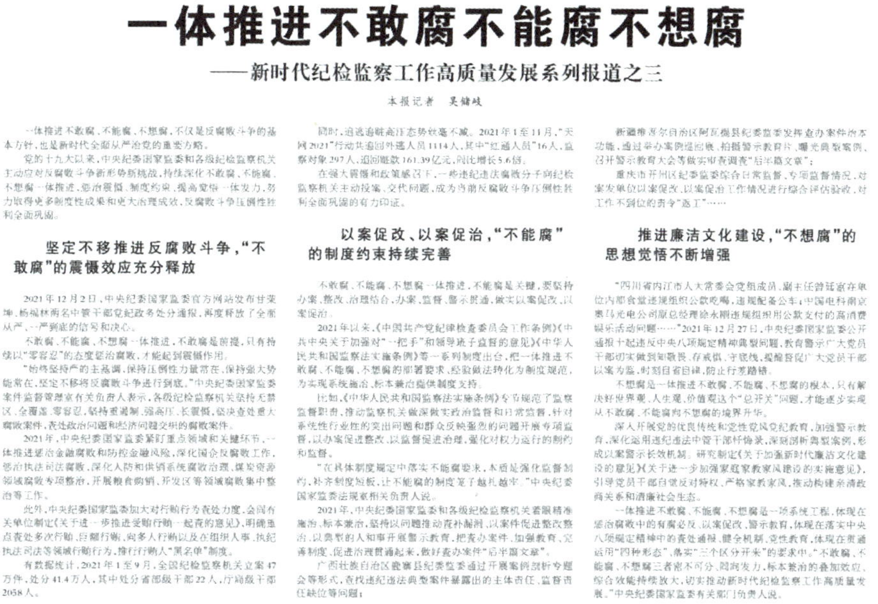

一体推进不敢腐不能腐不想腐

——新时代纪检监察工作高质量发展系列报道之三

本报记者 吴储岐

一体推进不敢腐、不能腐、不想腐，不仅是反腐败斗争的基本方针，也是新时代全面从严治党的重要方略。

党的十九大以来，中央纪委国家监委和各级纪检监察机关主动应对反腐败斗争新形势新挑战，持续深化不敢腐、不能腐、不想腐一体推进，惩治震慑、制度约束、提高觉悟一体发力，努力取得更多制度性成果和更大治理成效，反腐败斗争压倒性胜利全面巩固。

坚定不移推进反腐败斗争，“不敢腐”的震慑效应充分释放

2021年12月2日，中央纪委国家监委官方网站发布甘荣坤、杨福林两名中管干部党纪政务处分通报，再度释放了全面从严、一严到底的信号和决心。

不敢腐、不能腐、不想腐一体推进，不敢腐是前提，只有持续以“零容忍”的态度惩治腐败，才能起到震慑作用。

“始终坚持严的主基调，保持压倒性力量常在，保持强大势能常在，坚定不移将反腐败斗争进行到底。”中央纪委国家监委案件监督管理室有关负责人表示，各级纪检监察机关坚持无禁区、全覆盖、零容忍，坚持重遏制、强高压、长震慑，坚决查处重大腐败案件，查处政治问题和经济问题交织的腐败案件。

2021年，中央纪委国家监委紧盯重点领域和关键环节，一体推进惩治金融腐败和防控金融风险，深化国企反腐败工作，惩治执法司法腐败，深化人防和供销系统腐败治理，煤炭资源领域腐败专项整治，开展粮食购销、开发区等领域腐败集中整治等工作。

此外，中央纪委国家监委加大对行贿行为查处力度，会同有关单位制定《关于进一步推进受贿行贿一起查的意见》，明确重点查处多次行贿、巨额行贿、向多人行贿以及在组织人事、执纪执法司法等领域行贿行为，推行行贿人“黑名单”制度。

有数据统计，2021年1至9月，全国纪检监察机关立案47万件，处分41.4万人，其中处分省部级干部22人，厅局级干部2058人。

同时，追逃追赃高压态势丝毫不减。2021年1至11月，“天网2021”行动共追回外逃人员1114人，其中“红通人员”16人、监察对象297人，追回赃款161.39亿元，同比增长5.6倍。

在强大震慑和政策感召下，一些违纪违法腐败分子向纪检监察机关主动投案、交代问题，成为当前反腐败斗争压倒性胜利全面巩固的有力印证。

以案促改、以案促治，“不能腐”的制度约束持续完善

不敢腐、不能腐、不想腐一体推进，不能腐是关键，要坚持办案、整改、治理结合，办案、监督、警示贯通，做实以案促改、以案促治。

2021年以来，《中国共产党纪律检查委员会工作条例》《中共中央关于加强对“一把手”和领导班子监督的意见》《中华人民共和国监察法实施条例》等一系列制度出台，把一体推进不敢腐、不能腐、不想腐的部署要求、经验做法转化为制度规范，为实现系统施治、标本兼治提供制度支持。

比如，《中华人民共和国监察法实施条例》专节规范了监察监督职责，推动监察机关做深做实政治监督和日常监督，针对系统性行业性的突出问题和群众反映强烈的问题开展专项监督，以办案促进整改、以监督促进治理，强化对权力运行的制约和监督。

“在具体制度规定中落实不能腐要求，本质是强化监督制约，补齐制度短板，让不能腐的制度笼子越扎越牢。”中央纪委国家监委法规室有关负责人说。

2021年，中央纪委国家监委和各级纪检监察机关着眼精准施治、标本兼治，坚持以问题推动查补漏洞，以案件促进整改整治，以典型的人和事开展警示教育，把查办案件、加强教育、完善制度、促进治理贯通起来，做好查办案件“后半篇文章”。

广西壮族自治区鹿寨县纪委监委通过开展案例剖析专题会等形式，查找违纪违法典型案件暴露出的主体责任、监督责任缺位等问题；

新疆维吾尔自治区阿瓦提县纪委监委发挥查办案件治本功能，通过举办案例巡回展、拍摄警示教育片、曝光典型案例、召开警示教育大会等做实做实查调查“后半篇文章”；

重庆市开州区纪委监委综合日常监督、专项监督情况，对案发单位以案促改、以案促治工作情况进行综合评估验收，对工作不到位的责令“返工”……

推进廉洁文化建设，“不想腐”的思想觉悟不断增强

“四川省内江市人大常委会党组成员、副主任曾廷敏在单位内部食堂违规组织公款吃喝，违规配备公车；中国电科南京熊猫光电公司原总经理徐永刚违规组织用公款支付的高消费娱乐活动问题……”2021年12月27日，中央纪委国家监委公开通报十起违反中央八项规定精神典型问题，教育警示广大党员干部切实做到知敬畏、存戒惧、守底线，提醒督促广大党员干部以案为鉴，时刻自省自律，防止行差踏错。

不想腐是一体推进不敢腐、不能腐、不想腐的根本，只有解决好世界观、人生观、价值观这个“总开关”问题，才能逐步实现从不敢腐、不能腐向不想腐的境界升华。

深入开展党的优良传统和党性党风党纪教育，加强警示教育，深化运用违纪违法中管干部忏悔录，深刻剖析典型案例，形成以案警示长效机制。研究制定《关于加强新时代廉洁文化建设的意见》《关于进一步加强家庭家教家风建设的实施意见》，引导党员干部自觉反对特权、严格家教家风，推动构建亲清政商关系和清廉社会生态。

一体推进不敢腐、不能腐、不想腐是一项系统工程，体现在惩治腐败中的有腐必反、以案促改、警示教育，体现在落实中央八项规定精神中的查处通报、健全机制、党性教育，体现在贯通运用“四种形态”、落实“三个区分开来”的要求中。“不敢腐、不能腐、不想腐三者密不可分、同向发力，标本兼治的叠加效应、综合效能持续放大，切实推动新时代纪检监察工作高质量发展。”中央纪委国家监委有关部门负责人说。

图 6-9 《人民日报》2022 年 1 月 15 日

四、新闻标题的制作要求

（一）尊重事实，题文一致

真实是新闻的生命，新闻要用事实说话。对于新闻报道来说，新闻标题居于统领的地位，因此，编辑和记者要结合新闻报道的内容制作标题，新闻标题必须与新闻内容相一致。这种一致主要指两方面的要求：一是新闻标题揭示的基本事实要和新闻本身所反映的事实相一致，不能夸大、缩小、歪曲，甚至毫不相干；二是新闻标题中的论断要在新闻中有充分的依据，不能以偏概全、断章取义或者过度拔高。新闻标题必须忠于新闻事实，题文一致，这是对新闻标题最基本的要求。

《法治晚报》2011 年 8 月 30 日发表《（引题）黑龙江七台河“8·23”煤矿透水事故现场今晨创造生命奇迹——（主题）被困七天 19 名矿工全活着》一文，单看标题表意十分清晰，读者能迅速抓住新闻要点：煤矿事故中被困矿工一共 19 人，全被活着救上来了。然而阅读全文才发现事实并非如此。救援人员确实在井下发现了 19 名存活的被困矿工，并将他们安全升井送往医院救治。但是，事故发生时当班入井 45 人，其中 19 人安全升井，井下被困 26 人。截至发稿时，被困的 26 人中有 22 人成功升井，1 人遇难，仍有 3 人被困井下，生死未卜。[①] 该新闻标题所反映的救活 19 名矿工的奇迹，仅为发稿当天早晨的救援情况，标题中“全”字的使用误导了读者，实际上夸大了救援成果，与新闻事实不完全一致。

当前，一些新闻为了吸引眼球，利用夸张、低俗、色情、怪异、耸人听闻的词句来制作标

① 陈力丹：《标题要准确地告知基本事实——读几组新闻标题后不得不啰嗦的话》，《新闻与写作》，2011 年第 12 期。

图 6-10 《北京青年报》2021年11月30日

题,诱惑受众阅读、点击,然而标题与文章内容关系不大甚至完全无关,具有很强的误导性,给人一种受骗上当的感觉,这就是"标题党"的行为。例如,一篇题目为《我国公布建设网络强国的时间表和路线图》的新闻被转载后改成了《2050年中国将成为世界无敌网络强国》。修改后的网络新闻标题与原报道内容想要表达的意思相去甚远,极易引发负面舆情。① 又如:今日头条上的一则标题《要出大事呀!打死打死打死往死打,耳听为虚眼见为实!》,虚张声势,让人以为发生了什么不得了的事情,点开之后才发现,原来是一个人在停车,"打死"的是方向盘。此外,还有"重磅消息""令人震惊""转疯了"……这些都是"标题党"爱用的典型话语。

"标题党"并不完全是互联网时代的产物,早在19世纪末20世纪初美国"黄色新闻"时期,纸媒就大量采用耸人听闻、夸张猎奇的新闻标题吸引人们的注意,从而带来传媒自身的经济效益。后来,在新闻界与社会各行各业的共同努力下,美国的"黄色新闻"潮逐渐退去。总的来说,由于传统媒体实行较为严格的新闻审查制度,且新闻从业人员的专业性及职业素养较高,"标题党"现象不如网络传播环境中严重。网络新闻一方面把关相对宽松,另一方面因字数限制与"题文分离"的要求,越来越强调标题的诱惑力,因此随着网络传播的不断兴盛,"标题党"现象逐渐呈现不可控制之势。"标题党"违背了新闻的真实性、客观性,其危害是多方面的。从受众的角度来说,没有让他们获得期许的信息价值,损害了阅读体验,也会降低其对传播资讯的关注度。从媒体角度来说,"标题党"严重损害媒体的公信力,破坏了媒体良好的传播环境。从社会角度来说,助长不良社会风气,并且让虚假信息大肆传播、扩散。在新闻标题制作中,特别要注意避免"标题党"的做法。

(二)文词简练,突出精华

新闻标题是对新闻内容的高度浓缩和概括,冗长的标题容易让受众感到视觉疲劳或失去阅读耐心,因此,标题制作应该力求简洁凝练,句式不宜过繁,字数不宜过多。但这并不是指对新闻事实进行简单压缩和简化即可,而是要对最有新闻价值的事实进行简明、精彩的再现。

一个新闻标题不可能突出所有的新闻点。有的新闻内容比较复杂,包含多个事实或多方面的情况,标题制作时要深度剖析新闻,找出新闻中最新鲜、最重要的内容,最有特点的事实和观点。有的新闻事实比较简单,但事实中包含的新闻要素也不必全在标题中体现。不论哪种情况,标题应一语破的,突出精华。这样的新闻标题,才会让稿件熠熠生辉、光彩照人。如果新闻题目抓不住重点,制作成"万能标题",不仅会降低读者对于该新闻的了解欲望,还会影响读者对文章核心内容的把握,削弱传播效果。在众多的新闻信息和视角中做好权衡和筛选,找出重点和亮点,是新闻编辑应具备的职业素养。

例如,《深圳商报》2019年7月13日政经要闻A03版发表了一篇文字消息《(主题)8院士参与深圳保障房建设(副题)长圳保障房项目将让普通市民共享科技"红利"》,以900余字的篇幅讲述了8位院士在长圳保障房项目中提供多种"技术"支撑的故事,不仅写出了科学家们心系人民的社会责任感,而且改变了人们对于保障房是"低端房"的刻板印象,传递了

---

① 冯博:《网络新闻标题的失范现象及其规避路径》,《传媒》,2019年第9期。

具有示范意义的深圳民生项目的绿色、人性和科技色彩。报道推出后引起深圳各界及全国媒体的关注,并于 2019 年先后荣获深圳新闻奖二等奖、广东新闻奖三等奖,2020 年获得第三十届中国新闻奖三等奖。这篇新闻之所以获得如此好的传播效果和专业评价,新闻标题功不可没。主题画龙点睛地凝练出"8 院士参与深圳保障房建设"这个最重要的新闻点,以鲜活的事实打破"保障房是低端房"的刻板印象,成功抓住读者眼球。副题说明保障房项目名称,并深化了新闻点——让普通市民共享科技"红利"。

又如,《沧州晚报》2020 年 3 月 5 日发表了《县委书记"卖"菜记》一文,报道的是蔬菜种植大村沧州市东光县于桥乡刘河村受疫情影响大量蔬菜滞销,东光县委书记戴树胜在微信发"广告"呼吁各界人士帮助农民销售蔬菜,截至 3 月 4 日中午,在当地相关部门的帮助下,刘河村农民滞销的蔬菜已经基本卖完的事情。毫无疑问,这篇新闻最大的亮点是县委书记在微信"打广告"帮农民卖菜,标题《县委书记"卖"菜记》突出了新闻亮点。"县委书记去卖菜,这位县委书记是谁,他为什么会卖菜,他卖了多少菜?……读者看到新闻标题的时候,心中会产生一系列疑问。在强烈的好奇心催促下,读者会带着心中疑问细读稿件去寻找自己想要知道的答案,从而解除心中的疑惑。"[①]

(三)态度鲜明,评价中肯

新闻标题是编辑部的一种特殊发言手段,在报道事实、提供信息的同时,还应该提供观点,做好新闻解读服务。受众接触新闻既有掌握事物变动状态的最新信息的需要,更有理解它所蕴含的价值和意义的需要,因此新闻标题制作时应展现鲜明的态度,做正确的舆论引导,让读者明白新闻所提倡的是什么,不提倡的又是什么。例如,《人民日报》2018 年 8 月 16 日刊登的《短视频 勿短视》一文,虽然标题仅 6 个字,却巧妙地将"短视"一词重复运用,表达了对近年来迅猛发展的短视频行业的理性思考,指明了短视频行业应当遵守的道德底线,言简意赅、态度鲜明。又如,环球网 2019 年 8 月 12 日发表了《老外在机场教训激进示威者:香港属于中国,你该去找个工作》一文,该作品荣获第三十届中国新闻奖文字消息二等奖。新闻标题通过外籍人士之口,对香港"修例风波"期间在香港国际机场滋事的激进示威者进行批判,态度鲜明,传递了正能量声音。

一般来说,新闻标题的态度可分为三类:一是肯定的态度,如表扬、歌颂、支持;二是否定的态度,如批评、驳斥、嘲讽;三是既不肯定也不否定的态度。肯定与否定倾向性明显,自然都是鲜明的态度,而既不肯定也不否定,只要不是含混不清,而是根据主观情况做客观报道,也是一种态度鲜明。[②] 对于一些事态微妙的国际新闻事件、敏感问题、事态发展暂不明朗的突发事件、学术争论等,盲目表态或者妄加评论都会带来负面影响,新闻标题制作时可以不表态,采用中立、客观的表达方式。中性的态度本身也是一种态度,也可以帮助受众加深对新闻事实的理解,从中获得某些启示。

新闻标题在态度鲜明之外,还要做到褒贬适度,评价中肯。新闻标题的制作应从客观实际出发,符合唯物主义辩证法,既不把大事说小,也不把小事说大,不渲染拔高,也不贬低丑化。只有持之有度,才能使人信服。

---

① 崔春梅:《"明眸善睐"才能光彩照人——浅谈纸媒新闻稿件制作标题的技巧》,《记者摇篮》,2020 年第 7 期。
② 裴永刚、罗小萍:《现代新闻编辑教程》,法律出版社,2015 年,第 183 页。

(四)表意明晰,准确规范

新闻标题是反映新闻内容的"第一向导",新闻标题的制作必须表意明晰、精确无误,为受众准确理解和判断新闻内容、掌握新闻内涵奠定基础。如果表述不够准确,不仅会对受众的理解产生阻碍,甚至会影响新闻内容的客观性与真实性。例如,2018年1月21日,国家一级作曲家姚明因病抢救无效去世,各路明星发文悼念。部分网络媒体报道该新闻时标题中仅用"姚明去世"进行表述,未标注"作曲家"身份,由于该作曲家与知名篮球明星姚明同名,且篮球明星姚明在社会上具有更高知名度,这一做法极易令受众误解为篮球明星姚明去世,编辑应该预想到这一负面影响并及时改正标题。《山西日报》2018年5月26日发表《全省236个办税服务厅全部实现"进一家门办两家税"》一文,这个标题被编辑改过。原标题为《全省236个办税服务厅全部实现"一门办税"》,读者不容易理解"一门办税"的意思,修改为"进一家门办两家税"后更准确地表达了稿件中的新闻信息:在一个办税服务大厅可同时办理国税、地税两家税的事项。

除了准确传递新闻中的重要信息,编辑人员在制作标题时还要注意遣词造句,做到表情达意恰如其分。例如,北京某都市报2011年9月29日"世界新闻"专版中的一组消息标题为:

①达吉斯坦汽车炸弹袭击,至少八人死亡→怒
②普京任命新财长,被指缺乏前任影响力→喜
③俄最长寿女性去世,享年121岁一辈子没有看过医生→悲

这三条新闻标题分别用了怒、喜、悲这些表达情感的字,但是每个字和其对应的新闻内容却不是很搭配。第一条,达吉斯坦汽车炸弹袭击造成至少8人死亡,从人性角度看,死伤这么多人,首要的是"悲"才对,其次才是对可能的恐怖袭击者的"怒",而且当时对谁怒都不清楚;第二条,因为前任财长指责了普京,普京任命新财长,而新财长又没有前任的影响力,除了对新任命的人来说可能算是"喜"外,这个"喜"实在无从谈起;第三条,去世女性121岁高寿,且一辈子没看过医生,乃绝大多数世人所不及,亦可算创造了生命奇迹,其去世谈不上"悲"。[①] 这样的标题读者看了自然会觉得别扭。

此外,新闻是引领汉语言文字规范运用的重要力量。新闻编辑应该有强烈的责任心,高度重视新闻用语的规范性问题,加大对新闻标题的审核力度,避免出现错字、错词、语病、数字格式及标点符号使用不规范等问题。例如:

南普陀烧香贡品"神秘失踪"

(《厦门日报》2008年3月29日)

该标题中的"贡品"一词使用错误。贡品的含义为:古代臣民或属国献给帝王的物品。很显然标题想表达的不是这个意思,正确的词语应该是"供品",指"供奉神、佛、祖宗用的瓜果、鲜花,酒食等"。

---

① 陈力丹:《标题要准确地告知基本事实——读几组新闻标题后不得不啰嗦的话》,《新闻与写作》,2011年第12期。

四川:男子暴打女友后逃跑 尸体现雪地山谷

(扬子晚报网2016年1月27日)

该标题中"尸体"的定语被承前省略,是"男子"的尸体,还是"女友"的尸体?据语义看,似乎"女友"遭受暴打,她暴尸荒野的可能性更大,但是事实上,此新闻里面说的是男子暴尸山谷。① 这则新闻来源于当天的《华西都市报》,原标题是《打伤女友后夺路而逃 男子丧生山谷》,主语为"男子",没有任何歧义。相比于原标题较为温和的表述,扬子晚报网转载时使用了"暴打""尸体"二词,更具刺激性,但出现了语言表述不准确的问题。

绥宁县人武部:军地共建,重在精准式"雪中送碳"

(绥宁新闻网2021年11月26日)

该标题中错将"雪中送炭"写成了"雪中送碳","碳"是一种化学元素,而"炭"是一种黑色燃料,错别字的出现不仅会引起非议,而且破坏了汉字的语言体系,容易误导读者。

当前,由于刺激眼球的心理作祟,或文字水平不足、语言文字规范意识淡薄、知识欠缺、工作失误等方面的原因,新闻标题中语言文字不准确的问题频现。新闻编辑在工作中要不断提升自身专业素养,反复思考,仔细校正,确保新闻标题的准确和规范。

五、新闻标题的制作技巧

一条好的新闻标题应该构思巧妙、鲜活生动,让人读起来饶有兴味。编辑在制作新闻标题时应对标题的字词进行锤炼,可以适当采用一些小技巧为新闻标题赋能,使之更具有韵味、美感。

(一)巧用数字,增强说服力

数字往往是枯燥的,但是在新闻标题中巧妙地穿插数字,不仅能增加新闻标题的信息含量,使读者对有关新闻事实建立数量概念,加深对新闻的理解,进而增强说服力,还有助于读者形成形象思维,增强新闻的生动性。例如:

(主题)36小时,一切为了11名矿工兄弟!
(副题)山东能源肥矿集团梁宝寺能源公司"11·19"火灾事故救援纪实

(《大众日报》2019年11月30日)

这是荣获第三十届中国新闻奖二等奖的一篇新闻报道标题,主标题用了两个数字,分别表示救援时间和被困矿工人数,精确、生动地诠释了八方聚力、众志成城的救援力量,让人倍感温暖。

(引题)山西太钢精密带钢公司王天翔
(主题)711次试验,只为0.02毫米

(《人民日报》2019年5月27日)

该新闻标题的主题中运用711与0.02两个数字,展示出新闻人物王天翔为研发超薄不

---

① 马新广、刘嘉乐:《新闻标题产生歧义的原因与对策》,《青年记者》,2016年第18期。

锈钢精密箔材所进行的试验次数,以及取得的最终成果。数字大小反差巨大,烘托出人物不畏艰辛、精益求精的钻研精神。

(二)口语化表达,拉近读者距离

相对于书面化标题,口语化标题更加通俗易懂、生动有趣。口语化的新闻标题,就像和读者聊天、讲故事一样,能增加新闻的亲和力,拉近与读者之间的距离。例如:

"怎么证明我妈是我妈!"

(《人民日报》2015 年 4 月 8 日)

这是荣获第二十六届中国新闻奖二等奖的一篇新闻评论的标题。评论从开证明这件"小事情"上入手,剖析职能部门相互推诿的根源。标题直接引用遭遇办证难的群众的话语"怎么证明我妈是我妈!"充满生活气息,令人忍俊不禁,同时也让读者一看就知道该评论针对的问题是什么。新闻标题中直接引用人物的口头语言,可以点明新闻的重要内容,帮助读者快速把握核心,也可以使新闻人物形象更加鲜活、生动。

(主题)请再等等! 别去公园扎堆
(副题)市属各公园昨接待游客逾 7 万人次,其中深圳湾公园人流量达 23600 人次

(《深圳商报》2020 年 3 月 1 日)

这条疫情期间的新闻报道标题分为主题和副题两个部分,主题用口语对读者发出号召,恳请大家别扎堆去公园,就像当面和读者说话一样,交流感和亲近感极强。副题用具体数字介绍了深圳市属公园的游客量,让主题具有说服力。

(三)嵌入网络流行语,增强时代感

网络流行语是由特定事件或热点话题引出,通过网络空间的传播得以广泛流行的词语、短语、句子或固定句式。① 互联网的快速发展催生了大量的网络流行语,其不仅在网络空间广泛传播,也渗透进社会日常生活,深受年轻人的欢迎。不少网络流行语生动传神、新奇有趣、诙谐俏皮,在新闻标题中合理采用,可以增强标题的时代感和感染力。例如:

成绩说话! 傅园慧们不必使出"洪荒之力"测跑步

(中国青年报客户端 2020 年 10 月 29 日)

世界冠军庞清佟健这样评价冬奥会中的"后浪"

(中国青年报客户端 2022 年 2 月 12 日)

高分不一定"上岸":有高校考研报考人数"暴涨"五成

(澎湃新闻 2022 年 2 月 22 日)

上述三则新闻标题都来源于网络媒体,洪荒之力、后浪、上岸这三个网络流行语的运用增加了标题的新意与趣味,也契合了媒体特性,很容易吸引网络受众的注意。

(四)善用修辞,形象生动

修辞是在写作时对词语进行修饰的手法,其为新闻标题提供了广阔的语言艺术空间。

---

① 袁明琼:《试论主流媒体对网络流行语的取舍》,《传媒评论》,2020 年第 8 期。

恰当地运用修辞手法能够为新闻标题点睛赋彩,更形象、传神地表达新闻作品的内容,揭示新闻主题。下面将介绍新闻标题中常用的八种修辞手法。

1. 比喻

比喻就是通常说的打比方,是根据两个事物具有的相似之处,用其中一种事物来说明另一种事物。采用比喻修辞手法,能将难以理解的抽象事物或内容用浅显方式进行描述,让生疏的事物变得熟悉,让平淡的表述变得生动形象,增强标题的易读性和可读性。例如:

面对疫情,信心是长效的疫苗

(人民日报客户端2020年1月26日)

这篇新闻评论的标题,将信心比喻成对抗疾病的疫苗,形象有力,鼓舞人们用信心战胜疫情,帮助缓解社会消极情绪。

2. 比拟

比拟就是把甲事物当作乙事物来写的修辞手法。具体来说,就是写文章时,把物当作人(拟人),把人当作物或把此物当作彼物(拟物)。相对来说,新闻标题写作中使用较多的是拟人,这种手法不仅可以使标题更加生动幽默,而且能营造出一种特殊的意境,令人回味无穷。例如:

三分治七分养:"百湖之城"武汉"养湖记"

(《新华每日电讯》2019年6月28日)

这篇新闻是对武汉市湖泊治理情况进行的调查报道。标题中武汉"养湖记"的表述采用了拟人的修辞手法。一般来说,"养"的主体是人,人饲养动物、植物,而标题别出心裁,让武汉来养湖,显得鲜活生动。

3. 借代

借代,就是不直说某人或某事物的名称,而借用同其有某种联系的人或事物的名称去代替它,借彼代此。在制作新闻标题时,采用借代的修辞手法,可以显示事物的特征,表达特定的感情,利用事物之间的关联性为读者营造想象的空间,避免标题过于平淡。例如:

厨余垃圾变身肥料,他们在屋顶种下绿色

(新华社客户端2019年3月13日)

这篇新闻是一篇关于植树节的报道,讲述的是来自上海师范专科学校附属小学的学生们利用平时回收的厨余垃圾制成的堆肥来种植绿色植物,在享受垃圾分类成果的同时美化了环境。标题中"种下绿色"的表述乍一看是一个不合理搭配,因为颜色是不可能被"种下"的。但实际上,标题采用了借代修辞。因为植物大多是绿色的叶子,绿色是植物的外在视觉特征,二者之间具有密切联系,读者能领会到该标题实际上是用"绿色"代替了"植物"。借代手法的使用淡化了植物概念,而将绿色的形象放大,令受众遐想绿意盎然的人造环境,凸显了厨余垃圾变废为宝的作用。

4.对比

对比又称对照,就是把两个对立的事物或一个事物的两个对立方面进行比较的修辞手法。采用对比手法,可以突出标题中对比的内容,使其更加鲜明。例如:

(主题)以"深修"之名行"传销"之实
(副题)涉及 4000 多人"心灵茶吧"案追踪

(《新华每日电讯》2022 年 2 月 10 日)

这篇新闻是对江西省无锡市公安局近期破获的一则传销案的报道,主标题中"'深修'之名"和"'传销'之实"形成强烈对比,深刻地揭露了"心灵茶吧"掩盖在美丽外衣下的罪恶实质,也提醒人们加强对隐蔽型传销方式的警惕。

5.对仗

对仗又称对偶,即用字数相等、词性相当、语法结构相同或相似的两个短语或句子,表达相似、相关或相反、相对意思的一种修辞手法。新闻标题制作时采用对仗手法,形式上整齐均衡,语音上和谐悦耳,更具表现力,也更能引起读者注意。例如:

运河贯南北 文脉承古今

(《人民日报》2019 年 1 月 4 日)

这个标题既有文气又有气势,一方面它直观地点出从地理上来看京杭大运河横贯了我国大江南北,另一方面又把它在自然界的气象万千与它所承载的源远流长的文脉承继结合起来,简洁明快;同时着重突出了这篇报道从文化角度观察大运河的鲜明主题。同时,标题形式对仗,朗朗上口,好懂也好记。[①]

6.双关

双关指的是在特定的语言环境中,借助语音或语义的联系,使语句同时关涉两种不同事物,产生言在此而意在彼的效果。双关的运用,可以使语言含蓄、幽默、婉转,增强标题的思想内涵和感情色彩。例如:

0! 石家庄清零! 请继续"罩"顾好自己!

(《石家庄日报》2020 年 3 月 6 日)

这是一篇疫情报道的标题,标题利用"罩"字和"照"字同音形成双关,既劝告读者,在本地新冠肺炎病例清零的情况下依然要做好个人防护,同时又强调了继续戴好"口罩"的重要性,表达含蓄、幽默,让人深刻印象。

7.反复

反复又称重复、复叠,指为了突出重点或强调某种思想、感情而有意地重复使用同一词语或句子的修辞方法。将标题中某些成分重复使用,不仅不会感到多余,反而可以造就气

[①] 苏长虹:《做题要抢眼 留住众人眼——人民日报 2019 年 1-2 月获奖好标题赏析》,《新闻与写作》,2019 年第 7 期。

势、表现感情,形成一种回肠荡气的感觉。例如:

让"质检报告"经得起质检

(《人民日报》2021年8月16日)

这则新闻评论的标题中"质检"一词使用了两次,引发读者对"质检报告"可能存在质量问题的关注,重点突出,读起来节奏感强。

8. 设问

设问是为了强调某部分内容,故意先提出问题,无疑而问,自问自答。设问式标题能通过设置悬念、埋下伏笔,达到让读者产生疑惑、猜想,从而产生阅读冲动的效果。例如:

72个红手印,究竟为了留住谁?

(长江日报微信公众号2019年6月13日)

这是长江日报微信公众号上发布的一则创意互动H5作品的标题,该标题采用设问的方式,启发读者思考、领会文章中心思想。武汉市黄陂区青云村村民代表冒着倾盆大雨给市扶贫办送去一封联名信,72名村民签名并按上红手印,请求挽留青云村两名驻村干部杜凡、付旭东。新闻以小切口反映扶贫大主题,报道了扶贫工作最鲜活的故事,感染力很强。[①]

需要注意的是,在制作标题时,有时不仅仅使用一种修辞手法,还可在一个标题中将多种修辞手法结合使用,使新闻标题更为吸引人。

(五)以诗词入题,增添韵味

中国古典诗词是中国传统文化的瑰宝。以诗词入题,可以实现新闻性和文学性的有机融合,令新闻标题充满韵味。例如:

(引题)"车辚辚马萧萧凯歌贯云霄"
(主题)"最可爱的人回来了"

(《人民日报》1958年3月16日)

这则标题引用了杜甫的名篇《兵车行》里的首句:"车辚辚,马萧萧……"把中国人民志愿军威风凛凛、胜利归来的情景烘托出来,使人如闻其声、如临其境。

(引题)知否,知否,应是"贱"肥"贵"瘦
(主题)爱吃瘦肉者请你多付钱
(副题)本省8个县市调整猪肉品种之间差价

(《羊城晚报》1983年9月24日)

这则标题的引题改造了宋代词人李清照《如梦令》中的名句"知否?知否?应是绿肥红瘦","绿"改为"贱","红"改为"贵",既契合文意,又新颖别致,为主题的出场做了较好的烘托。

(引题)王霜独进两球 女足挺进奥运

---

① 崔金福:《制作新闻标题的小技巧》,《记者摇篮》,2021年第8期。

(主题)月落乌啼霜满天,姑苏城外韩 3∶4

(《楚天都市报》2021 年 4 月 14 日)

这则标题的主题巧用了唐诗《枫桥夜泊》中的名句,看起来十分亮眼,读起来也朗朗上口。"月落乌啼霜满天"中的"霜",代指比赛功臣——独进两球的武汉运动员王霜。在报纸上呈现时,"霜"字用红字突出,而王霜穿的中国队服,正是中国红。"姑苏城外韩 3∶4"中的"3∶4",指韩国队对中国队的比分是 3∶4,也用了红字突出。比赛地点在苏州,苏州古称为姑苏,对应诗句"姑苏城外寒山寺"。该标题巧用经典诗句,形象有趣地表明了比赛地点、比赛对象、关键人物及最终比分等主要新闻事实,可谓巧夺天工。

总之,标题之道变幻万千,如何拟出一个出彩的标题是每个新闻编辑要思考的问题。新闻标题的制作技巧绝不仅上述几种,新闻编辑应在坚持基本原则的基础上,大胆创新、反复锤炼,以高质量、有水平的新闻标题赢得受众青睐,获得更好的传播效果。

六、网络新闻标题的制作特点

随着网络信息技术的发展和电脑等硬件设施的日益普及,网络新闻在我国有了长足的发展,上网看新闻成为人们获取新闻信息的一种重要途径。与传统媒体相比,网络新闻标题的制作有自己的特点和规律。

(一)题文分离

由于网页版面的限制,网络新闻的标题和正文通常是分离的,分处于两级页面。新闻标题通过超链接的方式与新闻内容相连接,只有当受众对某个新闻标题感兴趣,点击标题链接时,才可进入次级页面阅读新闻全文或新闻图片、视频。如图 6-11 为新华网 2022 年 4 月 26 日首页截图,我们可以看到很多条新闻标题,点击要闻聚焦中的第三条标题"财政部明确今年改革重点 政府购买公共卫生服务力度将加大",弹出的页面(见图 6-12)便显示了新闻全文。这种特别的阅读程序,使得网络新闻标题的重要性在某种程度上来说超过了传统媒体。

图 6-11 新华网 2022 年 4 月 26 日首页截图

图 6-12　新华网 2022 年 4 月 26 日截图

(二)以单一型标题为主

传统媒体中的新闻标题形式有多种,可以只有主题,也可以主题与辅题相配合。网络新闻媒体首页及旗下各栏目首页为了尽可能多地给受众提供信息,会把大量的标题汇集到一起,同时为了集纳更多新闻标题,也为了让受众在海量的网络信息中快速抓取自己感兴趣的新闻,网络新闻标题以单一型标题为主,一般简明扼要地把信息浓缩在主题中,而不加引题或副题。同一篇新闻,新闻标题页面的标题有时和新闻正文页面的标题不同,新闻标题页面的标题更简洁,而正文页面的标题则字数更多,提供的信息更全面。如点击前文所述新华网 2022 年 4 月 26 日首页(见图 6-11)要闻聚焦中的第一条标题"国务院召开第五次廉政工作会议 李克强发表重要讲话",次级页面中的新闻标题(见图 6-13)比首页标题要长得多,不仅指明了李克强讲话的重点内容,而且补充了会议人员信息。

图 6-13　新华网 2022 年 4 月 26 日截图

(三)以实题为主

新闻标题按表意程度,可以划分为实题和虚题,实题需要交代新闻要素,虚题不必交代新闻要素。纸质媒体新闻正文和标题是相邻的,即便标题是虚题,读者稍微注意一下,便可大致了解新闻内容。网络新闻通常题文分离且以单一型标题为主,如果新闻标题是虚题,受众在通过标题检索自己感兴趣的信息时就无法迅速领悟新闻的中心内容,自然就难以产生点击标题的欲望,从而阻碍了新闻信息的传播。因此,网络新闻标题以实题为主,部分评论文章采用虚题,或虚实结合。在制作网络新闻标题时,应尽量用实题将新闻信息直接直观地呈现出来,让受众一目了然地了解新闻的大致内容。

(四)"花样"更多

由于网络媒体具有传统媒体不具备的一些新特征,再加上网络新闻受众的年龄层更偏年轻化,他们的生活节奏快、思维敏捷,更喜欢新鲜事物,为了更好地发挥自己的优势,赢得受众的青睐,网络新闻在标题制作上"花样"更多。从外在编排形式上看,网络新闻标题常将文字与图片、图标、装饰性符号等结合使用(见图6-14);从标点符号的使用上看,网络新闻标题大量使用冒号、逗号、感叹号、省略号、问号等标点符号;从文字本身来看,网络新闻标题也常常大胆创新,诞生了很多现象级标题,如新华网微信公众号2017年创作的口语化消息标题《刚刚,沙特王储被废了》带动了"刚刚体"标题的走红,后来其又推出极简风格的"一字标题"系列(见图6-15),灵动、活泼的叠字标题系列(见图6-16),让人耳目一新。

图 6-15 新华社微信公众号截图

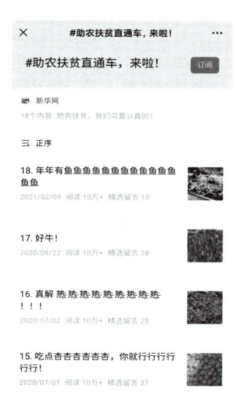

图 6-16　新华社微信公众号截图

标题是新闻的"眼睛",无论是传统新闻编辑还是网络新闻编辑,在制作新闻标题时都要坚持优化标题,创作出更多更好的标题作品,满足新时代受众的阅读需求。

第二节　实训教学的拓展文献

本章我们选择了《追求新闻标题中的事实魅力》与《媒体公众号爆款新闻标题的制作策略》两篇期刊论文作为实训教学的拓展文献。两篇论文的内容与本章所学内容密切相关,但又不重复,为本章的实训提供理论指导及案例参考。

一、拓展文献阅读(一)

这一篇文献旨在向读者强调新闻标题制作中"用事实说话"的重要性,避免出现过度注重新闻标题的形式和制作技巧,反而忽视新闻事实的问题。文中丰富的标题修改实例,帮助读者更直观地体会新闻标题如何避免偷换新闻事实,更好地凸显新闻事实。

追求新闻标题中的事实魅力[1]

对新闻来说,事实最有说服力,也最有魅力,新闻标题亦然。新闻要用事实说话,这个道理新闻工作者都知道。而标题也要用事实说话,这一点却往往被忽视。本文结合多则见报标题的修改实例,进行对照比较分析,以实论虚,探讨新闻标题的事实魅力。

一、标题要最大限度用事实说话

笔者从事新闻工作近40年,做了许多标题,也改了许多标题,总结出做标题的三大原则:一是标题要最大限度用事实说话;二是标题要最大限度凸显新闻价值;三是标题要最大限度与读者沟通。其中的第一条尤为重要。

中国人民大学新闻学院曾做过一项调查,在被阅读的新闻里,有94%读者是先读标题后看新闻的;阅读标题对新闻的吸引率为34%;标题的吸引力主要是事实。[1]

新闻标题要用事实说话,是标题制作的基本要求,也是党的新闻工作的优良传统。《毛泽东新闻工作文选》中收入了毛泽东同志关于标题的两条批示,分别是1948年9月毛泽东同志在审定新华社的一篇新闻和一篇社论时写的,那篇新闻的原题是"华北召开中等教育会议",毛泽东同志审阅时将题目改为"华北中等教育会议决定改善中等教育的诸项制度",毛泽东批示道:"凡新闻,标题必须有内容。原题并无内容,不能引人注目。"

为这篇消息配发的社论原标题是"中等教育问题",毛泽东将其改为"恢复和发展中等教育是当前的重大政治任务",并批示道:"凡论文标题,亦须有内容。原题没有内容,不能引人注目。"毛泽东同志改的两个标题和两段批示告诉我们,新闻的标题要有内容。[2]

我们常说文章没有内容就"空",新闻标题没有内容自然也"空"。所谓"有内容",就是要把最重要的事实拎出来,把最新鲜的信息提出来,把最吸引人的东西标出来,把最得民心的话说出来……

2020年1月31日,大年初七,一段短视频在许多江苏人的朋友圈刷屏,江苏省委书记娄勤俭不打招呼,随机来到南京市江宁区汤山街道葛巷村防疫站点,被值守在村口的葛进江和秦友祥两位老大爷拦下。吃了"闭门羹",省委书记反倒"挺满意"。随后两位老大爷被网友称为"硬核大爷"。几天后,当地媒体采访了一批奋战在基层一线的"战疫"的网格员、志愿者等,写了一篇通讯,原标题为"众志成城筑'硬核'",这个标题没有事实,"众志成城"是个概念,看了标题不知道文章要说什么,与战"疫"有什么关系?后来该通讯的标题改为"千万个'硬核大爷',筑起江宁战'疫'的钢铁长城"。

这样一改,标题突出了"硬核大爷"这一关键人物,并指出了正是千万个"硬核大爷"才能筑起战"疫"长城这一事实。通讯开头由此切入:"有一场战斗叫战'疫',有一种力量叫'硬核大爷'……"

让我们来看两组原标题与见报标题的修改。

◆ 原标题

外商来苏投资更便利了

---

[1] 姜圣瑜:《追求新闻标题中的事实魅力》,《新闻与写作》,2020年第4期。

江苏进一步下放外商投资项目核准权限（主）

◆ 见报标题

江苏进一步下放外商投资项目核准权限投资

1亿美元以下市县可核准（主）

这篇消息说的是，江苏省发改委最新出台了《进一步做好外商投资项目核准管理工作的若干意见》，江苏省将进一步下放外商投资项目核准权限。消息列举了"下放外商投资项目核准权限"的具体内容。原来的标题没有把具体的内容写出来，我们在处理这篇稿件时发现，在下放的权限中，"投资1亿美元以下由市县可核准"这一条很重要，于是拎出来做主题，由于突出了这一主题，稿件由二版提到了一版，被用在了较为突出的位置。总编辑在评报时说，这篇稿件如果不是拎出一个事实做主题是不可能用在一版的。

◆ 原标题

耕作"退一步"地力"增十分"

某县实施农田退粮还草效果好（主）

◆ 见报标题

农田轮作财政有补贴

某县万亩农田"带薪休了个假"（主）

这篇消息说的是，某县有计划地实施农田轮作制度，财政拿出专项资金进行补贴，但原标题没有把最主要的事实说清楚。改后的标题用了拟人的修辞手法，形容生动，说清楚了事实，一目了然。

2012年底，中宣部曾就切实改进新闻媒体的文风发出专门的意见，其中对新闻标题提出了具体要求：要做准、做好、做活标题，善于抓住要点、提炼有效信息，准确鲜明表达核心观点，避免机械呆板、不知所云、大而无当的口号式标题。③这些要求体现了同一个指向：新闻标题要用事实说话。

二、标题要说清楚事实要素

有一篇消息，原标题是"江苏公安机关依法处理一起外国人醉酒驾车案"。这个标题至少缺了三个要素，一是地点是哪里，二是哪国人，三是结果如何。再看新闻内容，讲的是一位韩国人，驾驶一辆小型客车经过泰州境内的广靖高速公路收费站时，高速大队交警发现其行车不正常，随即进行检查，经对其血液检测，认定其为醉酒驾驶。根据有关规定，交警部门作出给予其行政拘留10日和暂扣驾驶证6个月、并处罚款1000元的处罚。这篇消息见报时改为"一韩国人在广靖高速醉驾被行拘"。见报的标题比原题减少了6个字，却把人们关心的主要内容都标明在题目上了。做标题拎事实时，一定要注意要防止偏离新闻的原意或者以偏概全。

有一篇简讯报道的是省里召开"全省夏粮抢收抢种视频会议"，会议要求，在夏收夏种的关键时期，各地要抢抓时机，重点保障夏粮抢收。记者原来的标题是"省政府召开夏粮抢收抢种视频会议"，标题就会议报会议，没有内容，编辑改为"全省今年直播稻面积减少20%"，这样标题有内容了，但再仔细看文章，发现有关"全省今年直播稻面积减少20%"只是在领导讲话中提到一句，并不是会议的重点，做这个标题显然是不合适的，于是见报时将标题改为

"江苏组织 3500 多个小分队抢收夏粮",这样一改,不仅有内容了,而且与会议的主题相吻合。

三、谁偷换了标题中的事实

1. 概念偷换了标题中的事实

概念化的标题是新闻标题的常见病,概念偷换了事实,编辑改标题时,就要还事实于标题。

有篇通讯报道的是徐州好"片警"孙全新,无论走到哪儿,胳膊下总夹着个本子。从警13年,这样的工作日记,孙全新已记了23本。

◆ 原标题

本职本心本色(主)

——"片警"孙全新的工作日记

◆ 见报标题

民生情怀,在 23 本日记的字里行间"流淌"(主)

——片警孙全新与他的民生日记

原标题中"本职本心"是概念,与事实没有关系。要把概念去掉,全部换成事实。改完后的标题用了比喻的修辞,体现了孙全新像河水一样"流淌"着的为民的情怀。

◆ 原标题

刚性管理、柔性执法(主)

——解读宿迁城管"软着陆"的魅力

◆ 见报标题

城管要"好看" 摊贩要"吃饭"(主)

——看宿迁城管怎样化解"美丽的苦恼"

见报标题把文章中有新闻性的事实拎出来,文章一下摆脱了工作新闻的味道。不但如此,在文章中作者还紧紧抓住"城管要'好看'""摊贩要'吃饭'"这一对矛盾展开,一步步探索下去,整个文章就活起来。

2. 口号偷换了标题中的事实

口号式标题又被称为万能标题,放在哪篇新闻上都能用,报道哪家单位都能行。这也是前文对新闻标题的要求中明确提出的应当避免的标题。

◆ 原标题

某县:创党建富民之先 争服务惠民之优

◆ 见报标题

在党建富民上创先争优,某县桃林镇北芹村发生一个变化:

农民谈收入,数词从"千"变成"万"(主)

这篇报道写的是某县桃林镇北芹村党支部在创先争优中,带领村民们致脱贫攻坚的事,原标题就是口号,稿件写的一个村,标题却做成了一个县。细看内容,有这样一个细节变化,前几年村民们谈收入,数词单位都是"千",如今则都是问:"你家挣了几万?"见报标题利用这一变化直观地体现了村民们脱贫致富的事实。

再来看两篇普法宣传稿件的标题。

◆ 原标题

送法进基层 普法入民心

◆ 见报标题

某市,法制巡演到社区

报道某市法治办等单位到基层进行法治文艺巡演活动,首站到某街道某社区。原标题就是一个口号,没有事实。

◆ 原标题

我市"七五"普法拉开帷幕

◆ 见报标题

我市"七五"普法有了新要求 谁执法谁普法

这篇消息报道了全市召开"六五"普法总结表彰暨"七五"普法动员大会,要求深入实施"七五"普法规划,建设更高水平法治社会。原标题虽不是口号,但十分空洞。没有内容就没有特点,"七五"普法与以往有什么不一样呢?事实上,这次会议提出了"七五"普法的新要求,就是"谁执法谁普法"。见报标题拎出了会议的核心内容,这也是有效信息。

事实是具有个性特征的,有了事实就有了特点,标题不仅不空洞,而且也不是"万能"的了。

3. "八股味"偷换了标题中的事实

一些新闻标题"八股味"很浓,其中最突出的就是两句对仗式的标题,对仗本来是一种修辞手法,运用好对仗可使标题在形式上和意义上显得整齐匀称,给人以美感,这是汉语所特有的艺术手段。刘勰在《文心雕龙》中说:"造化赋形,支体必双,神理为用,事不孤立。夫心生文辞,运裁百虑,高下相须,自然成对。"这就说明用好了对仗,能使语句互相映衬,意义互相补充,具有形式美,并且读起来音律和谐,有回环往复的韵味,因而能增强艺术效果。

然而现在有一些对仗式的标题空话套话连篇,读起来索然无味。某市党代会召开前夕,市委机关报策划了一组回眸五年来成就的报道,围绕经济、改革、生态、民生、党建等方面做了五篇文章,原来的标题都"八股味"十足,改了以后就大不一样了。见报标题与原标题相比,没有了"八股味",每个标题都增加了事实要素,更加鲜活、有气势。

◆ 原标题

活力某市 生机无限

◆ 见报标题

五年经济总量翻一番,某市——
在历史的脚本里续写创新发展新篇章(主)

◆ 原标题

激发新动力 释放新利好

◆ 见报标题

"强富美高"新某市不是等来靠来的,而是——
闯出来的 创出来的 改出来的(主)

◆ 原标题

绿水青山就是金山银山

◆ 见报标题

规定328平方公里生态红线区,某市人——

保护生态就像保护"眼睛",保护"生命"(主)

◆ 原标题

民生无小事 责任大如天

◆ 见报标题

只有起点没有终点,民生工程——

让某市发展更有"温度"让百姓幸福更有"质感"(主)

◆ 原标题

火车跑得快 全靠车头带

◆ 见报标题

"不忘初心继续前进",某市6万共产党人——

以信仰之光照亮奋进之路(主)

4. 不知所云偷换了标题中的事实

请看这样一篇报道的标题,"某技师学院两学子设计产品申请国家专利,并获省职业教育创新大赛一等奖——(肩)职校学生凭何出征'国赛'(主)校方:我们不仅培养工人,还塑造有创造力的技术人员(副)",报道说的是某技师学院的两名在校学生,在老师的指导下,设计的产品不仅在省内举行的创新大赛中获奖,还将作为代表出征"国赛",其设计的产品同时还申请了国家专利,获得了企业青睐,并进行批量生产销售。这个标题最大的问题是"不知所云"。一是标题长得"不知所云",整个标题72个字,什么都想说,结果还是没能表达清楚;二是用词"不知所云","凭何"的"何"什么意思? 应该是"凭什么";三是主题"不知所云",职校学生凭何出征"国赛"? 这个问题还要问吗,当然是凭本事。看了文章才知道,并不是学生出赛,而是学生的作品"蔬菜种子异形丸粒化设备"参赛;四是三行题之间的关系"不知所云",肩题主体是"两学生",说了两件事,一是产品申请专利,二是省赛获一等奖,主题的主体是整个"职校生",副题的主体是"校方",说的是学校的"培养"方针。

这个标题可改为"某市两职校生作品出征'国赛'(肩) 小小'异形丸'叙说创客的故事(主)",改过的标题为两行题,共28个字,不仅说清楚了事实,而且增添了感情色彩。

在2020年的战"疫"报道中,有家报社写了一篇表扬党员在战"疫"中冲锋在前的通讯,原标题是"党旗飘飘 岁月静好",这个标题也犯了不知所云的错误,空洞无物,见报时改为"哪里有疫情,哪里最困难,哪里就有党旗飘扬"。

四、通讯"消息化标题"的启示

笔者经研究发现,获得中国新闻奖的许多通讯作品做成了消息的标题,笔者称之为通讯的"消息化标题"[④],这类标题的最大特点是,把通讯中的事实硬件拎到标题上来,用事实说话。如《湖北日报》获得第十三届中国新闻奖二等奖通讯的标题是"一个字两个篮球场大 一条标语长达5公里(肩)郧西县'石头标语'劳民伤财(主)",这个标题用比喻的手法,形象地批评了"石头标语"劳民伤财的事实,让人一看就知道通讯说的是什么事情。《江西日报》获得第十三届中国新闻奖二等奖通讯的标题是"从'江西第一'到'全国最大'(肩)黄庆仁栈'变脸'的背后(主)",这个标题中的"江西第一""全国最大"都是事实,事实最有说服力,事实也最能吸引人。类似的好标题还有写安徽省无为县保姆闯荡天涯的通讯标题"出来空着两只手回去盖起一座楼(肩)无为保姆真有为(主)"。标题用事实说话,并不意味着要枯燥无味地表达,在拟标题时可以借助各种修辞手法,增强标题的美感以及趣味性。有人说,语法教你不要说错话,修辞则是教你说好话,说出精彩的话来。上述三个标题都较好地运用了比喻、谐音、对比等修辞手法,为标题增彩。

我们再来看两个标题:

①垃圾山,垃圾山,害得居民苦不堪,不知几时搬?臭水流,臭水流,流到大街小巷头,行人个个愁!(肩)

城市环境令人担忧(主)

②越穷越不买书,越不买书越没文化,越没文化越不买书,越不买书越穷——(肩)

文化消费何时走出怪圈?(主)

这两则标题的引题,巧妙运用了回环往复的修辞法,标题词语首尾相接,句句相连,不仅把通讯中的主要事实说得清清楚楚,同时还揭示了事物之间互为条件的特殊关系,把一个值得深思的问题推到了受众面前,鲜亮醒目,给人以全新的视听感受。

> **参考资料**
> ①谢文英.新闻标题怎样利用好"首因效应"[N].中国新闻出版广电报,2017-09-12.
> ②毛泽东新闻工作文选[M].北京:新华出版社,1983.
> ③中宣部.关于贯彻党的十八大精神 切实改进文风的意见[N].新华社,2012-12-26.
> ④姜圣瑜.新闻精品与记者"四力"[J].传媒观察,2019(7):80-88.

二、拓展文献阅读(二)

这一篇文献是对网络新闻标题制作知识的补充。融合媒体时代,微信公众号已经成为主流媒体的重要新闻传播平台,因此在前面理论知识部分学习了网络新闻标题制作特点的基础上,这一部分我们再结合例子学习媒体公众号爆款新闻标题的制作策略,拓展学习深度。

媒体公众号爆款新闻标题的制作策略①

融媒体时代,微信公众号已经成为主流媒体的重要新闻传播平台。如何让新闻报道在海量信息中迅速脱颖而出,新闻标题的创新制作就尤为重要。笔者认为,公众号的新闻标题制作应该坚持以下策略。

因"材"起题,区别对待

主流媒体公众号所发布的内容主要分为以下三类。第一,纯新闻资讯类,这类内容一般

---

① 张哲:《媒体公众号爆款新闻标题的制作策略》,《青年记者》,2020年第20期。

都是纯粹的新闻资讯,这其中又可分为时政新闻和社会新闻两大类。时政新闻一般包括重点会议的召开、地区领导参加的重要活动、政府部门颁布的重要文件等;社会新闻则主要以反映社会风貌、社会风气、人民群众的日常生活为主。第二,信息资讯类新闻,这类新闻一般与人民生活密切相关。例如,菜价、肉价、油价的上涨或者下跌,道路通行状况、节假日高速是否免费等。第三,其他类型新闻,这些新闻包含的内容较多,内容较为繁杂,通常包括旅游、经济、娱乐、文艺体育等。

在标题制作时,针对不同的发布内容要因"材"起题,区别对待。对于时政类新闻应以严肃谨慎的风格为主,不能太过活泼;而社会新闻则用词不用太刻板严肃,可根据文章特点进行大胆创新,取出令读者眼前一亮的标题。2020年1月,演员梅婷因在乘坐飞机时脚踩显示屏事件在社会中引起强烈讨论,并登上了微博热搜榜首位,此后,梅婷通过社交媒体对自己的行为进行道歉,并感谢网友的监督。对此中国青年报公众号于1月7日刊文《一脚"蹬"上热搜!演员梅婷道歉了……》,这则标题就是标准的因"材"起题,而且"一脚'蹬'上热搜"也能高度概括内容,激起了受众的阅读欲。

借"势"起题,善"蹭"热点

"蹭热点"是新闻标题制作中非常重要的一环,首先"热点"能够帮助实现新闻信息的大范围传播;其次"热点"信息能够激起受众的阅读欲。一般来说"借势起题"主要目的在于通过热点事件来提高公众号的曝光度。在曝光度增加的前提下,结合热点事件能够成功展现公众号的风格和想法,从而达到提升内容阅读量和增加粉丝数量的目的。例如:人民日报公众号于2020年1月8日刊文《身份证也有靓号!22020220200202××××》,文中提到"在即将到来的2020年2月2日是罕见的对称日,而这一天吉林省吉林市昌邑区出生的宝宝将获得一个别致的身份证靓号:22020220200202××××",此文推出之后立刻引起了强烈的社会反响,推文阅读量迅速达到"10万+"。

以"新"起题,别出心裁

新闻标题要以"新"立意,是所有媒体达成的共识,无论传统媒体新闻还是公众号推文均是如此。鉴于新媒体的传播特点,别致、新奇的标题更容易获得大范围的传播,因此主流媒体公众号应该勇于创新。例如:新华社公众号于2020年1月16日推送的《儿子不能回家过年,"硬核老妈"放了一大招》,文章讲述了在外工作的孩子过年不能回家,而远在山东的妈妈在听说后给他寄来了一份特殊的"包饺子套餐",其中不仅有各种样式的饺子皮、饺子馅,就连包饺子的工具也一应俱全,还附上了"包饺子教程",令网友羡慕不已。推文题目中"硬核""放大招"均是网络中较为常见的词汇,新华社将网络用语融入题目中,吸引网友阅读文章。

以"词"起题,画龙点睛

新闻标题中常会用到一些具有代表性的词语来点题,以提示新闻报道内容的性质或者状态,例如"紧急""重磅""划重点"等。这些报道以"词"起题,往往能迅速引发读者注意,并引导读者快速进入阅读状态。

"重磅"一词常被用于涉及政治、经济、民生领域的重要新闻报道当中。例如:2020年1月1日,人民日报公众号以《重磅!央行决定1月6日降准》为题报道了央行"降准"这一决定,"降准"这一决定与我国经济发展、金融环境息息相关,该文刊出之后引起了网友的广泛讨论,民众纷纷对央行"降准"的决定表示赞同,称赞这是央行在新年带给中国经济的"大红包"。

"符号"为题,吸睛醒目

在以文字为中心的标题中,适当运用一些特殊符号,也会起到意想不到的效果。例如:数学符号就常被用于公众号文章的标题中,符号的运用能够快速引起受众阅读的兴趣。人民日报公众号于2020年1月4日推送的文章《两枚硬币=12万》,报道了一名乘客为祈福向飞机扔了两枚一元硬币,导致飞机延误,赔偿12万元的事件。该标题将"硬币"与"12万"以"="连接,能够激起受众的好奇心。此外,人民日报公众号的政策类报道经常采用"@"开头,以增强针对性和互动性,例如,2020年2月28日同日发出的《@所有中小微企业:国家扶持来了,都是真金白银!》《@全体毕业生!最新就业政策来了》就是这样设题的。

此外,【】、[]、‖、|等符号的运用,不仅可以起到区分主次的作用,而且可以优化用户阅读体验。例如:《热点|〈淘气包马小跳〉漫画获赔1100余万元!》《【提醒】"45度让路法"会扣分?交警回应!》等。

用词精练,高度概括

由于手机屏幕的限制,公众号在拟标题时一定要注意字数的限制。文章题目在屏幕中显示完整,给受众良好的阅读体验,是最基本的要求。此外,在拟标题的时候也要考虑受众的阅读习惯,尽量把标题中的关键字、关键信息放到前边。如果标题字数过多,而关键信息又在后边,就无法产生理想的传播效果。例如:澎湃新闻公众号于2020年2月26日推送的《武汉公布"最早患者",去年12月发病》和2月27日推送的《南医大奸杀案嫌犯身份曝光,名下曾有公司》都在标题中将关键信息前置,一目了然,简练直白。

逐层递进,引导阅读

当新闻报道内容十分丰富时,标题应该注重层次感,注意逐层递进,对受众进行引导阅读。例如:当公众号推送的内容中不仅有文字,还有图片或者视频等信息时,在标题中应当注明,可以在题目中加上"内附精彩视频"或"完整版视频"的提示,吸引受众阅读。新华社于2019年6月20日推送了《习近平总书记历史性访朝,欢迎场面超震撼!(附视频)》一文,该文以图文、视频综合的形式报道了习近平总书记访朝时平壤市数十万群众夹道欢迎的热烈场面,视频的加入使读者更加直观、清晰地感受到了场面的震撼。

开门见山,直截了当

公众号标题制作还可以不加任何修饰和引导,直接进入正题,以开门见山、直截了当的方式发布信息,这种方式一般被用于时政类、科技类新闻标题当中。这种开门见山的标题往往能快速阐述新闻事实,能直接传递情感和人文信息。比如:2020年初航天科技集团研制的我国首款20千瓦大功率霍尔推力器成功完成点火试验,人民日报公众号以"大突破!赞就完事了"为题,开门见山式地高度称赞了我国这一最新科技成就。

栏目为题,长期塑造

许多媒体公众号会根据时间或在特定时段设置的一些特别栏目,这些栏目有的以栏目名称直接作为文章标题进行推送。例如:"早知天下事"是新华社公众号优质栏目之一,该栏目主要将各类重要新闻概要集合起来在每日早晨向受众推送,让受众一早就能概览最新资讯。此外,人民日报公众号的"来了!新闻早班车"也属于此类。"早知天下事"和"来了!新闻早班车"栏目名称即为文章标题,简洁明了,有助于栏目品牌效应的形成。

第三节 实训教学展示与评价

新闻标题的实训可以安排的形式非常多,除了新闻标题的欣赏、评析、制作、修改等常规实训方式,还可以进一步提升深度和难度,适当安排理论思考型实训。本节我们在鉴赏型、操作型以及理论思考型三种实训类型中各选一例作为典型进行展示。

第一个实训案例为鉴赏型,帮助学生学会在日常新闻接触行为中主动观察新闻标题的制作情况,鉴别优劣,学会对正反案例进行点评并从中获得启发。

第二个实训案例为操作型,锻炼的是新闻标题制作的基本技能,由学生个人完成,难度较低,便于课堂操作,教师在安排课堂实训教学时可以借鉴。对学生实训作品的点评能帮助教师发现学生实训中容易出现的问题,提前提醒学生,提高实训质量。

第三个实训案例为理论思考型,对学生有着较高层次的要求,不仅要求其掌握本章的基本理论知识,而且要求其在观察新闻传播现象的基础上进行积极探索和思考,形成自己的观点及论述。这一实训是对学生资料搜集能力、分析问题能力、思辨能力及写作能力的训练,所展示的范例能给教师布置与学生完成此类实训项目提供参考及借鉴。此项实训的具体内容可由师生根据情况灵活设置。

一、实训概述

1. 实训目标

目标1:掌握新闻标题的相关知识,具备新闻标题的鉴赏能力,能够准确评价新闻标题制作的优劣。

目标2:掌握新闻标题制作的基本要求和技巧,能够准确制作不同结构、不同类型的新闻标题。

目标3:对"标题党"由感性认知上升到理性认知。

目标4:各项实训的思政目标在于提升鉴赏能力,增强对新闻标题在舆论引导中重要作用的认识。

2. 实训过程

(1)对于新闻标题评析类实训作业,主要实训过程在课堂外完成。学生搜集代表性的新闻标题进行点评、赏析。

(2)对于新闻标题制作类实训作业,由教师提供材料,根据情况让学生在课堂或课后完成,教师选择代表性的新闻标题进行点评。

(3)对于"标题党"的认知,则是建立在课外文献学习和"标题党"案例的分析基础上,形成自己的认知,并以论文的形式呈现出来。注意表述的逻辑性,体现自己的观点。

3. 效果评价

此实训进行分层评价。第一层,有案例,有认知。第二层,案例新颖、有针对性,认识较为深刻。第三层,案例新颖、有针对性,认识深刻,体现独到见解。第四层,在第三层的基础上,细节处理到位,比如注释出处明确具体,有参考文献,数字逻辑合乎规范,格式合乎要求。第五层,综合考量价值观、辩证思维、态度等课程思政评价。第一层到第五层综合给出不同的评价等级。

二、实训案例评析

1. 实训作业评析(一)

(1)实训作业具体内容——新闻标题评析。

【优秀标题1】

疫情期间无法到校,2700多名师生每周一"空中升旗"

评析:这是2020年7月28日长江网上的一则与新冠肺炎疫情相关的新闻报道。标题中的数字"2700"点出了学校的师生数量,让受众感知到参与"空中升旗"的人数之多、规模之大,也从侧面反映出活动组织的难度,更让人体会到学校克服困难的决心之坚定,由此不得不敬佩师生和学校的责任担当与爱国精神。若去掉数字,虽然并不影响核心信息的传达,但抓人眼球的新闻事实就被模糊和忽略掉了。此标题中的数字起到了强化主题、强调事实的作用,更易引起受众的关注与共鸣。

【优秀标题2】

零下40摄氏度 现实版"我跟大王去巡山"来啦

评析:这是2021年1月14日新华社客户端上面的一则新闻标题。新闻内容是记者跟随国家电网呼中供电公司的两名巡线检修工一起去零下40摄氏度的雪山巡线。标题首先交代了极寒的天气,然后用"我跟大王去巡山"这句歌词点明了新闻事实,歌词的引用显得趣味十足。"来啦"一词非常口语化,拉近了与读者之间的距离,轻松俏皮的语气也表达出面对艰苦工作环境,巡线工们乐观、积极的心态。

【优秀标题3】

(引题)"杂交水稻之父"袁隆平院士——
(主题)一稻济世 万家粮足

评析:这是2021年5月23日《人民日报》上的一则新闻标题。该标题的引题点明了新闻报道的对象。主题只有八个字,简明有力地提炼出袁隆平院士的人生理想及为国为民做出的卓越贡献。其中,"一稻"和"万家"两个词语形成强烈对比,令受众心灵感到深深的震撼。

【优秀标题4】

(引题)水稻不怕热 手机测农产品安全 土壤会"报警"

(主题)脑洞大开 青年科学家探索农业"尖板眼"

评析:这是2021年12月2日《湖北日报》上的一则新闻标题,采用了拟人手法,用通俗的语言生动地展示了三项农业领域的科技成果。主题对新闻事实进行概括,称青年科学家探索"尖板眼"。"尖板眼"为方言,指稀奇、古怪的东西,有时也泛指一些与众不同的东西。这则新闻标题采用这一词汇代表农业创新成果,幽默俏皮,让读者读起来觉得有趣、有味。

【问题标题】

微信这个功能终于来了!网友:上班可以摸鱼啦?

评析:这是2021年3月13日某报纸在微信公众号上发布的一则新闻标题,这个标题采用口语化表达,并使用了网络流行语"摸鱼"(指偷懒、不认真),很有亲切感,既告诉了大家微信开通了新功能,又反映了网友的态度。但是,将macOS版微信可以在PC端刷朋友圈这一功能与上班"摸鱼"挂钩,有误导受众之嫌。虽然,"上班摸鱼"乃网友的调侃,并非媒体的态度,但是标题对于受众如何正确认识微信的新功能,缺乏正面引导。

(2)实训作业评析。

该生的实训作业所选择的案例数量适中,媒体来源比较丰富,既有传统的报纸媒体,又有新闻网站、客户端及公众号等新媒体。新闻标题的结构既有单一型又有复合型,既有正面案例,也有反面案例,评析较为具体完整,也展示了专业性。标题来源标注具体明确,较为严谨。总体达到第四层级,课程思政另外加分。

2. 实训作业评析(二)

(1)实训作业具体内容——新闻标题制作。

在课堂上由教师提供新闻报道的文字,学生为某融媒体中心旗下不同类型的新闻平台拟定新闻标题。

4月11日下午,黄冈市消防救援支队武穴市大队接到报警,位于该市大法寺镇李湾阁村附近路边一棵树上有一个巨大马蜂窝,状如篮球,马蜂时常攻击过路群众。消防接警后立即出动1车5人赶赴现场处置。

当天下午3时25分,消防人员赶到现场发现:巨大的马蜂窝距离地面约10米,马蜂四处盘旋飞舞。此处马蜂曾多次蜇伤村民。

两名消防人员穿好防蜂服后,用消防水枪将马蜂窝冲碎,掉在地面后进行清理。

据报警人介绍,马蜂窝在路边树上"违建"有半年之久,马蜂三五成群在路边飞来飞去,吓得大家不敢在这条路行走。

消防部门温馨提醒:当发现马蜂窝时,不要惊慌,不要惊动马蜂,要及时拨打119,让专业人员处理。

(材料来源:《楚天都市报》)

学生制作的代表性标题如下。

①马蜂时常攻击路人,消防接警后立即赶赴现场处置(报纸)

②点赞!"违建"半年的马蜂窝终于被处置了(微信公众号)

③消防:发现马蜂窝赶紧拨打119(新闻客户端)
④武穴消防及时给居民清除马蜂窝(报纸)
⑤树上马蜂常蜇人 消防水枪除隐患(报纸)
⑥消防水枪来帮忙 再也不怕马蜂蜇人了!(微信公众号)
⑦(引题)马蜂频频伤人 蜂窝大如篮球(主题)消防员用水枪"除窝"(报纸)
⑧马蜂扰民不断 蓝朋友"水攻"秒杀!(微博)

(2)实训作业评析。

此次实训的材料比较简短,学生很快完成了标题的拟定,其中既有针对传统媒体的,也有针对新媒体的。总的来说,学生所拟标题的思想性方面都不存在问题,价值观正确,用语文明。新媒体标题和传统媒体标题体现了差异性,也比较符合各自的特性。但是,在内容的选择上及文字运用上,水平不一。

上述8条代表性的标题中,①②③均存在明显问题。①和②未明确核心事实——消防员将蜇人的马蜂窝清除,只用了"处置"一词,显得比较含糊,怎么处置、处置的结果均未交代。标题②也未指明谁进行的处置,点赞对象不明。标题③则将新闻中的次要信息作为标题,未抓住重点。标题④用简短文字概括了主要新闻事实,但是语言表达过于平淡,吸引力欠缺。标题⑤和⑥都是合格标题,概括了核心事实。其中,标题⑤语言精练、对仗工整,标题⑥采用口语化表达,亲和力强,两条标题都具有一定的吸引力。标题⑦和⑧则更加优秀,既交代了核心事实,又生动形象,充分发挥了各自的媒体优势。标题⑦为报纸上常见的复合标题样式,引题交代了此马蜂窝的危害(频伤人)及外形特征(大如篮球),主题指出消防员用"水枪"清除马蜂窝的事实。标题⑧充分体现了新媒体的特点,用"蓝朋友"指代消防员这一用法在微博上比较常见,亲切有趣,"水攻"指明了对马蜂窝的处置方法,"秒杀"一词也是常见的网络用语,生动地说明了消防员清除马蜂窝之"快准狠"。

3.实训作业评析(三)

(1)实训作业具体内容——对"标题党"的认知。

标题还是"飚题"?
——浅谈"标题党"

一、什么是"标题党"

"题好文一半",好的标题无疑会令文章增色不少,重视标题的写作无可厚非。然而,标题写作脱离文章内容,一味刺激受众眼球,则变成了"飚题"。如今,无论是互联网、报纸还是杂志上,都不乏"标题党"。根据搜狗百科的解释,"标题党"(sensational headline writer)是互联网上利用各种颇具创意的标题吸引网友眼球,以达到各种目的的一小部分网站管理者和网民的总称。"标题党"主要行为简而言之即发帖的标题严重夸张,帖子内容通常与标题完全无关或联系不大。

"标题党"中,部分人群是出于搞笑或者追求精神刺激的动机,意图在于捉弄一下其他网友,图个乐子;部分人群则是出于吸引网民对本网站、论坛、博客或者个人帖子的关注,增加文章点击量,以及某些不可告人的目的。笔者认为,"标题党"并非全是坏的,良性"标题党"

有很强的娱乐性和幽默性，是一种善意的搞笑举动。在一些氛围轻松的交流环境，一些非严肃信息的传播中，适度夸大、搞笑或者制造悬念的标题既娱乐了标题制作者自己，也娱乐了大众。当网友发现被骗之后只是轻松一笑，不会产生被欺骗的愤怒或者遭受实质性伤害。例如百度标题党吧就是一个良性"标题党"的交流平台。然而，网络上还有大量的恶性"标题党"，既浪费了网友的时间，欺骗了网友的感情，同时也会使网友错过真正有价值的信息，造成"狼来了"的悲剧。此外，这些恶性"标题党"中常常充斥"性爱""暴力""罪恶"字眼，严重污染受众的眼睛，带坏社会风气。

二、身边的"标题党"

1. 良性"标题党"

别让（未来的你），讨厌现在的自己！
同样是（男人），为什么差别这么大？
其实，你比想象中更（强大/善良）！
挂几块砖头就能发电，这个简单发明让15亿人受益！
女人觉得（美美哒/漂亮）的10个爆款，在男人眼中却是这样……
别再每天早晨只知道（喝牛奶/吃蔬菜）了，这些更有营养～
这样（说话的人/做事的人），不要深交！
月薪7千的小夫妻，如何存下600万？
（以上良性标题来自微信公众平台良性标题案例）

良性"标题党"因其幽默风趣、有实在意义，而且受众看了之后不会觉得受到欺骗或产生不适，所以被定义为良性。

2. 恶性"标题党"

◆ 案例一

2016年4月21日，网易财经发布自行采编报道《上海冠生园董事长被猴子弄死》，以调侃甚至戏谑的口吻叙述这一悲惨的意外事故，消费了遇难者，同时也误导了受众对事实的认知。

《网易新闻标题制作规范》中相关条款规定：网易作为重点商业门户网站，坚决抵制各种形式的"标题党"，要做客观、真实、理性的新闻报道传播者。

◆ 案例二

2016年4月28日，网易在转载新华网报道的《多地整治网约车探索"规范路径"》时，将标题改为《官方：网约车属高端服务 不应每人打得起》。改后标题与文章原意完全不同，激化了社会矛盾，引发一片谩骂和声讨。

◆ 案例三

2016年6月2日，搜狐网在转载《法制晚报》报道《西城区北京第二实验小学白云路分校多名学生同天流鼻血请假》时，将标题改为"北京西城多名小学生同天流鼻血 白细胞计数不正常"。原文中未提及白细胞的内容，编辑在推荐文章时擅自添加无中生有的内容，标题引发读者误解。

《搜狐网编审制度》新闻标题规范部分相关条款规定：真实性为必要条件，要准确传播事实。

◆ 案例四

2016年7月25日,搜狐焦点在登载《海教园房价飙2W 竟难抢 低价学区房或将绝迹》报道时,将网站首页推荐位新闻标题改为"津500套房竟引千人暴乱"。文章标题使用"绝迹",推荐位标题使用"引千人暴乱"等夸大、猎奇性字眼渲染炒作房价。

◆ 案例五

2016年7月28日,凤凰科技在转载新华网《我国公布建设网络强国的时间表和路线图》报道时,将标题改为"中国将成为网络强国:2050年世界无敌",以夸大的方式吸引眼球,无中生有。

《凤凰新闻客户端内容编辑及审核制度》中相关条款规定:禁止篡改标题,禁止"标题党";原则上不得随意改动原标题,如需修改标题,以原文为主,不歪曲事实,不以偏概全。

◆ 案例六

2016年10月14日,新浪、搜狐、凤凰财经及网易新闻在转载澎湃新闻刊发的《全国密集严打楼市违规震惊开发商,住建部:为了逼出楼市泡沫》相关报道时,均对原标题进行了修改,在标题中关联炒作原文中的"中央领导下的批示",将矛头指向中央领导同志和有关部门,造成不良影响。

新浪财经:《住建部人士:此次楼市调控是中央领导亲自下的批示》

搜狐财经:《住建部人士:此次楼市调控是中央领导亲自下的批示》

网易新闻:《住建部:楼市调控是中央领导亲自批示 为逼出泡沫》

凤凰财经:《住建部:此次楼市调控是中央领导亲自批示为逼出泡沫》

(以上案例来源于熊掌号-个人图书馆-恶性标题党案例)

像这样的案例比比皆是,是什么导致现在的标题变成了"飚题"呢?

三、标题党出现的原因

1. 媒体因素

(1)利益驱动下的媒体错误竞争方式。

激烈的市场竞争是新闻媒体出现各类问题的根源,"标题党"问题屡禁不止甚至愈演愈烈,主要就在于媒体在商业利益的驱动下没有把握好经济利益和社会效益之间的平衡。在互联网环境中,流量往往意味着变现的资本。而一味追求流量,会导致媒体人盲目追求标题的"吸睛",从而沦落为"标题党"。

(2)网络媒体的特性导致的推脱心理。

在我国,大部分网络媒体不具备新闻采访权,只能够对其他媒体发表的文章进行转载。由于新闻的采写权不控制在自己手中,相对而言,很多网络媒体并不太追求新闻本身内容的价值提升,而是更在意如何吸引网民点击新闻标题。部分网络编辑缺乏对新闻信息的求证核实,忙着拟标题、刺激眼球,似乎报道错了也与自己没有关系。这种推脱心理会促使一些道听途说的消息被编辑编发上网、转发或引用。

(3)媒体工作者职业素养和能力缺乏。

部分媒体从业人员缺乏政治素养、专业素养,新闻职业道德欠缺,不能坚守底线,不认真琢磨如何拟出精彩的、有价值的标题,而是动起了歪脑筋,不惜以降低新闻品味、损害媒体公信力为代价制作耸人听闻的标题。当然,还有一些工作者并不是主观故意,而是由于经验缺乏或者语言表达水平有限,客观上造成了新闻标题与正文严重不符。

2. 网民的心理

(1)猎奇心理。

好奇之心,人皆有之。对于自己不知道的事情、出人意料的事情,人们总会迫切地想知道答案。"标题党"常利用悬念、夸张、惊悚等手法迎合挑逗受众的猎奇之心。而相同的内容,一旦换上一个普通的标题,可能受众就没什么兴趣去阅读了。

(2)快餐式阅读。

随着社会运行速度不断加快,人们的工作和生活节奏越来越快。在这种情况下,受众在阅读新闻时往往只是大体上浏览一下标题和主要内容,对于细节关注很少。即使受众打开网站,阅读了文章的具体内容,但其头脑中标题的那套说辞已经先入为主,所以自己的思维和情绪也往往被带偏。

(3)宣泄心理。

我国正处于社会转型期,各种社会矛盾不可避免,公民需要一个宣泄不满情绪的窗口。传统媒体难以满足公民对于社会某些现象的表达诉求,而网络媒体通过标题渲染某些现象、事件,在吸引受众阅读的同时也吸引了他们参与评论,让他们发泄各种不满情绪,满足了受众的心理需求。当然,网络媒体的这种做法不易把握好度,往往会加剧社会矛盾,影响社会稳定。

四、"标题党"的治理

"标题党"由来已久,虽然其能够在一定程度上吸引受众去关注某些新闻事件,但是,在大多数情况下,"标题党"只会造成虚假新闻和谣言的泛滥,因此我们应该对"标题党"现象加强治理。从媒体角度来说,应该加强对媒体从业人员的教育,让他们认识到"标题党"的危害,主动承担起自己应该具备的社会责任,不断提升其职业道德水平和专业素养,使其在媒体运作和新闻采编的过程中自觉抵制"标题党"。同时,媒体还应出台相应的规范措施来约束从业人员,对"标题党"行为进行严厉惩治。从受众角度来说,媒体、学校、相关社会机构可以协作起来对社会公众进行思想道德教育和媒介素养教育,帮助他们树立正确的价值观和理性思维,增强对新闻的辨别能力,养成正确的阅读习惯。如果受众都能远离、抵制甚至举报"标题党","标题党"将失去生存空间。此外,从政府角度来说,应适时出台及完善相应的政策和法规,加强管理力度,坚决打击"标题党"。

参考资料

[1] 王艺焜."标题党"的产生及其新闻心理的分析[J].今传媒,2014(9):67-68.
[2] 熊掌号 个人图书馆 关于恶性标题党的标题,第32期5月28日.
[3] 标题党 - 搜狗百科(sogou.com).

(2)实训作业评析。

该同学的实训作业紧扣"标题党"进行,而且作业标题——标题还是"飚题"本身就具有吸引力。整个作业逻辑清楚,围绕"标题党"的概念、表现、原因、改善措施进行研究,体现了该同学较为严密的思维能力。另外,良性"标题党"、恶性"标题党"等提法,体现了该生的自我认知,对"标题党"有较为独到的见解。从丰富的案例可以看得出来,该生勤奋认真,分析得也具有针对性。从课程思政的角度评价,该生有自己的辨识力、思考力,能辩证地看待问题。需要改进的是:标题出处可以更为明确具体,参考文献格式应更加规范;内容原创性方面进一步提升。总体达到第四层级,课程思政另外加分。

第四节　实训教学的作业设计

一、实训一

1. 实训目标

掌握新闻标题的相关知识,能够准确评价新闻标题制作的优劣。

2. 实训设计

下面的两幅截图分别来自 2020 年 9 月 12 日的《湖南日报》头版(见实训图 6-1)与《湖北日报》头版(见实训图 6-2)。图片中的两篇头条新闻转发的是新华社的一篇通稿,报道了习近平总书记的重要活动。比较两个标题哪个更好,为什么?请进行点评。

实训图 6-1　《湖南日报》2020 年 9 月 12 日

实训图 6-2 《湖北日报》2020 年 9 月 12 日

二、实训二

1. 实训目标

掌握新闻标题制作的基本要求和技巧,能够制作不同类型的新闻标题。

2. 实训设计

给下面的二则新闻制作标题。要求给第一则新闻制作单一型标题,给第二则新闻制作复合型标题。

【第一则】

大河报·大河客户端记者 张鸿飞 通讯员 王亚然、王燕舞

本报讯 "这样的培训真是场及时雨,俺正琢磨着扩大种植规模呢,市里的老师就来上课了,俺回去就开干!"近日,在汝州市汝南街道组织的技能培训班上,虎头村的贫困户吴官兴

奋地说，自己种了几亩蔬菜，正想着怎么丰富品种呢，专家就上门授课了。

汝南街道办事处共有建档立卡贫困户52户151人，已脱贫的有17户57人，村民经济收入以种植业、养殖业和外出务工为主。自脱贫攻坚战打响以来，为让有劳动能力和劳动意愿的建档立卡贫困户自力更生，变"输血"为"造血"，汝南街道办事处通过开培训班、现场指导、观摩学习等多渠道、多方式传授农业技术，仅2018年，街道办就开展产业实用技术培训50余场，跟踪服务40场次，并延伸出小额贷款担保培训咨询，解决资金难题，拓宽产业发展思路，提高生产技术，带领脱贫致富。

"这次组织贫困户参加职业技能培训，是想让乡亲们开阔视野、转变观念，通过培训掌握一些与生产、生活息息相关的技能，增强大家尽早脱贫的信心，寻找适合自己的致富方式，依靠自己的勤劳双手，早日脱贫致富。"汝南街道办事处副主任李闯国说。

（资料来源：《大河报》2019年4月11日）

【第二则】

本报讯（中青报·中青网记者 王鑫昕）学生志愿服务时长纳入"第二课堂"成绩单、符合条件的星级青年志愿者纳入守信联合激励对象、各级政府将青年志愿服务事业工作经费纳入同级财政年度预算……近日，四川省发布《关于进一步深化青年志愿服务改革推动志愿服务制度化常态化的通知》（以下简称《通知》），推出了一系列面向青年志愿者的"福利"以及支持青年志愿服务工作的政策"礼包"。

《通知》由共青团四川省委、中共四川省委组织部、四川省文明办、发改委、教育厅、民政厅、财政厅、人社厅、交通运输厅、文化和旅游厅、中国人民银行成都分行联合发布，围绕成长激励、校园激励、公共服务激励、信用激励、财政保障、平台支撑、项目培育7个方面，推出了诸多政策。

《通知》提出，要把志愿服务情况作为干部选任及评优评先等的重要参考。参评共青团系统"五四奖章""两红两优""优秀青年志愿者"的人选，上年度参与志愿服务时长不少于20小时。

对于在校大学生，《通知》指出，学生党员、团员全年志愿服务时长不得低于15小时。将青年大学生年度志愿服务时长20小时以上，作为申领综合素质A级证书、评优评先、推优入团的必要条件。将学生志愿服务时长作为综合素质评价的重要指标，纳入"第二课堂"成绩单、装入学生学籍档案等。

在信用激励方面，《通知》提出，要推进青年志愿服务激励与社会信用体系建设，推动各级认定部门（单位）将符合条件的星级青年志愿者纳入"信用体系红名单"，鼓励银行业金融机构、融资担保机构、平台公司等为星级青年志愿者在办理相关业务时提供相应的便利。

《通知》还要求各级政府将青年志愿服务事业工作经费纳入同级财政年度预算，保障青年志愿服务工作正常开展。支持各地优化政府购买服务项目，加大对志愿服务的支持力度。

近年来，四川不断深化青年志愿服务改革，推动志愿服务制度化、常态化。2019年，中共四川省委办公厅、四川省人民政府办公厅发布《关于进一步推进志愿服务制度化常态化的通知》，四川省6厅局发布了《四川青年志愿服务制度改革试点方案》。

团四川省委书记张荣说，此次发布的《通知》旨在进一步促进各项激励政策落地落实，切实发挥志愿服务的实践育人作用,也是党史学习教育为青年群众办实事的具体举措。

(资料来源:《中国青年报》2021年9月15日)

三、实训三

1. 实训目标

理解新闻标题制作的准确性、规范性,能发现并改正新闻标题中存在的不规范问题。

2. 实训设计

分析下列新闻标题,看看哪些地方不准确。
① 中美间亟需更多民间交流
② 隔着屏幕也要加速业务办理效率
③ 两车刮蹭仨人送医
④ 新航站楼"攻略"在手 出港接机不发蒙
⑤ 新中国最大盗窃案:三人偷油4.7亿

四、实训四

1. 实训目标

提升新闻标题的鉴赏能力。

2. 实训设计

仔细阅读下列新闻标题,分析其特色所在。

① (引题)春运收官,出行新变化盘点
(主题)高铁"奔腾" 普铁和汽车客运"微软"

(《株洲日报》2015年3月17日)

② (引题)树林长,树干中空,一旁的竹子"破肚而出"
(主题)黄梅550岁月桂"胸有成竹"

(《湖北日报》2019年1月10日)

③ 研究一根黄瓜 摘获两项大奖

(《人民日报》2019年1月11日)

④ 燃油车"鸠占鹊巢",新能源车望桩兴叹,车主:我太难了

(极目新闻客户端2020年9月8日)

⑤ 第26金!又双叒叕包揽金银牌!

(人民日报微信公众号2021年8月2日)

五、实训五

1. 实训目标

通过对不同类型新闻媒体新闻标题的阅读,感悟其写法上的差异,借鉴优秀新闻标题的写作方法。

2. 实训设计

阅读近期各类新闻媒体上的新闻,搜集10条你认为最富吸引力的新闻标题,并分析其为什么具有吸引力。

参考答案

◆ 实训一

《湖北日报》的标题更好,这个标题拎出习近平总书记的讲话金句"努力实现更多'从0到1'的突破"作为主标题,简短、鲜活,凸显了其对科技界的期盼。新华社通稿主标题"面向世界科技前沿 面向经济主战场 面向国家重大需求 面向人民生命健康 不断向科学技术广度和深度进军"内容也很重要,《湖北日报》将其作为副标题,套红突出呈现。从通稿中摘取三段"提要",均与原始创新能力提升相匹配,呼应了主标题。版面呈现上,通过着重号、黑体字、围线、彩色底纹等视觉元素,形成醒目的"提要区",帮助读者精要阅读,领会要义。拎金句、做提要及视觉元素的运用,增强了传播效果。

◆ 实训二

第一则:技术送家门口 贫困户有干头

第二则:(主题)四川出台文件推动志愿服务制度化常态化

(副题)推优入团 年度志愿服务时长须20小时以上

◆ 实训三

①"亟需"用法错误。汉语辞书中见不到"亟需"一词,"亟"只能与"须"组合成"亟须",而"急"可以与"需"组合成"急需"一词。"亟须"中,"亟"是副词,"须"是助动词;"急需"中,"急"是形容词,"需"是动词。词性不同,用法当然也就不同。此例中的"亟需"应为"急需"。

②动宾搭配不当。"率"是指"两个相关的数在一定条件下的比值"(《现代汉语词典(第7版)》)。一般来说,"率"有高低之分,如《现代汉语词典(第7版)》对"死亡率"一词就有"狂犬病的死亡率很高"的举例,对"效率"有"用机耕比用畜耕效率高得多"的举例。"率"常与动词"提高"或"降低"搭配使用,如《现代汉语词典(第7版)》对"提高"一词有"提高工作效率"的举例。"加速……办理效率"应为"提高……办理效率"。

③"刮蹭"应为"剐蹭"。刮蹭是指汽车的表面被划伤,主要是指油漆受损;剐蹭则是指车辆外表面受到损伤,不仅仅是油漆面受损,还会伤到车体,比如车体被刺穿孔或者相碰撞凹陷等。

"仨"改为"三"。"仨"作为数量词不仅表示"三个",且是三个不同的个体;"仨"中既含有数词"三",又含有量词"个",它所代表的"三个"是内涵不同的三个东西。"三"后面可以接"个",而"仨"就是"三个","仨"后面不能再接"个"或其他量词。

另外,标题有歧义。

④此例正确。"发蒙"不写作"发懵"。蒙了、蒙圈中的"蒙"均不写作"懵"。

⑤此标题含混不清,4.7亿后面缺少单位。究竟是所偷的油价值4.7亿元,还是偷油4.7亿千克? 没有表述清楚。

◆ **实训四**

①这则标题的主题采用了比拟的修辞手法,把甲物当作乙物来写。借用与电脑行业有关的两个家喻户晓的行业词语"奔腾"和"微软",分别概括春运期间高铁客运的继续走俏、普铁和汽车客运的接连下滑的特点,既生动形象、风趣幽默,又对比明显,让读者眼前一亮。

②这则新闻标题的引题和主题分别改造了成语"破土而出",引用了成语"胸有成竹,形象贴切地描述了黄梅县550岁高龄的月桂"肚子"里长出竹子这一奇观,画面感强,能让读者身临其境般一睹自然界的神奇风采。同时,运用了拟人手法来描写古树,使其好似一位满腹经纶的智慧老者站立在读者面前。标题将自然的魔力和文化的底蕴交织交融在一起,让人浮想联翩。

③这则新闻标题语言通俗、直白,充满生活气息,"一根黄瓜"和"两项大奖"对比鲜明,饶有趣味,仅仅用12个字就凸显了新闻的核心内容。

④这则新闻标题非常生动形象,运用成语"鸠占鹊巢"以及将成语"望洋兴叹"改为"望桩兴叹",巧妙而传神地写出了新能源车车位被占、无电可充的窘境。运用了网络流行语"我太难了",让读者感到很亲切,具有时代感。

⑤这则新闻标题不仅传递出中国队摘得第26枚东京奥运会金牌的信息,还运用网络流行语"又双叒叕",表明了中国队已多次在同一项目中同时获得金牌和银牌,身为中华民族一分子的自豪感油然而生。

◆ **实训五**

参考答案略。

新闻图片的编辑 第七章

本章导读

新闻图片是传播新闻信息的重要形式之一,其以直观的效果优势,受到广大受众的喜爱。随着信息传播活动的发展,新闻图片的应用越来越普及。如何看清新闻图片的发展趋势,正确认识新闻图片的作用,巧妙地运用编辑手段将各类新闻图片加工成受欢迎的视觉新闻产品,对于编辑来说十分重要。本章实训教学的理论知识在介绍了新闻图片的兴起之后,具体讲解了新闻照片、新闻图表、新闻漫画这三种新闻图片的编辑知识。实训教学的拓展文献旨在为本章的教与学提供参考资料,帮助师生把握国内外新闻图片运用方面的前沿技术与实践探索。实训教学展示与评价选取了新闻照片评析、新闻照片标题制作及新闻照片专题制作这三种易于操作的实训项目,实训过程清晰,实训评价针对性强,为教师及学生的教与学提供参考。作业设计部分设计了五个实训项目,教师和学生可根据自身需要选择合适的项目进行练习。

第一节 实训教学的理论知识

本章我们需要掌握新闻照片、新闻图表、新闻漫画这三种新闻图片的编辑知识。新闻图片和文字、视频、音频、动画等一样,是新闻稿件的重要呈现元素。新闻图片有其特有的功能,也因其给人带来直观的形象、真切的感受而受人喜爱。

新闻图片的编辑,区别于新闻摄影课中的图片拍摄,更多的是从版面、页面设计上去考虑图片的编辑与制作。新闻图片编辑和编辑选择稿件、修改稿件、新闻标题的制作一样,需要遵循新闻编辑方针以及媒体的整体设计方案。所以学生对于本章的学习,除了把新闻摄影课程中的图片拍摄知识运用起来,拍摄出质量高的具有表现力的新闻图片;还要以编辑的角色和眼光,去建立新闻图片库,寻找更为丰富的图片资源。除此之外,还要选择合适的图片,并对其进行编辑,比如恰当的剪裁,还包括应站在版面编排的角度去审视图片,从内容和形式两方面去努力,让图片服务于新闻内容和版面编排,比如组建新闻图片专版、漫画专栏、漫画专版等。

从本课程的总体框架即新闻编辑工作流程来看,本章是在稿件修改之后对图片进行编排乃至制作,这个过程中需要注意图与文(包括标题和正文)、图与图的搭配。同时需要把握在数据新闻时代,新闻图片理念的重构,比如数据新闻的可视化表达,将有限的版面拓展为动态的、无限的空间,把握动态新闻图片的发展趋势,与时俱进。作为新闻专业的学生,需要拓展自己的技能,比如绘画和计算机操作技能,为新闻编辑工作等新闻业务能力的提升打下更为坚实的基础。同时,我们需要具有慧眼,去识别因为技术或其他人为因素产生的虚假新闻照片。总之,形式要为内容服务。图片的编辑是后续版面设计的前提和基础之一。

一、新闻图片的兴起

用图片来报道新闻并不是一种新兴的做法,新闻图片见诸我国报端颇有时日,但是在文字绝对垄断报纸版面的时代,新闻图片只能作为新闻的配角存在,很长一段时间内都没有得到足够的重视。20世纪中后期电视开始普及,人们逐渐感受到了视觉图像强烈的吸引力,为了照顾受众的视觉需求,报纸加大了对新闻图片的运用力度。20世纪80年代末期,新华社社长穆青同志提出了"图文并重、两翼齐飞"的办报思路。1990年8月召开的第一次全国报纸总编辑新闻摄影研讨会上,"图文并重,两翼齐飞"作为新时期办报指导思想被确定下来,新闻图片在新闻传播中的地位得到重视。此后,新闻图片在数量有了很大提升,巨幅照片常常占据报纸的重要版面,多幅照片的连续使用也日益增多。进入21世纪以来,建立在数字技术、计算机技术和通信技术基础上的新媒体发展迅速,信息传播活动日益活跃,新闻图片不仅继续在报纸新闻中起着重要作用,在各大网站上更是迅速兴起。无论是官方媒体的代表人民网、新华网,还是诸如新浪、搜狐这样的知名门户网站,均开设了自己的图片频道。当前,新闻图片在各类媒体中的使用量呈明显增多趋势,使用方式也越来越多样化,这是多方因素共同作用的结果。

(一)新闻图片具有自己的传播优势

第一,新闻图片具有易读性。文字符号的掌握需要学习,文字信息的理解需要具有一定的文化水平,而图片具有形象性,读懂图片的门槛相对较低,无论文化水平是高还是低,阅读者总能或多或少地理解图片所传达的信息。一个文盲可能看不懂报纸上的文章,但是可以通过报纸上的图片,对新闻内容有所了解。而且,文字稿的文字排列是线性的,阅读时受众要按照一定的阅读线路依次阅读才能清楚地认识事物。而图片则是非线性展开的,能够把新闻事实一下子送到人们眼前,人们只看一眼就能了解大概。因此,从图中获取信息要比从文字稿中获取信息更迅速、更容易。人类都有一种追求轻松的本能,新闻图片为人们获得需要的信息提供了更轻松的方式。

第二,新闻图片具有直观形象性。语言和文字是抽象性的符号,擅长表述深度认知,引起人们的理性思考。但是,在新闻报道中的某些内容,如人物的动作、表情,就算用文字描述得再仔细,人们也不一定能有深切的感受。还有一些事件或现象要想用文字描述清楚非常复杂,读者理解起来也很困难。而新闻图片具有直观形象性,能将事物的形象直接呈现在受众面前,弥补文字的抽象性,让复杂的内容简洁化、平淡的内容生动化。一幅好的新闻图片,能够让一篇枯燥的新闻变得生气勃勃,增强读者的阅读兴趣,提高新闻信息的传播效率。

第三,新闻图片能跨越语言障碍。图片是全世界通用的语言,它可以超越时空,跨越地理界限,全世界所有的人们得以共同欣赏。尽管世界各地人们的语言千差万别,但是在全球不同国家和地区的读者面前,一张清晰的新闻图片,往往能让不同语言的人们获得相同或相似的信息。当前,全世界范围内的信息与交流日益频繁,新闻媒体的传播范围早已超越一国范畴,在互联网上,网民可以轻而易举地查阅国外媒体的新闻内容,在语言水平有所欠缺的情况下,图片可以帮助人们获取更多信息。

(二)受众阅读习惯发生变化

从当前的文化背景来看,视觉文化成为当代文化的一种主流形态,各种传播媒介都竭尽所能地传播视听符号或影像符号,视觉的吸引力和快感被无以复加地凸现出来。人们长期生活在各种视觉符号的包围之下,一方面享受着视觉文化产品带来的视觉狂欢,另一方面视觉快感需求也在不知不觉中被提升了。其结果之一便是,人类的阅读行为在发生转向:由基于印刷文本的阅读逐渐转变为基于视觉图像的解读。

从信息获取的角度来看,无论任何时候,人们都有通过新闻报道获取关于我们所生活世界的各种信息的需求,现代信息技术的快速发展,使得人们面临的信息选择越来越多;同时,经济、科技的飞速发展使现代人的生活节奏明显加快,人们渴望在有限的时间内获得尽可能多的信息,能简明扼要地记住有用信息,能获得更有趣味性的信息。如前所述,新闻图片具有易读性、悦读性,图片阅读比文字阅读更省时、省力、省心,对于生活节奏快的现代人来说,图片能够满足他们快速获取信息的需求。

因此,加大新闻图片的传播力度,符合当代社会发展趋势,适应当代新闻受众的阅读习惯。

(三)科学技术的发展推动了新闻图片的生产与传播

在新闻传播史上,科学技术的每一次变革,都把新闻事业推向一个新的发展阶段。摄影术的发明带来了新闻照片的出现,传真技术的发展方便了新闻照片的传递,促使其在报纸上推广。当今时代,数字技术、计算机技术的飞速发展,使得新闻图片的生产和传播越来越容易,质量也越来越高。

首先,从新闻图片的生产来看,科技发展使新闻图片的生产能力和规模大幅提升。数字技术的发展为新闻摄影带来了从未有过的便利条件和无限丰富的可能性。数码摄影提高了照片质量,降低了对拍摄者的技术要求,还能通过计算机软件的处理大幅提升照片效果。数字传输技术使新闻照片传输容量增大、传播速度增快,新闻编辑能够及时接收照片并对其进行处理,新闻时效性增强。计算机制图软件的发展使得新闻图表的制作水平有了极大提升。手工绘制、简单的 Excel 生成等制图方式早已不能满足当今新闻图表绘制的需要,计算机制图软件的更新使得新闻图表的表现形式越来越丰富多样,视觉效果更生动形象,特别是动态图、立体仿真图、互动图表的大量涌现使新闻图表的解释、说服力大大增强。图片编辑、修饰技术逐渐成熟,使得新闻图片的运用更加丰富、灵活,视觉效果更加理想。

其次,从新闻图片的传播来看,新闻图片的传播渠道增多,获取更加容易。以前,新闻图片的传播主要通过报纸杂志,而报纸杂志的地域性限制了图片的传播。如今电脑、平板、手机、电子阅读器等信息终端的普及,扩大了新闻图片的传播渠道,新闻图片几乎可以无孔不入地进入人们的视野。通过网络,新闻图片从以往的固定而狭窄的传播区域拓展到全球范围,被全世界的受众所共享。而且,互联网技术的发展、通信技术的进步以及社会化媒介的广泛使用,使人们接收与传播新闻图片变得更加便利、快捷。

新闻图片类型繁多,其中最主要的是新闻照片、新闻图表、新闻漫画三大类。此外还有在报纸上运用较多、起装饰作用的新闻图饰,以及随着新媒体的发展而兴起的一些特殊图片样式,比如与新闻相关的视频截图、网页截图、评论截图、表情包,以及新闻可视化标题图片(比如标题中有"雪花"字样,标题中相应出现雪花图形)等。下面我们将对三种主要新闻图片类型的编辑分别进行讲述。

二、新闻照片编辑

(一)新闻照片的定义与作用

新闻照片是利用摄影技术制作完成,以新闻事件、新闻人物、新闻场景为对象的图片。它以图像的形式直接作用于人的视觉感官,不仅具有新闻价值,还具有审美价值。概括来说,新闻照片的作用主要表现在以下几个方面。

1. 纪录新闻事实,再现新闻场景

新闻照片具有强大的纪实功能,它能够记载真实生活的瞬间,逼真地展现新闻事件发生的场景,让未能身临其境者看到新闻图片就如同亲身经历一般。"今天的新闻是明天的历史,而新闻照片无疑是一种最生动、最真实的历史纪实。"[1]

2. 证实新闻事实

俗话说"耳听为虚,眼见为实",新闻报道中,单纯依靠文字和语言叙述,并不能让人看到实物,在可信度方面会有一定的欠缺。特别是当前自媒体高度发达,新闻信息的传播平台不再仅限于专业媒介组织,普通公民也可以利用自媒体发布新闻信息,"公民"新闻、"草根"新闻活跃。但由于传播者缺少权威性,这些新闻在可信度上难免让人怀疑。于是,新闻照片纷纷成为新闻发布者"在场""目击""体验"的有力证据,"有图有真相"一语也广为流行。

新闻照片是对现实世界中客观存在的某一人、事、物在某一特定时空状态下的自然形象所做的真实记录,能够给新闻报道提供视觉佐证,增强新闻可信度,让人眼见为实。

3. 增强新闻表现力

新闻照片能够生动地捕捉新闻事件中的人物生动传神的表情、动作,让受众深切感受到人物的情感心态,产生心灵共鸣。新闻图片的形象性和直观性能够生动再现事物的形象、运动发展过程,展现新闻现场的气氛,增强新闻的感染力。此外,新闻照片还能给受众带来强

---

[1] 蔡雯、许向东、方洁:《新闻编辑学(第四版)》,中国人民大学出版社,2019年,第275页。

烈的视觉冲击,产生巨大的吸引力和震撼力,使其回味悠长,受众对其印象深刻。总之,好的新闻照片能增强新闻表现力,甚至达到一图胜千言的效果。

(二)新闻照片的选择

选择新闻照片时,需要从以下几个方面进行考虑。

1. 真实性

真实性是一张照片能够成为新闻照片的首要条件。新闻照片的真实性要求体现在两个层面上:一是事实要真实,即照片所拍的人物、自然现象、社会事件等要客观存在,每一个细节都是准确无误的,不能弄虚作假,不可摆布、导演拍摄对象,更不能凭空捏造;二是本质要真实,即新闻照片反映的信息必须符合事物的全貌和本质。有些照片拍摄的对象本身是真实存在的,但由于只能反映事物局部特征和事件的片段,不一定能正确反映事物的本质,甚至可能造成人们对事物的扭曲认知。数码技术的发展为照片造假提供了前所未有的便利条件,使得造假更加方便、快捷和隐蔽,因此,从技术角度对虚假照片进行甄别刻不容缓。

当前,照片造假现象时有出现,有些出自媒体摄影记者,有些则来自新闻事件当事人,或者由自媒体上的网友提供。从信息传播的环节上来讲,编辑把关是防止假照片进入公众视野的最后一道屏障,编辑在选择新闻照片时要时刻保持警惕心理,进行严格把关。除了从技术角度鉴定照片真伪,还要结合文字稿件进行分析,对可疑情况进行调查、核实,及时发现虚假照片。

2. 新闻性

是否具有新闻价值是编辑在选择新闻照片时着重考虑的重要因素。一般来说,新闻价值要素主要包括时新性、重要性、显著性、接近性和趣味性五个方面。真实是新闻的生命,它包含在各个要素之中,对于能成为新闻的事实来说,各要素的强弱并不一致,但时新性是必备的。时新性强调新闻事实在时间上要及时,内容上要有新意。重要性是判断新闻事件与国家利益、人民群众的切身利益是否密切相关,影响是否深远。显著性是指新闻中的人物、地点、事件等的知名度,知名度越高,新闻价值越大。接近性是指新闻与受众在地理上及心理上的接近。趣味性是指新闻事实是否具有情趣,是否充满人情味。编辑要分析新闻照片反映的新闻事实是否具备新闻价值要素,新闻价值要素具备得越多,照片就越有采用的价值。

3. 导向的正确性

新闻照片所反映的内容要产生积极的正面效果,带给读者"正能量",避免产生负面作用。选用新闻照片时要注意照片的合法性,不得泄露党和国家机密,不得侵犯个人肖像权、隐私权等合法权利。要有人文关怀意识,尊重新闻当事人的人格尊严,在一些暴力事件和灾难事件的报道中,要防止因照片曝光造成对受害者的二次伤害。在报道吸毒、犯罪、淫秽等负面问题时,不要进行赤裸裸的展示,更不能为了吸引眼球进行夸张表现,必须坚持正确导向,防止盲目报道引发的不良社会后果。

4.视觉效果

新闻照片的视觉效果体现在两个方面。一是照片本身技术质量要好。技术质量好的照片应该做到成像清晰,主体突出,景物层次分明,构图合理,彩色照片要真实还原事物本来的色彩,使受众一接触照片就能理解画面表达的内容,视觉上感觉和谐。如果照片层次不清、图像模糊,其新闻价值就会大打折扣。特别是报纸上的照片,由于纸张印刷效果的欠缺,对照片质量要求更高,否则刊登后读者可能会看不清楚。二是照片对报道对象的表现力要好。编辑在挑选照片时,要考虑照片是否反映了新闻人物丰富的面部表情和人物个性化的身体语言,是否抓住了报道对象最典型、最具动感的精彩瞬间,是否逼真地展现了新闻事件发生的场景。总之,新闻照片要有感染力、冲击力、震撼力。

5.新闻照片的配合

新闻照片的选择不能只从某张照片本身出发进行考虑,还要注意多方配合。首先,要考虑照片与所发布媒体的配合,考虑照片与媒体的性质、立场、风格、受众需求是否一致。例如,娱乐性太强的图片就不适合定位严肃、高端的媒体。其次,要考虑照片与传播载体的配合。特别是在融合新闻编辑过程中,新闻素材会被分配到不同的传播媒介,而报纸、电视、网络、手机等传播载体对图片的要求并不相同,编辑在处理新闻照片时要考虑到媒介特性。比如,对于报纸而言,印刷出来的图片清晰度会比屏幕上看到的要低,要表现细微之处比较困难。而手机屏幕大小受限,用大景别照片难以展出效果,用近景或特写的景别则更能抓住细节,带来较强的视觉冲击力。再次,要考虑照片与新闻稿件之间的配合。在图文配合报道中,图片的选择要考虑是否和文字稿协调一致,能否突出重点,深化报道主题,避免出现新闻照片与文字报道内容不搭或风格相冲突的情况。最后,还要考虑照片之间的配合。如果需要多幅照片一起使用,编辑就要综合考虑照片之间的相互配合,除了避免出现画面重复,还要注意照片画面角度、景别、构图、尺寸大小之间的搭配等,使照片整体效果大于单个效果之和。

(三)新闻照片的剪裁

编辑拿到手的照片,并非都那么完美,一些来自新闻现场、有一定新闻价值但效果又不够理想的照片,需要在编辑过程中进行二次加工,使之更好地体现编辑思想,传播报道主题,达到去粗取精的目的。新闻照片的剪裁,主要可以从以下几个方面考虑。

1.调整照片构图,提高照片表现力

编辑在处理照片时经常发现,一些新闻照片内容不错,但是构图不尽如人意,表现力不足。比如,拍摄的场景比实际需要的场景要大,天空或地面空间留得太多使主体显得偏小,画面中出现无关紧要的人、事、物使得主体不够突出,分散了受众的视线。造成这些问题的原因,一方面是拍摄者在拍摄新闻照片时,往往受时间、地点及其他客观条件的限制,不能完全按照自己的意愿完美地取景构图;另一方面是拍摄者眼光、技术水平欠缺,不能抓住照片的精髓。编辑在处理照片时要根据报道意图分析照片构图的合理性,通过修正构图提升照片表现力,要把那些容易分散干扰视线、与主题关联不大的多余人或景物予以剪除,让受众

的目光直击新闻画面主体,使新闻主体形象更加鲜明,强化视觉效果。

2. 校正线条,使照片平衡稳定

摄影画面中的景物有两条基本线条,一条是水平线,另一条是垂直线。横为水平线,竖为垂直线。这两条线的处理对于保证画面的稳定非常关键,水平线不平、垂直线不直,会使照片丧失稳定感,使人感到不安。在新闻照片的拍摄过程中,特别是一些非专业摄影师拍摄照片时,常会因为相机没有端平而造成画面倾斜、视觉不平衡。如果需要采用这样的照片,编辑就要校正线条,使画面视觉和谐。但是要注意的是,有时候摄影师会故意采取倾斜的构图方式,以体现画面的纵深空间感,或者强化动感,编辑要注意识别,不能盲目剪裁,以免照片的视觉效果打折扣。在通过剪裁调整使倾斜画面恢复平衡时,还要注意整体构图效果,兼顾画面的长宽比例要求。

3. 调整照片长宽比例

不同拍照设备拍摄出来的图像长宽比例是不一样的,其中,常规数码相机和智能手机一般是 4∶3 的比例,单反相机则多为 3∶2 的比例,这两种比例的照片人们见得最多,也最习惯。编辑可以按常规规格进行照片裁剪,也能根据需要将照片裁剪成特殊规格。要注意的是,调整照片长宽比例时,要以不损害照片主题思想的表现、不损失照片主要内容为前提,调整后的比例既要考虑到人们的视觉习惯,同时还要考虑到照片在版面上的位置及稿件配置的需要。如图 7-1 中的新闻照片以撞色搭配,动静结合,对角构图,详略得当,给人带来极大的审美享受。原片是横幅,由于版面有限,左右均有剪裁,使得画面更为集中。

4. 照片篇幅大小与外形的确定

编辑应该根据新闻的重要性、照片内容的复杂性、画面清晰度以及版面设计的需要,合理地调整新闻照片的篇幅,在原图的基础上进行放大或缩小。一般来说,对于重大主题的新闻应该给予相对较大的篇幅,篇幅大的照片醒目、震撼力强。照片拍摄的内容比较复杂,人物、景物较多,也应该安排足够大的篇幅让受众看清楚画面内容。如果照片本身清晰度不高,则不宜放大。另外,照片篇幅还应该考虑根据文字稿件的特点以及同组照片的搭配效果来确定。文字稿件分量重,篇幅长,照片可以相应配大点。同组新闻照片中,主打照片应给予较大篇幅,其他照片则灵活掌握大小,以整体视觉效果的协调为追求目标。照片的形状一般为长方形,有时候出于版面编排的美观性和趣味性的考虑,还会将照片处理成特殊的形状,如正方形、圆形、椭圆形、扇形或其他不规则形状,这种做法多出现在副刊、专刊中。但是要注意的是,异形处理在一块版面上不宜过多,否则会影响版面的整洁美观。

(四)新闻照片数字化加工的原则

由于种种客观因素和设备限制,摄影记者在新闻现场拍摄的照片可能存在某些技术性的缺憾需要进行后期处理,如新闻现场光线太暗导致照片亮度不足,影像传感器沾上灰尘导致画面有污点,照片曝光过度导致主体呈现不够清晰,等等,这些缺陷需要进行后期处理。相对于传统新闻照片处理之复杂和艰苦,如今众多的图像处理软件使得照片的后期处理变得无比快捷和方便。然而,无论是摄影师还是编辑,都不能为了某种利益而滥用技术,新闻

图 7-1　人民日报一撇一捺微信公众号

照片的数字化加工也是有原则的,其基本要求就是不能改变被拍摄对象的性状、风貌,坚决维护新闻照片的真实性。具体说来,主要有如下几方面的要求。

1.不能随意增删、置换画面内容

新闻照片具有纪实性,应该真实还原某个特定瞬间的事物原貌,处理照片时绝对不能利用软件,把本不属于新闻现场的人或物根据自己的主观意愿添加进去,不能把新闻现场原本有的人或物删掉,当然也不能用其他事物置换画面中的原有事物。以上做法虽然在艺术摄影中经常使用,但在新闻摄影中坚决不行,否则就违反了客观真实原则。

2.不得断章取义,误导受众

编辑在对新闻照片进行剪裁时,要注意保持照片内容的完整性。有时候一张照片被剪裁后,新闻发生的场景、人物行为的依据、人物之间的相互关系等都无法体现出来,从而会造成受众对照片意义的不同理解,甚至是曲解。因此,剪裁完照片后,编辑要把它同原片进行细致的对比,除了看多余的物体是否已经去掉,画面主体是否得到突出,更要看是否裁去了有用的内容,是否改变来了原片的意义,不得断章取义、误导受众。

3.谨慎进行效果修饰

由于各种原因,新闻照片的效果往往并不完美。为了使照片呈现更好的效果,可以使用图片处理软件对照片上由于过多的灰尘和其他非人为因素造成的印迹、污渍、划痕进行修补,对照片的光亮度、对比度、锐度、色调、影调进行适度调整,对照片局部进行加光、加深减淡等处理。但是要注意,不管采取何种方式对照片进行修饰,其目的都应该是改善照片质量,使之更符合人的视觉真实和事实真实,都应该在不影响新闻事实的情况下进行。如果单纯追求画面的艺术美感,没有把握好照片修饰的度,很可能会导致照片的失真。

(五)编写新闻照片的文字说明

新闻照片一般都需要配文字说明,因为单独的一张照片所反映的信息往往是不全面的,读者只看图片并不能完全准确地理解新闻图片所传达的信息和意义,这就需要用文字说明来进行补充。文字说明不但可以解释照片中的疑点,还可以补充照片中很难展现的背景信息,甚至还可以精辟地评点照片,升华思想主题,增加其新闻价值。俗话说"红花虽好,也得绿叶相扶",一张好的新闻照片,应配上好的文字说明。文字说明一般包括两方面的内容。

第一,对画面内容的解释和说明。无论是单独发表还是配合新闻稿发表的新闻照片,受众都可能无法识别画面中的人物、地点,不清楚事情发生的时间及其他必要的新闻要素,编辑要用文字说明进行简短介绍,引导受众理解照片内容。新闻照片记录的是一个瞬间,是对事件片段的截取,不可能动态再现新闻事件。对新闻照片进行文字说明时,有必要对凝固的瞬间形象且新闻不能传递的那部分信息进行补充,通过适当的拓展让受众了解完整的新闻事件。

第二,对照片拍摄者或者照片来源的介绍。新闻照片一般要标明拍摄者的姓名,如果照片是从其他新闻媒介上转载过来的,还应该说明转自何处,或注明照片由某某媒体提供。这不仅是对作者署名权和作品著作权的一种尊重,也是新闻图片真实性和媒体公信力的重要表现。

图7-2是《人民日报》2022年1月7日第2版的一则图片报道,右边为摄影图片,左边文字说明的内容为:"近日,云南红河哈尼族彝族自治州红河县撒玛坝梯田已全部灌水,云雾缭绕,景美如画。近年来,当地探索绿色发展之路,有序推进梯田保护管理利用工作。一方面,推广'稻鱼鸭'综合种养,改良种植品种,对梯田生态进行模式优化与资源整合;另一方面,挖掘保护传统文化,打造特色旅游项目,吸引游客参与农事体验,古老梯田焕发勃勃生机。"最后注明"杨文明 胡艳辉摄影报道"。这些说明文字交代了摄影地点、摄影对象、摄影者,并且向读者说明了照片上无法直接获取的内容——红河县对梯田保护管理利用所进行的改革,让人们看到隐藏在美景背后的探索绿色发展的经验。

在撰写新闻照片文字说明的时候,还需要注意以下问题。

第一,避免重复说明和无效说明。新闻照片与文字说明要相互配合,取长补短,忌长篇大论、画蛇添足。有些新闻照片的文字说明拖沓冗长,和配发的文字稿件内容几乎一样详细,这样的重复写作既浪费版面,又浪费受众精力,完全没有必要。另外,还有些新闻图片画面上所表达的意思相当清楚明了,文字说明仅对画面上的直观形象进行描述,而不能提供补充信息,这样的重复说明也是没有意义的。

第二,避免主观臆断。一些新闻事件的现场照片,无法用视觉直接判断其意义、影响、后果,编辑在对这样的照片进行解释说明的时候,要尽可能用冷静、客观、公正的文字来进行表

近日,云南红河哈尼族彝族自治州红河县撒玛坝梯田已全部灌水,云雾缭绕,景美如画。

近年来,当地探索绿色发展之路,有序推进梯田保护管理利用工作。一方面,推广"稻鱼鸭"综合种养,改良种植品种,对梯田生态进行模式优化与资源整合;另一方面,挖掘保护传统文化,打造特色旅游项目,吸引游客参与农事体验,古老梯田焕发勃勃生机。

杨文明 胡艳辉
摄影报道

图 7-2 《人民日报》2022 年 1 月 7 日

述,避免使用带有浓厚个人感情色彩的词句。在不了解新闻事实的情况下,不要单凭照片主观臆断,以免进行错误解读,误导了受众。

第三,避免张冠李戴。所谓张冠李戴就是新闻照片本身所记录的是一个新闻事实,而照片的文字说明表述的却是另一个事实。这种情况常常是由于媒体工作人员的主观故意,有时候编辑想要再现新闻现场或证明某种说辞,但苦于没有照片,于是用相似的照片去糊弄受众,一旦发现,会引发人们对事件真实性的怀疑,得不偿失。有时候媒体故意歪曲对新闻照片的注解来达到歪曲新闻事实的目的,这种做法是对新闻真实性的践踏,应当严厉禁止。除了主观故意,编辑人员疏忽大意造成张冠李戴的情况也很多见。

第四,注意组照说明的整体性。对于重大新闻事件的报道,媒体常将新闻照片成组使用。在这种情况下,进行文字说明时要有整体意识。每一张照片都是新闻事件的一个片段,因此,照片的文字说明之间要相互关联,既不能重复,也不能脱节,各种照片的说明应该形成一个有机串联的整体,再现事件的整体风貌。有的成组照片,除了为每幅照片单独撰写说明外,还会编写一个总说明来概括该组图片的主题思想。

(六)新闻照片标题的制作

为了使报道思想体现得更加鲜明,新闻照片在单独发表时,有时在文字说明之外还需要配上标题。一则好的新闻标题,能起到画龙点睛的作用,为新闻照片增添光彩。新闻照片标题的制作要求和为文字报道拟定标题时大体一致,也要求准确、简洁、生动、传神。略有不同的是,因为照片本身已经多姿多彩,给它加配的标题相比文字报道的标题,要更加简洁朴素一些,新闻图片的标题通常只有一行主题,字数上也应尽量精练。特别是对于单幅新闻照片,如果标题太长、超过一行,第一眼就会给人带来累赘的感觉。而对于多张照片组合而成的摄影报道,则相对宽松一点,有时也可以配上多行主题或复合式标题。

新闻照片的标题一般可以划分为三类。

一是实题,主要指的是概括照片反映的新闻事实,能够帮助读者快速获取新闻信息的标题。制作这类标题时只突出最重要的新闻要素,不需要对新闻内容进行渲染抒情。实题适合应用于时效性强、时间性强的图片报道中。例如,《湖南日报》2022年1月18日第11版的一则图片报道(见图7-3),标题为"列夕特大桥顺利合龙",用9个字概括出新闻图片的核心事实,简洁明了。

列夕特大桥顺利合龙

1月17日,湘西土家族苗族自治州重点工程——永顺县泽芙公路列夕特大桥顺利合龙。泽芙公路全长31.8公里,列夕特大桥为全线控制性工程。大桥全长462米,桥宽9米,跨越猛洞河U形河谷,桥面至水面高差近200米。　　　　　　　　　　　　　　王承良　麻玉娇　摄影报道

图7-3 《湖南日报》2022年1月18日

二是虚题,这类标题主要不在于交代新闻事实,而是通过抒发感情、阐明观点、意境营造,加强照片中蕴含的情感元素,点明新闻事件的深远意义,升华报道主题。例如,《湖南日报》2022年1月18日第8版的一则图片报道(见图7-4),标题为"高空舞曲",并未概括主要新闻事实,而是营造出一种唯美浪漫的意境,既体现了对电力工人辛勤劳动之美的歌颂,也表现出对电力线路工程建设成果的喜悦之情。

三是一语双关式虚实结合标题,这类标题结合了上述两种标题的特点,既直接或间接地反映主要的新闻事实,又通过抒发感情或对事实进行评价,提升图片新闻的思想内涵、升华主题。图7-5是刊登于《湖南日报》2019年9月17日头版的一则图片报道,荣获第三十届中国新闻奖新闻摄影二等奖、2019年度全国新闻摄影作品"金镜头"日常生活和新闻人物类单幅金奖。该图片拍摄的是2019年9月16日中国工程院院士袁隆平老先生在湖南农业大学受到学生热烈欢迎的画面。照片场景宏大,气氛热烈,人们情绪饱满高昂;瞬间抓取得当,主体人物挥手时的从容洒脱,周围人群的兴奋喜悦和激情澎湃都定格在了这难忘的瞬间中。标题"追科技之星"从"实"来说,反映出袁隆平老先生在大学校园受到学生热情欢迎的新闻事实;从"虚"来说,与当下年轻群体中普遍存在的"追星"现象关联,肯定了大学生群体敬仰、崇拜科学家这一正能量的举动,并对年轻人究竟应该"追"怎样的"星"的社会价值取向进行

图 7-4 《湖南日报》2022 年 1 月 18 日

引导。

(七)新闻照片的编排

1. 单幅新闻照片的编排

单幅新闻照片主要有两种:一是以独立形式存在的新闻照片;二是以插图形式存在的新闻照片。以独立形式存在的新闻照片编排,主要是结合其自身的新闻价值以及版面编排的美观性,安排照片的大小以及版面位置。以插图形式存在的新闻照片编排,主要考虑照片和新闻报道中文字部分的协调,合理安排照片的大小以及版面位置。尤其要避免出现新闻照片与文字报道内容不搭或风格相冲突的情况。

2. 专题新闻照片的编排

专题新闻照片又称"新闻组照",是用一个主题统领下的多幅新闻照片组成一个整体,从不同的侧面、不同的角度报道整个新闻事件或新闻人物的报道方式。较之于单幅新闻照片,它的视觉冲击力更强,叙事能力更强,能够让读者更加深刻、全面、细致地了解新闻。

专题新闻照片在进行选择和编排时候要注意以下几个方面。

第一,专题中所有的照片围绕一个明确的主题展开。如果照片与主题无关,是另生的枝蔓,即使画面不错,也要坚决舍弃。

第二,各张照片从不同角度、不同侧面表现主题,不可形成类似照片的堆积,在表意重复

图 7-5 《湖南日报》2019 年 9 月 17 日

的照片中只需留下一张效果最好的。

第三，照片间必须通过一定的结构方式和内在逻辑发生关联，作为一个整体来传递信息与意义，不能简单拼凑、随意组合。

第四，力求整组照片的和谐统一，注重视觉美感。照片编排时要综合考虑照片景别、视角、颜色的合理搭配，调整好每张照片的尺寸、长宽比例以及照片之间的相互位置。

专题新闻照片一般要有一幅结合主题形象、特征鲜明醒目的点题照片，突出重点。好的专题摄影报道首先要从形式上吸引人，使读者第一眼就能被它吸引，并能从中接触到主题内容。点题的照片可以是特写，也可以是中景或全景，这取决于题材的性质。

编辑在编发专题新闻照片时，不仅要挑选、制作高质量的照片，文字部分也不容小觑。文字部分主要由标题、总说明和分说明组成。标题是整个专题的"眼睛"，对总说明、分说明和所有照片起统率作用；总说明全面地表述整个新闻专题的人物、事件、背景和意义等重要内容，字数多少应根据报道题材、报道规模和传播价值而定；分说明用简短的文字对单幅照片进行简要说明，一般一两句即可。总说明与分说明之间应分工协作，既相对独立又相互呼应。总之，要做到图文并茂、相得益彰，凸显专题新闻照片的魅力。

2022年1月24日《人民日报》视觉版发表了专题图片报道《各地"菜篮子"货足价又稳（新时代画卷）》（见图7-6），整版刊登了6幅照片，拍摄景别有近景、中景、全景、远景；拍摄角度有平视和俯视；照片中的人物，有的为单人，有的为双人，有的为多人，并且分散在湖南、江西、广西、内蒙古、云南、河南六地；画面内容丰富，渔民在捕鱼，农民在采收蔬菜，商户在搬运蔬菜，居民在选购蔬菜、水果。该专题版面中有两张重点照片。一是标题左侧的竖片，展示的是货品流通环节，批发经营户搬运蔬菜的劳动场面；画面纵深感强，前景为传递、搬运蔬菜的动作，动感十足，背景为码放好的蔬菜袋，整齐简洁。二是标题右侧中间的照片，展示的是农妇举起大颗芥菜的画面；照片以绿色为主打色，颜色清新而醒目；近景镜头让人物脸上的表情展露无遗，读者一下子就能感受到蔬菜丰收的喜悦。整个版面照片尺寸有大有小，版式有横有竖，主次分明、排列有序，很好地体现了"菜篮子"货品物流通畅、供应有力。

图7-6 《人民日报》2022年1月24日

三、新闻图表编辑

新闻图表是一种新闻表现形式,它通过图像、表格、文字、数字等元素对新闻事实进行形象化报道,诠释新闻主题,传递新闻信息,广泛运用于报纸、杂志、电视、网络等视觉新闻媒体。

在西方国家,新闻图表的普及要早一些。作为西方三大通讯社中开展新闻图表业务历史最长的通讯社,美联社的图片部在20世纪80年代以前,就已经开始向报纸用户提供各种图表。当时的图表多数是用手工绘制,内容主要是一些数据资料、地图和卡通漫画。[①] 创刊于1982年的美国报纸《今日美国》因大规模使用新闻图表而成名,在短短几年里就超越《纽约时报》等老牌报纸,发行量跻身全美前列,很多报刊纷纷效仿,加大了对新闻图表的使用力度。

在我国,新闻媒介对新闻图表的重视开始得较晚。我国经常性地在显著位置刊登图表的做法大致始于1993年,当时的《光明日报》开辟了《万象》专栏,基本上每隔一天便在头版刊出一幅反映我国改革建设成就的图表。[②] 1999年3月开始,我国第一个专门从事图表新闻制作与发布的部门——新华社新闻信息中心图表编辑室正式成立,每天固定发表新闻图表产品。新华社对图表的重视也引起了全国媒体的追仿。此后,随着信息传播活动的日益活跃,处于信息爆炸中的人们迫切需要将新闻资讯化繁为简,直达核心,新闻图表的信息传播优势日益明显,新闻图表频繁出现在政治、经济、民生、科技、娱乐等各个新闻报道领域。不仅如此,新闻图表也逐渐从仅作为文字报道的补充形式,变成一种既可以配合文字报道又可以独立存在的报道形式。

(一)新闻图表的作用

1. 使新闻简洁易读

人们都希望能够轻松获取有用的新闻信息,新闻图表的运用能够让新闻简洁易读。在一些新闻报道尤其是和数据相关的报道中,长篇累牍的数据分析,笼统而抽象的名词概念,使报道冗长啰唆,让读者感到枯燥乏味。运用新闻图表能够让枯燥的数字生动起来,使读者更愿意阅读。在一些涉及建筑构造、工作方法、科学原理等复杂事物的新闻中,纯粹用文字表述,往往显得繁复琐碎,甚至让读者不得要领。新闻图表能够将复杂难懂的信息以一种通俗的方式进行讲解。恰当地运用新闻示意图,特别是三维仿真模拟图,通过形象化的展示,可以让受众清晰地认识事物的面貌,了解其中的原理。新闻图表可以对事物相关信息进行过滤,用简洁的图形、线条,配以少量文字,将事物的主要信息、重要信息简明扼要地传达出来,达到去繁就简、以少胜多的效果。

2. 形象再现事实

新闻图表是一种视觉符号,具有形象性,能够将新闻事实形象化地再现出来。在一些新

[①] 筱棠:《西方三大通讯社的新闻图表业务》,《国际新闻界》,1998年第1期。
[②] 尚伟:《传媒家族新成员——新闻图表》,《新闻记者》,1994年第10期。

闻事件发生的过程当中,相关场景、事物的运动过程难以通过照片拍摄捕获其形象(如在宇宙空间、水下或事物内部),还有时候新闻事件发生以后人们才赶到现场,未能及时拍摄到事发时的景象,这种情况下,就可以通过新闻示意图将已发生的、未能拍摄到的新闻事件,通过模拟的方式展现出来,让人们依然能够感知新闻事物的形象,弥补缺少新闻照片的缺憾,有效营造视觉冲击力。此外,还有一些拍到的新闻照片过于血腥恐怖,不便于直接展示,用示意图能使真实的形象适度模糊化呈现,以免引起受众心理不适,体现新闻报道的人文关怀。

3. 有效整合信息

新闻图表是信息排列组合的一种有效方式,它运用一定的逻辑体系,将图、表、文字、数字、符号等有机组合,使得原本零散的信息被有效整合,共同服务于一个新闻主题。有新意的新闻图表不是文和图的简单叠加,而是一种形象的新闻解读方式。它综合运用多种版面元素,对新闻事件进行多角度和多层面的剖析,更全面传达新闻信息以及制作者对此事的分析和思考。还可以把不同时间、不同空间、不同来源的信息进行有机结合,从零散的新闻素材中发现其相互关联,挖掘信息的价值,拓宽新闻报道的信息量,让图表中的文字和数据更具深意。尤其在互动式信息图表中,其借助网络的超链接和海量信息特点,通过网状结构,表现出高效的信息整合功能。①

4. 给受众带来审美享受

新闻图表是一种视觉传播形式,不仅体现了制图者的逻辑思维,而且在色彩运用、图形构成、版式设计等方面都体现着制图者的艺术设想。好的新闻图表在有效传播信息的同时,还能让受众在视觉上产生美的享受。新闻图表将冗长的文字变成形象多变的图形,让人感觉灵活、生动。图表颜色丰富,并能根据不同的主题进行相应的搭配,如在喜庆事件的报道中选用温暖明快的颜色,在灾难报道中选用黑色、灰色色调,符合受众的阅读感受,更容易激发受众情感。当前,技术的革新为图表制作提供了广阔的空间,新闻图表不断变革创新,视觉上的呈现效果越来越丰富。特别是网络媒体上互动式信息图表的出现,生动有趣,给受众带来更好的使用体验。

(二)新闻图表的类型

1. 新闻统计图表

新闻统计图表的绘制对象主要以各种数据为主,将枯燥、抽象的数据以图表的形式进行条理化的罗列,形象化地展示这些数据说明的意义,方便受众阅读和比较。这种新闻图表是应用最为广泛的一种,基本的有饼状图、条形图、柱状图和折线图。

(1)饼状图。

饼状图适宜表现在整体限定的前提下,不同成分所占的比例。在一个圆形的"饼"中,不同的成分用不同颜色的小扇面显示,能让人直观地感受到某一组数据中各部分与整体的比例分配关系。

---

① 蔡雯、许向东、方洁:《新闻编辑学(第四版)》,中国人民大学出版社,2019年,第291页。

(2)条形图和柱状图。

这两种图中条或柱的长度与数据值的大小呈一定比例,从中很容易看出各种数量的多少,适宜显示各个项目之间的比较情况。条形图面向水平方向观察数据变化,柱状图面向垂直方向比较观察数据。

(3)折线图。

折线图适宜展示随时间而变化的连续数据,不仅可以表示出数量的多少,而且能够让人清楚看到相等时间间隔下数据的上升、下降、波动和稳定等变化趋势。

除了上述几种常见的类型,统计图表还有很多其他样式,如环形图、漏斗图、雷达图、散点图、直方图、气泡图等。

2. 新闻示意图

与新闻统计图表主要针对数据不同,新闻示意图表现的内容非常丰富,主要是对新闻中涉及的比较复杂抽象、难以理解的内容或不可重现的内容进行形象化的表现。具体说来,新闻示意图主要有如下类型。

(1)抽象示意图。

抽象示意图主要是利用图示对新闻事件中的流程安排、逻辑关系、复杂情况以及一些专业性很强的知识、原理进行说明,通过形象化的呈现来帮助人们理解抽象、复杂的事物。例如,2021年1月10日,山东烟台市栖霞市五彩龙公司笏山金矿发生爆炸事故,闪电新闻对此予以持续跟踪,进行了大规模报道,其中不少新闻就是通过图解的方式帮助读者速览新闻报道救援现场进度。图7-7就是当时的一篇图解新闻《一图速览栖霞金矿事故求援现场进度(截至19日17时)》中的部分图示,该示意图通过数字、图形和简要的文字,梳理了截至2021年1月19日17时事故救援现场的进度,将复杂信息简洁高效地呈现出来,让人一目了然。

(2)仿真模拟图。

仿真模拟图是科技发展的产物,主要是应用计算机制图技术(特别是三维仿真技术),将未能摄取到的或不适合真实再现(血腥暴力)的新闻现场模拟再现出来,这种方式在突发事件、灾难报道及科技类新闻报道中运用较多。例如,2011年9月27日,搜狐新闻制作的仿真模拟图(见图7-8),形象地再现了9月26日发生在K256次列车上的列车员因口角打死乘客事件。从图中,读者可以清楚地看到车厢内的乘客分布,列车员的位置,并结合序号、文字和箭头,对列车员和乘客之间发生冲突的过程了然于胸,仿佛事发时自己就在新闻现场一样。

需要注意的是,仿真技术不是仅能用在新闻现场模拟当中,其他类型的新闻图表制作也可以采用仿真技术,特别是在策划大型的数据新闻时,仿真统计图是非常好的表现方式。

3. 新闻地图

新闻地图以标准地图为依托,用简单的线条和符号标示出新闻事件发生的地理位置、区域大小和空间变化情况,同时还可以将多个新闻信息以地理位置为纽带有机地结合在一起。新闻地图在重大突发事件以及交通类、工程类的新闻报道报道中运用较多。例如,2020年8月19日《湖北日报》第6版上的《武汉城市圈30分钟直达相邻城》一文,就采用新闻地图进行标识。

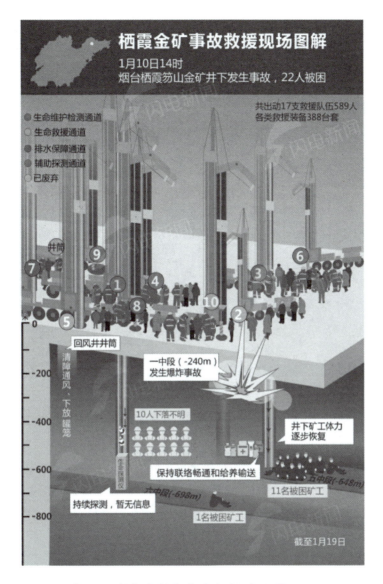

图 7-7 闪电新闻客户端 2021 年 1 月 19 日

4. 复合图表

在一张新闻图表中综合使用不同类型的图表,或者将新闻图表和新闻照片、新闻漫画等多种视觉形式融合在一起使用,便形成了复合图表。相比于单纯的新闻照片、新闻漫画以及类型单一的新闻图表,复合图表运用的视觉元素更加丰富,能够更加生动形象地阐释新闻信息。例如,人民网 2018 年 7 月 17 日发布《图解:大数据告诉你,"95 后"熬夜看世界杯爱看啥?》,其联合腾讯,在大数据挖掘的基础上,用一幅复合长图揭秘了"95 后"观看世界杯的具体情况,生动活泼。由于图片太长,仅以其中两幅截图为例进行说明。图 7-9 上方用饼状图显示观赛人群的性别占比,饼状图的"男"和"女"两个区域分别绘制了一个男生图像和一个女生图像,显得更直观;下方用个类似金箍棒的长条形图案说明观赛人群的学历占比,旁边

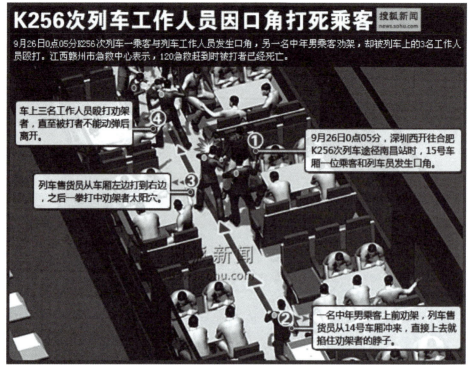

图 7-8　搜狐新闻 2011 年 9 月 27 日

画了一个飞起的足球,既与主题相关,又给图片带来了动感。图 7-10 上方显示"95 后"最关注的球星时,用照片展示球星形象,下方用词云显示"95 后"常用的世界杯热词。

随着数据挖掘、处理技术和信息可视化技术的迅速发展,新闻信息图表作为数据新闻中使用频率较高的表现元素,形式越来越丰富,图像、文字和数据结合的方式也在不断创新。

(三)制作新闻图表应注意的问题

1. 确保数据、信息的真实准确

真实是新闻的生命,新闻图表首先要确保其包含的数据、信息真实准确。图表的制作要以准确的新闻素材为依据,在将其转化为新闻图表的过程中,要避免任何原因的夸大或变动,否则都会影响新闻的真实性。同时,也要避免图形语言带来的歧义和误读。编辑处理新闻图表时态度要认真,对图表上的内容要仔细审核,并与有关资料进行对照,尽量避免差错。

2. 保证充足的信息含量

新闻图表是新闻信息的一种表现方式,其目的是传达新闻信息而不是装饰版面,应该有充足的信息含量,让人看后有所收获。如果新闻图表的内容只是对文字报道进行简单重复,甚至信息含量比文字内容还要少,就会给人画蛇添足的感觉,最终将沦为视觉垃圾。因此,制图及编辑人员要吃透编辑思想、报道主题,确保新闻图表能够抓住新闻中的关键信息、重

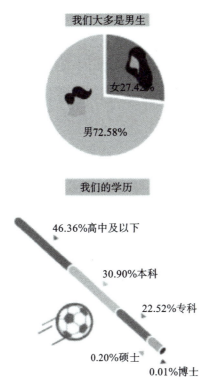

图 7-9　人民网 2018 年 7 月 17 日　　　　图 7-10　人民网 2018 年 7 月 17 日

要内容。

3. 增强易读性和趣味性

新闻图表的最大优势在于直观和生动,能够让受众轻松获取复杂的信息。新闻图表的制作首先要对信息进行精简,删除冗余,分解枯燥的文字、数据,然后灵活运用各种表现元素传达信息。图表上的线条粗细、文字大小、色彩搭配、数字显示、画面布局等都要精细设计,必须保证简洁清晰,让人容易读取内容。在保证清晰易读的基础上,还应该尽量提高趣味性和审美效果,太深奥、太复杂、太死板的图表都是不可取的。当前,不少新闻图表加入了卡通人物或其他绘画形象,使图表看起来活泼有趣,取得了不错的传播效果。

4. 遵从动态互动的发展趋势

传统的新闻图表是以静止状态呈现的,静态新闻图表应用范围最广,纸质媒体和网络媒体均可使用。其制作简单，成本较低，通常用来展示一些基本的数据内容及数据结构。动态新闻图表则可表达更为复杂的新闻信息，拓展数据展示的维度。比如，在图表中增加时间轴概念，用动画形式表达不同时间数据的变化情况，就是动态新闻图表中的一种常见做法。2020年3月8日，新华网数据新闻频道推出的报道《全球新冠肺炎确诊病例攀升过程》，就是用一个动态图表显示了从2020年1月23日至3月7日之间，每天全球新冠肺炎确诊病例数前20名（除中国）的国家及确诊病例数，其中的条状图随着右下角日期的变化而变动，图7-11截取的是该动态变化过程中的三个画面。还有一些动态新闻图表加入了音频、视频、动画等元素，更具动感和生机。

图7-11　新华网2020年3月8日

交互式新闻图表改变了传统新闻图表的线性浏览模式，受众可以通过点击、滑动等指令来选择获取自己需要的信息。交互式新闻图表具有明显的传播优势，不仅能拓展数据展示的维度，而且可以激发受众个性化探索信息的欲望，这种新颖的阅读方式在很大程度上比静态图表更能吸引受众对新闻事实的关注。例如，2013年人民网推出"图解十年两会"专题，从2月19日起每日推出一期，每期一个主题，共九期。封面上有九片不同颜色的树叶汇聚成一棵大树的树冠，每片树叶代表一个主题（见图7-12）。完整专题推出后，受众可以根据兴趣用鼠标点击某片树叶进入相应的主题，进去之后，还可以再次通过鼠标选择此主题中想了解的内容。这种全Flash交互式图表的展示形式，给网民带来新颖的图表阅读体验。

虽然有相对较高的开发成本和技术门槛，使用媒体也有一定的局限，不适合平面媒体使用，但是随着受众信息阅读需求的提高和计算机技术的进步，动态新闻图表和交互式新闻图表的运用已经越来越普遍，动态呈现方式和交互方式也越来越高级。新闻图表的设计制作，在把握准确、实用、便捷的原则上，应遵从动态互动的发展趋势。

2022年2月北京冬奥会期间，人民网首页冬奥会版块设置了一个互动仿真模拟图，动态展示了不同场地上运动员的比赛场景。图 7-13 为 2 月 5 日 15 时 15 分人民网首页上的三幅截图,如图所示,模拟图中的比赛场地自动切换,滑雪、滑冰、冰壶等不同项目运动员的运动动作以动态方式呈现,当鼠标滑动到屏幕上的注释框,就会出现相关体育赛事最新的简明文字报道。该图既简洁清新,又生动有趣,让受众在愉悦之中便捷地获取新闻信息。

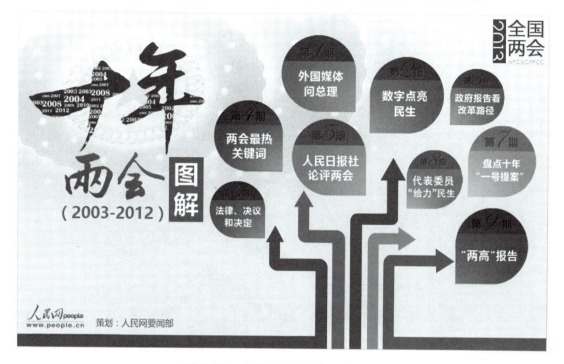

图 7-12　人民网 2013 年 3 月 1 日

四、新闻漫画编辑

新闻漫画既是一种漫画创作,又是一种新闻报道形式,其以高度夸张、风趣幽默的表现手法报道或评议国内外新近发生的时事及社会问题,有着独特的新闻和美学特征。从 1903 年上海的《俄事警闻》刊登《时局图》开始,新闻漫画便作为一种报道形式出现在中国的历史舞台上。从那时至今,在中国历史的各个时期,都出现了许多具有时代价值的漫画精品,新闻漫画的发展成为社会变革的写照。如今,随着社会的进步、科技的发展、媒介的变迁,新闻漫画不仅继续在传统纸质媒体上发挥着重要作用,而且在网络、手机以及各种移动终端上大放异彩。

(一)新闻漫画的作用

新闻漫画通过生动的艺术形象传递新闻信息,表达作者对新闻事件的看法和态度,用轻松幽默的形式吸引人们的视线,激发人们对现实生活的关注和思考。其在新闻传播中的作用主要体现在以下几个方面。

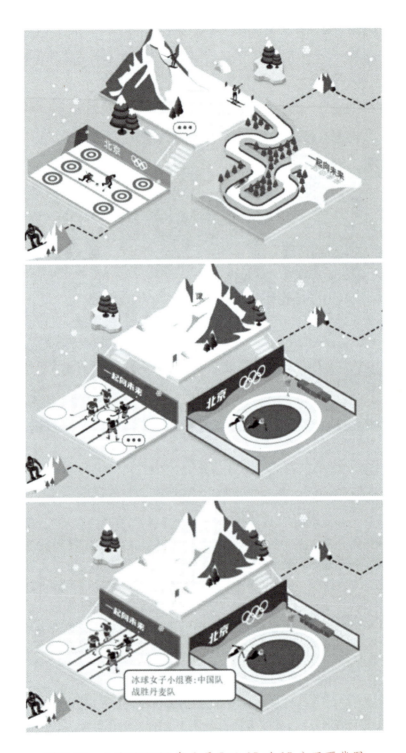

图 7-13　人民网 2022 年 2 月 5 日 15 时 15 分网页截图

1. 艺术性地传递新闻信息

新闻漫画作为一种新闻报道形式，自然具有传播新闻信息的功能。尽管新闻漫画一般并不包含完整的新闻要素，不能反映新闻事实的全貌，但是却具有极强的时效性和针对性，能反映近期的新闻热点，能抓住新闻事实的"精要"，体现出新闻价值。而且，在一些没有新闻现场照片或不宜用真实照片的情况下，新闻漫画可以作为一种有效的图片补充形式，帮助人们了解新闻事件。新闻漫画以绘画的形式来表现新闻要素，和一般的新闻报道有着显著区别，是对新闻信息的艺术性传递。

2. 进行舆论监督

舆论监督是新闻媒介的一项重要功能，通过新闻媒介对社会生活中的各种消极丑恶现象、不良行为，以及各种存在的问题进行揭露和批判，达到抑恶扬善、促使问题解决的目的。新闻漫画具有高度的评论性，它用漫画的形式聚焦社会热点，针砭时弊，发表意见，歌颂真善美，讽刺、批判假恶丑。无论是作为单独的新闻报道独立发表，还是与文字或其他报道形式相结合，新闻漫画的新闻舆论监督作用都不可小觑。

3. 寓教于乐

新闻漫画幽默诙谐、生动风趣，必然有与生俱来的娱乐性。当今时代，人们的生活节奏越来越快，经常处于高度紧张状态，新闻漫画的幽默风趣能让人开怀一笑，获得片刻的轻松和愉悦；而且，优秀的新闻漫画在轻松的形式之下，还有着深刻的内涵，它以夸张的手法反映事物的特点，以犀利的笔触揭示问题的要害，以睿智的讽刺启迪人们的智慧，让受众娱乐之中增长知识，展开思考，接受教育。

4. 增强艺术表现力

漫画是一种艺术表现形式，在新闻版面设计中正确运用新闻漫画，能够打破单纯文字报道的沉闷之感，提高版面的视觉吸引力，提升受众的阅读兴趣。特别在如今，绘图越来越方便，媒体对图片的效果越来越重视，彩色新闻漫画的运用越来越普遍，增强了版面的视觉冲击力。此外，和文字报道配合使用时，新闻漫画还具有对文字新闻的形象转换和拓展功能，能帮助文字新闻增强感染力，更好地表现新闻主旨。

（二）新闻漫画的类型

新闻漫画的创作涉及政治、经济、文化、社会等多个领域，创作形式也多种多样，并可按照不同的划分方式分为不同的类型。

根据不同的功能，可以将新闻漫画分为报道性新闻漫画和评议性新闻漫画。

1. 报道性新闻漫画

报道性新闻漫画以绘画图像配合少量文字，迅速报道和传播新近发生的新闻事实，目的是传播新闻事实。可以是漫画作者采自现场，也可以是对新闻稿件的二次创作。如果采用漫画组图，可以从不同角度报道新闻事实，提供给受众更多的信息量。

图7-14是2021年12月7日新华网上的一则新闻漫画作品《打击侵权假冒》。文案说明是:"记者近日从广西壮族自治区市场监督管理局获悉,今年以来,广西共查处侵权假冒案件5660件,案值3697.26万元,罚没款8201.37万元。"该新闻漫画没有掺杂任何观点,只是以漫画图像配合少量文字客观地表现"广西今年以来查处侵权假冒案件5660件"这样一个新闻事实。这种新闻漫画属于报道性新闻漫画。

图7-14 新华网2021年12月7日

2.评议性新闻漫画

评议性新闻漫画主要针对现实生活中新近发生的重要新闻事件,以及当前社会上存在的普遍现象、迫切需要解决的问题,以漫画的形式进行评价、议论,发表观点,既有歌颂性的,也有批判性的。

图7-15是发表于《沈阳日报》2020年12月31日第11版的新闻漫画《"孔夫子"失业》,该作品荣获第三十一届中国新闻奖漫画类二等奖。作者刘克军通过孔子的弟子纷纷离开杏坛,前往各个补课机构的比喻,讽刺了校外补课机构泛滥,教育偏离目标的现象。作品构图简洁明快,主题鲜明,题材具有典型性和代表性,表现手法幽默活泼,讽刺辛辣,发人深省。

根据不同的形式,可以将新闻漫画分为独立新闻漫画和插图性新闻漫画。

(1)独立新闻漫画。

独立新闻漫画用绘画图加上简短的文字(有时甚至无文字说明)传达新闻信息,不需要与其他的新闻稿件相配合,仅以漫画传达的内容作为独立的新闻内容。

这种新闻漫画常出现在各种媒体的新闻漫画专栏中,对新闻针对性、新闻意义的挖掘程

孔夫子"失业"　　　　　　　　　　刘克军 画

图 7-15 《沈阳日报》2020 年 12 月 31 日

度要求较高,很考验作者功力。前面所列举的二则新闻漫画均为独立新闻漫画。

(2)插图性新闻漫画。

插图性新闻漫画是为了配合既定的文字新闻作品而作的漫画,对新闻内容进行形象上的延伸和补充,增强文字报道的传播效果。它依赖文字稿件而存在,大多没有独立的标题。例如,《羊城晚报》2021 年 2 月 24 日 A07 版《漫话漫画》栏目刊登了《黑飞无人机》一文。文章由 2 月 22 日重庆轨道交通列车在运行过程中迎面撞上一架无人机这一事故引出,针对近年来频繁出现的无人机"黑飞""盲飞""乱飞"现象发表看法:目前无人机究竟算航空器还是航模依然存在争议,使得相应的行业监管存在执法盲区,加上现行处罚制度的相对滞后,无人机"黑飞"的违法成本低廉,导致"黑飞""盲飞""乱飞"成为畸形风尚。要及时建章立制,消除执法盲点,强化监管力量,提高违规成本,给无人机安上法治的"限制阀"。文中的漫画插图(见图 7-16)绘制出无人机与轨道交通列车相撞的画面,让人感受到惊险的一幕,而且此插图的使用美化了版面,增添了文字内容的吸引力。

(三)新闻漫画的选择与运用

1.新闻漫画本身质量过关

新闻漫画质量高低直接关系到媒介品位高低、传播效果的好坏,编辑要对新闻漫画本身的质量严格把关,防止将粗制滥造、思想浅薄的作品带给受众。具体来说,主要从两个方面进行考虑。

首先,从新闻的角度来看,新闻漫画的报道、评议质量如何。新闻漫画不同于生活漫画、哲理漫画、科技漫画等其他的漫画类型,新闻性是其立身之本。编辑在挑选漫画时,一个首要标准便是看新闻漫画的内容是否具有新闻性,如果没有新闻性,新闻漫画在新闻传播中就

漫话漫画

黑飞无人机

文/斯涵涵　图/春鸣

2月22日下午，重庆轨道交通列车在运行过程中迎面撞上一架无人机。据悉，事故未造成列车损伤，未影响运营。随后，重庆轨道交通官方发声表示，"黑飞无人机"行为已违反有关规定，可依法追究相关责任。（2月23日中新网）

列车穿梭于粉红花海中，被网友称为"开往春天的专列"，吸引大量市民、游客前来观赏。为拍到美景，很多人在轨道周围放飞无人机。花海也成了无人机大显身手、随意出没的地方。

虽然事故只是导致列车短暂停运，但视频中无人机迎面撞上列车时，驾驶员的那声惊呼以及列车的急刹，还是让人吓出一身冷汗。这次未造成严重后果，下一次是否还会有这般幸运？

近些年，无人机受到不少人的喜爱和追捧，"黑飞""盲飞""乱飞"现象时有出现。据中国青年报搜索发现，仅2021年，就出现了多起无人机"黑飞"被罚的事件。在广州南站、广东肇庆站、四川蒲江都有人因违规操作无人机各被当地警方依法处罚500元。

目前，虽然关于无人机的相关规定不少，但无人机究竟算航空器还是航模依然存在争议，使得相应的行业监管存在执法盲区，加上现行处罚制度的相对滞后，无人机"黑飞"的违法成本低廉，导致"黑飞""盲飞""乱飞"成为畸形风尚。

要及时建章立制，消除执法盲点，强化监管力量，提高违规成本，给无人机安上法治的限制阀。

图7-16　《羊城晚报》2021年2月24日

没有存在的价值。具体来说，新闻漫画必须以新近发生的新闻事实为依托，其表现形式可以夸张、变形，但必须以真实事件本身为背景，不容许弄虚作假和胡编乱造。评议性新闻漫画要有强烈的现实针对性，要抓住最近社会生活中人们普遍关注的新闻事件、现象、问题等进行反映和评论；而且，对新闻事实的反映和评价要及时，如果事情已经过去很久，或者某个现象已经渐渐消失，再去关注就没有意义了。在具备新闻性的基础之上，好的新闻漫画作品还要有较高的表达水平，报道新闻时要抓住事件的精要、提供较大的信息容量，揭露问题时要深刻，能抓住事物的本质，发表看法时要观点鲜明、见解独到。报道、评议质量的好坏，直接关系到事实是否明确，观点是否使人信服。一幅新闻漫画作品如果没有任何新闻信息和思想深度，画得再好也没有生命力，受众自然不会感兴趣，更不会产生共鸣。

其次，从绘画的角度来看，新闻漫画的表现技法如何。新闻漫画毕竟不同于消息、评论等其他的新闻报道体裁，它以绘画的方式表现新闻信息、发表意见，因此，其质量高低除了看内容是否充实、思想是否有深度，还要看其绘画水平如何。好的新闻漫画应该看起来协调、优美，能够抓住新闻的"精、气、神"。如果画技拙劣，再好的内容、创意也会被毁掉，甚至沦为让人费解的视觉垃圾。编辑要重视对新闻漫画表现技法方面的要求，在工作中不要一味求快而忽视画工，粗制滥造。同时，编辑要加强对新闻漫画理论知识的学习，并通过对优秀作品的观摩来提升自己的审美眼光，要能从构图、造型、用笔、着色等方面对一幅新闻漫画的绘画水平做出准确的评价。

2. 新闻漫画与媒介特点吻合

一幅本身很优秀的新闻漫画作品也并不一定适合所有的媒介，不一定适合所有的栏目、板块，编辑在选择与运用新闻漫画时应该注意漫画作品与媒介特点的契合。

首先，符合新闻媒介的编辑方针。编辑方针是新闻媒介根据自己的定位与防御战略，对媒介产品的内容与形式所做的总体设计，是编辑工作所应遵循的基本准则，具体包括媒介的受众对象，新闻传播的内容、传播的水准和媒介的风格特色。不同的媒介，其编辑方针是不一样的。对新闻漫画的选择和使用，要符合媒介受众的需求和品位，与媒介一贯的传播内容一致，体现出媒介的思想文化水平和风格特点。例如，中国发行量最大的新闻周报《南方周末》将目标受众定位为知识型读者，以"在这里，读懂中国"为办报宗旨，思想深刻，风格严肃。《南方周末》除了在评论版开设《漫画一针》和《点画魁》新闻漫画专栏，在其他版面也刊登了许多新闻漫画。总的来说，该报新闻漫画题材多集中在国内外政治经济领域以及社会热点问题上，符合受众知识水平高、独立思考能力强、关注国际国内形势的特点，也凸显了报纸"反映社会，服务改革，贴近生活，激浊扬清"的特色。而广州《羊城晚报》上的新闻漫画选取的题材以社会生活问题居多，很多都是发生在市民身边的小事，鲜有涉及国际国内的时政要闻，符合《羊城晚报》面向百姓的都市报定位，体现了其新鲜活泼、贴近生活的特点。

其次，符合栏目、板块特点。任何一个媒介上，新闻信息的传递都不可能是铁板一块，而是根据内容、形式的差异而有所区分。在报纸上，有时政、经济、社会、文化、体育等不同的板块。在电视、网络媒体上也有各具特色的栏目内容和栏目形式来满足受众不同的信息需求。在选择新闻漫画时，要注意其内容与栏目和版块的主题、风格相吻合。在运用时，要根据所在的栏目、板块特点采用不同的处理、编排方式。比如，从内容上来说，在时政新闻板块，漫画内容应以解释政策、再现新闻事实为主；在文化新闻板块，漫画则主要针对各种文化现象，作者常用讽刺手法来发表观点，评论性较强。再如，从容量上来说，在内容较为严肃的新闻报道中，不可能刊登太多的新闻漫画，以免娱乐性太强；在休闲性质的栏目中，新闻漫画数量则可以适当多点；而在网络新闻漫画专栏或新闻漫画网站中，刊载新闻漫画的数量则不受限制。

总之，编辑既要注意挑选出新闻性强、艺术水平高，能给受众以启迪的新闻漫画作品，又要注意其与媒介之间的契合，争取最大限度地发掘新闻漫画的价值，扩大媒介影响力。

第二节　实训教学的拓展文献

新技术及新媒体迅速发展的今天,新闻图片运用中出现了很多新问题,其中新闻照片造假问题和版权问题尤为突出,这也是新闻图片编辑工作不可回避的问题。针对这两个问题,本章我们选择了《〈纽约时报〉利用区块链打击新闻照片造假》和《社交媒体时代新闻图片的版权风险及其规制》两篇文章作为拓展文献。

一、拓展文献阅读(一)

这一篇文献帮助读者把握业界前沿,了解国际知名新闻媒体《纽约时报》在新闻照片打假过程中所采用的新技术,开拓视野的同时,可为今后从事相关工作的同学提供一定的借鉴。

《纽约时报》利用区块链打击新闻照片造假[①]

当一张新闻照片经历从相机拍摄到出版发布的流程时,这张照片会遭遇许多设备、技术和人。因此这一流程中的每一个设计步骤,都要能够保证新闻照片中人物或事件的真实性、准确性。不过,新闻照片一旦上传到互联网,它可能会在几分钟内出现在网络中的任何地方,而且可能会变得面目全非——有时新闻照片缺乏原始背景信息,或者被别有用心的人故意伪造成为误导性信息。

《纽约时报》的研究与开发团队一直在探索区块链技术带来的多种潜在解决方案,以打击网络中的各种假新闻。目前,该报的一个激进创新研究是"新闻来源项目"(The News Provenance Project),该项目旨在利用区块链技术来打击互联网中的新闻照片造假。

"新闻来源项目"首先研究受众如何判断他们在互联网上看到的新闻照片真假。在研究过程中,《纽约时报》创建了一个网络原型,该原型利用区块链技术在一个模拟的社交媒体信息流中显示新闻照片的上下文信息。通过这项研究,《纽约时报》试图进一步了解这些可见的上下文信息,比如,新闻照片中显示的摄影师名字,以及新闻照片的拍摄地点等相关信息,能否帮助读者更好地辨别新闻照片在社交媒体中的可信度。

为何是区块链

区块链允许多个组织从共享的数据库中读取数据和录入数据。同时,区块链通过行动日志来追踪数据变化,这类行动日志也被称为"分布式账本"。区块链的分布式账本记录网络参与者之间的资产交易、数据交换等活动,是一种在网络成员之间共享、复制和同步的数据库。分布式账本中的每条记录都有一个时间戳和唯一的密码签名,这使得网络中所有交易数据历史都可以追溯、查看。

---

①　谱加·雷迪:《〈纽约时报〉利用区块链打击新闻照片造假》,张建中编译,《青年记者》,2020年第22期。

《纽约时报》试图利用区块链技术,通过新闻照片元数据形式记录所发生的一切——从利用相机拍摄照片到在网络中发布照片,同时能够在社交媒体平台上显示新闻照片所有相关信息。区块链技术还能够将新闻照片的完整历史记录数据与图像文件本身分开保存,这就使得区块链成为一项引人注目的技术,通过它可以进一步探索追踪新闻照片的源头出处。

在《纽约时报》区块链创新原型中,该报创建了一个由假设的新闻组织构成的私有化网络(private network),以及一个模拟社交媒体平台,该社交媒体平台可以共享数据库和分布式账本所有权。能够加入这个私有化网络的新闻组织可以对数据库中的照片元数据进行修改。不过,分布式账本能够保证对新闻照片拍摄时间和拍摄者的变更有一个透明记录。

如何建构区块链系统

《纽约时报》的区块链系统由来自 IBM 公司的开发团队利用该公司自有的区块链平台构建。在架构系统过程中,IBM 公司为《纽约时报》创建了一个网络模型(network model),以确保加入《纽约时报》区块链网络平台的成员组织对元数据具有适当的访问和修改权限。此外,IBM 公司还为《纽约时报》创建了一个数据模型(data model),该数据模型可以帮助加入区块链网络平台的新闻组织追踪必要的元数据字段,从而可以帮助读者比较清晰地了解新闻照片在网络中的传播历史。

1. 网络模型

一张新闻照片在互联网中的传播历程可能会非常广泛,对于区块链网络平台成员而言,在所有的接触点上,有许许多多的可能性。一位摄影师可能是区块链网络平台的成员,他可以通过移动网络将新闻照片的元数据直接输入数据库,在这一过程中无须人为干预。一位图片编辑也可能是区块链网络平台成员,他们对新闻照片的修改与编辑也会反映在元数据中。

《纽约时报》的区块链网络原型创建了一个相对简单的场景,它包括三个网络成员组织,或者说三个"节点"(nodes):两个假设的新闻组织——一个地方性新闻组织(Local Gazette)和一个全国性新闻组织(National News),以及一个社交媒体组织,《纽约时报》有时也称之为"社交媒体平台"(Social Media Platform)。

通过这些节点,《纽约时报》试图探索在区块链平台上发生的交易互动:两个不同的新闻组织可以发布新闻照片,并更新与之关联的元数据;新闻组织还可以在不同的报道中刊登同一张新闻照片;社交媒体平台可以访问所有的新闻照片历史及其发布的信息。

在这个区块链系统中,所有的交易互动被写入软件,同时被储存于"智能合约"(smart contracts)之中。"智能合约"还包含核查功能,以保证数据库中的变化是真实和准确的,从而也避免人工输入数据带来的干扰。"智能合约"以计算机程序的方式来缔结和运行各种合约。"智能合约"的执行结果会对区块链中的分布式账本状态进行更新,这些更新的数据一旦确认后就无法被伪造或篡改。

对于该区块链网络原型,《纽约时报》决策者的想法是尽可能地让其保持简单:网络成员之间所有可能发生的互动交易都包含在"智能合约"中。《纽约时报》设计的交易规则是:每当地方新闻组织想要在区块链上创建新的照片记录时,都必须获得全国性新闻组织的许可。但是,全国性新闻组织能够自动批准交易,而无须实际核查真实性或准确性。

2. 数据模型

对具有不同政治观点的用户进行了 34 次访谈之后，《纽约时报》推出了一个新闻照片背景信息列表，在访谈中，《纽约时报》发现这些场景信息对于新闻照片最有用，比如，照片的拍摄者和拍摄地点。

《纽约时报》将这些场景信息映射到 IPTC 照片元数据字段（译者注：IPTC 元数据是一种标准格式，可以将作者、版权、细节描述等元数据加入照片信息中），这些字段被编码在照片文件中，同时被用于在照片行业中保存版权信息和许可信息。通过这些创新实践，《纽约时报》创建了一个数据模型，它可以用于在区块链数据库中以照片记录的形式存储元数据。

《纽约时报》采访的受众还指出，他们除了想了解新闻照片的来源之外，还想了解新闻照片的发布历史，比如，新闻照片的发布地点，以及新闻组织为这张照片配了什么样的标题等相关信息。

由于美联社、路透社等通讯社经常与多个新闻组织合作，这些通讯社发布的新闻照片可能会出现在许多不同新闻组织的报道中。考虑到这一点，《纽约时报》在数据模型中创建了一个单独发布纪录，它使该报能够追踪围绕在新闻照片周围的相关发布信息。

经验与教训

在与用户一起测试该区块链网络原型时，《纽约时报》的工作者发现该网络原型可以有效地帮助用户对社交媒体信息流中的新闻照片真假做出判断。不过，《纽约时报》的研究人员指出，他们还需要做更多的探索。尽管区块链技术是一种有助于识别新闻照片来源可行和有用的工具，但我们要广泛应用这项技术，还要面对诸多挑战。

区块链上的内容必须由网络成员来审核。在《纽约时报》的网络原型中，该报只是设置了简单的"智能合约"，来自动批准对照片记录所做的更新与更改。在现实世界中，我们需要"智能合约"来验证对照片记录所做的任何更改，以确保照片的可信度。对于某些元数据字段，比如，对照片标题中的事件描述，要对这些内容进行编码验证则会很复杂。

网络中的照片必须与区块链上的原始版本匹配。就《纽约时报》区块链原型而言，该报假设社交媒体平台能够通过身份识别信息，将社交媒体信息流中的照片与区块链中的照片进行相互关联。而在现实中，社交媒体平台需要在不知道该照片是否已经存在于区块链平台的情况下关联该照片。此外，社交媒体中的照片可能已经过大量编辑，这使得在区块链上查找其原始版本变得更加困难。

参与"新闻来源项目"的哥伦比亚大学研究员巴斯卡尔·高希特别关注感知哈希（perceptual hashing，该技术的作用是对每张图片生成一个"指纹"字符串，然后比较不同图片的指纹，结果越接近，就说明图片越相似）和计算机视觉两项技术，他认为这两项技术有潜力将社交媒体上的照片与区块链上的照片关联起来。不过，高希指出，这一运作机制还有待于进一步优化。

区块链网络必须对新闻组织开放。《纽约时报》的网络原型是首次尝试将区块链技术应用于核查新闻照片来源，这需要大量操作和开发费用。为了使区块链解决方案成为现实，需要拥有大量资金和技术的新闻组织参与进来。因此，找到降低进入门槛的方法是未来探索区块链技术落地应用的重要组成部分。

《纽约时报》的区块链网络原型只是一个实验项目，但它告诉我们在社交媒体信息流中可信的场景信息很重要,但是要完全实现这样的目标还有很长的路要走。不过,使用区块链技术来打击新闻照片行业中的大规模造假还是有很多机会的。事实上,与任何媒体网络一样,区块链网络的影响力最终取决于参与者的规模。

目前,《纽约时报》的研发团队正在积极与各个媒体和科技公司合作,其目的就是扩大区块链网络的参与规模。《纽约时报》还参与了 Adobe、推特公司联合发起的"内容真实倡议"(Content Authenticity Initiative)项目,该项目计划的一个主要目标是利用区块链技术来打击互联网中的"深度造假"内容。此外,《纽约时报》还参与了另外两个项目计划:"内容来源项目"(Project Origin)和"人工智能伙伴"(Partnership on AI,译者注:一个全球性非营利机构,由谷歌、脸书、IBM、亚马逊和微软五大科技巨头在 2016 年共同成立,致力于推进公众对人工智能的理解)。

在未来,《纽约时报》的研发团队会不断寻找机会来分享其研究成果,同时也会与那些对打击假新闻感兴趣的组织和个人合作。我们认为在积极尝试区块链、人工智能等先进技术的基础上,只有通力合作才能解决目前的假新闻、误导信息等问题,进而才能净化我们的网络生态。

二、拓展文献阅读(二)

这一篇文献所针对的新闻图片版权问题在理论知识部分没有涉及,可以作为理论知识的补充,丰富读者对新闻图片编辑工作的认知。

社交媒体时代新闻图片的版权风险及其规制[①]

一、社交媒体时代新闻图片的版权风险

社交媒体时代,新闻图片在传播过程中表现出超强的传播效果及优势,与此同时,在强大的传播效果刺激下,新闻图片也存在使用乱象,如媒体间、用户间的"无序共享"与"二次创作",使新闻图片在传播过程中面临严峻的版权风险。

(一)新闻图片传播主体多元化下授权难

社交媒体时代,人人都是生产者,人人都是传播者,随着智能手机、智能相机的普及,图片摄影的门槛不断降低,摄影和摄影人出现平民化、大众化趋势,获取图片资源的途径也更加广泛[1]。在大众媒体、商业媒体、自媒体等主体进行信息传播时,由于互联网的虚拟性、隐蔽性以及"裂变式"传播特点,使得新闻图片生产者与传播者杂糅混合,加之传播过程中各传播主体对新闻图片的二次创作",以及网络"水印确权"的不稳定性和极易更改或删除的劣势[2],使新闻图片权利主体难以明确,增加了授权难度。同时,传播主体多元化下也存在重复授权现象。某一新闻图片在传播过程中历经多个传播节点和传播者,每一节点都存在更改原作并进行版权认定的可能,在我国版权认定尚存漏洞,且在公众版权意识尚待提升的环境下,进一步加剧了新闻图片的版权风险。

---

① 孙海荣、周燕:《社交媒体时代新闻图片的传播效果及版权风险》节选,《中国编辑》,2021 年第 8 期。

(二)新闻图片"碎片化 IP"特点增加版权认定难度

新闻图片本身作为新闻作品的一种,常常面临版权认定困境。一方面,学界和业界对新闻图片是否拥有版权一直存有争议。争议主要集中在:《著作权法》不保护时事新闻,而新闻图片作为新闻报道的一种体裁是否受《著作权法》保护,法律尚未明确。此外,新闻图片也可归属于摄影作品,而《著作权法》明确规定,摄影作品受其保护。两相矛盾之下,新闻图片的著作权难以明确。另一方面,新闻图片是一种"碎片化 IP",在传播过程中,可以单图出现、图配文出现,也可以组图出现。针对单图的表现形式,可以对其进行裁剪、拼接;对图配文的新闻图片,可以将新闻图片与文字进行剥离并再次重组;而对以组图出现的新闻图片,可以轻而易举地进行再造和再次传播。同时,在社交媒体时代这一开放共享的传播环境中,平台用户的传播也是碎片化的,用户可根据自己的喜好随时随地上传、下载、转载新闻图片,并将新闻图片以链接等嵌入方式进行较为隐蔽的传播。在新闻图片这一信息内容传播过程中,由于其碎片化、零散化的特点以及社交媒体时代"一键分享"环境下,增加了新闻图片的版权认定难度。

(三)新闻图片跨平台传播下维权难

社交媒体时代,新闻图片的传播路径主要分为"线下—线上""线上—线上""线上—线下"。在"线下—线上"和"线上—线下"两种传播路径中,新闻图片历经上传、下载过程,在循环重复操作中,作品完成了传统作品与数字网络作品之间的转换。一些人为了商业利益可能未经权利人许可,将传统媒体作品上传发表在网络平台,也可能将网络作品下载后发表在传统媒体上。在"线上—线上"传播路径中,用户存在未经网络作品著作权人授权、许可或者同意,将其作品下载到自己的计算机,或者用户未经著作权人授权、许可或同意,对其已经公开发表的网络作品直接转发或稍做修改后分享于社交平台或其他门户网站的侵权行为[3]。网络平台的多样性以及交互式、共享式传播特点,固然有利于促进信息传播,但也增加了版权问题的复杂性。如在跨平台交互式传播中,私人复制与跨平台分享、使用痕迹难以遗留和识别,导致侵权举证困难,难以界定侵权责任,权利人维权难。

(四)公众版权意识薄弱增加了版权风险

在传播过程的最后一环——公众这一环节中,依然面临版权风险。近年来,中国网民基数一直稳步增长,但由于互联网的共享性和开放性,网民付费阅读的意识不强。同时,社交媒体"免费"的网络生态与社交化功能使新闻图片刻上了深厚的主体感情烙印而非契约精神[4],人们为了获得群体认同和共鸣,肆意对原作进行截取、共享或转载,而鲜少考虑其源头,尤其是对图片,取之即用,版权意识较弱。此外,传播技术的发展、传播手段的便捷,为公众对新闻图片进行二次创作提供了技术支持。在公众版权意识缺乏和媒介技术支持双重作用下,新闻图片在社交媒体时代的版权风险进一步提升。虽然在新闻图片版权侵权案例频发背景下,国家通过立法、执法等方式加强了对图片版权保护力度,但公众的版权意识仍有待提升。

二、《著作权法》对社交媒体时代新闻图片版权风险规制

《著作权法》的基本内容,主要是在保障以自然人为主体的作者权益的基础上,对作者、

传播者和社会公众的利益作出合理的平衡和调整。其中作者和传播者的关系尤为重要，只有合理处理好两者的关系，才能有利于整个文化艺术和科学事业的繁荣[5]。尤其是在社交媒体时代，新闻图片在传播过程中的版权风险进一步升级，作者、传播者和社会公众之间身份交叉重合，更需要《著作权法》对其进行调整。2020年，为适应网络技术的发展、总结归纳既有判例经验以及与新的法律体系相适应，《著作权法》迎来了三十年后的"大修"。新修订《著作权法》第三条、第五条、第二十四条、第五十四条分别对作品定义、著作权不保护的"时事新闻"、合理使用制度以及赔偿制度进行了部分修改，此外，新修订《著作权法》还对广播权进行了合理扩张，将类电作品改为视听作品，并在法条中凸显对阅读障碍者的关爱。新修订《著作权法》的一系列修改解决了部分以前尚未明确或模糊的问题，使之更适应当今社会现状，但依旧有部分问题尚未解决，建议对其进行进一步优化和完善。

（一）厘清权责主体，保障法律权益

新闻图片版权风险中最首要的便是传播主体多元化下权责主体难以明确。尤其是在社交媒体时代，宽松的传播环境为侵权提供了便利，人工智能技术的发展推动智能创作物的产生，智能创作物的发展催生对其著作权的争议，但新修订《著作权法》依旧未对智能创作物及其权利归属进行明确规定，这一点有待未来进一步明确。面对社交媒体时代新闻图片多元主体传播下确权难、授权难现状，新修订《著作权法》第二十四条对"合理使用"原则进行了调整，一改之前对"合理使用"穷尽式列举的立法方式，采取"列举+兜底"的立法模式，在明确列举12种合理使用情况后增加了"法律、行政法规规定的其他情形"这一兜底条款，这种半开放式的立法设计大大增加了《著作权法》的灵活性，一定程度上缓解了技术进步和社会发展对合理使用制度的挑战。但"合理使用"情形的扩张使司法充满未知和无限可能，开放社会背景下开放性法律条款的使用，对权利主体的明晰和法律权益保障是好是坏还有待实践进一步印证。在未来应当继续完善法律法规，在法律层面进一步明确权利主体和权利范围，保障著作权人的合法权益。

（二）界定相关概念，明确侵权标准

新闻图片作为一种特殊作品形式，它是否具有著作权在学界、业界一直存有争议。在保护著作权的前提下，为了平衡作者、作品传播者以及社会公众之间的利益关系，《著作权法》对著作权作了一定的限制，主要包括地域限制、时间限制、范围限制和权能限制四种[6]。其中最核心的便是范围限制，即限制著作权保护范围。此前，人们对新闻图片进行版权认定时多参考《著作权法》第五条第二款，即时事新闻不受著作权法保护。新修订的《著作权法》将第五条第二款"时事新闻"更改为"单纯事实消息"，即明确表明不受著作权法保护的仅仅是"单纯事实消息"，具有独创性的新闻图片受《著作权法》保护。这一修改具有调试的意味，有助于厘清新闻报道保护与不保护的界限，对规范现实生活中各种名目的"洗稿"行为具有指导作用，但面对新闻图片的版权保护，仍存在漏洞。新修订的《著作权法》未明确单纯事实消息的具体表现形式，如反映单纯事实的新闻图片或图文结合的单纯事实消息中新闻图片的版权问题依旧未能得到明确。这有待相关法律法规对其进行进一步细化和司法解释，界定单纯事实消息的概念，明确不同新闻图片的侵权标准。此外，建议在司法实践中增强法律间的联动，共同推进对著作权人的权益保护。

(三)重视平台主体责任,完善版权保护规则

面对新闻图片在传播过程中的版权风险,除却要厘清权责主体,保护权利主体相关权利外,也应当注重对传播平台的管制与约束。社交媒体时代,各传播平台作为新闻图片重要载体和传播途径,在新闻图片传播、交易中占有重要地位,也是侵权最易发生的环节。针对平台商在社交媒体空间著作权侵权中应承担的责任情形,新修订《著作权法》第五章对著作权和与著作权有关的权利保护条例进行了修改,如第五十一条规定,未经权利人许可,不得进行下列行为:(一)故意删除或者改变作品、版式设计、表演、录音录像制品或者广播、电视上的权利管理信息,但由于技术上的原因无法避免的除外;(二)知道或者应当知道作品、版式设计、表演、录音录像制品或者广播、电视上的权利管理信息未经许可被删除或者改变,仍然向公众提供。第六十四条规定,计算机软件、信息网络传播权的保护办法由国务院另行规定,而由国务院颁布的《信息网络传播权保护条例》则进一步细化了平台的"通知和删除"义务。相关规定虽已指出平台商对著作权侵权行为具有一定的把关责任,但这样的把关要求依然不清晰。在事后追责中,平台商常常以"避风港原则"为借口逃避责任,以此规避"通知和删除"的义务。针对此种情形,《著作权法》应进一步明晰平台方"明知""应知"的具体情形,让平台商无法逃避责任,从而完善版权保护规则。

(四)完善赔偿机制,加大惩治力度

新闻图片面临严峻版权风险的重要原因之一便是赔偿机制不够完善,惩治力度不足,导致公众版权意识薄弱,助长侵权之风。自 20 世纪 80 年代以来,许多国家建立和完善了著作权的惩罚性赔偿制度,我国新修订《著作权法》第五十四条也对赔偿机制进行了完善。对于一般侵权行为,仍强调按照"违法所得—实际损失—权利使用费"这三个层次进行,对故意侵权行为,引入惩罚性赔偿,规定的赔偿标准为原作的"一到五倍",如果权利人的实际损失、侵权人的违法所得以及权利使用费难以明确的,则适用法定赔偿范围 500 元到 500 万元。新修订《著作权法》既增强了法定侵权赔偿力度,提高了最低赔偿限额和最高赔偿限额,同时也增设了惩罚性赔偿制度,对情节严重的故意侵权行为进行惩罚性赔偿。这有助于加大侵权惩治力度,提高维权积极性,进一步提升公众版权意识。但单张最低 500 元的法定赔偿金额对图片公司及其他图片权利人有很大吸引力,或将导致"钓鱼执法"案件进一步增多。面对此种情况,在司法实践中应当根据案件具体情况实行具体操作,增强司法弹性,使之更好地与立法条款结合。

参考资料

[1] 王玥.融媒体时代图片版权保护策略探究[J].中国报业,2019(19):26-28.

[2] 姚昀谊.互联网环境下我国图片版权问题探究[D].济南:山东大学,2020.

[3] 苏玲玲.我国网络著作权侵权表现及保护规制研究[J].出版广角,2020(14):40-42.

[4] 王莉.自媒体时代"社交化阅读"的版权保护[J].新闻知识,2015(11):11-13.

[5] 魏永征.新《著作权法》对作者和传媒关系的调整[J].新闻记者,2002(10):10-11.

[6] 陈志宏.论著作权限制——新著作权法解读思考[J].图书馆论坛,2004(6):234-238.

第三节　实训教学展示与评价

本章理论知识部分我们学习了新闻照片、新闻图表和新闻漫画这三种类型的新闻图片编辑知识,三类新闻图片的编辑都可以安排实训。但考虑到新闻学专业的学生都会学习新闻摄影知识,而新闻图表和新闻漫画的制作所需要的专业技能(制图技能和绘画技能)一般没有专门课程进行学习,新闻照片的编辑实训更易于操作,我们的实训教学示范就集中展示这方面的成果,成果类型包括鉴赏型和实际操作型两类。

第一个为鉴赏型实训案例,教会学生在日常新闻接触行为中主动观察新闻照片的运用情况,鉴别优劣,学会对正反案例进行点评并从中获得启发。第二个和第三个为实际操作型实训案例,让学生了解新闻照片编辑的基本技能。其中,新闻照片标题的制作由学生个人完成,难度较低,便于课堂操作,教师在安排课堂实训教学时可以借鉴;新闻照片专题的编辑相对来说难度较大,则由学生团队于课堂外完成,锻炼学生的团队协作能力及统筹规划能力,教师在条件合适的情况下可以安排。这两类实际操作型实训项目中,对学生实训作品的点评能帮助教师发现学生实训中容易出现的问题,提前提醒学生,提高实训质量。优秀的实训作品也能给学生的实际操作提供参考范例。

一、实训概述

1. 实训目标

根据本章的知识点和教学目标要求,进行多维度实训。

目标1:掌握新闻图片的相关知识,能够准确评价新闻图片制作与运用水平的高低。

目标2:掌握新闻图片编辑的基本要求和技巧,能够编辑不同类型的新闻图片。

目标3:各项实训的思政目标为提升鉴赏能力,增强对新闻图片在舆论引导、弘扬真善美、弘扬社会主义核心价值观中重要作用的认识。

2. 实训过程

(1)对于新闻图片赏析或者评析类实训作业,由教师提供材料的,实训过程在课堂上完成,之后教师及学生共同讨论、点评;由学生自己搜集针对性案例进行点评、赏析的,实训过程在课堂外完成,之后教师选择代表性作业进行点评。

(2)新闻照片标题制作类的实训作业,由教师提供材料,学生在课堂上完成,之后教师及学生共同讨论、点评。

(3)新闻照片专题制作类的实训作业,实训过程在课堂外完成,之后教师选择代表性作业进行点评。

3. 效果评价

本章实训任务主要分为两类:一类为鉴赏型;另一类为实际操作型。效果评价主要针对具体任务进行,既有对基本理论知识掌握情况和业务能力的评价,也有对思政教育效果的评价。

二、实训案例评析

1. 实训作业评析(一)

(1)实训作业具体内容——新闻照片运用评析。

观察今年各类媒体上的新闻照片运用情况,选出你认为好的或者不好的例子,对其进行点评,并谈谈从中得到的启发。

下面展示 2020 年秋季学期代表作业。

【优秀新闻照片例子】

下面是刊登于《湖北日报》2020 年 9 月 8 日 T03 版的一则新闻照片《一起看夕阳》(甘俊超 摄),该照片记录了 2020 年 3 月 5 日傍晚,在武汉大学人民医院东院,上海复旦大学附属中山医院援鄂医疗队队员刘凯医生在护送患者做 CT 的途中停下来,让已经住院近一个月的 87 岁老先生欣赏了一次久违的日落画面(见实训图 7-1)。

实训图 7-1 新闻照片《一起看夕阳》

点评及启发：这张照片在《湖北日报》发表后，被多家主流媒体转发，引起了广大社会公众的共鸣。该照片构图精美，有很强的视觉冲击力，医患二人沉醉在美丽的落日余晖之中，让人感受到生命的无限美好，以及抗击新冠肺炎疫情期间医患携手共同抗击病毒的决心和信心。这张优秀的照片告诉我们对于新闻摄影来说，技术也许不是最重要的，记者一定要用心观察，用心感受生活，善于从新闻中发掘有价值、有温度的瞬间并迅速记录下来。

【误用新闻照片例子】

2020年2月15日，中国新闻网微博发布图片报道："【武汉雪地上写巨幅中国加油】2月15日，湖北武汉迎来降雪。武汉一小区雪地里书写着巨大的'中国'字样，还画有一只紧握的拳头。武汉加油，中国加油！（中新社记者××摄）（见实训图7-2）。"

实训图7-2 雪地上巨幅中国加油景象

报道过后，封面新闻记者发现，不少网友指出媒体所报道的这幅照片并非来自武汉某小区，而是由山东寿光一小区居民创作，地点和时间都是错误的。于是联系到了图片原创者王寿中先生进行采访、核实。2月16日，封面新闻发布消息《巨幅"中国加油"照并非出自武汉 原创者回应：图出自寿光 花了20多分钟创作》："原创者王寿中先生告诉记者，他接到不少好友发来的消息，称他的作品被冒用在了武汉，地点和摄影者都被篡改。王寿中说：'虽然都是为了给中国加油打气，但这种工作态度却不对！'"同日，微博@中国新闻网发布致歉称，因审核把关不严，把山东寿光的雪地画面，错当武汉雪景发出，给广大网友带来误解和困扰，在此深表歉意。

点评及感受:这个虚假新闻的问题就在于针对真实图片编写了虚假文字说明。图片反映的"中国加油"巨幅画及图片本身由山东寿光普通市民完成,却被专业媒体据为己有,将其拍摄地标注为武汉,作为新闻图片发表。新闻发表在新冠肺炎疫情期间,武汉作为疫情重灾区尤其需要鼓舞士气,媒体为武汉加油之心可以理解,但是使用虚假文字说明的行为让人唾弃。中新网的做法不仅违反了新闻职业规范,还侵犯了照片拍摄者的权利。这个负面案例警示我们:新闻编辑在工作过程中应该格外小心,谨防认错、用错照片。

(2)实训作业评析。

该同学的实训作业完成得非常不错,无论是优秀新闻照片还是新闻照片误用的例子都非常具有典型性,点评到位,对自己的启发也谈得很深刻。尤其是新闻照片误用的案例具有很强的教育意义,值得广大师生及新闻工作者学习。

2. 实训作业评析(二)

(1)实训作业具体内容——新闻图片标题制作。

在课堂上由教师提供新闻照片及文字说明,学生根据材料拟定一则标题提交到云班课平台,教师和学生一起进行点赞及评论。

请同学们观看《人民日报》刊载的一张新闻图片(见实训图7-3)及其相关文字说明。

实训图7-3 《人民日报》刊载的桃花源图书馆新闻图片

◆ 文字说明

图为10月2日,湖南省永州市江永县桃花源图书馆,读者在阅读。

今年"十一"假期,各地景区迎来旅游热潮的同时,公共文化机构和公共活动空间也在

"升温"。去博物馆看展、逛公园赏花、进剧院看戏,丰富多彩的文化活动,充足便携的公共服务,让人们在家门口就能求知求美,享受美好假日。

(材料来源:《人民日报》)

学生制作的代表性标题如下:

①十一假期,市民们在桃花源图书馆里沉浸阅读
②读者阅读度过十一假期
③桃花源图书馆内,读者在幽幽书香中度过闲暇时光
④特别的假日
⑤共读
⑥图书馆里品书香
⑦悠闲假日 书海寻芳
⑧书香飘满桃花源

(2)实训作业评析。

此项实训任务比较简单。总的来说,学生所拟标题在思想性方面都不存在问题,用语文明,无标新立异、哗众取宠之作。但是,在提炼信息的准确性及文字表现力方面水平不一。标题①②③均概述了新闻图片反映的主要信息,但是标题①和②表述过于平淡,语言缺乏吸引力,标题③虽然语言韵味增强,但字数偏多,不够精练。标题④针对性不强,未能反映照片的核心内容。标题⑤为极简标题,虽然点明了"共同阅读"这一事实,但是未能充分概括照片信息。照片为大场景,是很多人在图书馆里一起阅读的场景。标题未能体现人们在桃花源图书馆这一公共空间阅读的文化活动。标题⑥⑦⑧简洁明了地概述了照片信息,且具有一定的语言魅力,均为合格标题。当然,《人民日报》原标题"书中自有桃花源"确实更胜一筹。句式上改写了"书中自有黄金屋,书中自有颜如玉"这一名句,而句末"桃花源"一词既对应了照片中拍摄场地——湖南省永州市江永县桃花源图书馆,又体现了阅读的魅力——通过阅读让读者找到属于自己的精神乐园,既有趣味,又有深意。

3. 实训作业评析(三)

(1)实训作业具体内容——新闻照片专题制作。

以大学校园为题材,自拟主题,制作完成一个新闻照片专题。

2022年春季学期代表作品如下。

校园夜市欢乐多

自本学期开学以来,湖北第二师范学院严格执行疫情防控外出审批制度,大学生的课余生活止步于校园。学生自发组成的操场夜市把学生被疫情"偷走"的快乐带了回来。

主图见实训图7-4。

来自大学生创业中心的学生店主在向客户介绍花卉绿植,她的夜市花店口号是"贩卖浪漫,陶冶人心!"

实训图 7-4 操场夜市

夜幕降临,棒垒球场渐渐热闹了起来。出摊的、游乐体验的、聊天交友的……不亦乐乎。

副图 1 见实训图 7-5。

实训图 7-5 学生店主在向客户介绍花卉绿植

副图 2 见实训图 7-6。

实训图 7-6　学生店主经营 DIY 物品

艺术学院何晓睿摊前,客人络绎不绝。她和舍友们主要经营 DIY 书法书签、手绘水墨画扇面和串珠手工艺品等。何晓睿说这是她们在社团和课堂上学到的手艺。

副图 3 见实训图 7-7。

实训图 7-7　汽车后备箱蛋糕店

操场西角上,在汽车后备厢上支起的蛋糕店格外醒目。

副图 4 见实训图 7-8。

五颜六色的奶油胶发夹出自一群大四学姐之手,爱美的她们希望用一个个小小的发夹点亮二师女孩的美好心情。

(文　徐晨曦　林婉莹　摄影　涂盛青)

(2)实训作业评析。

该实训作业从选题上紧扣命题要求,展示了疫情防控政策下的校园夜市风情,既体现了

实训图7-8 大四学姐售卖奶油胶发夹

时代背景,新闻性强,又体现了当代大学生的青春活力以及对美好生活的追求,具有思想文化性。五幅照片数量适中,拍摄清晰,景别富于变化,画面内容丰富,既有突出场景的,也有突出人物活动的,还有突出商品的。文字说明简洁明了,与照片相符。总的来说,学生对本章主要知识点掌握得不错,并能灵活运用于实践之中。不足之处在于:主图虽为全景,但是人物活动看不太清楚,不能一眼识别为"夜市",副图2的主题、人物活动及场景皆交代得非常清楚,作为主图效果更好。副图4应是经过了剪裁后的,清晰度欠缺一些,商品呈现角度欠佳。再则,考虑到报纸版面编排效果,如有竖版照片会更好。

第四节 实训教学的作业设计

一、实训一

1. 实训目标

掌握新闻照片的相关知识,能够准确评价新闻照片制作的优劣。

2. 实训设计

对下列新闻照片进行评析。

新闻照片一(见实训图7-9)

◆ 正文

"五一"假期,在内蒙古包头一座游乐园内,一对母子乐享假日时光。

李强摄(影像中国)

(来源:《人民日报》2021年5月6日)

实训图 7-9　新闻图片《母子游园》

实训图 7-10　新闻图片《百舸争流》

新闻照片二(见实训图 7-10)

◆ 正文

随着新冠肺炎疫情得到控制,粤港澳大湾区经济生活重现勃勃生机。

图为珠海、澳门附近水域船只往来的忙碌景象。

新华社记者陈晔华摄

(来源:《人民日报(海外版)》2020 年 9 月 15 日)

实训图 7-11　新闻图片《春天里 跑起来》

新闻照片三（见实训图 7-11）

◆ 正文

本报北京 3 月 29 日电（记者刘硕阳）28 日，上海樱花节女子 10 公里精英赛在上海宝山区顾村公园开跑。一株株盛开的樱花树下，千余名跑者身着粉色运动服尽情奔跑，挥洒汗水的同时也形成了一道亮丽的风景线。

春暖花开之际，多项马拉松路跑赛事陆续举办，多样的形式与特色也为赛事增添了更多乐趣。在 27 日至 28 日这个周末，第二届黄山越野跑锦标赛在安徽黄山茅山茶场举行，首站粤港澳大湾区万米接力超级联赛的参赛者在广州天河体育中心内奔跑，厦门田径公开赛 5 公里夜跑联赛则在厦门体育中心上演……

随着跑步运动的普及，国内马拉松路跑运动的赛事供给不断丰富，不仅有彩色跑、动漫跑等不同主题的跑步活动，也有越野、山地、场地等不同跑道种类的赛事，将运动魅力更为多元地呈现在每一名跑步爱好者面前。新的赛季，总比之前要更加精彩。

左图：顾村公园的樱花盛放。

上图：选手奔跑在樱花林间。

王初摄（影像中国）

（来源：《人民日报》2021 年 3 月 30 日）

二、实训二

1. 实训目标
掌握新闻漫画的相关知识,能够准确评价新闻漫画作品的优劣。

2. 实训设计
对下列新闻漫画进行评析。

新闻漫画一:独立新闻漫画作品《东躲西藏》(见实训图 7-12)

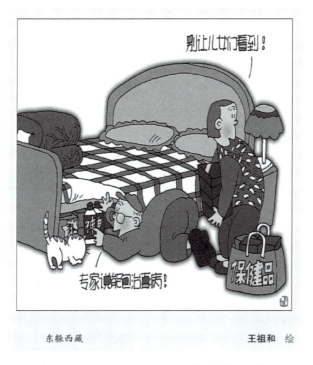

实训图 7-12　新闻漫画图片《东躲西藏》

(来源:《宁波日报》2018 年 8 月 23 日)

新闻漫画二:插图新闻漫画作品《医生彭银华的最后一场战役》(见实训图 7-13)
◆ 作品简介
　　婚礼的喜帖放在办公室抽屉里,"兹定于"后的时间详细到了分钟,但他永远无法出席。湖北省武汉市江夏区第一人民医院/协和江南医院呼吸与危重症医学科医生彭银华,在抗击疫情一线不幸感染新冠肺炎,于 2020 年 2 月 20 日 21 分在武汉市金银潭医院去世。此漫画在此背景下创作,配合文字报道刊发。

(来源:中国青年报客户端 2020 年 3 月 12 日)

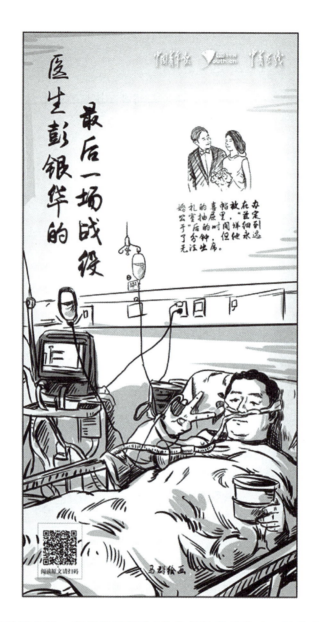

实训图 7-13　新闻漫画图片《医生彭银华的最后一场战役》

三、实训三

1. 实训目标

掌握新闻图表的相关知识,能够准确评价图表新闻的优劣。

2. 实训设计

阅览近期各媒体发表的图表新闻,选择一个你认为的优秀作品,对其创作特色及传播效果进行点评。

四、实训四

1. 实训目标
掌握新闻照片标题的制作方法,能根据新闻照片及文字说明制作合适的图片标题。

2. 实训设计
根据下面的新闻照片和文字说明,补写图片标题。

新闻照片一(见实训图 7-14)

实训图 7-14　新闻照片一

◆ 文字说明

1月11日,长沙县香堤北路捞刀河大桥项目现场,一派热火朝天的建设景象。该桥由主桥和引桥两部分组成,主桥长 204 米,引桥长 232 米,目前已完成主墩 0 号块混凝土的浇筑,进入主桥悬臂梁施工阶段。预计 10 月桥梁建设完工,年底通车。

(资料来源:《湖南日报》)

新闻照片二(见实训图 7-15)
◆ 文字说明

3月24日,在河北省承德市滦平县平坊满族乡中心小学操场上,孩子们在练习腰鼓。

近日,浙江省湖州市德清县阜溪街道与平坊满族乡中心小学开展民族团结进步互助共建活动,为学校 100 多名学生送上爱心腰鼓和趣味课间操课程。

实训图 7-15　新闻照片二

（资料来源：《人民日报》）

五、实训五

1. 实训目标

锻炼新闻照片专题的策划、拍摄、加工、文字编写、统筹安排等技能。

2. 实训设计

根据前期编辑实训中各编辑部制定的编辑方针及报道策划，自拟主题，制作完成一个新闻照片专题。

参考答案

◆ 实训一

新闻照片一：该图片构图优美，照片中，母子两人位于视觉中心，母子俩、天空、树木、摩天轮等游乐设施在湖泊上映出倒影，形成上下对称。图片动静结合，"动"的是母亲抱起孩子玩乐的动作，使图片灵动、富有生趣；"静"的是天空和游乐园内的湖泊、树木、游乐设施，让人感到宁静、秀美。动静相称，使风景美和亲情美完美展现。

新闻照片二：该新闻照片采用了俯视视角，远处的大桥、近处的建筑和船只尽收眼底，画面非常开阔。晴朗的天空、高耸的建筑、横跨的大桥，往来的船只，让人感受到粤港澳大湾区经济蓬勃发展的生机。然而，该图片报道的标题为《百舸争流》，意思是上百条船争着在水上疾驰，而画面上的船只却比较稀疏，读者不禁要问"这哪里是百舸争流啊？"

新闻照片三：两张照片为组照，一竖一横。左图采用俯视视角，画面中的顾村公园樱花盛放，远处摩天轮高高矗立。整张照片温柔明媚，春意盎然，弯曲的跑道和跑者将画面分割，形成左右构图,展现了公园风景之美。右图采用平视视角,运动员们面带笑容从樱花海中穿越,粉红色的上衣与身后的淡粉色樱花和谐搭配,照片动静相宜,形成一道靓丽的风景线。两张图既生动地展示了灿烂春光,又淋漓尽致地体现了跑者参与运动的喜悦之情,人和景完美搭配。

◆ **实训二**

新闻漫画一:这幅漫画以小见大,揭示了很多家庭面临的问题,引发人们的思考。画面中,两位老人在匆忙地藏匿各种保健品。若是好端端的保健品,老人为何要藏起来?画面留下的想象空间,正是漫画的趣味点所在。也许是,儿女知道很多保健品是坑人的,看见了会抱怨父母乱花钱,而父母只相信"专家"不信儿女,所以要藏。此外,漫画也反映了老人平时缺少儿女陪伴、孤独寂寞的心理状态。人物动作、神态的描摹栩栩如生,有一定的幽默感,但画面构图稍显凌乱,主题物不突出,淡化了传播效果。

新闻漫画二:该新闻漫画作品以彭银华医生牺牲为背景进行创作,采用了黑白素描手法,画面严肃而沉重。彭银华医生比出胜利手势躺在病床上的画面为主体,展现出其乐观面对新冠肺炎病毒,英勇无畏的精神。病床的墙上描绘了彭银华医生的新婚照,下方用简短文字交代其未能完成婚礼,让人倍感惋惜、遗憾。此漫画对抗击新冠肺炎疫情产生了正面的传播效果。

◆ **实训三**

参考答案略。

◆ **实训四**

新闻照片一:《捞刀河上架新桥》

新闻照片二:《爱心鼓》

◆ **实训五**

参考答案略。

新闻版面的设计　第八章

本章导读

版面设计是实现内容与形式完美结合的手段，将之前修改的稿件、制作的标题、编辑的图片进行组版呈现，讲好每一个版面的"故事"。版面（新闻网页）不仅仅是新闻信息的载体，也是媒体定位和风格的外在表现。版面设计也叫版面编辑。在媒体融合时代，我们一方面要坚守相应的规范，另一方面也要创新，包括版式的创新、渠道的创新、报道方式的创新、平台的创新融合，从而发挥媒体矩阵的合力。一个好的版面可以更好地表现舆论导向的正确性、版面内容的可读性，也可充分展示其可欣赏性。对读者而言，看到这样的版面是一种享受，会引起读者精读内容的强烈欲望。本章实训教学的理论知识包括版面的基本常识，对一系列概念进行了梳理，另外对版式及版式的规范与创新进行了相应的与时俱进的探索。最后，对版面设计的步骤进行了总体介绍。实训教学的拓展文献旨在为本章的教与学提供参考资料，同时提升学生对本章知识重要性的认知。通过考试试题营造一种代入感，让学生了解对本章基础知识如何应试、如何拓展知识、如何赏析版面，并能把握融媒体时代版面设计的新趋势，具有媒体融合的思维，创新报纸版面设计。实训教学展示与评价突出实训过程评价、实训成果评价。实训教学的作业设计，一为培养学生审美意识，让学生理解视觉传播时代报纸版面设计的变化；二让学生把握不同的媒体特征，分析其版面设计的不同，与该专业网络编辑实务、新媒体编辑等课程知识贯通，拓展学生的融合编辑思维；三让学生熟悉版面设计的流程，提升学生的实际动手能力。

第一节　实训教学的理论知识

本章我们需要掌握版面设计的基本常识、版式的类型、版式的规范与创新，以及媒体融合背景下的版式设计的融媒体思维、用户思维,将有限的版面进行拓展的思维等。本章启发学生将本专业所学的其他课程知识,比如新闻摄影、视频拍摄、新闻写作等结合起来,运用到稿件的排版和版面误差的处理实践中。同时,我们更要鼓励学生将相关课程,比如网络编辑实务、新媒体编辑等课程所掌握的理论知识和实操技能转接过来,以更好的、更多元的、更具融合思维的形式呈现我们的内容,讲好我们的故事,设计好每一个版面。其中,我们需要把握好相关课程的边界,新闻编辑课程与本专业其他课程的关系以及边界问题,需要思考本课程教学内容和课程目标的对应关系、课程目标与毕业要求的对应关系,这是需要厘清的。这正如前面关于新闻标题的制作的课程中,我们提到的新闻写作课程中的新闻标题的写作、拟定和新闻编辑课程中的新闻标题的制作的侧重点有异一样。有些困惑,我们也可以通过集体备课来完成。

从本课程的总体框架即新闻编辑工作流程来看,本章是以前面流程中所有的活动为基础的,前期工作的策划能力、扎实程度、稿件质量等将会给本项工作带来实质性的影响。当然,选择合适的形式表现内容,形式为内容服务,形式是为了方便读者去接收和理解信息,我们不能为了形式而形式。

同时,我们需要注意的是,报纸版面设计的基本常识和理念,与网页的设计、各种接收端的界面的编辑都是相通的,比如编排手段的运用,在任何一种信息产品的编辑中都是基本的技能。所以打好基础,再以媒体融合的思维适应当前的媒介环境,设计、制作更多优秀的产品,这里的产品不仅仅是大众媒介新闻产品,还有社交媒体新闻产品和融合媒介新闻产品;不仅仅是文字内容,还有音频、视频、动画等。

一、版面常识

1. 版面的功能

(1)版面的导读功能,即方便和引导读者阅读。广义来讲,版面醒目的标题,还有文字、图片、色彩、线条、空白、围框等的恰当运用,能够方便读者的阅读。狭义来讲,版面的标题导读、提要式导读和海报式导读等导读方式能方便和引导读者阅读。

(2)版面的导向功能。导向不等于导读,导向具有价值观的引领作用,以特殊的版面语言表现立场、态度和感情。比如要表达"愤怒"的情感,在版面上可以通过使用"愤怒"二字或者与之同义的文字,还有表达愤怒场景的图片,以及版面整体的色调等来表现,这样就带给读者一种情绪的导向,期待读者的共鸣。

(3)版面的标志功能。版面可以展示报纸的特色和个性,使其与同类媒介相区别。比如,版面的标题风格可以体现出报纸作为传统媒体和新媒体标题使用时的区别。

2. 版面术语

版面基本术语如图 8-1 所示。

(1)开张:以整张新闻纸裁开的若干等份数目为标准,来表示报纸面积的大小。

(2)版序(版次):版面排列的先后次序。

(3)版心:除去周围留的空白,一块版面上真正容纳文字与图片的区域。版心也就是版面。

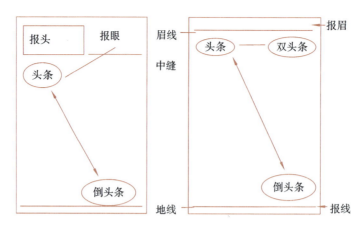

图 8-1 版面基本术语

(4)基本栏:横排报纸的版心纵向等分的若干栏。

(5)报头:报纸第一版刊登报名与其他内容的区域,多数在第一版左上角,四开报多数在第一版上方通栏排列。

(6)报眼:又称报耳,指横排报纸第一版报头(非通栏报头)右边的版面。

(7)报线:版心的边线,分天线(又称眉线)和地线,是分割版心和周围空白的线条;有的是两条线,有的是四条线围框突出版心。

(8)报眉:报纸眉线上方所印的文字,一般刊登该版的名称、版序、出版日期、版面内容标示等。

(9)中缝:一张报纸相邻两块版之间的空隙,可空,也可刊登广告、转文、电视节目、知识小品等。

(10)头条:横排报纸左上方、竖排报纸右上方的位置,通常用来刊登最重要的稿件。

(11)双头条:在报眼或版面右下方刊登一条与头条同样重要的稿件。

(12)倒头条:版面右下方与头条同等规格处理的重要稿件,是一种特殊的双头条。

(13)小头条(假头条、头条前):处于版面重要位置,但实际并非头条的稿件。一般位于真正的头条之上或之左,标题小于头条,涉及重要人物、机构、活动,但无实质性的重要内容。

(14)通版:打通报纸上相邻的两个版而形成的版。通版的面积包括这两个版和两版间的中缝,一般用于报道重大事件。

(15)报型:报纸的外形,包括报纸的平面面积和长宽比例。

(16)强势:版面上能够吸引读者注意的各种信号和编排手段。

(17)传统报纸排版禁忌。

通线:栏线(有时是空白)从版面顶端直通底部。

断版:栏线(有时是空白)从版面左端直通右端。

碰题:排版时将两个以上的标题安排在一起,呈现"一字长蛇"的形状。

(18)留白:版面上留下空白。

(19)开天窗:因为新闻检查被迫抽去稿件;或者为了吸引读者参与,以及增强广告效果而在版面上留下的成片空白。

(20)大样：报纸版面设计(俗称"拼版")完成后打印出来的版面样张。
(21)倒版：对设计好的版面进行重新调整。
(22)清样：版面的大样经过数次修改，直至最后一张不再需要修改的样张。

3.版面语言

版面语言指版面特有的表现手段。版面语言的基本形式包括版面空间、编排手段和版面的布局结构。

(1)版面空间。

版面空间是版面所提供的表现编排思想和内容的空间。版面空间包含的主要因素有区域、面积、距离和形状。

区域指不同的版或同一版上不同的区，不同的版和同一版上不同的区具有不同的强势。比如第一版重要于其他版，版组的首页重要于其他版。版面的区序(版面上的各个区间)如图8-2所示。如果将一张报纸如图8-2划分为四个区间，按照人们的阅读习惯，上半版区序重要性优于下半版，左半版优于右半版。而其强势是按照顺时针的方向递减的。需要注意的是，虽然在理论上版面的区序可以进行划分，并对其强势有一个基本的判断，但在实际的版面编辑中，可以运用围框、配图片、增加底纹等手段，改变③④两个版位强势不足的情况，甚至还能将两个版位的强势的强弱予以改变和调整，如区序示意图上的两种情况。

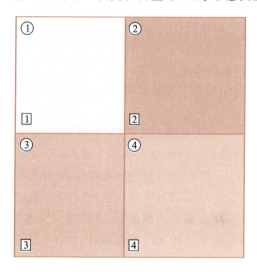

图8-2 区序示意图

面积：大面积的标题、图片具有引人注意的强势。

距离：距离能够表现稿件之间的相互联系(因为距离的接近性，而将其当作一个整体)；另外，内容相关的稿件放在一起，能加深带给读者的印象。可以借助一些造型将相关内容编排起来，这些相关内容就给人一种整体的印象。

形状：稿件在版面上呈四边形与多边形两种外形，四边形比多边形更具强势。形状相同的稿件放在一起，形成统一的视觉形象，有助于表现稿件内容的相关性。

(2)编排手段。

编排手段是安排稿件所采用的物质手段，是版面语言的一种基本形式。编排手段包括字符、图像、线条和色彩。

字符是报纸传递信息的主要符号。在版面编排中,字符的变化主要看字体与字号。字体即字的外形,电子排版中,字体按形状分,有正方体、长体和扁体三种;按笔画特点分,有报宋、黑体、楷体等20多种。现在还有各种云字体。同样的字号,使用不同的字体给人的感觉是不一样的。字号即字的大小,常以磅、号计算,电子排版使用的字号最小为八号字,最大为72磅,可在基准字基础上放大或缩小。同样的字体,不同的字号,大小不一样,给人视觉上的感受不一样,占版面的面积也不一样。

图像是通过摄影或绘画所显示的形象,包括照片、绘画、图表、有美术装饰的题头、栏头、版头、报花等。图像比文字更具有强势。

线条分水线与花线两类。线条具有强势作用,围框、三面勾线、两面勾线、加平行线等,强势依次减弱;线条具有区分作用,可以隔开稿件;线条具有结合作用,可以将稿件围在一起,体现稿件的相关性;线条具有表情作用,如:曲线活泼、反线深沉等;线条还具有造型、美化作用。

色彩的强势作用在彩色报纸时代最突出,它可为版面确定基本色调,塑造版面风格。空白也是色彩,版面留白很重要。色彩要与表达的意图联系在一起。

(3)版面的布局结构。

版面的布局结构即版面各部分之间相互联系的形式,是版面保持整体的依据。版面的布局结构包括:稿件的布局结构和题与文的布局结构,是全局与局部、局部与局部之间的联系的表现形式。

稿件的布局结构通常指稿群的布局结构。稿群是有着某种联系的一组稿件的统称。稿件之间的关系是通过一系列的编排手段来呈现的。稿件之间的关系主要有主次关系、组合关系与分立关系。

题与文的布局结构涉及正文的基本形式、题文比例关系、题文位置关系和标题自身的排列形式。正文的基本形式包括基本栏和变栏两种。变栏分并栏(长栏)和破栏,并栏(长栏)为基本栏整倍合并,如6作3、4作2,可以简化排版程序,使版面规整、有序;破栏为将若干栏合并后再进行等分,如3作2、5作3,可以节约版面,使排版形式富于变化。题文比例关系主要是指标题与正文在长度、厚度方面的比例关系,比如题与文等宽、题宽为文的栏宽的整倍数、题宽不是文的栏宽的整倍数等。题文位置关系,比如标题完全盖住正文的盖文横题(见图8-3),标题竖在横排文字左侧的左竖题(见图8-4),标题在眉心位置的眉心题,两侧或单侧接文字的串文题,在文字左上的上左题,居于文字中间的文包题,在文字对角的对角题(见图8-5);除此之外,还有左侧题、腰带题、中右题、碑式竖题、旗式题等(见图8-6)。需要注意的是,图8-5中的横题均可改作竖题;图8-6中腰带题和中右题对文字的统领作用很弱,而且不方便阅读。标题自身的排列形式如图8-7和图8-8所示。

二、版式

1. 版式的基本类型

版式是在报纸版面编排过程中形成的较为固定的基本样式。版式作为版面编排的相对

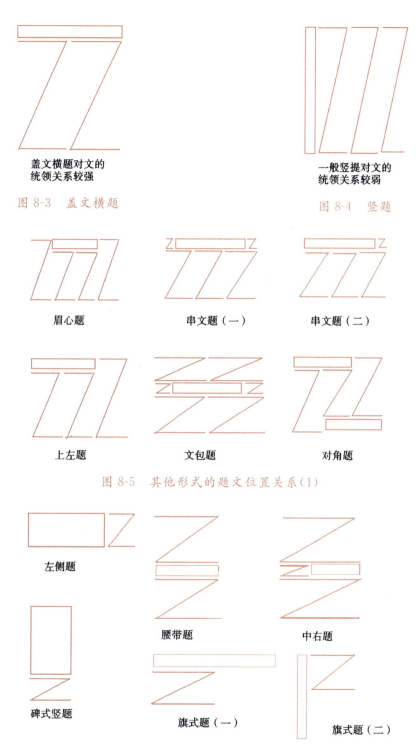

图 8-3 盖文横题　　图 8-4 竖题

图 8-5 其他形式的题文位置关系(1)

图 8-6 其他形式的题文位置关系(2)

稳定的模式,具有规范版面编排、指导日常版面编辑业务的作用。

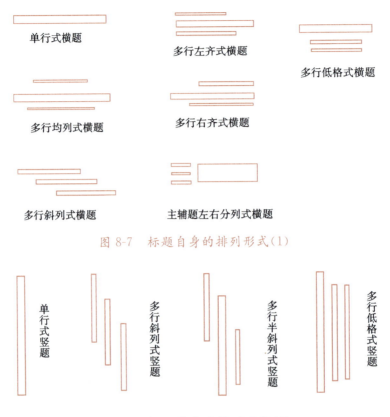

图 8-7　标题自身的排列形式(1)

图 8-8　标题自身的排列形式(2)

　　按照不同的类别,报纸的版式分为不同的类型。按照历史发展分类,近代报纸版式经历了垂直式、水平式和平直混合式三种类型;从版面内容呈现的角度来分,报纸的版式可以分为综合式、重点式、对比式三种类型;按照报纸排版的布局结构,报纸的版式可以分为穿插式、模块式、穿插与模块混合式三种类型;按均衡特征分类,报纸的版式可以分为对称式与平衡式,也可称为规则对称式与非规则对称式;按设计状态,报纸的版式可以分为静态版式与动态版式。

2. 版式的创新

　　以上是报纸版式的几种基本类型,它们并未穷尽版式的全部类型。版式也是发展变化的,而且随着媒体技术的发展,报纸面临着网络媒体的冲击,主动或被动地创新版式,从而出现了一些新的版式,比如视窗版式、杂志封面版式、"太阳稿"版式、"浓眉大眼"版式、极简版式和其他创新版式。

　　在《人民日报》2015 年 5 月 13 日的 9 版、11 版、13 版以及 16 版四个整版,均为 VIVO 的广告,见图 8-9～图 8-12。《人民日报》作为中国共产党的机关报,向来以严肃示人,虽然偶尔也会刊登广告,而且整版广告也不是什么新鲜事儿,但是刊登"无字天书",外加"卖萌"广告文案,着实让人意外。

　　2018 年,《嘉兴日报》策划推出大型新闻行动《红船驶进新时代 精神永恒红船行》(以下

第八章 新闻版面的设计

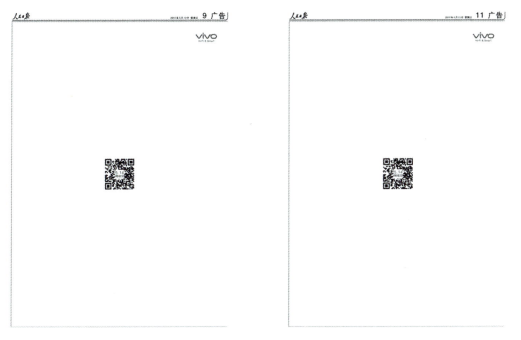

图 8-9 《人民日报》2015 年 5 月 13 日 9 版　　图 8-10 《人民日报》2015 年 5 月 13 日 11 版

图 8-11 《人民日报》2015 年 5 月 13 日 13 版　　图 8-12 《人民日报》2015 年 5 月 13 日 16 版

简称《红船行》),2021 年建党百年来临之际,推出《远航》大型融媒体报道。《嘉兴日报》"红船精神"融媒体报道中关于纸媒版式设计的传承和创新实践,对报纸版式创新具有启发意义。一是传承"内容为王"的版面设计导向,《红船行》和《远航》始终遵循"内容为王"的设计理念,有效回避了形式大于内容、版面节奏混乱、版面元素缺乏创新的常见版式弊病,为讲好"红船精神"奠定了坚实的设计基础,使设计更好地服务于内容,让文章血肉筋骨更加饱满矫健,情感更加充沛;紧跟融媒潮流的同时,回望优良传统资源,传承中文版式设计理念,设计具有时代气息、符合江南地域文化气象的作品。二是创新版面设计要素,好的版式设计能调控好图形图像、色彩、文字、标题这四大要素。比如在色彩元素的创新上,2018年,《嘉兴日报》推出的《红船行》大型新闻行动,整个策划版面采用红色作为主基调,由点到线及面设置为红色,没有任何其他绚丽彩色的干扰,强化了主题氛围(见图 8-13)。单一中国红色调的版面包装在《嘉兴日报》的大型节点设计中是一次大胆尝试。2021年,为庆祝中国共产党百年华诞,《嘉兴日报》特别策划《远航》大型融媒体新闻行动,区别于《红船行》的红色基调,《远航》通过低明度的咖啡灰色调(见图 8-14),来营造沧桑的历史感。

图 8-13 《红船驶进新时代 精神永恒红船行》的红色基调

三、版面设计的步骤

1. 通读所有稿件,确定编排思想

编排思想,是依据报道思想对版面编排的决策,是版面编辑根据对各篇稿件的评价在版面上恰当安排这些稿件的整体构想,是编辑方针在版面编排中的体现和落实。编排思想的确定,至少包含以下几方面的内容:考虑用稿量,头条和重点(当日要闻、重要评论、本媒体独家策划的新闻)的选择;考虑稿件与广告的关系处理,稿件间相互关系的处理(比如稿件体裁的多样性等),版面引导作用、表情作用的发挥,选择合适的版式来表现等。

图 8-14 《远航》低明度的咖啡灰色调

2. 确定版面大体框架,进行排版

根据之前的稿情分析,大致确定各个版面的框架;进而设置报头,安排报眼,安排头条,安排专栏,安排图片,安排导读,安排其他稿件等。

3. 配置稿件

进一步对稿件进行编排和配置。配置稿件即将零散的稿件组织成不同形式的稿群,并通过版面呈现给读者。配置稿件的方法有稿件的组织和稿件的配合。

稿件的组织是根据稿件之间的相互联系,将稿件组成统一的稿群,比如同题集中、专栏集中或集纳。稿件的配合指根据稿件内容和实际需要,增加各种材料,对原有稿件中的内容进行论证、补充和解释,具体包括配评论、加按语、配资料、配新闻等。配评论指根据报道内容立论,并且深化报道。所配评论应从新闻中引出话题,发表新闻中未提及的思想观点,篇幅宜短小,不喧宾夺主。加按语是报纸编辑对发表的文章添加简要批注和说明,包括评论性按语、说明性按语、注释性按语等。配资料是新闻发展的重要手段,资料的主要类型有新闻背景、新闻人物、新闻地理、科学知识、词语解释等;资料的表现形式有文字、照片、示意图、地图、表格等。配新闻指为新闻稿件配发简短的相关新闻,以更全面地向读者提供信息,比如为一篇通讯配发对应的简讯。

配置稿件后需要对版面的某些误差做技术处理。一方面是处理版面容量与稿件篇幅的误差,方法有加减稿件、补充或压缩稿件、补充或压缩相邻稿件、放大或缩小标题、增加或合并自然段、加减空白、改变行距或字距等;另一方面是处理正文的转接,文章转版注明"下转×版",转文应加标题、注明"上接×版",同版转文不可逆转,不可"跳栏"(越过相邻的栏,转入后一栏),转文不应高于标题,或低于前文结束处。

4. 优化版面

版面编排好后,还可以进行优化,比如图片的美化,栏的变化,标题字号、字体、颜色、横排、竖排、对称排版等的变化,空间的把握(比如留白的运用),检查排版忌讳等。

5. 审读校正大样

大样即按照设计好的版面样式(版样)拼版后,打印出的样张。"看大样"着重检查以下几个方面。

(1)从新闻价值、政治导向、语法、常识等各方面,对全版内容进行把关。

(2)标题是否与正文相符,大小、位置、字体、装饰等是否合适。

(3)图片与说明是否相符,画面是否完整,大小是否合适,有无颠倒。

(4)版面布局是否合理,版面层次是否清楚、转栏、空白、线条、底纹等是否合适。

(5)文章转版是否正确,文字是否正确。

6. 签字付印

大样修改完毕后打印出来的样张称为"清样"。由版面责任编辑或部门负责人在清样签上"付印"的字样,意味着可以交付印刷。

第二节 实训教学的拓展文献

这一章术语多,为了让学生理解术语,避免死记硬背,我们力求在实践中把握术语的意义,让学生结合实践中的案例去理解,进而把相关知识运用到自己的实践中。所以我们提供了拓展文献《版面语言》,这一篇里既有对新闻版面基本概念的认知,也有应试层面的把握;第二篇拓展文献的优秀案例展示更助于学生加深理解。

一、拓展文献阅读(一)

这一篇拓展文献是对本教材《融合新闻编辑实训教程》的针对性补充,传统媒体如何应时而变,加强融媒体时代报纸版面设计发展趋势的研究,具有现实意义。文中"报纸版面设计的全球化视角;报纸版面设计在创意方面更具别样风格;报纸版面设计理念要强调系统性和现代性"拓展了我们的视野,运用多样性的表现方式展示有价值的内容,实现内容与意识之间的衔接,通过视觉平台将文字所具备的魅力充分展现出来。我们需要有危机意识,激发创新意识和创新思维,实现媒体报道的可持续性发展。

第八章 新闻版面的设计

版面语言[①]
---

1. 名词解释

版面语言是指运用版面空间和各种编排手段来表现编辑人员对稿件内容的态度的特殊发言方式。版面语言的基本形式包括版面空间、编排手段和版面的布局结构。

版面空间是版面所提供的表现编排思想和内容的空间。版面空间包含的主要因素是区域、面积、距离、形状;编排手段是安排稿件所采用的物质手段,是版面语言的一种基本形式。编排手段包括字符、图像、线条和色彩;版面布局结构是版面各部分之间相互联系的形式,是版面保持整体的依据,版面布局包括稿件的布局结构、题与文的布局结构。

版面语言具有三个层面的意义:第一,它属于非文字因素,是编辑的一种暗示;第二,它是版面艺术特有的发言方式;第三,它是编辑创造性智力劳动的成果。版面设计是编辑精心安排并刻意追求版面语言的一种有目的的视觉创造活动。

2. 试题解析

版面语言是非常重要的实务理论之一,属于大家的必背范围。版面语言一般以名词解释题型考查,较少以简答题形式出现。在背诵这道名词解释的时候,同学们也可以按照小框架去记忆,版面语言的名词解释由"定义+基本形式+意义"组成,其中要牢记三种基本形式与三个层面的意义。如果要答简答题,可以再进一步拓展这道题的知识面,写一写报纸编辑应具备的版面语言素养。报纸编辑应该具备以下版面语言素养。

(1)较好的文字能力。

纸媒编辑要有过硬的文字使用能力,能充分把握文字节奏,懂得标题制作技巧,使之尽可能新颖、传神。

(2)较好的色彩感觉。

报纸版面用好色彩,不仅能够带来视觉享受,还能够帮助受众理解版面语言。在对色彩的处理中,可以充分体现纸媒编辑对版面的设计能力。

(3)较好的思想情感。

在新闻报道中,若内容能引发读者阅读、思考和共情,甚至对其思想和行为产生积极的影响,那么,报纸就起到了深度传播的作用。这其中,报纸版面语言的作用非常重要。在读报过程中,如果读者的阅读需求能够得到充分满足,将会在阅读中产生较好的思想情感,最终成为忠实受众。而这,只有充分利用好版面语言才能实现。

3. 优秀案例赏析

2021年五一假期,《河南日报》连续推出"沿着高速看河南"特刊,将五个版顺次摆放,不难发现一根飘带出现在版心,串联各版,这是赏河南美景的公路,也是穿河南而过的黄河(见拓展图8-1)。

[①] 肆悦:《版面语言》,新闻学考研必读,2022-09-15,http://mp.weixin.qq.com/s?__biz=Mzg4MDUzOTA3Mg==&mid=2247501990&idx=1&sn=3a6d6211860f8d4c11b25cbd54050a96&chksm=cf712c09f806a51f76e1a12efb392f2ab9e42285465284f3f7d1a447fa8ddfc556a006c864be&mpshare=1&scene=23&srcid=103170XdM2E7oprz5wztGIBF&sharer_sharetime=1667187787356&sharer_shareid=4fda25eff3e29ff18a6ad2040b6410b5#rd。

拓展图8-1 《河南日报》"沿着高速看河南"特刊

（复制链接浏览器打开查看原图：http://newpaper.dahe.cn/hnrb/images/2021-05/01/04/rb04b20210501.pdf。）

同年"十一"假期,《河南日报》分五期推出"金秋走基层·打卡五彩河南"特刊,主题依次为党旗红、乡土黄、创新蓝、生态绿、文创橙。连贯的图文摆布结构暗示读者特刊的系列性,主题定色调、定图片形状,营造独到的效果(见拓展图8-2)。

拓展图8-2 《河南日报》"金秋走基层·打卡五彩河南"特刊
(复制链接浏览器打开查看原图:http://newpaper.dahe.cn/hnrb/images/2021-10/07/03/rb03b20211007.pdf。)

2020年5月19日《马鞍山日报》1版刊发了图片新闻《"皖南粮仓"育秧忙》,呈现了被称作"皖南粮仓"的当涂县南圩万亩水稻育秧景象。编辑在挑选图片时,选用了无人机空中拍摄的秧苗施肥的大场景图片。该图以满屏的稻秧绿色,充分展现了春天勃勃的生机和农业发展的势头,在版面色彩上带给读者视觉享受(见拓展图8-3)。

拓展图8-3 《马鞍山日报》2020年5月19日1版

4.拓展:新媒体时代下对报纸版面语言的积极探索

随着时代的发展,媒体格局深刻变革,媒体深度融合发展。作为传统媒体,报纸应积极对版面语言进一步探索、创新,在新闻采写、版面设计、内容编排等方面下功夫,方能在激烈的媒体竞争中有立足之地。

(1)培养网络化思维,运用新媒体技术,进一步提升阅读体验。

在当今媒体融合背景下,培养网络化思维,对纸媒而言非常重要。在实际工作中,纸媒应更注重版面的整体设计和细节处理,并将新媒体技术、互联网要素贯穿和运用于版面处理全过程,如通过使用AR技术、配发音(视)频二维码等措施,进一步延伸报纸版面内容,使得纸媒新闻不仅能看、能听,还能让静态的版面"动"起来,更加吸引读者眼球、提升读者阅读体验,从而有效丰富版面语言的内涵。

(2)打造本土化新闻,在版面可读性、服务性、深读性上下功夫。

面对新媒体的有力竞争,不少传统纸媒积极做大、做强本地新闻,加强策划,打造本土化新闻,以此吸引本地乃至其他区域的读者,进一步提升核心竞争力。

(3)设计艺术化版式,编辑有美感、有创意、有内涵的版面。

要设计出好的报纸版面,离不开创意。借助版式设计和表达方式,运用多种编辑方法和技巧,可以展现报纸多姿多彩的面孔,版面也会达到"吸睛"的视觉效果。

参考资料

[1] 邓红.试论学报的版面语言、版面设计及审美价值[J].江南社会学院学报,2001(3):55-59.

[2] 龚鸣.全媒体时代下党报版面的可视化表达[J].新闻论坛,2022(3):107-108.
[3] 谢福星.报纸版面语言的构建与表达——以《马鞍山日报》为例[J].新闻世界,2022(3):57-60.

二、拓展文献阅读（二）

这一篇拓展文献对中国新闻漫画研究会主办的第三十二届中国新闻奖新闻版面初评评选会评选的新闻版面作品等进行了部分展示。精美的版面很多,这里提供的每一份作品都有作品说明,有较高的学习价值。

20件版面入围中国新闻奖初评[①]

中国新闻漫画研究会主办的第三十二届中国新闻奖新闻版面初评评选会于7月1—3日举行,会议评选出报送定评新闻版面作品15件,候补作品3件,国际传播作品1件,国际传播候补作品1件(见拓展表8-1)。

拓展表8-1　20件版面入围中国新闻奖初评作品

序号	报纸名称	刊播日期	版次	推荐单位	作者
1	人民日报	2021年7月19日	2版	人民日报	集体（王军、吴燕、蒋雪婕、吕莉、祁嘉润、郭雪岩、李卓尔、蔡华伟）
2	中国日报社	2021年10月27日	要闻6-7版	中国日报	田驰、孙晓晨、Mukesh Mohanan
3	河南日报	2021年7月2日	1版	河南省新闻工作者协会	集体（刘雅鸣、张学文、郭津、刘竞、马国华、赵春喜、秦兴利、李茜茜、李筱晗、周鸿斌）
4	光明日报	2021年2月4日	10-11版	光明日报	杜冰、杨震
5	无锡日报	2021年7月1日	T5-T8	江苏省新闻工作省协会	集体（江菊敏、吴晓亮、葛明、朱重阳、于井泉、李湛胗、徐蓝、刘杨、陈菁菁）
6	潇湘晨报	2021年5月23日	1版	湖南省新闻工作协会	汪新华、张丽、胡旺

[①] 《20件版面入围中国新闻奖初评》,《传媒瞭望》,2022-07-12,http://mp.weixin.qq.com/s?__biz=MzIzMTUwNjIyOQ==&mid=2247497523&idx=2&sn=213b6ad93a6ff4b37d9ce061da15f7cc&chksm=e8a19f69dfd6167f0efb56dde0eec57cddded9503027b71c63e9ad9557c79c8bc53ae89d1294&mpshare=1&scene=23&srcid=1027xpbQQIT6zBchUajOwI0w&sharer_sharetime=1666873678937&sharer_shareid=4fda25eff3e29ff18a6ad2040b6410b5#rd。

续表

序号	报纸名称	刊播日期	版次	推荐单位	作者
7	经济日报	2021年8月13日	9	经济日报	乔申颖、王薇薇
8	南京日报	2021年12月13日	A4-A5版	江苏省新闻工作者协会	张璐、姚强、冯芃
9	华西都市报	2021年4月22日	7版	四川省新闻工作协会	刘卓、易灵
10	中国新闻报	2021年1月18日	A03	中国新闻社	刘姗姗
11	中国航天报	2021年4月30日	5版	中国行业报协会	丁洁、杨成
12	新华日报	2021年12月11日	6-7版	江苏省新闻工作者协会	集体（周贤辉、周远东、李宁凯、戴春阳）
13	中国青年报	2021年3月5日	八版	中国青年报	王林、李若一、聂亚栋、程璨
14	解放军报	2021年7月1日	10、11连版	解放军新闻传中心	集体（张军胜、苏鹏、方汉、夏永杰）
15	四川日报	2021年3月21日	1版	四川省新闻工作者协会	龚武、李梅
候补作品					
1	江南都市报	2021年11月17日	A01版	江西省新闻工作者协会	周夏华、胡波、吕刚
2	大河报	2021年8月11日	A01版	河南省新闻工作者协会	杜一格、阎嗣昱、孟萌
3	大众健康报	2021年5月12日	8-9版	四川省新闻工作者协会	周润秋、姜入芳
国际传播					
1	中国日报	2021年4月6日	要闻2版	中国日报	王珊珊、Mukesh Mohanan、田驰
国际传播候补					
1	中国日报香港版	2021年9月4日	4版	中国日报	集体（李丽葵、黎冰村、陈子茉、陈嘉姚）

以下展示了入围中国新闻奖初评作品的部分版面，如拓展图8-4～拓展图8-15所示。

新闻版面评选候补作品如拓展图8-16～拓展图8-18所示。

国际传播作品如拓展图8-19所示。

国际传播候补作品如拓展图8-20所示。

第八章　新闻版面的设计

作品说明：

专版在策划编辑等各环节树牢"四个意识"，坚定"四个自信"，坚决做到"两个维护"，是创新习近平总书记重要讲话反响报道的有益探索；以跨越百年的大历史观、以记录时代的使命担当，策划精心、表达创新，在政治站位上体现党中央机关报高度，突出发挥了《人民日报》的导向作用、旗帜作用、引领作用。

版面端庄大气、内涵丰富，极具厚重感。清晰展现全面小康完成指标，在角度上做足文章、在内容上下足功夫、在形式上用足创意，给人信心、给人力量，强烈的视觉冲击力令人耳目一新。

拓展图 8-4　《人民日报》7月19日要闻2版

拓展图 8-5 《中国日报》10 月 27 日要闻 6—7 版

第八章 新闻版面的设计　　283

作品说明：该版面集政治性、思想性、新闻性、艺术性于一身，是河南日报一向倡导的"政治家办报"、"大事大处理"办报理念的集中呈现，为河南日报"清新简约、端庄大气"版式风格的典型代表，凝聚了河南日报上至总编辑、下至夜班普通编辑的集体智慧，反响好，评价高。

拓展图 8-6 《河南日报》7 月 2 日要闻 1 版

拓展图8-7 《光明日报》2月4日北京奥运会倒计时1周年10—11版

第八章 新闻版面的设计 285

拓展图 8-8 《潇湘晨报》5 月 23 日 1 版

拓展图 8-9 《经济日报》8 月 13 日 调查 9 版

第八章　新闻版面的设计

拓展图8-10　《南京日报》12月13日 A4—5通版

拓展图8-11 《华西都市报》4月22日 要闻07版

第八章 新闻版面的设计 289

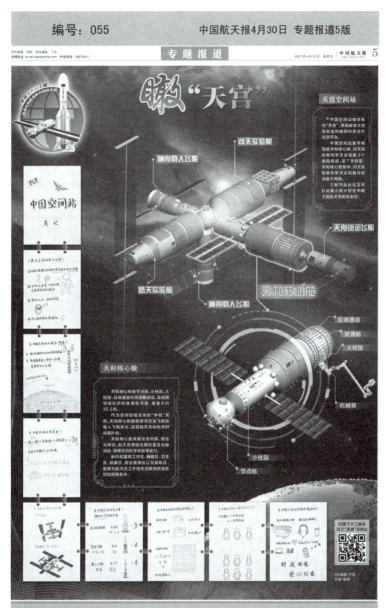

作品说明：

4月29日11时23分，在文昌航天发射场，长征五号B运载火箭将中国空间站工程首个航天器天和核心舱顺利送入太空，标志着我国空间站工程在轨建造大幕正式开启。《中国航天报》推出了12个版专题报道，全面展现中国空间站建"宫"大业正式开启的历史时刻。五版《瞰"天宫"》采用"图解+笔记"融合展现方式，以独家绘制的天宫空间站和天和核心舱3D模拟图，配以"中国空间站笔记"，并添加亲手"搭建"空间站小游戏的二维码，多维度展现中国空间站的具体特点

拓展图 8-12 《中国航天报》4 月 30 日 专题报道 5 版

拓展图8-13 《中国青年报》3月5日《从头越 数说》8版

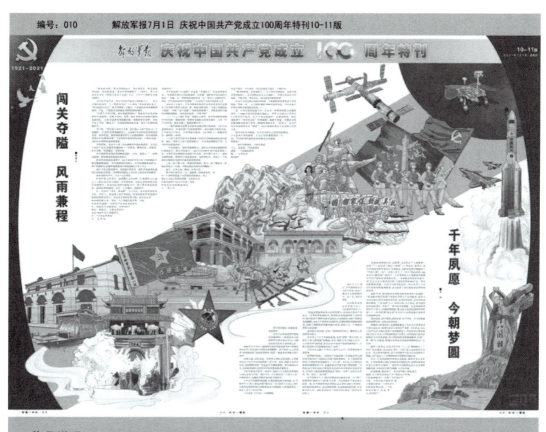

拓展图 8-14 《解放军报》7 月 1 日 庆祝中国共产党成立 100 周年特刊 10—11 版

拓展图 8-15 《四川日报》3 月 21 日 1 版

第八章 新闻版面的设计

拓展图 8-16 《江南都市报》11月17日 封面/A01版

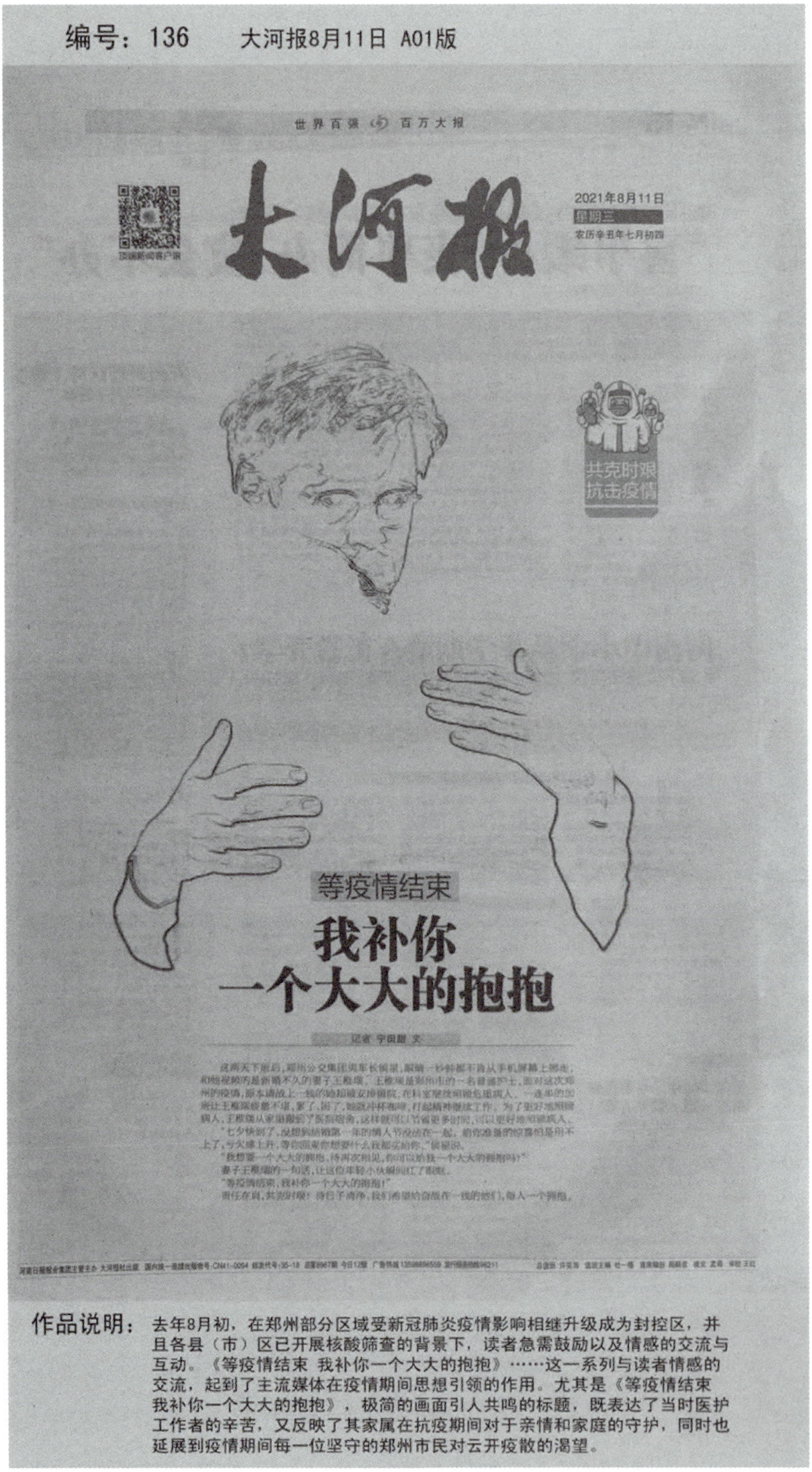

编号：136　大河报8月11日 A01版

大河报

2021年8月11日

等疫情结束
我补你 一个大大的抱抱

记者 宇田甜 文

作品说明： 去年8月初，在郑州部分区域受新冠肺炎疫情影响相继升级成为封控区，并且各县（市）区已开展核酸筛查的背景下，读者急需鼓励以及情感的交流与互动。《等疫情结束 我补你一个大大的抱抱》……这一系列与读者情感的交流，起到了主流媒体在疫情期间思想引领的作用。尤其是《等疫情结束 我补你一个大大的抱抱》，极简的画面引人共鸣的标题，既表达了当时医护工作者的辛苦，又反映了其家属在抗疫期间对于亲情和家庭的守护，同时也延展到疫情期间每一位坚守的郑州市民对云开疫散的渴望。

拓展图8-17 《大河报》8月11日 A01版

第八章 新闻版面的设计

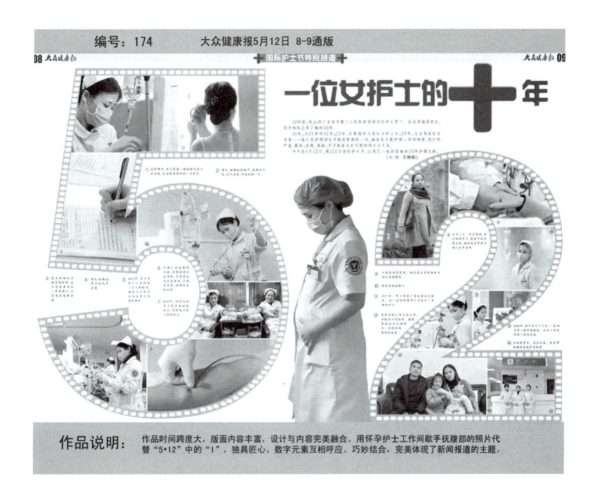

拓展图 8-18 《大众健康报》5月12日 8—9 通版

编号：023　　中国日报4月6日　要闻2版

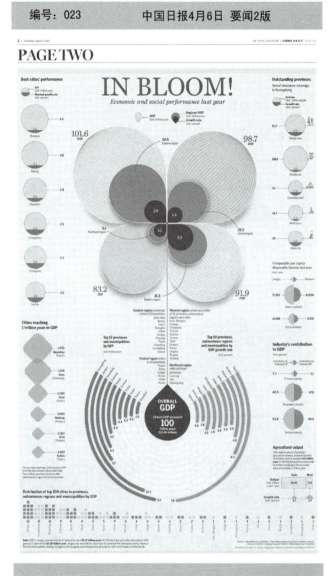

作品说明：

在全国和各省市地区年度经济和社会发展数据公布后，中国日报利用数据新闻采集的技术手段，第一时间在《中国日报国际版》推出"春暖花开"创意版面。版面的主体部分采用盛开的花朵为主视觉，展示中国经济良好发展势头，呈现不同地区近年来经济增长、经济总量百强城市全国分布等信息。版面其它部分，利用图表、图形等细节元素，展示了经济总量最大省市的不同产业贡献率、社会保险覆盖率等能够反映经济社会发展趋势的信息。"春暖花开"版面数据详实、富有创意，构图简洁、色彩精美，在详尽梳理最新经济社会数据的同时，以"东方美"的构图美感艺术化地展现了我国经济社会发展"风景独好"的态势。

拓展图 8-19　《中国日报》4 月 6 日要闻 2 版

拓展图 8-20 《中国日报香港版》9月4日4版

三、拓展文献阅读（三）

除了上述内容，本文献进一步对新媒体时代下对报纸版面语言进行积极探索，这对读者具有启发意义。

融媒体时代报纸版面设计发展趋势分析[①]

在现代化社会，媒体事业快速发展。报纸版面能够将报纸整体结构充分展现出来，并且对报纸内容的设置起到非常重要的作用，也会对人民群众的实际阅读需求产生影响。随着融媒体时代的到来，新媒体技术迅猛发展，报纸版面设计工作面临新的挑战与冲击。针对此种现象，报纸媒体要保证版面设计工作的新颖性与科学性，这对推动报纸的稳定可持续发展起着不可忽视的作用。因此，加强融媒体时代报纸版面设计发展趋势的研究，具有现实意义。

报纸版面设计的全球化视角

随着社会发展，报纸媒体面临激烈的市场竞争，这使媒体非常容易被新媒体所影响，再加上相关市场的压力与发展定位等方面的因素，促进报纸媒体领域的创新及变革。在这样的形势下，版面设计工作在报纸媒体实际发展过程中，起着非常重要的作用。因此，需要加强报纸版面设计观念的研究。要根据报纸自身的实际情况，做好深入全面的挖掘，对报纸版面发展趋势进行更加深入的探究，进而让报纸媒体在经过改良之后拥有更多的优势，在媒体市场中占据重要位置。在具体设计过程当中，需要保证其设计思维的开放性，让其思维方式更加开阔，一方面对刊物进行定位，另一方面把自身的定位目标放置在国际刊物中，吸取更多的精华，实现自身的升华与转型。

首先，在对报纸版面进行设计的过程中，要将整体形象展现出来，让其获得视觉方面的展现效果，进而创造出与报纸相符的视觉体系，保证其有关标准的健全性及完善性，保证标准输出的质量和效果。其次，报纸媒体应该在语言文字等方面实现创新变革。由于我国媒体行业之间的良好协作，报纸领域开始加强合作，更多的设计赛事活动开始举办，为我国报纸媒体在版式以及语言文字等方面增添多样性的素材。报纸媒体在对版面进行设计的过程中，要将自身的个性化特色充分展现出来，将更多的传统元素充分渗透其中，这样可以有效提高报纸媒体的整体吸引水平及受关注程度，保证其内在价值的充分展现，最终推动报纸媒体不断发展，有效提升其知名度及影响力。因此，在报纸版面设计中，要促进设计工作向着全球化角度发展，有效提升设计工作的质量与实际成效，这对促进报纸媒体的全面可持续发展起到推动作用。

报纸版面设计在创意方面更具别样风格

在当前的读图大背景之下，报纸媒体在对版面进行设计的过程当中，只是单一地使用模块化方式进行设计，这样难以有效提升其吸引力，甚至容易出现误读以及串行等现象，对阅读欲望起到很大程度上的影响。再加之群众的阅读需求逐步提高，对视觉上的要求逐步提高，想获得更多充满色彩与图片的信息内容。有关人员在对报纸版面进行设计的时候，要在

---

① 金光锡：《融媒体时代报纸版面设计发展趋势分析》，《中国报业》，2021年第2期。

内容衔接、实际架构以及图片色彩等多个方面进行深入的探究和挖掘。只有这样,才能有效提升报纸版面设计的整体能力及水平,有效提升报纸的吸引力。报纸版面设计是吸引读者参与阅读活动的关键因素,通过报纸版面,可以在第一时间实现信息的有效传达,让读者对阅读报纸充满热情,通过报纸版面之间的良好衔接,提高其排版秩序性,将艺术与技术融合起来。

迈入21世纪后,群众获得新闻信息的途径呈现多样性特征,再加之新媒体技术产生的冲击,报纸媒体需要促进自身的创新以及变革。在报纸媒体对版面进行设计的过程中,其非常重视引导,但是在视觉上较为薄弱。由于群众的审美水平及艺术素养逐步提高,在对报纸版面进行设计时,需要将更多的新型审美元素充分渗透其中,保证报纸整体版面的设计能力,将新闻信息的价值充分展现出来。在具体设计时,要由单一的指引设计,转变成整体版面的审美,一方面将报纸版面设计优势充分展现出来;另一方面根据实际情况在视觉上进行创新,实现图文内容的动态化展现,对受众产生视觉方面的冲击。大部分设计人员在学习以及掌握新型报纸版面设计专业知识的过程中,需要掌握新型设计方法与技巧,将其与报纸媒体之间全面整合起来,运用多样性的发展方式,让其充满情感元素,这主要展现在两个方面。

一是将情感方面的表达凸显出来。在对报纸版面进行设计时,要保证群众对报纸新闻内容阅读的激情,引起群众的共鸣。在这样的情况下,设计人员在对报纸版面进行设计工作时,要实现虚实之间的良好整合,包装好作品,使用折射、放大以及衬托等手段,在文字图片整合等方面实现创新及变革。还要从群众的角度进行分析,将情感充分渗透到报纸版面中,让其拥有更多能够进行联想以及倾诉的空间,实现技术及情感等方面的融合。

二是报纸版面设计要重视简单化。有关设计人员不只是经过设计将技能展现出来,更要使用简单的风格,创设良好的开放空间,树立新型设计观念,在极简的风格中将丰富的观念展现出来,发挥设计的重要作用,让群众更加深入全面地理解信息内容,有效提升他们的阅读体验。与此同时,在报纸版面实际设计过程中,要重视特色性及本土性,要与实际发展情况相符合。报纸版面设计不只是强调包容性及开放性,也要将品牌价值充分展现出来,在本土元素上进行探究挖掘。因此,要根据具体情况,做好整体追踪报道工作,将传统元素充分渗透其中,将时代精神充分展现出来,调动群众的爱国热情,让他们获得情感方面的共鸣。

报纸版面设计理念要强调系统性和现代性

在现阶段信息化大环境下,群众获取新闻信息的手段及形式越来越多样化,信息量也非常大。针对此种现象,为了有效提升报纸媒体的吸引力,有关设计人员要多方面思考及探究,经过相应的载体,将阅读内容充分展现出来,并且深入挖掘信息,实现各编辑设计环节的良好整合。现阶段,报纸版面设计工作由单一化向多元化发展。要根据报纸媒体的实际定位,实现其与信息内容之间的良好衔接,在对有关内容展开全面展示的前提下,运用多样性的表现方式,实现内容与意识之间的衔接,通过视觉平台将文字所具备的魅力充分展现出来。在报纸版面实际设计过程中,要回归新闻信息的整体观念,保证其阅读价值,保证新闻信息内容的实际承载量。有关人员要使用意境的方法展开合理创造,将群众的具体需求挖掘出来,运用先进的信息化技术,实现与群众之间的良好沟通及互动,这样可以更好地为群众提供服务。将新闻内容与报纸版面设计有效整合,实现两者之间的统一,可以提升报纸信息内容的质量与传播效果,对促进我国报纸媒体行业的稳定发展起到重要作用。因此,在版面设计中,要重视其现代性及系统性,促进其向着现代化的方向发展。

结　语

在融媒体大环境下,新媒体和传统媒体之间共同进步与发展,使群众的阅读习惯发生明显改变。在当前读图的大背景下,群众期望在色彩以及图片当中获得相应的信息内容,进而对报纸版面设计工作的要求越来越高。在这样的情况下,设计人员要展开科学合理的探究,根据报纸定位,明群众的实际需求,不断进行创新变革,将报纸媒体所具备的价值充分展现出来,有效提升其品牌知名度,推动报纸媒体持续发展。

参考资料

[1] 徐彧.一名地市报视觉设计者推进新闻可视化、提升报媒"四力"的思考与实践——以《金华日报》为例[J].中国记者,2018(2):108-110.
[2] 梁剑锋.新形势下报纸版面视觉创新的定位分析[J].中国报业,2014(2):29-30.
[3] 陆阳.报纸版式创新的流行趋势及模板化倾向[J].新闻记者,2009(6):64-66.
[4] 邢玉峰.当代报纸版面设计的发展趋势[J].新闻传播,2018(24):78-79.
[5] 安宁.对报纸版面设计的几点认识[J].新闻论坛,2018(6):86-87.

第三节　实训教学展示与评价

根据课程学习安排,部分学生在校外或者校内媒体实践,作为大三学生,也有自主选择在媒体进行实习的。教师可以根据课程内容学习和实训的需要,布置一些针对性的任务,完成后进行分享,以点带面,让理论与实践更好地对接。展示的第一个实训作业选择了四组实训作品,对版面设计实践中排版的过程稿和最终稿进行评析,阐释其进行了怎样的完善,为何如此完善,分析修改的好处在哪里。前后对比,给人启发。

第二个实训作业体现了学生对当年发生的热点事件和重大事件的关注,有针对性地聚焦重大事件的版面,运用所学的知识进行较为专业化的点评,评价角度多元、评价思维辩证、评价语言专业,这是将书本知识活学活用的较好的方式。

第三个实训作业从版面设计上进行整体把握,主要是对版面语言中宏观层面的把握,注意版式规范与创新的关系。如果说第二个实训作业是对版面语言中版面元素(字体、字号、图像、线条等)在实践中的认知和把握,第三个实训作业的侧重点则在于版面空间(面积、距离、形状等)的运用。

一、实训概述

1. 实训目标

此次实训目标有三,一是让学生在掌握版面基础知识的前提下,培养审美意识,理解视觉传播时代报纸版面设计的变化;二是让学生把握不同的媒体特征,分析其版面设计的不同,与该专业网络编辑实务、新媒体编辑等课程知识贯通,拓展学生的融合编辑思维;三是让学生熟悉版面设计的流程,提升实际动手能力。

2. 实训过程

(1)识记版面、版面语言、版式的基础知识,充分了解一张报纸的组成部分,具备版面编排的编辑思维。

(2)查找相关文献,结合当前媒介环境变化及自身实习实践经验,分析报纸版面设计的注意事项。

(3)选择自己最喜欢的报纸版面,说明自己喜欢的理由以及对当前报纸版面设计的看法。

(4)结合"报纸平面设计"实验课程所学内容,在实践中设计一份报纸版面。

3. 效果评价

此实训进行分层分类针对性评价。第一层,基础知识学习,能够识记版面设计的相关知识,并能灵活运用。第二层,归纳总结能力,结合所学知识及自身实习实践经验,分析如今报纸版面设计的要点,理解版式的规范与创新。第三层,知识迁移能力,选择自己喜欢的报纸版面并说明理由,能从编辑的角度出发进行思考。第四层,实操能力,运用所学知识设计报纸版面或者新闻网页。这四层考查内容和难易程度不一样,根据完成的具体实训内容,给予相应的评价。

二、实训作业评析

1. 实训作业评析(一)

(1)实训作业具体内容。

选择版面设计实践中排版的过程稿和最终稿,评析版面的优缺点,分析修改的好处在哪里。

第一组:《湖北第二师范学院报》"讲述"版3稿。

第1稿如实训图8-1所示。

第1稿版面评析:"漫笛十余载 今又奏佳音"占据版面的上半部分,导致通栏,通栏只能用于报纸的1版,且只有最重要的新闻事件才可以用。《漫笛十余载 今又奏佳音》中间的图片破栏,导致整个图片和文字搭配不和谐。因为文章的字数不够,《漫笛十余载 今又奏佳音》的右下角有大片空白。这就需要处理版面的误差。

第2稿如实训图8-2所示。

第2稿版面评析:此稿排版上还是留有通栏导致的问题,只是这次通栏变成了版面下方;排版没有新意,缺乏设计感,比较死板。这个版式,我们排了很久,不停地在变化,还因为三篇稿件字数相差很大,最多的有2500字,最少的才1300字,我们在定最后一版之前还在改稿件,《自强于行 坚定于梦》这篇稿件从最初的1700字删减到1300字左右。最后我们决

实训图 8-1 "讲述"版第 1 稿

定将其竖着排,并且在版面的设计上增加了图片。

第 3 稿如实训图 8-3 所示。

第二组:《湖北第二师范学院报》"校庆"专版 3 稿。

第 1 稿如实训图 8-4 所示。

第 1 稿版面评析:这个版面主要是介绍学校的 13 个二级教学学院。第一版排出来以后,主要问题出现在文字上,13 个学院虽然都进行了介绍,但每个学院介绍的侧重点不一样,在文字内容上无法做到统一,所以就决定更换排版思路,整版主要以图片为主,再附上学院的名称和专业即可。

实训图 8-2 "讲述"版第 2 稿

第 2 稿如实训图 8-5 所示。

第 2 稿版面评析：基本版式和框架定了下来，但是整体呈现出一种头重脚轻的感觉，整个版面的重心应该在中间，但教学楼的图片全部堆积在下方，导致读者的视觉重心不自觉地

实训图 8-3 "讲述"版第 3 稿

往下移。

第 3 稿如实训图 8-6 所示。

第 3 稿版面评析：定稿的版式，是将各个学院的图片和文字放在一块，这样也能让读者知道，哪个学院在哪栋教学楼，有什么样的特色教室，而且整个版面的大标题也显得更加突出。这个版面中间的部分还印上了校史馆。

实训图 8-4 "校庆"专版第 1 稿

实训图 8-5 "校庆"专版第 2 稿

实训图 8-6 "校庆"专版第 3 稿

第三组:《湖北第二师范学院报》"二师四季"专版 2 稿。

第 1 稿如实训图 8-7 所示。

实训图 8-7 "二师四季"专版第 1 稿

第1稿版面评析：首先，该版面整体感觉比较杂乱，主题没有凸显出来，视觉效果欠佳；另外，飘带、相机、巴士等插画显得突兀且不协调，与主题相关度不高，也没有增加美感。

第2稿如实训图8-8所示。

实训图8-8 "二师四季"专版第2稿

第 2 稿版面评析:在定版时,解决了 1 稿中的问题,为突出主题,选择用"树"这一元素来表现"四季",以"树"的不同生长状况来表现"四时之景不同",很有表现力;在造型上也进行了改观,斜切线分割,版面下部分添加相关文字,增加学生主体的参与度,内容更为充实,也增强了内容的贴近性。

第四组:《湖北第二师范学院报》"校友"专版 2 稿。

第 1 稿如实训图 8-9 所示。

实训图 8-9 "校友"专版第 1 稿

第 1 稿的排版内容最初仅有 9 位优秀校友,因此排版比较快,而且图片编辑也比较显眼、清楚。但后来又增加了 7 位校友,所以我们在 2 稿重新排了版式,但是基础的排版风格没有变,只是做了调整,将文字内容进行了较大幅度的删减。

第 2 稿如实训图 8-10 所示。

实训图 8-10 "校友"专版第 2 稿

(2) 实训作业评析。

该实训作业选择的评析对象很有代表性,体现了修改完善的过程,而且取得了很好的优化效果。版面评析到位,抓住了关键点,体现了较为丰富的实战经验,应变能力强,理论联系实际,而且考虑到管理者、读者、报道对象等各方面的因素来实现内容与形式的优化呈现。

2. 实训作业评析(二)

(1) 实训作业具体内容。

中共十八届三中全会经典版面赏析

中国共产党第十八届中央委员会第三次全体会议(简称"十八届三中全会")于11月9日至12日在北京召开。会议审议通过了《中共中央关于全面深化改革若干重大问题的决定》。对此,我国众多报纸对其进行了头版头条的重点报道,许多报纸头版都做到了打破常规,大胆创新。

以下是我总结的部分报纸于2013年11月16日对此进行的头版头条的编辑报道,并运用所学的新闻编辑学的知识对其进行的点评和一些相似版面的对照分析,以及风格完全相悖的报纸版面的对比分析。

此次对比一共选用了10份报纸,其中8份一般性质的报纸,分别是《北京晚报》(见实训图8-11)、《洛阳晚报》(见实训图8-12)、《楚天金报》(见实训图8-13)、《河南商报》(见实训图8-14)、《华西都市报》(见实训图8-15)、《东莞时报》(见实训图8-16)、《大河报》(见实训图8-17)、《深圳晚报》(见实训图8-18),还有2份代表性的中央党报——《人民日报》(见实训图8-19)、《光明日报》(见实训图8-20)。

实训图8-11 《北京晚报》

> 点评

1. 运用加大号的黑体字来增添强势作用。报头下方采用粗犷雄浑的黑体"改革"二字,加上比报名更大的字号,直接、醒目而又强势地突出了重点。

2. 相同字体,不同字号大小,有主有次。报头旁边接着对"改革"进行了简要的解释说明,在此强调了报道重点——《中共中央关于全面深化改革若干重大问题的决定》。从主标题到副标题再到正文,依次使用小一号的黑体字,给读者一种层次感。

3. 恰当运用图片,给读者一个"视觉中心",图片与标题"改革这样影响我们每个家庭"有呼应。正版报道配了一幅虚拟的图片,展示一个家庭每个成员的不同身份,再分别对应改革政策,生动形象又富有亲和力,也让读者一目了然。

4. 运用红色线条构成全封闭的围框,十分醒目,强势作用很大;又恰当地运用强势较小的点线。对图片每个家庭成员所对应的不同改革政策用了外框,对其做了强调,又有各自的区分和总体的结合。点线给了读者指引和提示,让有关政策与不同的身份的人对号入座,方便阅读。

5. 整体使用水平式版面,版面整体一目了然,大字配大图,特别醒目,内容简明扼要,突出了报道重点。

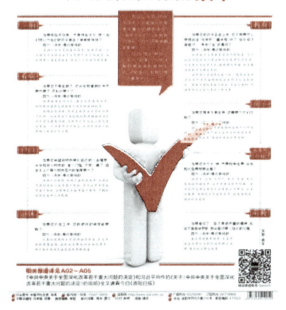

实训图 8-12 《洛阳晚报》

> 点评

1. 采用规则对称式的版面，版面基本呈左右对称，整体简明活泼又不失庄重。
2. 活泼别致设计的对称轴让版面没有一般规则对称版面的呆板，而是更加生动。左右对称的中轴巧妙地运用了三维立体的虚拟人像，人像上方用大红底色的尾框圈出重点，与人像手中的大红勾照应，表明了编辑对改革的肯定。
3. 正版的颜色运用少而精，整体字符为黑色，在关键处运用红色字标识重点，配合巧妙。其一，报头正下方的两行对称的大标题采用大号黑体字，强势作用明显，"决定""改革"二字用大红色，刺激读者眼球，巧妙点明中央决定改革这一关键的新闻信息。其二，各个改革政策运用不同的小版块，黑体字为主要新闻事实，各版块上方用红底小围框点明各项政策主题，对读者阅读起了一个强势的引导作用。
4. 小部分的留白使版面整体疏密有致，又恰当地配以点线对各个内容板块加以区分，既便于阅读又富有美感。

实训图 8-13 《楚天金报》

> 点评

1. 规则对称式的版面，疏密有致，适当留白，整个版面低彩度基调，文雅简约，给人一种舒适亲和的视觉感受。

2.不同字符互相配合,巧妙搭配。通栏大标题采用大号红色宋体字,端庄大方又刺激眼球。"国"与"家"二字用了加大号的红色字,一眼看去,两个分开的标题——醒目的"国家"二字,关系到"国"与"家"的不同分类的改革政策内容被区分开来,同时,二者之间又由于字符巨大的强势作用紧密联系起来,设计别致精巧,让人眼前一亮。

3.巧妙的图片运用。用盆栽图片作为左右对称的中轴,盆栽中的青苗分两边向上延伸到"国""家"二字上,寓意深厚——国家在改革的土壤中向上茁壮成长。

> 对照分析

《洛阳晚报》与《楚天金报》都采用了规则对称式的版面设计,二者却风格迥异,对比鲜明。前者多处运用红色,强烈而又醒目;后者仅在标题用红色,结合宋体字的端庄大方,大量的留白,使得版面整体清新自然。二者版面各有千秋,都突出体现了字符、色彩、图像以及版式等因素在报纸版面体现的不同效果。

实训图 8-14 《河南商报》

> 点评

1.巧妙而富有寓意的图案设计。整版设计成一扇打开的古朴的大门,展现在门后的是摩登城市的繁华景象,与庄严的红色大门形成鲜明的传统与现代的对比,预示着改革打破陈规,除旧迎新。

2. 生动形象的标题与图案相呼应。改革"决定我们的明天","向幸福河南出发"标题下面就是摩登繁华的城市图案,表现出对未来的憧憬和期待。

3. 不同字符的相互配合,凸显版面视觉效果。刺激眼球的大号红色标题使得编辑重点更加突出,各项改革政策简要内容采用黑色的小号字,再配以红色字的政策类别,整体红黑相间,主次分明。

实训图 8-15 《华西都市报》

点评

1. 水平式版面,用了加大字号的黑体通栏标题,醒目强势。

2. 稿件区分方式别致,抽掉了栏线,用九个小的矩形板块圈定了九项政策内容,再分别用红色的数字1至9标识,使得整体内容排列分明,条理清晰。

3. 别致而有趣味性的围框,强势又有美化作用。上下及右面用红色的反线为框线,上面的框线正中嵌入红色的标题,很醒目;左面用西装男人的侧面剪影图画做"框线",立体又富有造型美。

4.颜色搭配得当。红与黑对比强烈,人像又中和了色彩度,整体颜色搭配强烈而不失稳重。

5.美中不足:版面底部有一组字号较小的黑体字标题,在上部的版面设计丰富而别致的强势作用下,让整个版面显得有些头重脚轻。

实训图 8-16 《东莞时报》

> 点评

1.有气势的排版,大胆突破常规,打破基本栏的限制,整版仅一个板块,通栏的大号黑体大标题,整版用红色反线围框,醒目而又强势。

2.标题设置突破传统。大标题作为主题,配了一个副题组,每个副题都对应一项改革,副题之下有一句话对其简要说明,类似标题新闻或者简讯,便于读者迅速直观地了解新闻事实信息。

3.运用生动形象的图像标志,对应新闻事实。每项改革政策左侧带有简单形象的图示,类似文档中的项目符号,整体排列齐整,图文巧妙搭配,富有趣味,生动活泼。

4.整版红与黑颜色搭配,视觉冲击强烈。

实训图 8-17 《大河报》

点评

1. 图文互相配合，大幅图片配以简练的文字，使整个版面活泼醒目。

2. 图像生动形象，寓意深远。大幅绘画人像，人像上印有生活各方面的点点滴滴，人像作跑步状上台阶，寓意改革走上新台阶，人生亦因此走向新高度。

3. 画龙点睛的图文结合。版面左上方用图标配文字"中国 go"，加上跑步的人，呼应了"改革总动员"主题。

4. 充分体现了色彩元素组合在版面设计上的作用。红底白字的"中国 go"图标刺激强烈，灰色台阶和黑色字符降低了版面整体的色彩度。整体色彩基调较低，版面柔和。

第八章 新闻版面的设计   319

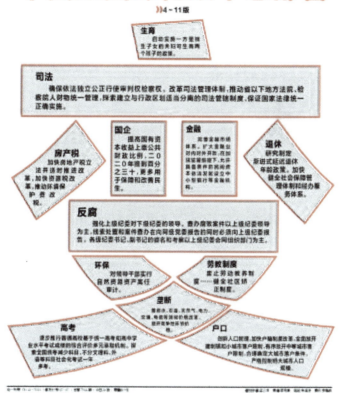

实训图 8-18 《深圳晚报》

点评

1. 大胆创新,突破传统版面设计,整版乍看上去就是一个"变"字,强势夺目,吸引眼球。

2. 板块稿件内容设置十分精巧。将每个稿件内容化为"变"字结构的各个部分,新颖大胆,创意十足,强调了中央以改革求变的决心,传播效果显著。

3. 字符的颜色、大小各有区别,有层次,主次分明。通栏的主标题用大号的黑体,字符颜色为红色,突出又醒目,很有气势。稿件内容用一般字符,加黑的小标题在其中显得较为醒目,对读者阅读有指引的作用。

4. 抽去栏线,大量的留白空间,更加凸显和衬托政策之"变",使版面视觉效果更为强烈。

5. 美中不足:报头旁边有与报头面积相当的导读标题,使象征报纸品牌的报头"缩成一团",影响美观的同时还在一定程度上损害了报纸形象,造成不良影响。

实训图 8-19 《人民日报》　　　　　实训图 8-20 《光明日报》

> **点评**

1. 两份中国富有代表性的中央党报《人民日报》和《光明日报》依旧遵循传统的版面设计规则，遵循了党报一贯的风格，庄重严肃。这样的版面不足之处是，整版几乎全是严肃的黑色，版面毫无新意，过于庄重而显得呆板，让人提不起阅读兴趣。

2. 不合理的排版使得新闻重点不突出。《人民日报》为习近平会见荷兰首相的新闻配了彩图，全版仅有这一幅图片，形成了视觉中心，而使得最重要的改革决议这一新闻事实有可能被读者忽略。《光明日报》把改革的社论稿件采用红色实线的围框，整版的黑色中这"一点红"强势效果显著，而实际上本版面最重要的部分是改革这一新闻，这样的安排有本末倒置之嫌。

3. 党报将改革决定文件原文头版刊登，这是与一般报纸头版仅简要说明改革政策的显著区别。在长篇大论的原文中，也运用了加粗加大的字体强势作用来突出重点，这是可取之处。

4. 二者头版内容基本相同，甚至版面编辑都十分相似，放在一起看上去像双胞胎一样，没有各自的风格区分。

(2) 实训作业评析。

作业选取了同题报道的十个版面，分析对象具有典型性，在分析每一个版面的同时也采用了比较的视角，有较为宽广的视野，分析具体、到位。运用所学的专业知识，从内容和形式两方面对版面进行分析，可见对版面术语等基本常识掌握到位，对编排手段的运用有自己的见解。还有比较的视角，很不错。语言规范、专业。有一点特别值得肯定，在评析版面的过程中，有辩证的思维，不仅看到版面编排的好的一面，也看到不足之处，比如点评《深圳晚报》时专门列出，美中不足：报头旁边有与报头面积相当的导读标题，使象征报纸品牌的报头"缩成一团",影响美观的同时还在一定程度上损害了报纸形象,造成不良影响。这种辩证的眼光也是作为新闻人必备的品质之一。

3. 实训作业评析(三)

(1)实训作业具体内容。

给自己编排的版面提出修改意见,并进行完善。

第一组第1稿如实训图8-21所示。

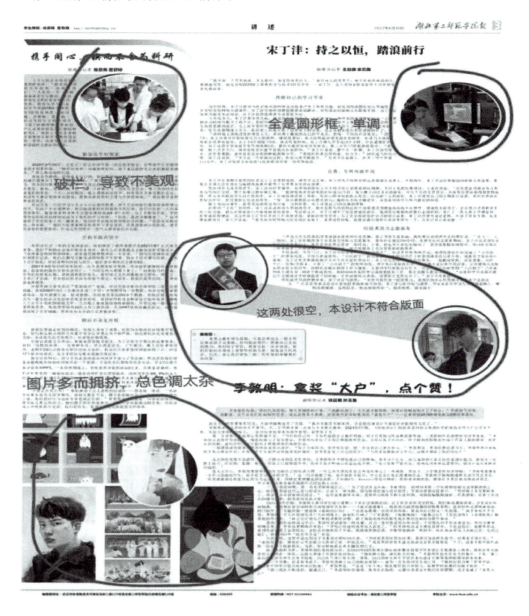

实训图8-21 第一组第1稿

第一组第 2 稿如实训图 8-22 所示。

实训图 8-22　第一组第 2 稿

第二组第1稿如实训图 8-23 所示。

实训图 8-23　第二组第1稿

第二组第2稿如实训图8-24所示。

实训图8-24 第二组第2稿

第三组第 1 稿如实训图 8-25 所示。

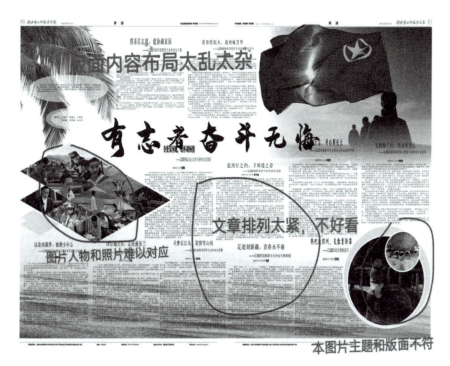

实训图 8-25　第三组第 1 稿

第三组第 2 稿如实训图 8-26 所示。

实训图 8-26　第三组第 2 稿

（2）实训作业评析。

该实训作业工作量很大，将理论与实践结合起来，总体很不错。三组版面，对应的 2 稿比 1 稿进步了很多，而且给出的修改意见很到位。版面布局、编排手段等多方面的元素在排版中运用得较为灵活，体现了较强的实践动手能力。

第四节　实训教学的作业设计

一、实训一

1. 实训目标

培养审美意识，理解视觉传播时代报纸版面设计的变化。

2. 实训设计

选择最喜欢的报纸版面，说明喜欢的理由以及自己对当前报纸版面设计的思考。

二、实训二

1. 实训目标

分析不同终端版面设计的不同。

2. 实训设计

选择同一家媒体的移动端与电脑端的界面设计进行异同分析。

三、实训三

1. 实训目标

设计报纸版面或者网页版面，培养实际操作能力。

2. 实训设计

选择一个主题，搜集相关报道和图片，利用制图软件进行网页版面设计或者进行报纸排版。

参考文献

[1] 《新闻编辑》编写组.新闻编辑[M].2版.北京:高等教育出版社,2017.
[2] 蔡雯,许向东,方洁.新闻编辑学[M].4版.北京:中国人民大学出版社,2019.
[3] 方洁.数据新闻概论[M].2版.北京:中国人民大学出版社,2019.
[4] 郭忠华.日常知识与专业知识的互构——社会科学概念的双重建构模式[J].天津社会科学,2020(1):55-60.
[5] 胡明川.网络新闻编辑[M].北京:中国人民大学出版社,2020.
[6] 金光锡.融媒体时代报纸版面设计发展趋势分析[J].中国报业,2021(4):110-111.
[7] 李彬,宫京成.马克思主义新闻观十五讲[M].修订版.北京:清华大学出版社,2018.
[8] 李铁锤.新闻编辑中的算法偏见与传统编辑偏见异同探究[J].中国编辑,2021(12):11-15.
[9] 刘兵.融合新闻[M].2版.北京:清华大学出版社,2021.
[10] 刘涛.融合新闻策划:从形态创新到渠道对话[J].教育传媒研究,2019(5):20-24.
[11] 陆青霖.图片编辑[M].合肥:安徽师范大学出版社,2017.
[12] 孟笛.媒介融合背景下的数据新闻编辑能力重构[J].编辑之友,2017(12):74-78.
[13] 裴永刚,罗小萍.现代新闻编辑教程[M].北京:法律出版社,2015.
[14] 彭兰.网络传播概论[M].4版.北京:中国人民大学出版社,2017.
[15] 石长顺.融合新闻学导论[M].北京:北京大学出版社,2013.
[16] 宋玉香.融媒体时代新闻编辑提升技能与素质探究[J].记者摇篮,2021(10):91-92.
[17] 王焕良,马凤岗,郑秀文,等.课程思政——设计与实践[M].北京:清华大学出版社,2021.
[18] 王卫明,万莉,蔡军剑.新闻标题制作一点通[M].北京:人民日报出版社,2020.
[19] 吴飞,黄超.全媒体新闻编辑案例教学[M].北京:中国传媒大学出版社,2015.
[20] 许向东.信息图表编辑[M].北京:中国人民大学出版社,2015.
[21] 赵振宇.新闻报道策划[M].2版.武汉:武汉大学出版社,2015.

后记
Postscript

《融合新闻编辑实训教程》旨在为新闻编辑课程提供配套的实训教材，是湖北第二师范学院新闻与传播学院新闻学国家级一流专业建设点的孵化成果，是本人主持的省级一流课程新闻编辑的建设成果。

本教程以新闻编辑实训流程"新闻产品的设计""新闻报道的策划""新闻稿件的选择""新闻稿件的修改""新闻标题的制作""新闻图片的编辑""新闻版面的设计"为主要框架，同时配以第一章"编辑素养的建构"的内容。以流程性思维引导学生掌握编辑业务各个环节的内容、规律和规范。其中，有对基本理论的阐释，解释了对应章节在全流程中的地位和功能，阐释了基本的理论知识，各个章节的内容编写中都突出了融合新闻编辑的相关知识和技能；有拓展文献，旨在拓展学生的视野，辅助学生进行学习；有实训展示，旨在为实训过程分享经验，提供实战案例，并体现了分层评价，注重课程思政评价；同时有实训作业板块的设计，旨在通过练习，帮助学生将新闻编辑流程中的业务知识融会贯通，提升新闻编辑操作的能力。

从决定编写到完成，由心动到行动，历时比较久，这正体现了本人近十年在本课程教学的成长足迹、心路历程，是本人教学经验的总结和不断成长的心得体会。《融合新闻编辑实训教程》主要解决三大问题：一是为何，即新闻编辑实训要达到什么目标，满足什么要求，适应社会的什么需求；二是何为，即新闻编辑实训怎么做，为实现相应目标选择怎样的途径以及为何选择这样的途径；三是如何，即新闻编辑实训做得怎样，教学设计和课堂实施的效果如何。《融合新闻编辑实训教程》力显态度，总结经验，不停探索，与时俱进。

基于学校、学院、专业定位，新闻编辑课程教学在媒体融合背景下，拓展为政务媒体编辑、企业媒体编辑，以满足社会需求，鼓励学生服务基层信息传播工作，所以我们力求进行信息采编业务、理论知识的拓展与重构。同时，我们在课程拓展时力求广度，把握边界，注意学情的分析，保证难易适度。新闻编辑的基本内容、规律和规范是通用的，不断变化以适应社会需求和新的媒介环境的要求是不变的。这种拓展是一种探索，也是我们今后持续努力的方向。

编写此教程，犹如与学生对话，与同事对话，与自己对话，文字间饱含温度。感谢在此过程中给予指导的学界和业界的各位专家；感谢为本教材撰写提供文献、案例的期刊、微信公众号平台等，出于出版需要我们对相关内容进行了一定的必要的修改，特此感谢每一位作者；感谢湖北第二师范学院新闻与传播学院的支持和帮助；感谢同事胡亚婷老师参与教材的编写工作；感谢我的学生陈丽丽、秦舒娅、徐晨曦、肖南、赵钰莹、徐银霞、马佳琳、江尔卓等同学参与研究和资料检索相关工作;感谢提供实训作业的每一位同学。在本书出版中,华中科技大学出版社给予了莫大的支持,值此出版之际,一并表示感谢。

限于编者的水平,这部教材难免会有不足之处,期待前辈、同行与广大读者批评指正。

编 者

2022 年 10 月 10 日

与本书配套的二维码资源使用说明

本书部分课程及与纸质教材配套数字资源以二维码链接的形式呈现。利用手机微信扫码成功后提示微信登录,授权后进入注册页面,填写注册信息。按照提示输入手机号码,点击获取手机验证码,稍等片刻收到 4 位数的验证码短信,在提示位置输入验证码成功,再设置密码,选择相应专业,点击"立即注册",注册成功。(若手机已经注册,则在"注册"页面底部选择"已有账号? 立即注册",进入"账号绑定"页面,直接输入手机号和密码登录。)接着提示输入学习码,需刮开教材封面防伪涂层,输入 13 位学习码(正版图书拥有的一次性使用学习码),输入正确后提示绑定成功,即可查看二维码数字资源。手机第一次登录查看资源成功以后,再次使用二维码资源时,只需在微信端扫码即可登录进入查看。

2）按借款者的行为划分

（1）间接风险。

当一国意外遭受经济困难或政局动荡时，银行在该国的贷款收益不会马上受到损失，但即使是该国将贷款本息在以后一个时期全部还清了，间接损失也会发生，因为该国国家风险的预期水平会提高。由此将带来两方面的问题：一方面，应偿还的贷款贬值了，因为风险预期水平提高而导致对该国信贷的利息提高，而偿还贷款的利息收入相对降低了。为此，银行丧失获得更多收益的机会。另一方面，鉴于该国风险增加的前景，银行为减少风险，需要改变贷款的国别分配，将贷款转向风险较低但收益也较小的国家，这样同样也会使收益下降。

（2）到期违约风险。

到期违约风险包括利息到期不支付的风险、本金到期不完全偿还的风险。无论哪种情况发生，都会导致银行经营成本的增加和资本的损失。虽然银行要加以惩罚性利息，但银行资金周转方面的困难不可避免，而且在资金流中断的情况下，银行也无法进行合理的资金配置。如果拖欠款积累太多，债务重新调配就不可避免。

（3）债务重新调配风险。

债务重新调配风险又叫债务重新安排风险，是指借贷双方共同协商，就有关债务支付安排做出变动。它包括两方面的内容：一是用新贷款偿付已有债务的还本付息；二是为延期还本付息或改变偿还利息支付条件做出安排。虽然银行在同主权借款者的多数债务重新安排中，要在原有利率的基础上加上一定比率，以此来弥补损失，但债务重新安排总会给商业银行带来损失。这是因为，借款国的经济往往在此时非常疲软，即使是重新安排债务也难以阻止债务危机的爆发。同时，债务的重新安排固然暂时性地解决了偿债困难，但接受重新债务安排的债务国往往要减少政府支出，削减进口，这又减少了对商业银行的出口信贷需求和在外国银行的存款，从而影响商业银行的其他业务。

3）按借款者的形态划分

按照借款者的形态，国家风险可分为政府风险（主权风险）、私人部门风险、公司风险及个人风险等。

主权风险是与主权贷款相关的特定风险。主权贷款的特定含义在于其还本付息与具体项目或企业厂商的经营好坏没有直接联系，因而通过法律行为保证赔偿贷款损失是不可能的，因为借款者可以请求免于诉讼或不履行裁决，这就大大加大了主权贷款的风险。然而，私人部门风险、公司风险及个人风险的还本付息与具体项目或企业厂商的经营好坏，甚至与个人信用好坏都有直接的联系，因此贷款者可以通过法律行为保证赔偿贷款损失，风险程度相对较小。

4）按贷款的目的划分

按贷款的目的，国家风险可划分为信用额度、输出融资、计划性融资、国家收支融资及开发性融资等不同放款类型的风险。信用额度是指银行授予其基本客户一定金额的信用限度，就是在规定的一段时间内，企业可以循环使用多少金额。输出融资是指那些为了资本输出或劳务输出而进行的融资。为了保证计划中的项目得以正常进行的融资就是计划性融资。国家收支融资则是为了平衡国家的收支情况而进行的融资。开发性融资就是一些国家或企业为了开发新项目而进行的融资。如果到期不能偿还债务本息，则这些融资行为都会引发国家风险。以国家收支融资风险为例，它是指国家在收不抵支情况下出现的不能偿还到期债务本息的风险。

的评估要素做广泛而深入的分析,并以此为基础提出国家风险评估报告。该方法没有统一的报告格式,可以省略对许多要素的评估,主要依据评估者的个人主观判断,很少利用统计资料和数据。详述报告法则是指风险评估者按照既定的标准格式,对较多的评估要素进行系统分析,并借助必要的经济指标和统计资料做补充说明,进而评定一国的信用等级。一个详述报告通常至少应该包含国内经济、国外经济、政策环境、基本政治因素和外债五部分。虽然详述报告法设计了许多评估要素、具有明确完整的报告形式,但该方法依然摆脱不了主观因素的影响,难以对国家风险做出精确的评估。

2) 定量分析法

为弥补定性分析法的不足,许多银行和非银行金融机构纷纷采用定量分析法,通过把各项评估要素及其可能产生的影响数量化来增强评估结果的客观性、可比性和操作性。按照风险评估的复杂性和深度,定量分析法包括检查表法和数量法。

检查表法是指国家风险评估者在选定的检查表内,将一国的政治、社会和经济等各种可能造成国家风险的因素分别列出,再按其表示的实际状况和影响力的大小,给出相应的等级分,最后把各种要素的等级评分加总,得出一国信用总分,并按总分高低评定不同的信用等级。检查表法具有简单、方便的特点,已被许多金融机构采用,其中,使用最广泛的就是德尔菲法。但这一方法也有其局限性,主要表现在各种要素的评分等级和重要性权重设定依然带有相当程度的主观性。

数量法比检查表法更进了一步,它试图运用经济学原理与数量分析,去求国家风险与各种评估要素之间的函数关系,并在此基础上建立模型体系,然后将评估要素代入模型体系中进行运算和逻辑判断,进而得出评估结果。数量法用其严谨的计量经济学技巧和模型体系进行评估,有利于减少主观判断的误差,提高评估方法的规范性和可比性。但数量法仍然有其局限性,计量经济学模型更多的是对过去行为的描述,很难直接用这种模型预测未来。另外,有些评估要素如政治状况、人才素质、民族特征也很难量化,从而给风险评估带来困难。与此同时,统计资料的可得性和完整性,也会直接影响评估的质量。因此,在实际评估实践中,需要将各种评估方法综合起来运用。

2. 国家风险评估的计量模型

根据现代资产理论,任何一个资产管理者都面临两种类型的风险,即非系统国家风险和系统国家风险。对于跨国界贷款或从事投资的国际贷款来说,其受险资产同样面临非系统国家风险和系统国家风险。非系统国家风险是指因特定贷款国本身具有的变量因素而产生的风险,系统国家风险是指全球共同面临的问题或变量因素引起的资产损失。经济学家依据上面的逻辑思维,结合计量经济学技巧,设计了国家风险的计量模型。

1) 多重差异分析

多重差异分析就是利用一国的经济变量进行分析。Frank 和 Cline[1] 在 1971 年用多重差异分析证实了 8 个指标具有发现现实是否会发生偿债困难的能力。这 8 个指标分别是:偿债率;出口波动指标;出口增长率;进口紧缩度;进口与国民生产总值比率;人均收入;进口

---

[1] Frank, Charles J R, Cline, William R. Measurement of Debt Servicing Capacity: An Application of Discriminate Analysis [J]. Journal of International Economics, 1971 (1): 327–344.

与国际储备比率；分期付款额与未偿债务总额比率。他们以 1960—1968 年为样本，考察了 23 个国家 13 次债务重新安排事件，检验构成债务重新安排事件的二元可变量指标。在所检验的 8 个指标中，只有 3 个指标具有统计意义，这 3 个指标是偿债率、进口与国际储备比率、分期付款额与未偿债务总额比率。利用这 3 个指标，他们建立了多重差异函数，并以较低的误差正确地解释了 13 次债务重新安排事件中的 10 次。

Grinols[①] 在 1976 年利用多重差异分析和离散分析研究了包括 20 个变量 64 个国家的更广泛的机制，其所观察的样本期是 1961—1974 年。结果表明，多重差异分析比离散分析对解释本期发生债务重新安排事件更有效。他最后采用了 5 个具有统计意义的变量指标：债务偿付额与国际储备的比率；已偿还的外债与债务支付额的比率；债务支付额与进口的比率；外债与国内生产总值的比率；外债与出口的比率。通过回归估计得出的多重差异函数表明，这一分析的误差率比 Frank 和 Cline 得到的结果低 50%。

Abassi 和 Taffler[②] 在 1984 年使用多重差异分析，考察了 95 个国家在 1976—1978 年样本期的 1 140 个观察值和在 14 个国家发生的 55 次债务重新安排事件。他们在分析中使用了 42 个指标，这些指标在以前的研究中发现是有效的。选择指标的标准是是否与外汇储备、国家债务或国内的经济状况的变动相关。他们在模型分析中，使用主要构成分析法测定变量相关度，同时利用分段式 Fisher 多重差异分析法对其所选择的变量进行分析来检验序列相关和误差的无偏估计。其计量模型用 1967—1977 年的数据进行统计，并用 1978 年的资料对其检验，最后变量集由 4 个指标组成，即各资本的新贷款承诺、外债与出口值的比率、通货膨胀率、国内信贷与国内生产总值的比率。

2）逻辑分析

假定某一经济变量可依据其综合效应确定一国所处的某种状态：债务重新安排状态和非重新安排状态。逻辑分析所处理的就是多重贝努里试验，即确立一国是否发生重新安排其外债的事件。

Cline 在 1984 年的《国际债务》一书中从供求两方面着手，依据逻辑模型对国家风险做了分析。他认为，使国际信贷供给减少的任何变量都会增加国家信贷市场失衡的概率，从而提高债务重新安排的概率，极低水平的供给量将加速债务重新安排的发生，而债务重新安排本身表明了信贷供给已经增加。

Cline 根据他所做的分析，采用 10 个指标建立了模型。其中，使用的需求方面的指标有：偿债率、相对于进口的储蓄水平、国内经济增长率、资本收入水平、经常项目出口和劳务出口比率；使用的供给方面的指标有：偿债率、净债务与商品和劳务出口的比率、通货膨胀率及总外债之积与出口的比率、国民收入、国内储蓄与国民生产总值的比率、近期的出口增长率和全球信用的充裕程度。

---

① Grinols E. International Debt Rescheduling Discrimination Using Financial Variables [M]. Washington D C: U. S. Treasury Department, 1976.
② Abassi B, Taffler R J. Country Risk: A Model for Predicting Debt-servicing Problems in Developing Countries [J]. Journal of the Royal Statistical Society, series A, 1984.

Mayo 和 Barrett[①] 在 1977 年为美国进出口银行设计了债务早期预警模型。他们的模型把逻辑分析扩展到 1960—1975 年，作为样本的国家也增加到了 48 个，而且增加了所考察的指标数量。他们所调查的并不是债务重新安排问题，而是偿债困难以及影响债务重新安排事件的非独立变量，其设计的模型试图预测未来 5 年的偿债困难问题。他们在研究中发现，以下指标具有统计意义：已偿还的外债与出口的比率、储备与进口的比率、固定资本总量与国内生产总值的比率、在 IMF 的储备头寸与进口的比率以及消费价格增长率等。

3) 政治不稳定分析

在前面的分析中，只涉及经济因素或是经济变量，因而其结果不能解释过去发生的债务重新安排事件的情况，主要原因在于政治变量的随机性太强，无法把其信息转译成数量指标。Citron 和 Nickelsburg[②] 在 1987 年把政治不稳定作为一个重要的变量因素考虑到模型之中，该模型被称为政治不稳定分析（Political Instability Model Analysis）。其把债务重新安排当作减少政府预算中债务偿付额的途径，虽然该方法对借款国来说成本很高，但无论如何，这对于政治不稳定期间的政府还是可以接受的。因为如果通过增税偿还债务，则必将加重社会的负担。因此，债务重新安排或拒绝偿付相对于改变税收政策或其他政策而言，其边际收益是正的，而且为政府提供了预算与现行收入相调节的一种成本较低的方法。只有当政府比较稳定时，偿付能力因素（如出口收入等）才显示出其重要性。

15.4.3 国家风险的管理措施

在国家风险评估的基础上，有必要采取具体措施，防范或降低国家风险给商业银行带来的损失。其主要有以下三类国家风险管理措施。

1. 设定信贷限额

国家风险管理的首要方法是根据不同国家风险等级的大小，设定借款国的信贷限额，将银行与非银行金融机构的风险性债权控制在某一范围内，不至于使风险集中在某一特定国家或地区，从而可以有效防范信贷风险。设定信贷限额的基本原则是，限额大小与国家风险的高低呈反向变化，即国家风险越高，设定的贷款限额应该越小；国家风险越低，设定的贷款限额应该越大。具体而言，有以下五种方法。

1) 对借款国设定放款的最大百分比

此方法是指对任何国家的信贷，以其可供贷款的资金为基础订立一个固定百分比，限定对任何一个国家的信贷不超过该百分比。在实际操作时，则依据每个国家的风险、政治情况、借款人的偿债能力与其他因素等，在此最高限额内采取弹性信贷。

2) 按资本额设定放款百分比

此方法是按资本总额设定放款给任意国家的最高百分比，通常是依据各个国家的风险程度设定不同的百分比。使用不同百分比的优点是可使信贷导向信用较强的市场，避免太多资金流入信用较脆弱的市场。

[①] Mayo A L, Barrett A G. Financing and Risk in Developing Countries: In S. H. Goodman (ed): An Early Warning Model for Assessing Developing Country Risk [M]. New York: Praeger Publishers, 1978.

[②] Citron, J T, Nickelsburg G. Country Risk and Political Instability [J]. Journal of Development Economics, 1987, 25 (2): 385 – 392.

3）按外债状况设定信贷百分比

此方法是依据一国的偿债能力，就其所能承担的外债程度，分别设定最高信贷限额，实际信贷额不得高于此最高信贷限额。

4）按国家信用评级授予信贷额度

根据此方法，一国的信贷限额按国家信用评级的差异加以个别设定。此法对信用评分高的市场给予较大的信贷限额，而对信用评分较低者给予较小的信贷额度。

5）不预先设立信贷限额，而按交易性质个案决定信贷额度

此法因不预设最高限额，故对信贷额度授予最具有弹性。对信用的核定，是按个案性质审理，而非以年度为基础计算全年的信用限额。然而，此种个案分析法须辅以全年度的审查，才能使得当期的债务与当期的偿债能力相配合，并可按将来预期的偿债能力提供新贷款。

2. 确定国家风险债权的归属

国家风险债权是指商业银行暴露于某一国家的风险性资产的总额。确定国家风险债权的归属，有利于界定和控制整体的国家风险。确定国家风险债权的方法通常有两种：法定归属和经济归属。

1）法定归属

此种归属方式是将最后应负偿还责任或保证责任的国家作为归属。此种方式是从法律责任的观点进行归纳的。因而，一笔放款可经由第三国保证，而将风险转移至第三国。此种操作方法类似于信用证通过第三方银行保兑，其作用在于将风险由信誉较差的国家转移至信誉较好的国家，从而降低国家风险。

2）经济归属

这是将借款来源所在国作为归属。以此种归属方式，若一笔国外贷款由借款者所在国政府提供保证，则其风险与法定归属相同，同为借款者所在国家。

针对某些风险归属难以区分的状况，银行实际上大多是采取双重风险计算来处理，即一方面以借款者国家直接归属，另一方面则估计到各种不同类型的风险转移归属。就一个分支机构庞大的国际性银行而言，对整个国家风险债权分布的了解和控制是十分重要的。通常，这种国际性银行除了应该明确其各个海外分行及子银行借款所暴露的风险债权外，同时必须合并计算、全盘考虑银行整个集团的风险债权暴露情况。

3. 减少国家风险损失的方法

国际银行在从事国际贷款活动时，必然会遭受国家风险，此种风险对国际银行的经营可能造成重大损失。因此，寻求避免或减轻此种风险的方法，对国际银行经营管理极为重要。国际银行在从事贷款时，用以减少此种风险损失的方法有四种。

1）寻求第三方保证

为了有效降低国家风险所造成的损失，银行在从事国际贷款活动时，需要借款人寻求第三方对贷款偿还提供保证。在实际操作中，一般是借款国的政府、央行、第三国银行或其他金融机构为跨国银行的国际信贷提供担保。在借款国政府保证的情况下，债权银行所面临的国家风险，便转为主权风险，风险程度也就相应地被减弱了。如果债权银行对主权风险仍存有疑虑，则可以要求借款人寻求第三国银行进行保证，从而使风险转移至信誉较好的第三国。此外，当贷款对象为跨国公司的子公司时，也可经由其第三国的母公司或其他关系机构

予以保证,以达到转移国家风险的目的。

2)采用银团贷款方式

当国际贷款金额巨大且不易取得第三方保证时,国际贷款通常是以银团贷款方式实行,即由参加银团贷款的银行共同承担风险,从而减少个别银行单独放款的可能风险。

采用银团贷款时,通常是由牵头银行负责行政、管理与联系工作。参加银团贷款的银行可彼此交换情报,并共享牵头银行提供的资料与评估报告。这种银团贷款的金额庞大,往往有世界著名大银行参与。借款国家为维护其在国际金融市场的信誉,通常对此类贷款不敢轻易违约,因此使个别银行的风险相对减轻。

商业银行也可采用参与世界银行或其他国家金融机构的合作融资方式来达到减轻风险的目的。由于这些机构对发展中国家的贷款已获得宝贵经验,其放款很少被赖账,因而其参与贷款可提供较可靠的保证。

3)贷款力求多元化

遵循资产优化组合和风险分散化原则,银行应力求贷款形式的多样化,以使其总的资产组合不会因为某一笔贷款不能如期偿还,而对银行总资产组合造成太大的影响。贷款形式的多元化包括贷款地区多样化、融资类别多样化、到期日的多样化等方面。其中,以贷款地区多样化最为普遍,它对防范国家风险具有重大意义。

4)加强国家风险监测

国家风险监测(National Risk Monitoring)是指在债权的存续期间对国家风险进行定期与不定期的全面检测。具体地,可以从以下两方面入手:一是对过去评估所选用的指标或做预测时所设定的假设进行检查,如发现过去选择的指标已发生重大变化,所做出的假定已经不能成立,则有必要对国家风险重新做出评估;二是对影响国家风险程度的主要因素,如政治、社会和经济等因素的变化情况密切进行监视,以准确判定一国未来偿债能力的变化。

【例 15-11】美国化学银行使用了一套设计较为严谨的国家风险评级制度(见表 15-12)。该评级制度的作用主要在于评定国家风险等级,以制定或设定国家信贷额度。

表 15-12 美国化学银行的国家风险评级①

项目	级次	极优			良好			欠佳		
		A	B	C	A	B	C	A	B	C
经济	规模									
	多元性									
	通货膨胀									
	贸易分散性									
政府	内部									
	继承									
	外部									
	对外关系									

---

① 资料来源:http://www.chemicalbankmi.com。

续表

项目	级次	极优			良好			欠佳		
		A	B	C	A	B	C	A	B	C
外债管理	债额									
	偿债比例									
	偿债记录									
信心	国家知识									
	商业合同品质									
	经济预测能力									
	政治预测能力									

在评定一国风险时，该行应注重经济、政治、外债管理及信心四个基本要素，具体如下：

（1）经济。要关注经济资源的多寡与多样化、国内经济与对外经济关系，尤其注意偿债能力。

（2）政治。要分析该国及地区发生的重大政治问题以及对资源分配可能产生的影响。

（3）外债管理。要评估其经济管理能力，尤其注重其对外债管理技巧及对到期偿债的控制。

（4）信心。评估对该国信心程度，根据该国以往表现及该行对该国的经验与理解做一预测。

在评分时，该行利用一个表格来评估这四个基本要素，如表15-12所示。该表左方列示评估的四要素，上方划分为极优、良好、欠佳三大部分，每部分的下方分成三个小项，使该表共划分成九个等级。

一等：经济体庞大、经济实力强、完全多样化的经济、政治与社会长期稳定、拥有良好偿债记录与财政管理的国家。

二等：具有一等所属的经济、政治与管理因素性质的国家，但经济规模与经济实力较小，或目前正遭遇问题，以致无法归入第一类。

三等：基础巩固的发展中国家及其他工业国家，其风险被认为可接受，且该行根据长期对该国的放款经验已具有信心。

四等：中等风险最佳的国家。经济成果已使信用程度升高，但出于政治因素胜于经济的考虑，具有相对不可预知的政治事件，以致可能瞬间造成经济情况的恶化。

五等：此等国家分两类，第一类为类似第四等国家，但其政治、社会与经济因素所引致的不确定及风险均较为明显，因而，增加了不可预测的程度；第二类为中等风险较差的国家，这些国家经济规模相对狭小，其主要收入来源为农业、旅游业或矿业。国民生产总值低于40亿美元，人均国民生产总值在2 000美元以下。对外偿还债款记录尚令人满意，但经济与外债管理局限于传统对经济的要求。

六等：类似五等的第二类国家，但其政治因素、有限的经济资源或经济管理均显然不利于偿债能力。此等国家异于七等国家的地方在于其似乎不可能立即发生无力偿还问题。此等次代表可接受的最低等次的国家风险。

七等：比六等国家偿债能力明显较差，但其情况属短期性质。这些国家被认为需特别注意，八等或九等的政治或经济问题逐渐获得改善后也可升到此等级。

八等：有各种不安定因素的国家，尤其是存在足以影响偿债能力或履行债务能力因素的国家，可视为标准以下的国家。

九等：该国的借款者被认为偿债有问题或会有损失，因其政治、经济或社会情况可能影响债务的履行。

在风险债权管理方面，为便于控制与监控国家风险额度，放款人员必须定期衡量并编制风险债权分配概况表。

核心概念

汇率风险　　　　　信用评级
操作风险　　　　　流动性风险
国家风险　　　　　政治风险
社会风险　　　　　定性分析法
定量分析法　　　　国家风险债权
国家风险监测

复习思考题

1. 论述商业银行的汇率风险衡量和管理。
2. 论述商业银行的利率风险衡量和管理。
3. 评析巴林银行倒闭案例，并提出合理的风险管理方法。
4. 分析比较商业银行与一般工商企业在汇率风险管理上的联系与区别。
5. 分析比较商业银行与一般工商企业在利率风险管理上的联系与区别。
6. 试述国家风险的概念和类型。
7. 试述国家风险的评估方法。
8. 试述国家风险的管理措施。

参 考 文 献

[1] 杨玉凤，李英．国际金融实务［M］．上海：复旦大学出版社，2014．
[2] 刘玉操，曹华．国际金融实务［M］．大连：东北财经大学出版社，2017．
[3] 郭红蕾，孙海洋．国际金融实务［M］．北京：北京师范大学出版社，2017．
[4] 安毅．金融衍生工具［M］．北京：清华大学出版社，2017．
[5] 陈燕．国际金融（第二版）［M］．北京：北京大学出版社，2015．
[6] 闫屹．国际金融［M］．北京：高等教育出版社，2013．
[7] 刘园．国际金融（第二版）［M］．北京：北京大学出版社，2012．
[8] 黄梅波，熊爱宗．国际金融实务［M］．北京：高等教育出版社，2011．
[9] 范希文，孙健．信用衍生品理论与实务：金融创新中的机遇与挑战［M］．北京：中国经济出版社，2010．
[10] 施兵超．金融衍生产品［M］．上海：复旦大学出版社，2008．
[11] 朱国华，毛小云．金融互换交易［M］．上海：上海财经大学出版社，2006．
[12] 王忠郴，赵迎东．金融市场计算技术［M］．上海：立信会计出版社，2006．
[13] 陈信华．金融衍生工具——定价原理、运作机制及实际应用［M］．上海：上海财经大学出版社，2004．
[14] 胡俞越，高扬．期货市场学［M］．北京：中央广播电视大学出版社，2004．
[15] ［美］尼尔肯．实用信用衍生产品［M］．张云峰，等，译．北京：机械工业出版社，2002．